헌법
다시
보기

87년헌법, 무엇이 문제인가?

헌법 다시 보기

함께하는 시민행동 엮음

창비

헤겔은 개인이 생활하는 공간으로서 시민사회와 국가를 구분하면서 국가란 시민사회의 모순을 극복한 실체이며 더 나아가서는 윤리적 이념이 현실에서 이루어진 것, 즉 윤리적 이념의 현실태(現實態)로 규정했다. 시민사회의 다양한 모순을 '공동체에서 개인의 분리'로 요약할 수 있다면, 시민사회의 모순을 극복한 국가는 결국 개인을 다시 공동체로 통합하는 임무를 부여받게 된다. 개인의 특수성을 국가의 보편성으로 통합함으로써 개인은 진정 자유롭게 되는 것이다. 헤겔에게 이러한 국가의 모습을 구체적으로 표현한 것은 바로 헌법이다. 따라서 헌법은 국가 내의 모든 개인이 국가라는 공동체에 완전히 통합될 수 있는 이념적 기반과 구체적 방안을 제공해주는 것이다.

군이 헤겔의 어려운 표현을 빌리지 않더라도, 우리는 헌법을 통해 개인이 국민다울 수 있는 근거는 무엇이고, 국민으로서 개인이 국가에 요구할 수 있는 것은 무엇이며 국가를 위해 무엇을 감당해야 하는지, 그리고 국가가 국가답기 위해서는 어떠해야 하는지를 인식할 수 있다. 이러한 규정이 절대적인 것이 아니라 시대적 상황에 따라 달라질 수 있는 것이기 때문에, 헌법은 변화하는 시대 정신을 담기 위해 개정될 수밖에 없을 것이다. 그러나 아쉽게도 우리의 헌법은 국민과 국가를 규정하는 시대 정신의 변화를 반영하지 못하고 정권 교체에 따라 개정되는 굴곡의 역사를 겪어왔다. 그나마 이러한 변화가 안정된 체제로 자리잡게 된 것은 87년 민주화 투쟁의 결과로 형식적으로나마 정치적 민주화가 도입되면서부터였다. 그러나 다른 한편으로 흔히 87년헌법으로 불리는 이 헌법은 민주화의 여파 속에서 진행된 정치일정에 따라 개정되느라 깊이 있고 새로운 역사정신을 담아내지도 못했을 뿐만 아니라 그 이후에 일어난 급격한 사회 변화를 제대로 반영하지 못해왔다는 비판에 직면하고 있다.

87년 이후 많은 시간이 흐르지는 않았지만, 사회 변화의 속도는 어느 때보다도 빨랐으며, 그 내용 역시 격렬했다. 실제로 최근에 일어난 급격한 사회 변화는 우리 삶의 환경을 근본적으로 재구성하고 있다. 거세게 몰아친 세계화의 물결은 국민국가의 경계선을 무너뜨렸고, 생태학적 패러다임의 등장으로 인간 중심의 사고방식이 도전받았으며, 주류사회에 대항하는 소수자들은 저항의 차원을 넘어 이전과는 전혀 다른 세계관을 요구하고 있다.

가령 세계화는 헌법에 규정된 국민의 범위를 새롭게 정의하도록 요구한다. 국가의 경계선 밖에 다양한 형태로 거주하는 민족구성원으로서의 디아스포라나 국가의 경계선 안에 존재하는 타민족 이주민이 모두 국민으로서 누려야 할 헌법의 보호를 원하고 있다. 이러한 변화는 "한반도와 그 부속도서"로 규정된 국가의 경계선마저도 새롭게 고려할 필요성을 제기한다. 마찬가지로 생태 패러다임의 등장으로 지금까지 인간 중심으로만 규정돼온 헌법은 인간과 자연이 조화를 이룰 방안을 찾도록 요구받고 있다. 자연은 인간을 위해 존재하는 것이 아니라 그 자체로서 존재의 의미를 가지며, 그럼으로써 인간과 자연 모두에 가장 이로운 삶의 형태가 모색될 수 있을 것이다. 건강한 성인 남성 중심으로 규정된 개인(혹은 국민)의 개념도 여성, 어린이, 장애인 등의 소수자를 포함하는 새로운 개념으로 확장되며, 더이상 소수자가 배려의 대상이 아닌 동등한 주체로 인정받는 새로운 헌법이 요구되는 상황이 되었다.

그러나 87년의 헌법체제는 산업사회의 틀 속에서 정치적 민주화의 요구를 반영하느라 권력구도 중심으로 만들어져 이러한 변화의 요구를 담기에 부족하기 짝이 없는 형편이다. 최근 들어 이러한 요구가 계속되면서 마침내 헌법 개정 논의가 활발해졌고, 우리 사회의 근본적 변화를 바라는 여러 개인들의 의지를 실현하기 위한 좋은 기회가 마련되었다. 그러나 활발한 헌법 개정 논의에도 불구하고 이전과는 다른 차원의 새로운 논의로 나아가지 못하는 한계에 여전히 머물고 있다. 예전과 마찬가지로 최근의 헌법 개정 논의도 대통령을 중심으로 하는 권력구도에 집중됨으로써 사회 변화를 근본적으로 반영하는 헌법 개정의 필요성은 여전히 소홀히 다루어지고 있는 것이다.

'함께하는 시민행동'은 우리 시대가 여러 차원에서 겪는 변화를 살펴보고 시민사회의 시각을 정립하기 위해 '포럼 여울'이라는 이름으로 논의의 장을 마련했다. 2005년 초 '포럼 여울'은 그 활동의 일환으로 정치인과 헌법학자를 중심으로 전개되는 헌법 개정 논의를 시민의 시각으로 전환하는 '헌법 다시 보기' 프로젝트를 제안했고, 이에 따라 헌법학자와 정치학자는 물론 철학자와 사회학자, 여성학자 등 다양한 학문 분야를 연구하는 학자들, 그리고 평화운동가와 환경운동가를 비롯한 여러 분야의 사회운동가들이 참여한 '헌법 다시 보기 기획위원회'가 구성되었다. 위로부터가 아닌, 밑으로부터 만들어지는 헌법을 위해 이 위원회는 2005년 3월 이후 다섯 차례에 걸친 내부 쎄미나를 열어 다양한 이론적 논의를 진행했다. 이 논의에는 우리 현실뿐만 아니라 외국의 여러 사례를 살

퍼봄으로써 새로운 시대를 대비하는 헌법에 어떠한 내용이 담겨야 할지 깊이 있게 고민해왔으며, 그 결과를 2005년 7월 15일 『창작과비평』과의 공동 씸포지엄에서 발표했다.

그 후 함께하는 시민행동은 헌법 개정에 관한 좀더 구체적인 주제들을 공개토론회에서 논의해왔다. 여기서는 이전의 어떤 헌법 개정 논의에서도 찾아보기 힘든 새로운 시각들이 제시되었다. 문화의 눈으로 본 헌법, 평화의 눈으로 본 헌법, 여성의 눈으로 본 헌법, 생명과 환경의 눈으로 본 헌법, 자치와 분권의 눈으로 본 헌법, 시민의 눈으로 본 헌법, 인권의 눈으로 본 헌법 등이 그 대표적인 예이다. 이전에는 고려되지 못한 우리 사회의 여러 주체들의 눈으로 기존 헌법을 되돌아보면서 새로운 헌법에 이들의 시각을 어떻게 담아낼 수 있을지 진지하게 고민해왔던 것이다. 이러한 논의는 사회 여러 영역으로 헌법에 관한 논의를 확산할 수 있었으며, 앞으로 이전과는 다른 새로운 국가와 국민의 정체성을 만들어내는 데 기여할 수 있을 것으로 기대된다.

이같은 일련의 논의를 하나로 모은 것이 바로 『헌법 다시 보기』이다. 이 책에 실린 여러 글들은 다양한 시각에서 헌법을 새롭게 재구성해보려는 시도를 보여준다. 각 글에 담긴 주장의 다양함에도 불구하고 이 책에서 드러나는 하나의 공통분모는 시민들이 주체가 되어 헌법을 만들어야 한다는 의지일 것이다. 흔히 헌법에 관한 논의는 소수의 권력자나 법률전문가에게 맡겨야 한다는 근거 없는 믿음이 퍼져 있으나, 실제로 헌법의 주체는 모든 시민이어야 할 것이며, 시민 스스로의 힘으로 만들어진 헌법이야말로 새로운 시대적 변화를 가장 적절하게 반영하는 헌법이 될 수 있을 것이다. 그런 점에서 다른 헌법 논의와는 달리 시민이 만든 헌법이 어떤 모습이 되어야 할지를 분명하게 드러내는 것이 이 책의 의도이자 기여라고 말할 수 있다. 앞으로 새롭게 만들어지는 헌법은 소수에 의해 위로부터 만들어지는 헌법이 아니라 다수의 의지가 담겨 아래로부터 만들어지는 헌법이기를 기대하며, 그러한 기대에 이 책이 조금이나마 기여하기를 희망한다.

김동노(金東魯)
연세대 사회학과 교수
함께하는 시민행동 포럼여울 기획위원장

차 례

책머리에 ·· 005

서장 | **왜 헌법을 다시 봐야 하는가?**

국민헌법에서 시민헌법으로 홍윤기 ·· 014
세계 경영과 세기 경영을 위한 헌법개혁의 어젠다

제1부 | **헌법, 무엇이 문제인가?**

헌법개혁과 한국 민주주의 박명림 ·· 066
무엇을, 왜, 어떻게 바꿀 것인가

민주화시대의 헌법 한상희 ·· 093

시민운동과 헌법 다시 보기 하승창 ·· 126

제2부 | **헌법 논의의 지평 확장**

헌법과 시민의회 김상준 ·· 144

경제헌법 개정, 화두는 다원화 최배근 ·· 186

평화주의 헌법을 위한 인권적 접근 이대훈 · · 212

헌법의 남성성과 국민 범주의 정치 정희진 · · 231

통합적 문화 개념으로 헌법 다시 보기 박신의 · · 251
역대 정권의 문화정책 이념과 헌법의 문화 기술을 중심으로

제3부 │ **87년헌법의 대안 모색**

권리장전의 현대화 정태호 · · 268

국민주권과 시민의회 오현철 · · 293

평화주의원리, 그 가능성과 한계 이경주 · · 314

문화국가 원리 김수갑 · · 348

지방자치 활성화를 위한 헌법 개정안의 제안 이기우 · · 371

환경권의 헌법적 현실과 대안 최윤철 · · 393

글쓴이 소개 · · 425

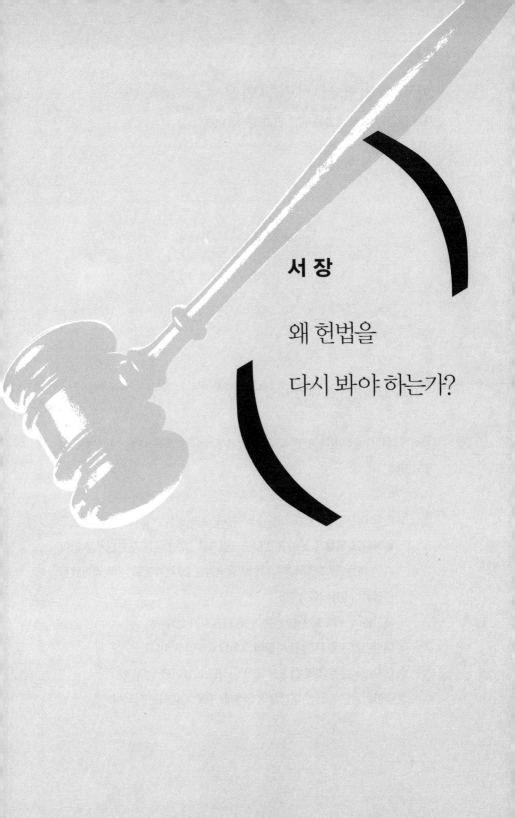

서 장

왜 헌법을

다시 봐야 하는가?

국민헌법에서 시민헌법으로

세계 경영과 세기 경영을 위한 헌법개혁의 어젠다

홍윤기

1. 6개의 질문에 대한 대답

이 글의 시민헌법 제안은 다음과 같은 5개의 질문에 대한 대답에서 시작되었다.

> 1. 만약 대한민국 '국가'라는 것이 '현재' 시민들을 본질적으로 자유롭고 행복하게 만들지 못하고 있다면, '앞으로' 그런 국가 대한민국은 없어져야 하는가? 다시 말해, 대한민국국가는 21세기에도 계속 국가로서 존립해야 하는가?
> 2. 대한민국은 더 잘 사는 일본에 또 합병되면 안되나?
> 3. 대한민국은 같은 민족 북한에 적화통일되면 안되나?
> 4. 대한민국은 우리와 접경한 대국 중국과 합병되면 안되나?
> 5. 대한민국은 혈맹인 미합중국 51번째 주로 가입하면 안되나?

질문1에 나는 '결단코 그렇다'고 대답해야 한다고 생각했다. 그리고 질문 2~5에 나는 '결단코 그래서는 안된다'고 대답해야 한다고 생각했다. 그렇다면 국가 존립과 관련된 이런 질문들을 하다보면, 최종적으로 남을 건설적 질문은 단 하나다.

0. 대한민국이 21세기에도 독립된 주권국가로서 지속적으로 발전하려면 어떻게 해야 하는가?

거기에 대한 나의 대답은 이렇다.

대한민국을 시민적 인권국가로 발전시켜 지구민주주의의 조국으로 만듭시다. 민족통일을 넘어서는 지구시민국가의 비전을 시민헌법의 비전에 담읍시다.

그 어떤 언설 이전에 필자는 우선 다음의 제안, 대한민국 현행 국민헌법과 대조되는 21세기 대한민국 시민헌법 구상부터 던져놓고 시작하겠다.

세계 경영·세기 경영을 위한 세기 초(2006년) 대한민국 시민헌법 제안		
헌법사안	현행 국민헌법	대안 시민헌법
국가 성격	• 탈식민지적 독립 생활공간 확보 -독립되고 발전하는 국민국가 -모든 '인간'을 국민으로 정형화	• 20세기의 성과로 민주화/산업화 명시 • 21세기의 도전에 대한 비전 -지구화/사회분화. 정보화/평화화/생태화 -범아시아 지향의 지구적 시민국가 -단지 국민이 아니라 폭넓게 규정되는 '국가시민'으로서의 보편적 '인간'에 대한 국가의 책무 명시

전문		
국가 정통성 근거의 적극적 규정	• 역사적 사건 -3·1운동, 대한민국임시정부, 4·19의거에 이미지 고착	• 원칙에 대한 명제적 서술 부가 -인간 존엄성과 생명의 불가침 규정 -반제/반독재/반분단 투쟁의 정당성 -국제정의/민주주의/민족통일에 바탕을 둔 지구 및 우주 차원의 평화와 통합 추구
국가 지향점 (국가이상)	• 부정적이고 과거 의존적 -조국의 민주개혁 -평화통일 -사회적 폐습과 불의 타파 -자유민주적 기본질서 -개인의 발전/권리/의무 -세계평화와 인류공영에 이바지	• 좀더 적극적이고 긍정적인 지향점 제시 -인권과 생명질서의 발전 -지구시민사회 -지구민주주의 추구 -평화적 수단에 의한 지구와 우주 평화 추구
총칙		
국체/정체 (제1조)	• 민주공화국/국민주권 원칙	• 민주공화국/지구적 국가시민/인권을 추구하는 주권
국민의 요건 (제2조)	• 속인주의/속지주의 지향 • 국적 최우선	• 국적 개념을 넘어서는 '지구시민권' 도입 • 대한민국의 국가이상을 공유하는 모든 인간에게 소극적으로 피난처, 적극적으로 생활터전 제공
영토 (제3조)	• 한반도와 그 부속도서	• 지구적 생활권역에 관심 -영토를 넘어서는 생태적 관심의 의무화 -기후와 생태적 재난에 대한 관심 유지 의무화
수도조항		• 기능적 목적에 따른 복수의 수도 설치 가능 • 국민적 합의 절차 명시
국가목표 (제4조)	• 자유민주적 기본질서에 입 각한 통일 추구	• 지구적 평화와 정의 추구 -국가주의적 남북통일관을 넘어서는 '평화 배양 적 민족평화' 개념 명시 -전 세계를 상대로 '지구시민 네트워크' 결성 -인류 통합에 대한 기여 명시
국군 (제5조 2항)	• 소극적으로 정치적 중립성 • 안보 • 침략전쟁 부인	• 아시아에서의 무장 중립과 교량자 역할 • 적극적으로는 민주수호군 • 모든 물리적·자연적 재난을 안보사항으로 간주 • 상비군 규모와 그 구조의 정비(사실상 소수 정예 의 기동군, 대부분 병력의 교육동원군 체제 유지) • 양심적 병역 거부권 인정

공무원 (제7조)	• 봉사자	• 민주질서의 유지와 발전에 필요한 전인적 써비스 비축과 제공 • 시민의 기본 생활 배려
정당	• 조직요건 애매함	• 국가시민의 의사 결정에 기여할 조직과 절차를 갖추지 못한 정당의 퇴출 요건 명시
기본권		
기본권의 주체	• "개인이 가지는" 불가침의 기본권 • 재판을 받을 권리(제27조) • 시민이 직접 법률안을 제출할 수 없음	• "각 인간이 가지는" 불가침의 기본권 • 재판에 참여할 권리 • 시민에게도 권리 부여
기본 욕구의 해방과 실현의 권리 (제33조)	• 인간다운 생활을 할 권리 • 소수자 권익의 보호 • 여성, 노인, 청소년, 신체장애자, 생계능력 미달자의 소극적 보호	• 제기되는 욕구의 수용과 충족을 위한 포괄적 논의제도 설치 • 사회 안전망을 체제안보 수준에서 구축할 것을 명시 • 가족 또는 그에 준하는 기초생활공동체 창설 권리와 국가 지원의 의무화 신설 -보육과 부양의 국가 지원 '체계' 명시 • 문화권 도입
교육권 (제31조)	• 균등한 교육	• 균등교육권, 교육에 의한 통합 기능 강조 • 교육의 공공성 명시 • 무상교육을 국가목표로 제시 • 교육 운영의 민주성과 투명성 및 공공성 • 학벌 불평등에 대한 국가적 투쟁 의지 표명 • 교육급부(edufare)를 중심으로 한 평생학습 사회체계를 구축해 교육과 복지 통합
표현의 자유 (제21조)	• 개인의 표현의 자유와 언론기업의 영업의 자유 미분화	• 사회적 의사소통권으로 확대 개편 • 언론기업에서 공적 기능이 최우선임을 강조
국가권력 작동체계		
국가의무 조항	없음	• 국가 및 세계시민의 인권과 지구환경의 생태권 보장 의무 • 민주주의를 위해 투쟁한 세계시민에게 보호처를 제공할 의무 • 시민 생활의 질 보장 의무
헌법기관	• 원시적 삼권분립	• 입법, 사법, 행정 및 특히 헌법재판소 등 모든 국

헌법기관	• 권력기관 과두체제	가기관에 '시민심의권' 정착 명시 • 국가기관의 전문관료 독점화 방지 명시 • 헌법적 목표의 통합적 수행을 위해 시민사회와의 협약에 의한 '헌정 수임관' 제도 명시
지방자치 (제8장)	• 주민복리에 관한 사무 • 재산 관리	• 지역 분권 명시 • 지역 통합적 국가심의기구 설치 -국가 정책 결정에 지방자치단체 대표들이 균등하게 발언권을 행사하는 국정 심의 기구 -독일의 연방평의회(Bundesrat)와 유사한 권한 설정 -준상원(準上院) 또는 상원 역할
경제 (제119조)	• 시장질서의 사회화에 대한 추상적 규정 • 경제 민주화	• 상설기구로 경제주체협의회 신설 -경제 민주화를 위한 경제 상원의 역할로서 정권의 변화로부터 독립한 위치에서 시장경제의 공적 기여에 기초한 경제발전과 사회성장 도모 • 경제주체협의회 산하에 한국은행과 시장질서관리위원회를 둠
헌법기관간 충돌	• 헌법재판소 소관	• 헌법재판관 직의 법관 독점 폐지 • 헌법재판에 대한 시민 참여와 시민 심의 • 헌법기관간 권력 충돌, 특히 대통령에 대한 국회의 탄핵 의결은 국민투표 결정 사항으로 변경

2. 시민헌법 구상 전사

현대 국가의 본질적 요소로서 헌법은 무엇보다 국가적 규모로 현존하는 권력체들이 그 권력으로 국가 구성원들의 생명과 생활을 자의적으로 위협하지 않는다는 국민적 협약으로 출발했다. 따라서 현대 초기에 헌법은 우선 그런 권력으로서 당시 가장 강대했던 왕권 및 그로부터 유래한 국가권력을 통찰하고 통제하기 위한 방책을 담고 있었다. 서구 현대에서 출발한 이런 권력 통찰과 권력 통제로서의 헌법은 이제 국가권력을 넘어설 능력을 가진 또 하나의 권력, 즉 시장권력을 눈앞에 두고 있으며, 그 두 권력에 맞서 새로운 환경에서 자신의 삶을 보호하고 발전해나가려는 시민권력의 비약을 목격하고 있다. 이런 권력 상황의 변화는 헌법에 대한 새로운 비전을 요구한다.

이런 권력통찰로서의 기능과 아울러 현대 초기 헌법은 국가적 미래 기획이라는 또 하나의 기능을 장착함으로써, 권력의 기능을 그 구성원의 삶에 기여하는 방향으로 작동시킬 아주 강력한 유인책으로 기능했다. 프랑스혁명 이래 발포된 현대 국민국가의 헌법 가운데 어떤 헌법도 이미 실현된 현실을 담보한 적이 없었다. 모든 헌법은 개인이 그랬다면 당연히 허풍에 지나지 않았을 미래 구상을 국가시민의 합의 아래 지속적 효력을 가진 약속으로 변모시켰다. 헌법은 미래에 대한 가장 확고한 약속이고, 현재의 문제를 해결하기 위해 모든 국가시민의 활력을 결집하고자 하는 국가적 대응의 협약이었다. 그리고 지금 대한민국은 바로 그런 시민적 활력을 총체적으로 결집해야 할 세계적·세기적 도전을 피할 수 없다.

2005년 초부터 나는 운 좋게도 '함께하는 시민행동'의 권유를 계기로 우리나라 헌법을 체계적으로 공부하고 논의하는 모임에 참여하게 되었다. 한국에 주재하는 독일 아데나우어재단의 후원을 받기도 한 이 '헌법 다시 보기' 모임에 헌법학뿐만 아니라 여성, 문화, 인권, 정치, 경제, 평화, 지방분권 그리고 심지어 나같이 철학에 종사하는 사람까지 참여시킨다는 것은 지극히 당연한 일이다. 그럼에도 불구하고 원수진 가문들 사이의 상호 질시마냥 전공학문들 사이의 분리와 무관심 원칙이 엄격하게 지켜지는 우리나라 풍토에서는 대단히 이례적인 일이었다. 헌법 분야에 관한 나의 부족한 소양에도 불구하고 나는 이 귀중한 모임을 시발점으로 하여 여러 단체나 모임에서 주최하는 헌법 관련 논의에 출입하고 토론할 기회를 갖게 되었다.[1]

---

1) 『'민주화 이후', 한국 헌정 구조개혁의 방향과 과제』 민주노동당 2005년 2월 월례포럼 (2005. 2. 25); 『87년체제의 극복을 위하여—헌법과 사회구조의 비판적 성찰』, 창비·시민행동 공동 심포지엄(2005. 7. 15); 함께하는 시민행동 연속 기획 '헌법 다시 보기' 분야

나 자신이 발제자가 되기도 하면서 세기초 헌법 담론에 나름대로 관여해온 결과, 나는 이 분야에 관해 본래 혼미했던 나의 문제의식을 좀더 선명하게 가다듬을 수 있었을 뿐만 아니라, 이제 뭔가 체계적으로 얘기할 수 있을 정도로 내용적 소양도 쌓여간다는 느낌이 들었다. 하지만 여러 필진들이 참여한 이 책에서 내가 얘기하고자 하는 '시민헌법론'의 체계와 내용이 아직도 미흡하다는 것을 깨달았다. 나의 머리에는 지금까지 이 시대 동학들과의 논의에서 설레는 마음으로 접한 여러 영감이 아직 제대로 살도 붙여지지 않은 채 뒤섞여 있다는 것을 인정해야 했다. 따라서 이 글은 시민헌법론에 대한 본격적인 논의를 후일로 미루고, 단지 21세기 대한민국을 내다보면서 '시민적 헌법개혁'을 요구하는 문제의식을 압축적으로 집약함으로써 세기초 헌법 담론의 논제를 설정하는 것 정도라도 기여했으면 하는 바람을 담고 있다.

시민적 헌법개혁 발상의 직접적 계기, '헌법쇼크 2004'

2004년은 나뿐만 아니라 대한민국 국민 모두가 헌법이 전례없이 국가활동의 중심에서 권력정치와 민생을 좌우할 정도로 위력을 발휘할 수 있음을 직접적으로 체험한 해다. 헌법을 근거로 한 그 무대의 주역들은 헌법재판소 재판관들이었다. 그들은 당시 16대 국회 재적의원 3분의 2의 찬성으로 통과한 대통령 탄핵안을 최종적으로 심판하는 위치에 서서 국민이 뽑은 현직 대통령의 명운을 장악했으며, 대통령선거의 공약으로 제

별 쎄미나·발표 토론문 모음(2005년 7~11월, 총 8회); 참여연대 개헌 간담회(2005년 9월~2006년 3월); 국회의원 조일현·이은영 주최 개헌 연구 쎄미나 '21세기 선진한국, 열쇠는 개헌이다'(2006. 2. 15); 대화문화아카데미 대화모임 '새로운 헌법 필요한가 I'(2006. 4. 28); 대화문화아카데미 대화모임 '새로운 헌법 필요한가 II'(2006. 6. 8). 민주노동당 월레포럼과 국회의원 조일현·이은영 주최 개헌 연구 쎄미나를 제외하고 모두 필자가 직접 발제자나 토론자로 참석했다.

시되어 유권자의 지지를 받았고 여야가 합의하여 통과시킨 '신행정수도의 건설을 위한 특별조치법'의 법적 효력을 무효화할 수 있는 권력을 넘겨받았다.

대한민국 국민은 자신들이 뽑지 않았으며 그 이름이나 경력도 생소한 인물들이 단지 사법고시에 합격한 뒤 법원이나 검찰에 오래 근무했다는 이유로 대통령 직선과 국가 선거의 절차를 밟은 국가정책을 일순간에 뒤집는 막강한 권력을 행사할 수 있음을 한 해에 두 번이나 체험해야 했다. 그들은 단순히 대법원 판결에 주석을 붙이는 사람이 아니라 국민주권이 위임된 대한민국국가 인물과 국가 활동의 최종 판단자로서 주권자 국민의 의사를 단지 '헌법'에 의거하여 무력화할 수 있었다. 우리는 처음으로 그런 사태가 눈앞에서 벌어진 실제 상황임을 심각하게 체감했다. 그러면서 대한민국 국민은 처음으로 현행 헌법을 자구마다 신중하게 읽게 되었다.

2004 헌법쇼크 1, 대통령 탄핵안

2004년에 닥쳐온 첫번째 헌법쇼크는 다 같이 국민이 직접 선출한 헌법기관인 대통령과 국회가 사실상 상호 균형과 견제의 정치에 실패하고 공전의 권력충돌을 일으킴으로써 야기되었다. 당시 재적 국회의원 3분의 2의 찬성을 받아 국회를 통과한 대통령 노무현 탄핵안은 대다수 국민들에게 1987년 6월항쟁 이래 공고화의 길을 꾸준히 밟아온 이 나라 민주화에 대한 반동적 도전으로 받아들여졌다. 그럼에도 불구하고 이 '정치적' 권력 충돌을 최종적으로 해결할 열쇠는 이 두 헌법기관을 직접 구성한 국민이 아니라, 헌법에 명시된 기관이긴 하지만 그 구성원이 국민에 의해 직접 선출되지 않은 헌법재판소에 '법적으로' 넘겨졌다.

그러나 헌법재판소는 3월 12일 국회에서 가결된 탄핵안에 대해 4월 15일 제17대 국회의원총선이 있고 나서도 한 달이 지난 5월 14일에야 기각판결을 내렸다. 그러나 너무나 기묘하게도 당시 헌법재판소는 16대 국회를 구성했던 대다수 정파가 탄핵 사유로 제기한 대통령의 정치적 언행과 활동을 모두 '공무원의 정치적 중립 의무'를 규정한 선거법과 "헌법 수호 의무에 위반"한다고 단정했다.[2] 그러면서도 헌법재판소는 이와 같이 현행법을 위반한 대통령의 정치적 언행과 활동이 "대통령을 파면할 정도의 중대한 법 위반이 아니고," "대통령에게 부여한 국민의 신임을 임기중 다시 박탈해야 할 정도로 국민의 신임을 저버린 경우에 해당한다고도 볼 수 없다"고 해석했다.[3] 대통령의 정치행위에 대한 이와 같은 해석을 소결론으로 하여 헌법재판소는 "헌법재판소법 제23조 제2항에서 요구하는 탄핵 결정에 필요한 재판관 수의 찬성을 얻지 못하였다"는 것을 대결론으로 삼아 대통령 탄핵안을 기각했다.[4]

헌재의 이 기각 판결은 누가 보아도 정답을 미리 보고 쓴 사후 답안지였다. 그러나 정답의 근거로 제시된 것들은 정답의 기조와 전혀 딴판이었다. 즉 헌재는 "대통령이 국가의 원수 및 행정부 수반으로서의 지위에서 직무를 수행하는 때에는 원칙적으로 정당정치적 의견 표명을 삼가야 하며, 나아가 대통령이 정당인이나 정치인으로서가 아니라 국가기관인 대통령의 신분에서 선거 관련 발언을 하는 경우에는 선거에서의 정치적 중립 의무의 구속을 받는다"[5]고 대통령의 정치적 활동을 아예 정치적 식물인간의 활동 정도로 못박았다. 그것은 민주주의적 대통령 책임제하에서 국민과 국회를 상대로 '행정부 수반'으로서 대통령이 전개해야 할 광범위한 정치적 설득 활동을 원천적으로 봉쇄하고, 그 역할을 장관 수준으로 격하하는 것과 다름없었다.[6]

---

2) 헌법재판소 2004. 5. 14, 2004헌나1.
3) 같은 판례.
4) 같은 판례.
5) 같은 판례. 강조는 필자.

그리고 민주주의 선거제도가 단순히 직책에 맞는 인물을 선출하는 제도에 그치는 것이 아니라 대통령과 그 배출 정당의 국정 성과를 평가하는 역할까지 수행한다는 점을 감안한다면, 대통령 탄핵안에 대한 헌재 평결은 결론적으로 탄핵 기각이지만 그 근거에 사실상 대통령의 정치활동 금지가 내장되어 있다. 아주 기괴한 논증구조를 보여주고 있는 것이다. 이것은 명백하게 삼권분립의 역동적 상호균형에 의해 정치적 이득을 봐야 할 국민이 대통령의 국정 의견을 고려해 자기 견해를 확립할 기회를 박탈하는 것이기도 했다. 한마디로 당시 헌법재판소는 국민여론에 떠밀려 헌법적 평결이 아니라 대단히 정치적인 판결을 내렸을 뿐이라는 인상을 지울 수 없었다.

2004 헌법쇼크 2, 신행정수도와 관습헌법

2004 헌법쇼크의 제1탄 대통령 탄핵 기각 판결이 결론의 정당성을 뒷받침할 근거가 건전하지 못했다면, 제2탄 '신행정수도의 건설을 위한 특별조치법'에 대한 위헌 판결은 결론을 정당화하기 위해 허구적 근거를 창출함으로써 헌법해석권 오용의 사악한 선례를 남겼다. 헌법재판소는 '서울은 대한민국의 수도다'라는 명제가 헌법적 명제라는 것을 정당화하기 위해, 이를 '관습헌법'이라고 규정했다. 따라서 행정수도를 서울에서 이전하려면 "관습헌법도 헌법의 일부로서 성문헌법의 경우와 동일한 효력을 가지기 때문에, 그 법규범은 최소한 헌법 제130조에 의거한 헌법 개정의 방법에 의하여만," 즉 헌법 제130조 2, 3항에 따라 "국회 재적의원 3분의 2 이상의 찬성에 의한 국회의 의결을 얻은 다음, 국민투표에 붙여

---

6) 대통령의 직무 수행에 대한 헌재의 이런 결정을 그대로 따라야 한다면, 2006년 5월 지방 선거를 앞두고 노무현 대통령이 여야 원내대표들을 청와대에 초치하고, 특히 이재오 한나라당 원내대표 앞에서 김한길 열린우리당 원내대표에게 사학법 재개정을 권유한 것도 헌법 수호 의무를 명백히 위반한 것에 해당한다.

국회의원 선거권자 과반수의 투표와 투표자 과반수의 찬성을 얻어야 한다"고 판결을 내렸다.[7] 헌법재판소 재판관들은 관습헌법이 현행 성문헌법과 똑같이 '헌법적으로 중요한 기본적 사항'을 담보한다는 것을 입증하기 위해 그 사항에 관한 관행 및 관례의 존재, 반복·계속성, 항상성, 명료성, 국민적 합의 등 다섯 가지 요건을 제시했으나,[8] 그것들은 설득력이 거의 없었다.

간단하게 말해, 이 다섯 요건을 모두 충족한다고 하더라도 헌법적 기본 사항이 될 수 없는 요인이 한두 가지가 아니었다. 그리고 무엇보다 그들은 성문헌법의 운용에서 가장 중요한 요건, 즉 헌법으로서 성립하기 위해 결코 배제할 수 없는 '헌법 구성적 절차성'은 전적으로 배제했다. 그리고 성문헌법 국가에서 관습헌법 개념은 불필요하다고 이미 20세기 중반에 결론난 헌법학계의 통설[9]은 차치하고라도, 이들은 관습헌법 국가에서 헌법을 개정할 때 자신들이 제시한 절차를 밟지 않는다는 사실조차 고려하지 않음으로써 자신들이 내세운 주요 근거를 제대로 이해조차 못한 것이다(관습헌법 국가들에서 헌법을 개정할 때 의회 재적의원 3분의 2 이상의 찬성과 국민투표를 거친다는 얘기를 들어본 적 있는가?).

서울과 수도권에서 행정수도를 이전한다는 정책이 적실한지 여부를 떠나, 이 문제에 관한 헌법재판소의 판결은 앞의 탄핵안 판결과 마찬가지로 대중 여론을 보고 그대로 좇으면서 급조된 "논리적 모순에 가득 찬 논거"[10]에 기대고 있다. 행정수도 이전 문제에 별다른 관심이 없던 이들도 헌법재판소의 기묘한 논변에는 극도의 혐오감을 표시했다.[11] 결론적

7) 헌법재판소 2004. 10. 21, 2004헌마554·566(병합).
8) 같은 판례.
9) 김상겸 「성문헌법 국가에 있어서 관습헌법의 의미에 관한 연구」, 『헌법학연구』 11권 1호, 295~315면.
10) 같은 글.

으로, 헌법의 이름을 빙자한 이 불건전한 판결에 저항하지 않으면 안된다는 생각이 전면화하기 시작했다. 그것은 대한민국 헌법재판소에 '헌법적 위상에 걸맞는 논변 능력'이 없다는 또 하나의 증거이기도 했다. 그것은 헌법이 보장한 권력에 기대어 헌재가 전 국민을 정신적으로 모욕한 것과 다름없었다. 그럼에도 불구하고 현행 헌법상 그것을 받아들일 수밖에 없다면, 현행 헌법의 권력 운용 구조에 파행성이 내재한다고 봐야 할 것이다.

사법독재와 미숙한 사법화의 갈등 정치

현행 헌법의 도입과 더불어 1988년 9월 1일 설치된 헌법재판소 활동 20여년의 공과는 그 판례를 중심으로 총체적이면서도 면밀하게 연구해 보아야 할 과제다.[12] 그러나 정권의 독재성이 종식되고 정치적 민주주의의 제도적 공고화가 극적으로 진척되면서, 헌법이 규정한 국가기관들 및 현실정치세력들은 권력관계 및 이해관계에서 서로 갈등하기 시작했다. 이런 갈등이 이제 폭력적 대결의 양상을 띠지는 않지만, 정치·경제·사회·문화 등 국가사회 각 분야에 존재하는 헤게모니 자원을 자신들에게로 집중하기 위해 압박적 권위를 동원하기 시작했다.

2004 헌법쇼크는 과거 정당간 갈등에서 흔히 등장하던 상대방에 대한 법적 공격이 드디어 국가권력을 사이에 둔 헌법적 대결로 비화하는 양상을 보였지만, 한 가지 측면에서 과거와는 다른 양상을 보였다. 즉, 한국

---

11) 2004년 10월 26, 27일 이틀에 걸쳐 『오마이뉴스』에 게재된 철학자 김용옥의 「도올 김용옥 특별 기고──신행정수도특별법 위헌 결정을 통박함」은 사흘 만에 독자들의 자발적 원고료 1천5백만원을 모을 만큼 폭발적인 호응을 얻었으며, 결국 2천만원을 돌파했다.

12) 약간은 놀랍게도, 헌법재판소 20년의 평가작업은 아직 헌법학계에서도 제대로 이루어지지 않았다고 한다. 이는 대화문화아카데미 대화모임 '새로운 헌법 필요한가 II'(2006. 6. 8)에서 존경하는 헌법학자인 한양대학교 법대 허영 교수의 전언에서 직접 확인한 것이다.

의 법체계에서 헌법적 차원의 대결은 정치의 전면 정지를 의미한다는 것이었다. 정치는 국회와 청와대를 벗어나 헌법재판소와 거리 시위 양방향으로 찢겨나가고, 헌법재판이 진행되는 동안 정치적 갈등은 헌법에 대한 법리적 해석 문제로 전화하면서 그 사안은 이제 정치 현안이 아니라 단순한 재판사안으로 격하했다. 정치인 스스로가 정치활동을 법적 판단으로 대체하려고 하는 그런 미숙한 정치는 이제 국가를 이끌어가는 지도적 담론장으로서의 기능을 발휘하지 못한다.

그러나 미숙한 정치가 정지된 것이 정치의 정지만을 의미하는 것은 아니었다. 미숙한 정치의 정지는 그나마 국가활동에서 정치활동이 행사하던 일정 정도의 견제 기능 자체가 정지했음을 뜻한다. 정치가 종식되면서 거기에서 처리되어야 할 과제를 넘겨받은 헌법재판소는 현행 헌법의 구조상 그 순간부터 문제되는 사안에 대한 전결권을 갖게 된다. 그리고 이 전결권은 바로 헌법재판소 재판관들이 행사하기 때문에, 그것은 곧 헌법재판관들의 독재권과 다름없다. 문제는, 한정적으로나마 헌법에 의거한 이 독재권이 행사됨으로써 사회적 갈등이 해소되고 국가적 통합이 이루어지는 것이 아니라, 그 자체가 사회적 갈등과 국가적 분열의 빌미를 제공해왔다는 것이다. 다시 말해 한정적으로나마 행사된 사법적 독재권 자체가 대단히 미숙한 논증 능력을 보여주었을 뿐이어서 정치 자체를 대체하는 데 역부족이었다는 것이다. 헌재 판결로 사회적 갈등이 잠재워지기는커녕 오히려 갈등이 장기적으로 증폭된 대표적인 사례가 바로 2004년의 신행정수도특별법 및 2006년의 안마사 직업 맹인 독점에 대한 위헌 판결인데, 이런 미숙한 사법화가 조장한 갈등은 고스란히 다시 새로운 갈등 요인이 되어 국가정치의 부담으로 역류했다.

그런데 이렇게 헌법재판 자체가 사회적 분쟁의 새로운 빌미가 되었다고 하여 헌법재판소 자체를 폐지할 것인가? 개인적으로 필자는 짧지 않은 독일 체류 기간에 독일 연방헌법재판소가 국가활동과 국가목표에 대해 전향적 판결을 내림으로써 국민의, 그야말로 국민의 자유의 폭과 평등의 질을 향상시켰으며, 국가적 통합과 민족 통일의 현실적 가능성을 높이고 국민주권의 원칙이 실질적 내용을 갖게 하는 데 크게 기여하는 것을 체험했다. 독일 연방헌법재판소 판결은 단순한 법리적 재판이 아니라 헌법이 상정하는 정치공동체로서 국가 그 자체의 정치 능력을 향상하기 위한 지표를 설정하는 것이었다. 무엇보다 독일 헌법재판소는 직업적 법관들로만 구성된 것이 아니라 다양한 정치적 의견이 대표되어[13] 반성적 균형을 찾아갈 수 있도록 구성된 통합적 의사소통 및 심의 기관이었다. 게다가 독일 헌법은 한국처럼 일회적 권력체의 권력 독점을 방지하기 위해 경직적으로 운영되는 것이 아니라, 헌법개혁 자체가 수시로 가능한 유연한 구조다. 그러므로 독일의 사례에 비추어볼 때 한국의 헌법재판소가 제대로 작동하자면, 일차적으로는 그것을 가능하게 하는 근거로서 대한민국 헌법 자체가 개혁되어야 하고, 그 다음으로는 헌법재판소 구성이 개혁되어야 한다. 이것은 당연히 현행 헌법의 개혁을 요구하는 일이다.

3. 2002년 개헌의 추억과 '개헌 동력'의 창출

헌법의 개혁이 아니라 헌법의 개정으로서의 개헌은 1987년 이후의 민주화 과정에서 정당정치권의 권력 흥정 수단으로서 대통령선거 때마다 아주 중요한 역할을 해왔다. 1997년 제15대 대통령선거에서 당시 국민

---

13) 독일연방기본법 제94조 【연방헌법재판소 구성】 ① 연방헌법재판소는 연방법관과 그밖의 구성원으로 조직한다. 연방헌법재판소의 구성원은 연방의회(Bundestag)와 연방평의회(Bundesrat)에 의해 각각 반수씩 선출된다. 연방헌법재판소의 구성원은 연방의회, 연방평의회, 연방정부, 그에 대응하는 주의 기관에 소속할 수 없다.

회의 김대중 후보와 자민련 김종필 후보는 내각책임제 개헌을 고리로 하여 DJP연합을 결성함으로써 호남권과 충청권 표를 결집하는 데 성공했다. 2002년 대통령선거에서도 정파간의 세력 연합을 위해 개헌론이 제기되었지만 가시적인 성과는 없었다. 하지만 각 후보들이 권력 분산을 핵심으로 하는 정치개혁에 얼마나 진정성을 가지고 있는지를 국민에게 보여주는 척도로서 개헌은 중요한 선거운동 수단이 되었다. 당시 개헌은 대선 후보들이 공통으로 내세웠던 정치 관련 대선공약 1호였다.

2002년 10월의 대선 운동 기간에 최고 이슈는 후보단일화 문제였다. 당시 노무현–정몽준 후보 간의 협상에서 가장 큰 현안은 분권형 개헌이었다. 내각제 개헌으로 다시 한번 선거판에 끼려던 자민련 김종필 총재의 낡은 카드까지 염두에 두면, 2002년 대선에서 정치권의 최대 관심사는 사실상 국민의 관심사와는 동떨어진 권력구조 변경을 둘러싼 개헌 문제였다. 그리고 2002년 12월 8일 선거를 열흘 앞두고 당시 한나라당 이회창 후보는 "극비리에 준비해온" 특별 기자회견을 열어, "정치개혁의 주도권을 잡기 위한 승부수 성격"의 공약을 제시했다. 그 핵심은 '임기중 개헌 마무리'로서, "4년 중임제, 내각제, 현 제도 유지 등 모든 가능성에 대해 국민적 논의를 거쳐 합의를 도출하고 개헌으로 인해 필요할 경우 임기중 일부도 포기하겠다"는 결의였다. 이 회견의 중요성과 후보 개인의 비장함은 "집권하면 자신의 전 재산을 헌납하겠다"는 것에서도 나타났는데, 그것은 "이 후보가 직접 회견문 안에 포함시킨 것으로 실무자들도 사전에 몰랐다."[14]

그런데 2002년 당시 이회창 후보는 어느 면에서 개헌 언급을 아주 늦게 한 편이었다. 그보다 바로 1년 전인 2001년 12월 22일 당시 한나라당

---

14) 「선택 2002 D–10, 이회창 후보 회견──"비리 연루 땐 즉각 퇴진"」, 『동아일보』 2002년 12월 9일자.

내 소장파 의원 모임인 미래연대의 오세훈 공동대표는 "개헌 필요성에 대한 의원들의 공감대를 확보한만큼 이제 개헌론의 불씨를 지필 때"라고 발언했다. 당시 오세훈 의원의 개헌 발언을 보도한 기사에 따르면, 그는 "대선을 1년여 남긴 지금이야말로 1인에게 집중된 권력구조를 개편할 적기"며, "아무리 소신파라 해도 총재가 선뜻 환영하지 못하는 사안을 강하게 주장하긴 힘들다"면서 "어렵게 문제를 제기한만큼 이 문제를 공식적으로 활성화해나가겠다"고 강조했다. 그리고 미래연대는 2002년 1월 말이나 2월 초 선거법 개정에 관한 공청회를 개최할 계획임을 밝혔다.[15] 급기야 2002년 5월 17일 한나라당 국가혁신위원회는 최종 보고서에서 이회창 후보가 집권할 경우 차기 정부 임기 안에 권력구조 개편을 포함해 전면적인 개헌을 논의할 것이라고 밝혔다. 혁신위는 전면적인 개헌과 관련해 4년 중임제와 정·부통령제, 내각제뿐만 아니라 대통령의 사면권 행사 제한, 감사원의 국회 이관, 선거제도 변경, 국무총리제 존폐 여부를 모두 검토해 차기 정권 내에 헌법을 둘러싼 논쟁을 마무리 지어야 한다고 강조했다.[16]

대선 직후 노무현 대통령 당선자는 민주당에 설치될 개혁특위와는 별도로 대통령직 인수위원회 정무분과에 '정치개혁연구실' 설치를 지시하고, 자신이 선거 과정에서 밝힌 정치개혁 관련 공약, 즉 중·대선거구제와 정치자금 투명성 제고, 선거공영제 확대, 개헌 등 정치제도 전반의 문제점을 검토해 정치권에 제안할 개혁 초안 구상 임무를 맡겼다. 여기에서 핵심은 노무현 당선자가 2004년 총선 이후 다수당에 총리 지명권을 주고, 2006년께부터 개헌논의에 착수하겠다고 밝힌만큼, 분권형 4년 중임 대통령제로의 권력구조 개편안을 구체화하는 방안이라는 것이었

15) 「"개헌론 불씨 지필 때", 오세훈 의원 주장」, 『한국경제신문』 2001년 12월 24일자.
16) 「한나라 "집권 땐 전면 개헌 검토"」, 『동아일보』 2002년 5월 18일자.

다.[17) 대선 기간 내내 개헌에 회의적이었던 보수 언론들도 노무현 후보가 당선된 후에는 입장을 확연하게 바꾸었다. 대표적으로 조선일보는 사설에서 대통령 권력의 분할을 역점적으로 강조하면서 개헌 담론의 이슈화에 서둘러 나섰다. 조선일보는 "대선에서의 승자가 모든 것을 독식하고 패자는 철저히 배제되는 지금의 권력구조에서는 정파간의 첨예한 대립과 갈등을 피하기가 대단히 어렵다는 사실은 지난 경험에서 수없이 확인됐고" "현재의 '제왕적' 대통령제를 어떤 방법으로든 개선해야 한다는 데 대해서는 이미 광범위한 공감대가 이루어졌다"는 것이 "지난 대선에서도 확인"되었다고 주장했다. 이 사실을 전제로 조선일보는 "그것이 대통령 한 사람에게 지나치게 집중된 권력을 내각으로 분산하는 분권형 대통령제가 됐든 아니면 아예 내각이 권력의 중심에 서는 내각책임제가 됐든" "여러 정치적·사회적 이익주체들이 국민 지지의 정도에 따라 권력과 책임을 분점하는 여러 가지 유형과 모형의 대안들에 대해 깊이 있는 비교 검토를 해볼 만한 싯점에 이르지 않았나 하는 생각"이라고 하면서, "개헌문제의 제기 싯점은 더 신중히 검토하되, 논의의 방향과 범위에 대해서만은 폭넓게 여론을 수렴하는 열린 자세가 필요하다"고 언명했다.[18)

그러나 민주노동당을 제외하고 이렇게 2002년 대선에 참여했던 모든 정파들과 보수 언론까지 개헌을 약속하고 기대했음에도 불구하고, 2004년 대통령 탄핵과 17대 총선 그리고 2005년 집권당 지지기반 와해 국면에서 개헌은 정치권의 주된 관심사에서 밀려났다. 2005년 7월에 대통령의 돌발적인 대연정 제안은 그나마 정치권 일각에서 조심스럽게 제기되거나 준비되던 산발적 개헌논의들을 모든 정치 담론에서 일거에 멀어지

---

17) 「중·대선거구제 등 공약 구체화 연구」, 『문화일보』 2002년 12월 30일자.
18) 「개헌논의에 열린 자세를」, 『조선일보』 2002년 12월 28일자.

게 만들었다. 참고로 대통령의 대연정 제안 직후까지 개헌과 관련하여
정치권에서 논의되던 개헌 담론 지형은 다음 표와 같다.

표 1 개헌과 관련한 정당정치권의 논의 지형(2005년 9월 현재)[19]

	대통령	열린우리당	한나라당	민주노동당
개헌	대통령 4년 중임제			• 대선 결선투표제 • 영토조항 재검토 • 사회적 소수자의 권리 보장 등 검토 필요 영토조항 재검토 • 사회적 소수자의 권리 보장 등 검토 필요
	정·부통령제, 이원집정부제, 의원내각제, 양원제 (의원 개인에 따라 이견 있음)			
연정	• 지역구도 문제 해결에 동의한다면, (내각제 수준으로) 대통령의 권력 이양 검토 • 새로운 정치문화가 전제되면, 2선 후퇴 및 임기 단축도 고려	• 선거구제 개편으로 연정논의를 대체키로 함 • 대통령과 만찬 후 연정 검토론 다시 부상 중·대선거구제, 권역별 정당명부식 비례대표제 도입	• 연정불가 • 내각제반대 • 선거구제 개편 시기상조, 지역구도 해소 불가능 (노무현-박근혜 회담에서 행정구역 재편을 제의할 것)	• 연정불필요 • 선거구제 개편 논의는 별도진행 • 독일식 정당명부 비례대표제도입
추진 일정 및 당내 논의	• 당선 직후, 2006년 초에 논의를 시작해서 연말에 마무리하겠다고 공약 • 박근혜 대표와의 회담에서는 개헌논의를 안 꺼낼 전망	• 현 싯점은 시기상조 (전병헌) • 열린정책연구원 개헌연구TFT를 4월부터 가동	• 내년 후반기 이후 논의(강재섭) • 당내 개헌 연구팀(주호영,장윤석,진영,나경원,김재원,박재완)을 5월부터 가동	• 연정불필요 • 선거구제 개편 논의는 별도진행 • 독일식 정당명부 비례대표제도입

　　이런 정당정치권의 사정은 한국에서 개헌이 여전히 헌법의 권력구조

---

19) 참여연대 개헌논의 내부간담회 회의록, 2005. 9. 6.

관련 조문의 개정 정도로, 그것도 정치권의 권력 흥정 수단으로 인식됨을 여실히 보여준다. 따라서 한국에서 한 정당 또는 정당정치권, 아니면 특정 정파와 연관되었다는 의혹을 받는 세력체 등이 개헌 담론을 제기하면, 그것은 거의 즉각적으로 특정 권력자, 특정 권력의 의도에 따라 혹은 특정 권력의 이익을 위해서라고 의혹을 받는다. 다시 말해 그동안 여야를 막론하고 선거와 연관된 권력 흥정 수단으로 개헌 담론을 무차별적으로 동원한 결과, 이제 정치권 어느 누구의 개헌 발언도 정치적 신뢰를 얻지 못하게 되었다. 결과적으로 정당과 정당이 서로 불신하고 국민이 정당권 전체를 불신함으로써, 정치권에서 개헌 동력이 제대로 창출될 수 없는 구조가 고착하고 말았다. 개헌문제로 한국정치는 '정치 실패'의 또한 사례, 그것도 총체적 실패의 사례를 추가하게 되었다. 왜냐하면 2006년 현재 한국 정치권에 개헌에 관해 입이라도 벙긋할 수 있는 정치인은 여야 막론하고 전혀 없기 때문이다.

4. 권력체들의 배열도와 시민적 헌법개혁

개헌 그리고 개헌 동력의 창출에 있어 한국정치가 총체적으로 실패한 가장 근본적인 원인은 한국 정당정치권의 편협한 헌법관, 즉 헌법을 대통령이나 국회의원 선거 관련 법의 근거법 정도로만 보는 시각에 있다. 그러나 헌법은 적어도 한 주권국가 안에 존립하면서 국가적 위상을 갖는 모든 형태의 권력이 어떤 식으로 작동하는지를 모범적이면서도 최종적으로 보여주는 규범적 지표의 구실을 한다. 이렇게 헌법을 중심에 두고 1987년 이후 한국의 국가정치에 작용한 국가적 비중을 갖는 권력들을 헤아려본다면, 전통적으로 삼권분립의 당사자로 상정되어온 입법, 행정, 사법의 '헌법적 국가기능권력'이 있고, 앞에서 비판적으로 언급한 헌법재판소라는 '헌법적 국가규제권력'이 새로이 등장했을 뿐만 아니라, 헌법 이전에 헌법 구성 근거로 존립하는 국민주권을 모태로 하여 자신의 생활관심들을 관철해나가는 '헌법적 탈국가권력' 또는 '헌법적 시민권력' 등이 실효적으로 작동한다. 그리고 헌법의 실효성을 전제로 그 시야를 국가차원이 아니라 지구 차원으로 확대해보면, 대한민국국가활동에 영향을 미치려고 하는 권력들이 거시적으로 적어도 셋은 넘는다.

그중 가장 현격한 것은 주권국가의 주권이나 헌법적 규제를 지극히 부차적인 것으로 간주하면서, 오직 이윤 극대화를 목표로 작동하는 자본주의적 세계시장 그리고 그 구성 분자들이 국가 내에 존립하는 국내시장을 겨냥하여 행사하는 시장권력이다. 헌법과의 관련에서 보면, 시장권력은 명백히 주권과는 독립된 위치에서 헌법을 우회하는 행태를 보인다. 그 다음에 대한민국의 국가 활동에 영향을 미치는 중요한 권력 현장들로는 다른 주권국가들 및 그들과의 관계로 구성된 국제영역이 있는데, 이 영역은 원칙적으로 주권을 상호 존중하는 평등한 관계로 상정된다. 마지막으로 이 두 분야의 대척점에 서서 활동적 자립성을 획득해가는 지구시민사회가 있다. 헌법적 실효성의 관점에서 볼 때, 이 지구시민사회는 국가와 국민의 주권을 우회하거나 경시하지 않으면서도 주권과는 작동 원칙을 달리하고, 시장의 이윤 원칙을 강하게 견제하는 탈주권·탈시장의 세계시민권리 또는 인간권의 원칙에 따라 운동한다.

따라서 헌법적 권력관에 입각하여, 대한민국 내외에 존재하는 주요 권력체들의 포진도를 그려보면 다음과 같다.

표2 국가 내외에 존재하는 주요 권력들의 교착도

세계시장	국가간(국제)영역지구	시민사회
(주권 우회)	(주권 상호 존중)	(탈주권의 세계시민권)

대한민국 헌법

국가권력

헌법적 국가규제권력: 헌법재판소

헌법적 국가기능권력: 입법－행정－사법

전前 헌법적 탈국가권력 또는 헌법 구성적 시민권력

헌법 이탈적 시장권력

　현대 헌법의 일차적 관심은 분명히 국가와 국민의 권력관계를 합당하게 규율하는 권력 작동 형태를 제시하는 데 있다. 현대 헌법의 필수규정인 권력분립은 현대 민주주의국가 권력의 가장 원시적 작동 형태로 간주된다. 그런데 국가와 국민의 권력관계에서 단지 국가권력만 존재하는 것이 아니므로, 국가를 유지하고 운영하는 최고 원칙인 헌법에 실존하는 권력에 대한 원칙적 규정을 담는 것은 너무나 당연하다. 따라서 헌법 개정의 문제를 오직 국가권력문제에 국한하는 정당정치권의 권력관 및 헌법관은 세기 초 이 나라를 운영하는 데 필요한 정치적 시야를 실효성 없는 수준으로 좁혀버렸다. 그러므로 만약 이 나라 현행 헌법을 개혁하려고 한다면, 바로 이와 같이 낡은 관점을 헌법적 비중에 걸맞은 새로운 관점으로 전환하는 것이 급선무다.

　그리고 대한민국 헌법이 실효성 있는 개헌 동력을 창출해야 한다면 그리고 앞에서 언급한 대로 대한민국 정당정치권에서 그런 동력이 나올 수 없다면, 너무나 당연하게도 시민사회에서 그 동력을 뽑아낼 수밖에 없을 것이다. 이 시민사회는 헌법 이전의(전前헌법적) 실존체이면서 헌법 구성적 권력을 갖고 있다. 자신이 구성한 헌법질서 안에서 시민사회는 국가기구들로 구성된 국가영역과는 일정 정도 구분되어 있고, 시장과 얽혀 생활세계를 꾸려나간다. 그러므로 시민적 헌법개혁은 헌법 구성권력인 국민의 생활 실체라 할 수 있는 시민이 나서서 헌법 구성권력을 발동하는 것이다. 따라서 시민적 헌법개혁의 형태와 방식은 정당정치권이 관심을 가져온 국가권력 취득 방식에 국한되지 않으며, 그와 관련된 몇몇 조문을 수선하는 정도의 헌법 개정(amendment of constitution)과는 다를 수밖에 없다.

국가활동의 비전 설정과 '헌법개혁'

국가 미래의 기획으로서의 헌법

앞에서 언급한 대로 헌법의 일차적 의의는 국가권력을 비롯하여 그 대상이 되는 정치공동체, 즉 국가의 지배 범위 안에 현존하는 각종 권력들을 규제하는 원칙과 모범적 운영 형태를 제시하는 것이다. 그러나 그에 못지않게 중요한 것, 어쩌면 가장 중요한 것은 현재와 미래에 그 국가가 추구하는 가장 바람직한 모습에 대한 국민적 합의를 기획하는 것이다. 한 국가의 헌법은 그 국가의 구성원이나 외부의 관찰자가 읽었을 때, 그 국가 안에서 자신이 어떤 생활을 할 수 있으며, 이 지구세계 안에서 그 국가가 궁극적으로 어떤 모습으로 존립할지를 분명히 알 수 있게 해주어야 한다. 즉, 국가 정체성의 가장 명료한 표현이라야 한다는 것이다. 만약 헌법이 이런 요건을 구비해야 한다면, 현행 헌법과 관련하여 하나의 질문을 던질 수 있다. 즉, 지금의 이 헌법을 보면 21세기 대한민국의 비전이 보이는가? 다시 말해, 1987년 10월에 개정되어 현재까지 이어져온 현행 대한민국 헌법을 보면 우리는 과연 21세기 대한민국의 모습과 우리 후손의 삶을 그려볼 수 있는가?

헌법은 단순한 권력규범이 아니라 한 국가가 정치공동체로서 추구해야 할 공동의 비전을 보여줘야 한다. 프랑스 혁명의 「인간과 시민의 권리 선언」 이래, 현대 국가의 중심축이었던 헌법에는 언제나 이미 실현된 현실을 넘어 미래의 기획이 담겨 있었다. 헌법은 본질적으로 거기에서 규정된 규범을 준수하면서 공동의 것으로 제시된 목표를 추구하는 국가 미래의 기획이다.

그렇다면 2006년 현재의 대한민국 헌법은 어떤 미래를 보여주는가? 그것이 21세기 전체를 내다보면서 단지 국민적 이해관계뿐만 아니라 세계시민적 요청도 고려하고 있는가? 다시 말하면, 이 지구상의 한 주권국가로서 대한민국이 수행해야 할 '세계 경영' 및 '세기 경영'의 비전을 담고 있는가?

87년 헌정체제의 낙후성

1987년 10월에 개정된 현행 87년헌법은 바로 이어질 민주화 국면을 주도할 정치구조를 마련하기 위해, 군사독재 기간에 사실상 기능이 정지된 '정치영역'을 국회를 중심으로 부활했다. 그런데 이 정치영역은 결과적으로 지방 정치권을 부속으로 거느린 의회 정치권의 모습을 띠었고, 군사독재 기간에 국가와 사회 각 분야에 형성되어온 '수구·보수 세력'에 의해 상당 부분 선점되어버렸다. 이렇게 한국국가의 정치영역은 수구·보수 세력이 선점하고 민주화 세력이 상당한 지분을 갖고 들어간 87년 헌정체제 안에서 작동하기 시작했다. 이들은 공통적으로 진보적 요구를 급진적으로 제기하는 시민대중층을 일정선 안에서 조정하려고 의도했다. 그들이 그렇게 할 수 있었던 가장 큰 힘은, 25년 동안 거의 베일에 가려 접근이 극도로 제한되었던 국가 통치권역의 사정과 생리를 일반대중보다 훨씬 속속들이 알았다는 것에서 비롯되었다.

1990년대 중반기부터 비로소 시민사회가 활성화하고 그와 더불어 정보사회화가 진척되면서, 시민적 자각에 걸맞는 또렷한 사회의식이 조형되기 시작했다. 이렇게 시민사회가 관료나 정치인 못지않은 전문성과 문제의식으로 국가 통치권역을 감시하면서, 87년체제가 남긴 시민혁명의 공백을 선진적 사회 역량으로 메울 공적 영역이 활성화됐다. 따라서 정치영역의 가동과 공적 영역의 활성화 사이에는 10년 남짓한 시차가 있었는데, 시민사회에서 자생적으로 성장한 공적 영역이 정치영역을 따라잡기 시작해 이 시차가 좁혀졌다. 그러면서 시민적 역동성을 전혀 고려하지 않던 87년 헌정체제의 한계가 드러나기 시작한다. 앞에서 언급한 대로 2004년 헌법쇼크의 정점이었던 헌법재판소가 필요 이상으로 비대해진 사법권력을 행사하게 된 것은, 공고화된 민주주의 틀 안에서 급성장한 공적 영역의 시민적 정치 역량이 국가의 활동 역량으로 이어지지 못했고, 이에 따라 국가권력권 안에 시민적 견제 장치가 마련되지 못해 나타난 일종의 풍선효과인 셈이다. 바로 이 때문에 21세기 초반 현재의 대한민국은 아시아에서 가장 활성화된 시민사회와 가장 역동적인 정치적 역량을 보유했으면서도, 이런 활동력을 정치적 의사 결집이나 경제성장 동력의 창출로 연결하지 못했다. 정치적·국가적 미숙함에서 벗어나지 못한 것이다.

그렇다면 20년간의 민주화를 거치면서 드러난 87년 헌정체제의 중대한 한계는 무엇일까? 그것은 87년 헌정체제가 군부독재 청산이라는 현안을 목전에 둔 정치적 상황에서 '원시민주주의'를 통해 '한 국민국가의 민주화', 즉 '일국민주주의'를 조기에 달성하는 것을 목표로 한 경과적 규준(transitional prescrip-tion)이었다는 사실에 기인한다.

1987년 10월 개헌안 국민투표를 앞두고 선거관리위원회가 국민투표 공보로 배포한 헌법 개정안의 '개정 이유'는 87년헌법의 체제적 골격을 여실하게 드러낸다.

우리는 1948년 7월 17일 대한민국 정부 수립의 기초가 된 헌법을 제정·공포한 이래, 8차에 걸친 헌법 개정을 경험하였다. 이제 제12대 국회의 여·야 의원은 지난 39년간 겪은 귀중한 헌정사적 교훈을 거울삼고 우리 국민의 창의와 근면으로 이룩한 경제성장과 더불어 꾸준히 변화·성숙되어온 민주 역량과 다양화된 민의를 폭넓게 수용하여 대한민국 헌정사의 새로운 장을 여는 합의 개헌안을 제안함으로써 국민 모두의 동의와 자발적 참여를 바탕으로 자유민주주의 이념과 체제를 더욱 확고히 계승·발전시키고 조국의 평화통일 기반을 공고히하여 세계 속에 웅비하는 2천년대의 새 역사 창조에 획기적인 계기를 마련하고자 한다. 지난 제12대 총선 이후 우리 국회는 개헌문제를 둘러싸고 갈등과 대립 그리고 혼란을 거듭하기도 하였으나, 마침내 국민 대화합을 이룩하여 우리 역사상 처음으로 여·야 합의에 의하여 대통령직선제의 헌법 개정안을 제안할 수 있게 되었다. 이 헌법 개정안은 여·야 정당간에 합의된 내용을 기초로 하여 국회 내의 모든 교섭단체 대표 등이 참여한 헌법개정특별위원회에서 만장일치로 기초·성안한 것을 그대로 제안하는 등 국민적 합의를 도출하는 데 필요한 모든 절차를 거친 것으로서 참다운 민주화 시대의 전개를 향한 국민적 여망과 정치인의 시대적 사명이 함께 담긴 것이다.[20]

이 개정 이유문을 보면, 87년헌법이 과연 6월항쟁의 직접적 소산인지 아닌지를 전혀 알 수 없다. '국민'은 단지 '여야 정치권'이 그 욕구를 반영해주어야 할 피동적 객체로 상정되었으며, 87년헌법의 성격은 국가 권력구조 하나로 집약되었고, 그 헌법에서 부과하는 국가적 과제에 관해서는 '정치인'이 주 담당자로 설정되었다. 한마디로 87년헌법은 철저하게 대

---

20) 선거관리위원회 『국민투표공보 〈헌법개정안〉』, 1987, 3~4면. 강조는 필자.

통령직선제를 기축으로 한 채, 국민을 일단 관중으로 설정한 후 '독재 이후 국가'의 '정치인 과두체제'를 설계한 것에 불과했다. 그러면서 당시 개정 헌법의 주요 내용은 다음과 같이 부각되었다.

이 헌법 개정안의 주요 내용은 다음과 같다.

첫째, 대통령직선제의 채택으로 국민의 직접선거에 의한 정부 선택을 보장함과 아울러, 대통령단임제에 의한 평화적 정권 교체의 전통을 계승, 확립함으로써 민주국가 발전의 기틀을 더욱 확고히 하였다.

둘째, 대통령의 비상조치권, 국회해산권의 폐지를 통하여 대통령의 권한을 합리적으로 조정하고, 국정감사권을 부활하는 등 국민의 대표기관인 국회의 권한을 강화하여 그 기능을 활성화함으로써 국가권력의 균형과 조화를 도모하였으며, 법관의 임명 절차 개선과 헌법재판소의 신설 등을 통하여 사법권의 독립을 실질적으로 보장하고 헌법의 실효성을 제고하였다.

셋째, 구속적부심사청구권의 전면 보장, 형사보상제도의 확대, 범죄 피해자에 대한 국가구조제 신설 등 국민의 신체와 생명에 대한 보호를 강화하고, 언론·출판·집회·결사에 대한 허가·검열의 금지 등 표현의 권리를 최대한 보장하며, 노동삼권의 실질적 보장과 최저임금제의 실시 등 근로자의 인간다운 생활을 할 권리를 확충하여 기본적 인권을 대폭 신장하였다.

넷째, 경제질서에 관하여는 자유경제체제의 원리를 근간으로 하면서 적정한 소득의 분배, 지역경제의 균형 발전, 중소기업과 농·어민 보호 등을 통하여 모든 국민의 복리를 증진시키고, 국민생활의 기본적 수요를 충족시키는 사회정의를 실현하도록 하였다.[21]

여야 합의에 의해 운영되던 당시 국가영역이 스스로 요약한 이와 같

---

21) 같은 책 4면, 강조는 필자.

은 87년헌법은 발전된 민주주의국가의 자기규정이라기보다는 마치 지금 막 절대왕조체제에서 벗어나 과도기를 꾸려나가는 정치세력들 간의 임시 권력 협정 같은 내용으로 가득 차 있다. 헌법 개정의 핵심은 국가 권력구조의 재편이었는데, 대통령의 권력과 권한을 되도록 억제하는 선에서 대통령 직을 정치세력들이 차례대로 점유하는 것을 약정하는 듯한 인상을 주는 대통령 직선 단임제, 몽떼스끼외 시절의 아주 원초적인 삼권분립론에 입각하여 급속하게 분화하는 사회상황에서 입법부와 사법부가 어떤 역할을 해야 하는지는 고민하지 않은 채 그 권한의 재배분 등이 골자로 다뤄졌다. 87년헌법은 고도의 시민 행동을 원동력으로 탄생했음에도 불구하고, 민주주의 기초 단계에 불과한 원시민주주의적 의식 아래 권력구조를 설계했다.

이것은 국민의 권리 부분에서도 마찬가지다. 87년헌법은 국가 소속원인 시민에게 자기 생활의 발전을 적극적으로 도모할 수 있을 정도로 광범한 기본권을 보장해주는 것이 아니라, 그야말로 아주 기초적인 기본권, 즉 생명과 신체에 직접적으로 관련되거나 가장 단순한 의사 표출 그리고 최저 생계유지에 필요한 노동의 권리 정도로 규정하는 데 그쳤다. 다만 경제질서 부분에서는 참으로 현격하게도 자유시장질서를 사회정의 원칙에 맞게 규제한다는 사회적 시장경제의 원칙이 선진적으로 제기되었다.

앞의 개정 이유문에서 주어를 중심으로 술어부 귀속어를 배치해보면, 다음과 같이 헌법 제정권력 내부의 모순적 분리 즉 헌정체제 성립의 원동력인 국가시민권과 헌법 작성 주체인 정치권이 확연하게 분치되는 형세가 나타난다.

표 3 87년 헌정체제 성립의 모순적 세력구조

시민사회의 잠재력 성장 경제성장 민주역량	헌정체제의 원동력 1987년 6월항쟁을 주도한 국가시민의 발전된 민주국가에 대한 열망	헌법 작성 주체 여·야 정치권의 합의 개헌안	• 원시민주주의(〈표4〉 참조) - 원시적 삼권분립에 입각하여 권력 견제를 중심으 로 한 권력 운용체제 정비 - 초보적 기본권의 확정과 인간권에 대한 약간의 진 전된 이해 - 생활의 질을 내재적으로 보장하기 위한 민주적 경 제 운용 원칙 도입 - 전반적으로 국가적 차원의 민주화 지향 - 사실상의 정치인 국가
			• 정치인의 시대적 사명 - 자유민주주의 이념과 체제의 계승과 발전 - 참다운 민주화 시대의 전개 - 조국의 평화통일 - 세계 속에 웅비하는 2천년대

한마디로 1987년의 헌법 조문들을 그 자체만 놓고 보면, 박정희 유신 체제를 끝장낸 1979년 10월의 부마항쟁이나 한국 민주주의를 질적으로 도약시킨 1980년 5월의 광주항쟁 그리고 1987년 6월의 국민항쟁은 마치 일어나지도 않았던 것처럼 명시적 기술에서 제외했다. 항쟁의 추억은 '정치인 국가' 성격의 87년체제에서 수사로도 등장하지 않았다.

그러나 1990년대 이후에 국가 차원에서 전개한 일련의 정치적 과정과 사회경제적 변화를 보면, 정치인들이 극히 수사학적으로 설정한 '세계 속에 웅비하는 2천년대'의 주 동력은 사실상 1970년대 말에서 1980년대 중반에 걸쳐 민주화 과정을 공동으로 조형하면서 자신들의 존립 형태를 시민으로 정형화한 대한민국사회의 저변층에서 나올 수밖에 없다는 것이 점차 분명해졌다. 다시 말해서, '21세기 초 현재의 대한민국 시민'은 상당 부분 '1987년 시민항쟁까지의 그때 그 국민 또는 민중(둘 다 영어로는 people이다)'에서 진화되어 나왔다는 것이다.

〈표3〉에서 필자가 원시민주주의라고 규정한 87년 헌정체제의 기조

표 4 87년 헌정체제의 기조와 내용 요소

87년 헌정체제의 기조	내용 요소
I. 국가권력 권력 견제 중심의 권력 운용체제 정비	• 국가의 최고 권력체인 대통령과 국회의원의 직선제를 핵심으로 한 '선거민주의'. 이때 '선거'는 '무력'으로 정권을 찬탈할 기회를 원천 봉쇄한다는 의미에서 가장 민주주의적인 권력 창출 방식으로 이해된다.
	• 국가 기능권력의 세 분야인 입법, 사법, 행정의 '권력분립' 및 입법부에 의한 대통령 견제 기능 강화와 독재성이 강한 대통령의 권한 대폭 삭제
	• 입법부의 권한 확대와 각종 행정 견제 기능 부여로 정치 능력을 활성화하고 지방자치제 도입을 예견하면서 정당의 기능을 재생함으로써 독재 정권 기간에 완전히 사장되었던 국가적 차원의 '정치영역' 재가동
	• 사법권력에 대한 무관심한 손질 및 헌법재판소 설치를 통한 국가 견제 권력의 내장과 방치
	• 군부권력의 대폭 축소를 통한 민주헌정의 헌법적 기반 강화
II. 국민의 기본권 초보적 기본권 확정과 인간권에 대한 약간의 진전된 이해	• 독재정권하에서 빈번히 압살당했던 신체적, 정신적 차원의 기본권 보장 강화. 이는 인권의 진화 측면에서 그 제1세대 기본권이 비로소 헌법적 권리로 최종 확인되었다는 뜻이다.
	• 노동삼권에 대한 제약을 대폭 완화함으로써 사회적 기본권의 초보적 전제요건 확보
	• 여성, 노인, 청소년, 재해 피해자 등 소수자의 사회적 기본권에 대한 초보적 인식 확보
	• 환경권을 기본권으로 선언적 도입
III. 국민생활 내실화 생활의 질을 내재적으로 보장하기 위한 민주적 경제 운용 원칙 도입	• 정치 민주화에 상응하는 경제 민주화의 원칙 아래 국가경제 운용
	• 경제성장이 사회성장으로 전환될 수 있는 규범 인식적 당위성
	• 사회적 효용성을 관철하는 범위 안에서 국가 토지 이용 원칙 명시
IV. 전반적으로 '국가적' 차원의 민주화(즉, 일국민주주의) 및 사실상의 정치인 국가 지향	

와 내용 요소들을 요약 정리하면 〈표 4〉와 같다.

'21세기 도전'의 양상과 그 헌법적 연관성

선거 혼선과 한국 정당정치의 취약성

그러나 87년 헌정체제의 진정한 문제는 헌법 때문에 과거 시민혁명의 동력이 무시되었다거나 현재의 헌법쇼크에 제도적 토양을 제공했다는 데 있지 않다. 또 이 싯점에 개헌을 논의해야 할 필요성으로 흔히 주장되는 바처럼, 선거가 국가정치 측면에 야기하는 혼선 문제도 아니다.

일단 선거 혼선에 대해 얘기하자면, 지난 민주화 20년 동안 5년 주기의 대통령선거, 4년 주기의 국회의원 총선거 그리고 4년 주기의 지방자치단체선거 등이 거의 1년 반 시차로 엇갈려 실시되면서 중앙정부 및 지방자치단체가 일관되게 정책을 집행하는 데 난항을 겪어왔다는 점이 집중적으로 부각된다. 이것은 특히 시민사회 측에서도 일정 부분 공감하는 것인데,[22] 참여정부 중반기에는 대통령까지 나서 빈번하면서도 엇갈려 실시되는 선거의 파행성을 부각하기도 했다.[23] 또한 헌법학계에서도 분

---

22) 이것에 명시적으로 큰 비중을 두지는 않지만 실질적으로는 한국 제도권 정치의 상당히 절박한 문제로 누차 지적해온 이로는 박명림 교수가 있다. 박명림 「한국 헌법과 민주주의—언제, 누가, 무엇을, 어떻게, 왜, 무엇을 위해 바꿀 것인가」, 『민주화 이후, 한국 헌정 구조 개혁의 방향과 과제』, 민주노동당 월례 포럼(2005. 2. 25), 4면 ; 박명림 「한국 헌법과 민주주의—무엇을, 왜, 어떻게 바꿀 것인가」, 『87년체제의 극복을 위하여—헌법과 사회구조의 비판적 성찰』, 창비·시민행동 공동 씸포지엄(2005. 7. 15), 44면, 52면 참조.

23) 2006년 2월 26일 노무현 대통령은 취임3주년을 맞아 청와대 출입 기자단과 북악산 등반을 하면서 "대통령 임기 중간중간에 선거가 너무 자주 있고 선거 변수가 끊임없이 국정 운영에 끼어들어 국정이 너무 혼들리고 있다"며 "선거 때문에 하던 일도 멈추고 바꿔야 된다"고 현 5년 단임제의 비효율성을 지적했다. 이어 임기중에 있는 총선, 지방선거에 대해, "형식적, 논리적으로는 중간평가이지만 제대로 된 업적 평가가 아니라 이미지 평가일 수밖에 없다"고 주장했다. 마지막으로 "(대통령에 대한) 평가와 심판은 한꺼번에 모아서 딱 진퇴를 결정하는 게 적절하다"고 말해, 대안으로 4년 중임제를 염두에 두고 있음을 시

명히 인정하는바 "잦은 선거로 지속적인 국정 운영이 어려우며" "대통령과 국회의원의 임기 불일치로 중간선거가 행해지고 지방선거도 있으므로 국정 운영이 자주 중단되는 문제점이 있다."[24] 그래서 적어도 대통령 임기와 국회의원 임기가 가장 근접하는 2008년을 기해 각종 선거의 주기를 정연하게 재조정하는 것이 바람직한데, 그렇게 하려면 헌법의 권력구조조항을 개정해야만 한다고 반복적으로 지적되어왔다.

물론 대선, 총선, 지방자치단체선거 등 주기가 각기 다른 선거가 파상적으로 교착하기 때문에, 정당이 일관되게 시민 의지(civic will)의 형성체가 되지 못하고 1년 반 주기의 선거 전문집단으로 전락한 측면이 있다는 것은 분명하다. 그러나 필자는 이런 선거 혼선도 부차적인 것에 불과하다고 생각한다. 왜냐하면 이 문제에서 본질적으로 중요한 것은, 헌법의 임기나 잦은 선거 자체가 아니라 한국 정당의 정치적 수준이 낮고 한국 정치에서 정치적 업무 영역이 미분화되었기 때문이다. 과거 우리는 백성들의 민도(民度)가 낮아 본래적 의미의 민주주의를 실현할 수 없다고 말한 적이 있지만, 현재는 정반대로 민도는 급격히 상승했지만 정치의 수준이 낮아 민주주의가 제대로 실현되지 않는 아주 역설적인 상황이다.

21세기 초 현재 한국 정당들은 여야를 막론하고 어떤 정치적·정책적 개성이나 목표의식에 바탕을 둔 '정치정당'이라기보다는 지역 기득권에 의존한 '선거 써클' 수준을 크게 넘어서지 못한다. 정당의 정치 역량은 지역 기득권에 바탕을 둔 대결주의를 넘어서지 못하고, 정책 능력은 행

사했다. 「노 대통령의 준비된 '개헌 시사 발언'—"정치권과 시민사회서 제기하면…"」, 『프레시안』 2006년 2월 27일자. 선거 때문에 정책의 일관성은 물론 정책 집행 시도까지 중단되는 것이 얼마나 절박한 문제인지 그리고 잦은 선거 때문에 정치인들이 겪는 고충에 대해서는 2006년 4월 28일 대화문화아카데미 대화모임에서 이부영 열린우리당 전 대표와 윤여준 한나라당 전 의원으로부터 직접 들은 바 있다.

24) 양건 「개량적 개헌이 적절하다」, 『새로운 헌법 필요한가』, 대화문화아카데미 대화모임 (2006. 4. 28), 8면; 그 문제점을 지적한 다른 글로는, 같은 모임에서 발제된 정종섭 「헌법 개정 논의의 방향—필요성, 방법, 내용」, 16면; 박명림 「헌법개혁과 한국 민주주의」, 30면.

정부의 관료 수준은커녕 시민단체들의 역량에도 미치지 못한다. 지역구도를 극복한 전국 정당이라 표방하던 열린우리당도 2004년 창당 이래 2006년 현재 5·31 지방선거까지 전국 차원의 정치자원을 동원하여 국가적 수준의 정치의제를 설정하고 주도하는 데 사실상 실패했고, 과거 분리해 나온 호남 지역당인 민주당과 합당을 논의하는 등 간간히 퇴행하는 모습을 보이고 있다.

한국 정당사에서 열린우리당의 실패는 한국 정당구조의 문제점을 근본적으로 다시 사고하게 만드는 아주 심층적인 징후가 되었다. 지역세력들의 과두적 지배하에 있던 의회에서 제기되었지만 거의 전 국민적 반대에 부딪힌 대통령 탄핵 사태를 배경으로, 열린우리당은 2004년 4월 17대 총선에서 원내 과반수 의석을 확보했다. 민주화 이후 선거를 통해 정상적으로 원내 과반수 의석을 차지한 것은 처음이었다. 그럼에도 불구하고 열린우리당은 원내 과반수 의석을 가진 정당에 걸맞는 '정치 역량'을 전혀 보여주지 못했다. 이것은 한국 정당정치의 문제가 더는 지역구도나 임기 불일치, 여소야대 정국의 파행성 등과 같은 외적 변수 때문이 아님을 보여준다. 한국의 정당정치는 전국 단위의 선거와 지역 단위의 선거가 어떻게 다르며, 행정부 및 국가의 대표, 입법부 대표, 지역정치 대표를 뽑는 선거가 어떻게 질적으로 구분되고, 그것으로 인해 유권자들에게 돌아갈 이익이 각기 어떻게 달라질 수 있는지를 유의미하게 인식시켜줄 정도로 분별력 있는 정치를 해보지도 않았고 그렇게 할 적극적 의사도 보여주지 못했다.

한국에서 정당들이 관여하는 모든 선거는 대통령선거로 변질된다. 따라서 대통령, 국회의원, 지방자치단체장 및 지방의회의원들의 임기가 불일치해 생기는 폐해를 개헌의 주요 근거로 제시할 수는 없다. 선거가 잦다든지 여소야대 정국 때문에 일을 못하겠다는 불평은 이제 누구도 납득시키지 못하며, 그 발언자의 정치적 무능과 비진정성을 입증할 뿐이다.

대한민국의 20세기 성과와 21세기 도전

이런 우리 내부의 정치적 역량이 충분하든 불충분하든 상관없이, 87년 헌정체제의 가장 근본적인 문제는 21세기 이 국가와 민족에 제기되는 커다란 도전들에 우리가 어떻게 응전해야 하는지 그 비전이 현행 헌법에서 제대로 읽히지 않는다는 것이다. 이 21세기의 도전들은 앞으로 대한민국의 국사(國事)를 맡을 정권들이 그때그때 내세울 정책만으로 대처할 수 있는 것이 아니다. 대한민국 국체에 근본적인 위협이 될 수도 있고 아울러 비약적인 발전의 계기가 될 수도 있다. 그러므로 그것에 국가적으로 어떻게 대처할 것인지를 두고 사태의 진단과 대응 방식을 국민적으로 합의하지 않으면, 그 도전이 가져다주는 충격들은 걸러질 틈도 없이 온전하게 국민 개개인의 삶에 밀어닥칠 것이다. 그것은 곧 국민 생활의 와해이자, 경우에 따라서는 이 대한민국국가의 해체를 야기하거나 적어도 국가 운영의 아노미 상태를 가져올 수도 있다. 그래서 이는 아주 심각하게 생각해보아야 한다.

우선 생각해야 할 것은, 20세기 중반 식민지 상태에서의 해방과 민족 내 전쟁 이후 21세기 초에 이르기까지 대한민국이 국가로서 존립하는 데 기여해온 역사적 자산이다. 우리는 민족의 역사에 전례 없이 거대한 토대를 구축하는 데 성공했다는 것을 인식해야 한다. 산업화와 민주화는, 비극적인 현대사의 굴곡에도 불구하고 20세기 대한민국이 21세기 대한민국에게 이월해주었으며 그 자체로 되돌릴 수 없는 역사적·민족적 중요성을 갖는 성과다. 산업화와 민주화의 성공으로 단지 국제법상의 주권국가였던 대한민국은 국민들에게 물질적 생존 기반과 정치적 활동 기반을 제공해줄 수 있는 실질적 국가가 되었다.

그러나 1997년 제15대 대통령선거 국면에 접어들자마자 IMF위기가 닥쳐왔다. 이를 계기삼아 국가적 규모로 가해진 지구화의 충격은 대한민국에 제기되는 21세기 도전이 20세기 초의 제국주의 침략 못지않게 파국적인 것이었다. 산업화의 국민적 성과는 국가적 규모의 구조조정으로 반감되었으며, 민주화로 축적된 국민적 정치 역량은 지구적 시험대에 놓이게 되었다. 이 과정에서 한국 산업의 펀더멘털은 물론이고, 현대사에서 처음으로 평화적 정권 교체를 이룸으로써 정치 펀더멘털도 비교적 강고함이 입증되었다. 그러나 '위기 이후의 위기'는 지구적 규모로 전개된 세계시장이 국민국가의 주권을 압도하면서 국민 생활의 보호벽을 차례로 무너뜨려왔다. 그러나 긍정적이든 부정적이든 대한민국의 국가적 존립과 국가 활동에 근본적으로 영향을 미칠 수 있는 '21세기 장기 추세'로는, 비단 지구화뿐만 아니라 국내의 사회 분화, 새로운 생산양식으로서의 정보화, 민족간 평화화 및 지구적 차원의 생존 기반에 대한 생태화된 관점의 부각 등 적어도 네 가지를 꼽아볼 수 있다. 대한민국이라는 국민국가의 존립과 연관해 그 도전들의 특징적 성격을 규정해보면 다음과 같다.

지구화, '국민국가'에 대한 도전인가 '생활세계'의 탈경계화인가

지구화는 일차적으로 지구상의 단일 세계시장을 단위로 하여 경제적 세계화를 강제하는 것으로 나타난다. 이렇게 국가권력을 뛰어넘는 '시장권력'이 '국가의 주권'을 침식하는 형태로 대한민국의 존립에 도전한다. 핵심적으로는 미국 파워지만, 좀더 거시적으로는 전 세계 모든 지역 경제가 금융자본을 우위로 한 단일 세계시장으로 얽히면서 무엇보다 국가 단위의 국민경제를 무력화하고, 그 다음으로는 일국 차원의 국가정치를 무의미하게 만든다. 이와 같이 국가의 주권이 위협받는 단계를 거쳐 자본의 이윤에 순응하지 않는 국가 차원의 민주주의정치를 침해한다.

반면 지구화에 적응할 능력이 있는 개인이나 집단 또는 지역은 사정이 다르다. 지구화는 국가들 사이의 영토적 경계를 무의미하게 만듦으로써, 개인이 자신의 삶이나 활동을 기획할 때 생활세계를 꼭 자기 나라에 국한할 필요가 없어졌다. 가장 긍정적으로 생각할 때, 세계화는 '나의 삶과 활동'의 범위가 전 지구로 확대되어 국가적 경계를 언제든지 뛰어넘을 수 있다는 것을 의미한다. 지구화는 '나'의 삶과 앎을 무한히 확대해줌으로써 탈경계와 탈영토의 공간적·기술적 토대를 제공한다. 다시 말해서 지구화 이전보다 '내'가 한 국가의 국민적 정체성을 가질 필요가 훨씬 더 없어진 것이다.

국가는 이런 지구화의 조건을 체득하고 향유하는 개인들에게 어떤 매력을 제공할 수 있을 것인가? 단지 한 인간을 국가에 종속된 소속원으로만 취급할 수 있을 것인가? 국가는 이제 필수품이 아니라 선택의 대상으로 전락할 수 있으며, 기업간 인수 합병과 같이 국가간 인수 합병이 일어나지 않을 거라고 확신할 수 있을까? 지난 세기에 대한민국은 이와 같은 근대국가의 근본적인 문제에 별다른 자각 없이 마주친 적이 있었다. 하지만 이번에는 분명한 의식을 갖고 또다시 직면하게 되었다. 즉, 21세기에도 여전히 대한민국은 '주권을 가진 국민국가'로 존속해야 할까? 더 나아가 21세기에도 여전히 대한민국은 '주권을 가진 국민국가'로서 존속할 수 있을까?

사회 분화, 삶의 다양성이 증진한 결과인가 사회 분열의 징후인가

산업화와 민주화의 성공은 그 사회의 구성원에게 자립적이고 개성적인 생활이 가능할 만큼의 물질적·정신적 자원을 공급했다. 그 결과 그들의 이해관계는 급속도로 다양하게 분화했다. 20세기에는 사회생활이 기본적으로 '한 국가 안의 사회'에서 이루어졌지만, 21세기 들어 가속화된 지구화 때문에 사회에 대한 국가의 차단막이 약화되었다. 그에 따라 사회적 관계들 안에서 진행되던 사회 분화가 양, 질, 속도, 강도 등 모든 측면에서 급변했다. 신자유주의적 경제 풍토에서는 단기 이윤을 최대한 추구하여 투자자들의 이익을 극대화하는 것이 최우선적 관심사가 되었다. 그래서 수많은 빈민들은 방치되었고, 중산 시민층은 빠른 속도로 해체되어 사회적으로 낙오되었다. 이렇게 국가의 존립 기반이 위협받는 가운데, 사회적 양극화는 국내 시장마저 축소하고 위축함으로써 경제적 무력감을 만연시켰다.

사회 분화는 분명히 삶의 다양성이 증진되는 과정이다. 계급, 계층 그리고 다양한 소수자 집단들(여성, 장애인, 인종, 아동, 노년층, 이주노동자, 다양한 신념공동체 등)이 각기 자신의 생활 처지와 삶의 개성을 주장하면서, '정체성의 다양화'는 거의 핵분열 수준으로까지 진전되었다. 하지만 이 과정은 '갈등의 다양화'이기도 하다. 이 상태에 외부의 충격이 가해지면 '양극화'로 치달으면서 '사회 분열'로 귀결될 가능성도 농후하다. 과연 21세기 들어 생활세계의 자생적 연관 현장인 '사회'가 공동체성은 물론 통합성까지 포기하면서 단지 각종 이해관계와 이해집단 또는 정체성집단들의 경연장으로 머무는 것에 만족해야 할 것인가?

정보화, 새로운 생산양식인가 새로운 생활양식인가

정보화가 지식과 정보를 취득하는 데 거의 혁명적 변화를 가져온 것은 분명하다. 무엇보다 정보화 덕분에 20세기 들어 전지구적으로 진행된 산업화의 성과물들을 단일 세계시장 차원에서 지구적 산업네트워크로 조직, 유통, 경영할 수 있게 되었다. 또한 정보화는 그 네트워크를 총체적으로 통제하는 지구적 금융자본망의 기술적 토대가 되었다. 정보화는 산업국가들에 산업화 단계를 넘어서는 생산 감각과 경영관을 갖도록 강제함으로써 국가 단위에서의 새로운 생산양식을 형성했다. 이러한 경제적 압박은 곧 산업의 전면적 재편 또는 공동화로 나타나 사회적 양극화를 가속화하기도 했다.

그러나 정보화는 그것을 활용할 줄 아는 사람들에게는 새로운 삶의 가능성을 열어주는 생활양식의 혁명이 되기도 했다. 특히 한국에서 정보화는 무한한 싸이버공간을 형성했다. 그 결과 오프라인상의 공론장을 주무대로 시민적 의견 생성을 제약해왔던 제도권 언론의 여론 조작 체제가 허물어짐으로써 정치적 민주화가 급진전했다. 개인에게 정보화는 일차적으로 정체성의 다변화로 귀결되었다. 싸이버공간에서 인간은 엄청난 지식과 정보를 접할 뿐만 아니라, 쌍방향 의사소통과 다양한 경험에 접속함으로써 자기 인격의 다중화를 경험한다. 이런 경험으로 단일 인격을 고수해야 했던 정보화이전에는 도저히 보장될 수 없었던 자유와 해방의 감성을 느낄 수 있게 되었다.

정보화는 개성의 심화와 아울러 개성의 다양화를 강력하게 추동한다. 동시에 정보화 때문에 자기 인격에 대한 부단한 간섭과 침해를 경험하게 되었다. 그리고 다양한 멀티미디어가 작동하는 인터페이스 앞에서 혼자 모든 것을 감당해야 하는 상황은 경우에 따라서 심각한 정체성 위기를 야기한다. 그러나 정보화의 가장 중대한 문제는, 필요한 지식과 정보를 실시간에 다량으로 공급하는 대신 그 지식과 정보의 주기를 엄청나게 단축했다는 것이다. 정보화사회의 가장 중요한 특징은 지식과 정보의 주기가 단축됨에 따라 특정 교육의 효력 역시 단시간에 소멸한다는 것이다. 더 고차적이고 심화된 지식과 정보가 항상 현재의 자기 자신을 위협한다. 따라서 정보화 때문에 평생교육은 불가피해졌고, 따라서 '교육 기반 사회'(education-based society)를 만들어가야 할 강력한 근거가 생겨났다.

평화화, 분단체제 내부에 존재하는 새로운 갈등의 불씨인가 통일 배양적인 상호 공존체제의 지향인가

2000년 6·15공동선언 이후 '민족 평화'는 단지 민족 내부의 무력 대결

가능성을 현격하게 감소하는 데 그친 것이 아니라, 동아시아 지역에서 특정 강대국이 일방적으로 분쟁 분위기를 조성하지 못하도록 예방하는 가장 중요한 안전판이 되어왔다. 그러나 남북간의 6·15체제는 분단 당사국들 사이에 이제 전쟁은 기획될 수 없다는 확신은 주었지만, 분단 체질을 완전히 씻어낼 수 있을 정도로 민족 평화를 정착시키기에는 구조적으로 치명적인 약점을 내장한다. 무엇보다 6·15체제는 박정희·김일성 시대의 7·4공동성명 이래 남북관계 긴장 완화 조치의 공식이 되다시피 한 '남북 최고권력자 사이의 임의적 정책 협약'을 극적으로 표현한 것일 뿐, 지속적으로 국제법적·국내법적 효력을 가지는 남북 당사국 사이의 본격적인 분단 관리체제는 아니었다(동서독 분단 시절 빌리 브란트의 동방정책이 이뤄낸 '독일조약'Deutschland Vertrag과 비교해보면 6·15 공동선언의 취약한 위상을 분명히 인지할 수 있을 것이다). 어쨌든 중요한 것은 남북통일, 아니 그 이전에 남북간 민족평화의 문제를 더는 남북 분단체제 권력자들 사이의 편의적 권력 협상에 맡겨둬서는 안된다. 그렇게 민족 평화를 권력자들의 평화로만 놔둘 수 없다는 것이다. 권력자들 사이의 임의적 정책 협약에 따른 남북관계는 남북한 내부에 새로운 갈등의 불씨가 되어, 분단관계가 언제든지 정권의 편의에 좌우되고 결과적으로는 주변 강대국의 간섭을 불러들일 수 있다. 따라서 본질적으로 중요한 것은, 서로에 대한 적대감과 불신을 근본적으로 씻어낼 수 있는 평화 체질을 내부에 체화하면서, 미래의 통일을 모태 배양(incubating)할 수 있는 상호 공존과 상생의 자세를 보이는 것, 즉 통일 배양적, 통합 촉진적 평화국가를 구축하는 것이다. 따라서 대한민국국가가 이제 전쟁이나 그에 버금가는 위협에 노출되지 않고 북한과 평화관계를 지속할 수 있으려면, 단순히 국가 중심적 남북한 지평을 넘어 대한민국 자체가 한민족과 아시아 시민 모두의 평화 조국이 될 수 있도록 국가 성격 자체를 개조해나가지 않으면 안된다. 전쟁을 예방하는 최선책은 삶의 질서에 평화를 정착하고 실제로 평화롭게 살아가는 것이다.

생태화 또는 우주·자연과의 화해

지구의 모든 인종이 세계시민이자 동시대인이라는 의식은, 박두하는
생태 위기 속에서 국경이 무의미할 정도로 모두의 생명이 위협받고 있다
는 자각에서 비롯했다. 생태적 세계화는 특히 대한민국의 미래에 결정적
의미를 지닌다. 1960년대부터 시발된 한국의 경제성장은 노동력만 풍부
하고 자본과 자원이 결여되었다는 인식 아래, 자본과 자원을 해외에서
전면적으로 대량 도입하고 거기에 노동력을 투여해 생산한 상품을 대규
모로 수출하는 것을 기본구도로 하여 이루어졌다. 그로부터 이제 거의
반백년이 지난 21세기 초 한국은 무역 규모 5천억달러에 세계 11위권의
산업 통상 대국이며, 외환 보유고 4위의 자본 부국이다. 그러나 여전히
산업과 생산에서 큰 비중을 차지하는 자원은 대부분 수입에 의존한다.
가장 치명적인 것은 에너지 자원, 즉 석유문제다. 한국은 세계 6위의 석
유소비국이며, 전량을 수입에 의존한다. 그런데 현재와 같은 채굴 속도
라면 세계 석유 산출량은 2025년을 기해 줄어들다가 2050년경에는 거의
고갈될 것으로 예측된다. 즉, 21세기 중반이면 인류 문명사에서 석유가
완전히 사라질 것이라고 그 날짜를 받아놓은 것이나 다름없다.

또한 기후와 섭생, 생식에 이르는 삶의 모든 조건이 자연에서 단절된
결과 생명, 생존, 생활 전반이 서서히 위기에 빠져들고 있다. 일단 파국
이 닥치면 그때는 그것을 극복할 어떤 준비도 하지 않았음을 깨닫고, 무
력하고도 무의미하게 죽어갈지도 모른다.

지난 50년간 한국이 추구해온 사회발전의 생리상, 자연과의 생태적
화해를 모색하는 것은 우리가 이제 막 익숙해진 산업사회적 생활습관을
바꾸는 것과 직결된다. 당연히 그것은 하루아침에 바뀌지 않는다. 하지

만 이제 우리는 서서히 산업사회 이후의 성장 방식을 준비해야 한다. 생태적 성장은 자연과의 관계를 복원하여 인위적 산업문명 때문에 닥치는 피해를 줄여가면서 삶의 질을 지속적으로 높여가는 것을 가리킨다. 생태화 또는 자연 통합은 장기적으로 추진되어야 할 국가목표로 되도록 빠른 시간 안에 설정되어야 한다. 그것은 자원 고갈 이후에도 지속 가능한 성장의 동력을 미리 확보한다는 의미다.

이 다섯 가지를 바탕으로 국민을 단순히 국가에 귀속된 동원 대상이 아니라 자기 활동과 사회를 주도해나가는 시민으로 전제하면서, 대한민국국가가 그들의 활동적 참여에 기대어 해결해나가야 할 21세기의 도전을 입체적으로 요약해보면 다음과 같은 성취-도전 매트릭스를 그릴 수 있다.

표 5 세기 초 대한민국 성취-도전 매트릭스

		지구화	사회분화	정보화	평화화	생태화
산업화·국부축적	탈산업화 압력	세계시장 국내산업 구조 조정	사회성장 생활복지망 양극화 가속화	정보적 생활양식 탈노동사회 노동배제	남북 기축의 유라시아 번영권 남북한의 비대칭적 불균형관계	산업의 생태화와 생태 성장 경제성장 일변도 원칙 고수
민주화·민주주의 공고화	내실화 요구	지구민주주의 선도 지구시민국가 국내정치의 낙후성 노정	참여와 인정(認定)의 확대와 심화 배제와 방치의 만연	민주주의와 자유의 개인화 개인의 완성 자기정체성 상실·과잉	남한 자유화로 한반도 민주화 선도 남북대결의 내부 전화 가능성 온존	생태민주주의 지평 개척 생태이기주의

이 가운데 대한민국이 국가적 의제로서 제외해도 될 것은 하나도 없다고 생각한다. 그리고 그밖의 세세한 사항은 대체로 이 10개 매트릭스에서 포착되리라고 믿는다.[25] 그리고 21세기 전반을 내다보며 대한민국 국가가 수행할 '세계 경영' 및 '세기 경영'의 관점에서 보면, 이것들은 국가적으로 합의된 대응과 시민 참여의 총체적 활성화가 지속적으로 필요한 문제들이다. 그것은 분명히 특정 정당의 선거용 정책으로서 파당적 이익에 따라 농단될 문제가 아니라 21세기 내내 모든 정치 게임에서 관철되어야 할 국가적 목표다.

그리고 이런 장기 추세를 염두에 둔 국가목표들은, 참으로 역설적이게도, 20세기에 형성되고 강고해진 '주권 지상주의 국민국가 유형'으로는 달성될 수 없다. 국가들 사이의 교역과 통신으로 말미암아 아무리 상호 의존도가 높아졌어도 이런 유형을 최고의 이상으로 삼아 진화해온 현대 국가들은, 알게 모르게 모든 문제를 완전히 자력으로 그리고 자기 완결적으로 해결하는 것을 가장 바람직하게 여겨왔다. 그러나 지구화, 사회 분화, 정보화, 평화화, 생태화 등은 그런 국민국가 유형으로 대처하기에 한계가 있다. 국가가 그 소속원이 기댈 수 있는 최종 보호막이 되지 못하거니와, 국가에 속한 인간이 그 안에서 자기가 추구하는 인생에 필요한 모든 것을 충족할 수도 없기 때문이다. 하지만 이런 언명이 맑시즘의 고전적 명제인 국가의 궁극적 소멸을 함축하지는 않는다. 그것은 오히려 국가의 진화를 간접적으로 보여준다. 대한민국을 예로 들면, 그것은 국가 자체가 세계 경영과 세기 경영이라는 과제를 축으로 하여 국민국가에서 시민국가로 진화함을 뜻한다. 거기에는 분명히 국민국가의 국민헌

---

25) 비록 상당히 낙관주의에 기울어 있고 주로 정보화의 측면이 부각되긴 했지만, 대한민국에 닥칠 21세기 추세들을 비교적 세부적으로 조망한 연구 중 시사적인 것으로는 2003년과 2004년 두 해에 걸쳐 한국정보통신정책연구원(KISDI) 메가트렌드 코리아 연구프로젝트의 연구 결과물을 중심으로 작성된 강홍렬·김문조 외 『메가트렌드 코리아』(한길사 2006) 참조.

법으로는 충족될 수 없는 시민헌법을 위한 헌법개혁이 동반되어야 할 것이다. 이때 국민은 단순한 국가의 주민이 아니라 국가시민으로서 국민적·세계시민적 활동 능력과 책임의식을 가진 생활주체로 상정된다. 논의를 더 진전하자면, 이 지점에서 우선 국민과 시민을 개념적으로 규정해두는 것이 편할 것이다.

5. 연성형 시민국가로 진화하기 위한 헌법적 조건

'국민'이라는 폐쇄적 정체성과 그 낙후성

1948년 건국 이래 대한민국은 일관되게 '국민국가'와 '국민헌법' 체제를 고수해왔다. 아홉 차례 개정의 결과물인 87년헌법 전문에는 "유구한 역사와 전통에 빛나는 우리 대한국민"이 대한민국의 건국 주체임이 명시적으로 표기되어 있다. 87년헌법은 현대사에서 그런 "우리 대한국민"이 "3·1운동으로 건립된 대한민국임시정부의 법통"을 '몸통'으로 하고 "불의에 항거한 4·19 민주이념"을 '넋'으로 하여 "우리들과 우리들의 자손의 안전과 자유와 행복을 영원히 확보할 것"을 우리 국가의 '지향점'으로 "다짐하면서" 대한민국 헌법을 만들고 고쳐온 것으로 서사(敍事)한다.

우리 헌법에 의거해 아주 단순하게 말하자면, 대한민국의 국민은 '우리 대한국민'이다. 우리 대한국민에는 바로 현재를 사는 '우리'와 미래를 살 '우리의 자손'이 포함된다. 대한민국 헌법 전문 중간에 "항구적인 세계 평화와 인류 공영"이 강하게 부각됨에도 불구하고, 인적 구성에서, 즉 영민(領民)의 표상에서 현재의 우리에서 시작하여 미래의 우리 자손으로 완결된다. 따라서 '우리 대한국민'은 '비국민(非國民)'과 엄격하게—단절까지는 아니더라도—구별되면서, 오직 혈통이나 전통, 유구한 역사와 같이 오직 우리 사이에서만 확인되고 소통될 수 있는 그런 '폐쇄적 정체성' 또는 '닫힌 동일성'을 매개로 규정된다. 대한민국 헌법이 규정하는 이런 대한국민의 개념에서 추상하면, '국민(國民)'이란 '특정 국가를 준거로 하여 그 소속원으로 선별된 집단이나 개인'이다.

분명히 국가, 그중에서 현대의 국민국가는 구성원의 능력과 욕망을 실현하고 그들의 안전을 지키는 데 필요한 인적·물적·조직적 자원을 집중적으로 동원하고 창출하는 데 혁혁한 성과를 거두었다. 그런 의미에서 국가는 인간 문명의 위대한 산물 가운데 하나다. 만약 국가라는 조직이 없다면 기업이나 종교가 없는 경우보다 인간의 삶이 훨씬 더 힘들어졌을 것이다. 그럼에도 불구하고 국가와 관련된 가장 핵심적인 문제는, 국민의 생활양식이 '특정 국가종'(certain state species)에 내재한 배제 메커니즘에 극도로 의존하다 보면, 경우에 따라서 국가는 거의 자기부정에 이르러 자멸할 수 있다는 것이다.

우선 국가는 특정 인적 집단의 결속이 고도화되어 아주 강력한 권력 기계가 만들어졌을 때 형성될 수 있다. 그런데 그 권력 기계의 설계, 조립, 가동 및 유지, 보수에 얼마나 기여했으며 얼마나 기여할 수 있는지에 따라, 국가 내부에서는 불가피하게 인간간 분화가 진행되고 권력이 배분된다. 그 결과 권력 중심부와 주변부 사이에 분화와 배제가 촉발된다. 어떤 경우에도 국가 내 소속원들 사이에 불균등 권력관계가 조성되는 것을 피할 수 없는데, 그럼에도 불구하고 국가라는 조직이 지구상에서 완전히 소멸하지 않는 것은 국가 내에서 발생한 권력들이 권력 순환 메커니즘에 따라 국가 유지의 새로운 활력을 자체적으로 계속 조달해나가기 때문이다.[26]

---

26) 이런 권력 순환 메커니즘을 아예 내장하지 못해 붕괴한 가장 대표적인 사례는, 20세기의 마지막 10년을 넘기지 못하고 자진 해산해버린 쏘비에트연방과 동유럽의 현존 사회

문제는 우선 국가의 영토적·사회적 경계 안에서 폐쇄적 정체성을 토대로 발휘되는 배제 메커니즘 때문에, 이런 내부 활력들이 제대로 계발되지 못한다는 것이다. 그 다음으로 그나마 계발된 활력들도 강력한 국가적 정력으로 전화하지 못한 채 소진되거나 사장된다는 것이다. 뿐만 아니라, 그런 활력들이 모두 계발되어 대한민국 한 나라의 국력으로 전부 승화되더라도, 일국 차원으로 제한된 순종 국민만의 능력으로는 바로 앞에서 얘기한 21세기 도전에 제대로 그리고 효율적으로 응전할 수 없다. 이렇게 되면 결론은 '지구 차원의 세계 경영'과 '21세기 차원의 세기 경영'에 걸맞게 대한민국의 국가성격을 사실상 '국민국가'에서 '시민국가', 즉 '탈국민의 인간국가'(post-national human-state)로 전환해나가고, 대한민국의 국민을 황국신민 또는 국가신민이 아니라 '국가시민'으로 재구성하는 '세기 초 국가 혁신 기획'뿐이다. 이것은 헌법조문 몇 개를 개정하는 것으로 끝날 문제가 아니라 사실상 헌법개혁이 요구되는 것이며, 바로 그 때문에 헌법 제정 주체인 '국민' 스스로가 '시민'으로 의식을 전환하지 않으면 불가능한 과업이다.

대한민국 헌법에서 '시민임'에 대한 요구

　'시민'의 본질은 '국가의 능동적 구성자' 또는 '국가를 만드는 개인들'

주의국가들을 들 수 있다. 반면 고도로 기능적인 국가가 이 권력 순환 메커니즘을 정지하면서 가장 완벽하게 배제 메커니즘을 작동해 자기 국가 종과 다른 국가 종뿐만 아니라 아예 인간 종 일반을 전면적으로 부인하다가 가장 완벽하게 자기 파멸에 이른 가장 전형적인 사례는, 20세기 전반기 독일과 이탈리아 그리고 일본에서 성립되었던 파시즘 국가체제였다. 이런 사례들은 발전된 국가라도 폐쇄적 정체성, 닫힌 동일성에 집착하게 되면 그것이 국가에 얼마나 치명적이고 자멸적인 결과를 가져다주는지를 이상형적으로(ideal-typically) 여실히 보여준다. 북한의 경우는 그 국가권력권 안은 여전히 자폐적이면서도 거의 타율적으로 반(半)개방적이었기 때문에, 급격한 자기 붕괴가 계속 지연되면서 완만한 부멸(腐滅) 과정에 들어선 것으로 파악된다.

이다.[27] 한 인간이 시민인지 여부는 근본적으로 인간 종의 문명적 발전에 발맞춰 스스로 학습하고 그에 따라 자각적으로 자기 결정을 내릴 수 있느냐에 달려 있다.

무엇보다 시민임(citizenship, being-citizen)은 자신의 실존적 존립 방식을 시민으로 설정할 수 있을 정도로 발전된 개인을 핵심으로 하며, 이것은 인류가 문명 발전 과정에서 수많은 인간관계를 조정하는 수많은 (억압적 또는 해방적) 제도들을 시행한 결과, 최종적으로 ― 여태까지는 ― 도달한 사회적 실존의 가장 발달된 형태다. 시민의식은 현대 서양에서 가장 현실적인 형태로 표출되어 그 짧은 현대사의 과정에서 시대에 따라 여러 존립 형태를 거치며 발전했다.

역사적으로 볼 때, 시민은 현대 초기에 절대왕정을 타파하는 과정에서 무능하고 부패한 절대권력에 맞서는 '자유인의 정치적 실존 양태'로 형상화되었다. 그 다음에 시민은 자유로운 기업 활동으로써 무한 이윤을 추구하는 부르주아 헤게모니를 앞세워 '정치적·경제적·사상적 현실 역량'을 대폭 보강했다. 그러나 부르주아 계급의 독선과 타락 그리고 제국주의적 독점과 파시즘적 자기 파탄에 직면하여 시민의식은 '현대 문명의 이성적 담지자'로 재정립되었다. 그러면서 냉전 시대 국가 독점 사회주의체제의 경직성으로 말미암아 사회주의적 활력이 소진되자, 시민의식은 '민주주의의 역동적 추진체'로 다시 자기 규정을 내실화했다.

시민임은 수많은 피압박의 상처를 역사적으로 결코 망각하지 않으면서도 피압박 의식에 자신을 계박하지 않고 수많은 경계 조건들을 관통하면서, 투신적(投身的) ― 사고에서 노동 그리고 정치행위에 이르는 광범

---

27) 서구어의 people이 동아시아 문화권에서는 국민(國民), 인민(人民), 민중(民衆)의 세 가지 번역어를 가지며, 이 번역어가 동일한 서구어적 근원에서 유래했다는 것이 무색할 정도로 개념적으로 다른 의미를 지니게 되었다는 점은 상술하지 않겠다. nation이 거의 다른 의미를 가진 국민(國民)과 민족(民族)이라는 두 단어로 번역된다는 것도 마찬가지다.

한 폭의—활동을 통해 자기 책임 아래 자신의 생존과 생활을 자유롭게 운용함을 뜻한다. 이때 시민으로서의 '권리'와 '의무'는 시민 상호간의 자율적 관계 맺기에 기본이 되는 질서 원칙들을 정립한 것이다. 그것들은 인간으로서 살아남고 좋은 삶을 꾸려나가는 데 반드시 필요한 인간적 정체성을 서로 인지하고 인정하는 데서 나온다.

대한민국국가에서 시민 되기

앞에서 얘기한 대로, 1987년 6월항쟁으로 일단 정치적 차원에서 탈독재투쟁이 완결되어 원시민주주의적 형태로 수습된 것이 87년 헌정체제다. 그런데 이런 원시적 헌정에 필히 수반하기 마련인 사회적·정치적 미성숙은 민주주의의 공고화 국면에서부터 곧바로 드러나기 시작한다. 무엇보다 정치가 단지 독재권력뿐만 아니라 국민권력에서도 철저하게 단절돼버린 것이다. 정치인들은 국민 차원의 급진적 발전 요구를 정치인 영역에서 아주 더디게, 더욱 문제가 되는 것은, 아주 비자발적으로 어쩔수 없이 따라가는 듯 받아들였다. 모든 개혁이 마지못해 착수되거나 아니면 곧바로 희석되어 아무런 실효성 없는 개혁 아닌 개혁이 되어버렸다. 따라서 개혁 조치는 넘쳐나지만 그 효과는 미미해, 개혁·반개혁 세력을 막론한 정치 관심층 모두가 개혁 피로증에 빠지게 되었다. 그러나 헌정체제상으로는 시민이 배제되었음에도 불구하고 국가정치 차원에서 국민들은 아주 급속하게 시민으로 자각하고 진화하기 시작했다. 그 현실적·당위적 맥락은 다음과 같이 요약된다.

사회 분화에 따른 개인의 발전

독재정권이 주도한 절대주의적 성장체제 아래서도 시장경제체제는 유지되었고, 이에 따라 사회적으로 급속히 욕구 분화가 진전되었다. 대한민국국가의 소속원은 자신이 원치 않더라도 '발전된 개인'으로 자기 변화를 할 수밖에 없었다. 이 과정에서 개인들은 '나'와 '남'의 관계에서 권리와 의무 관계가 명확하게 정립되지 않는 한 사회적 활동, 나아가 개체적 생존 자체가 힘들어짐을 체감하게 되었다.

시민사회의 분립

권력 원칙에 따라 작동하는 국가와 이윤 원칙에 따라 굴러가는 시장 영역에서 온전하게 해결되지 않는 문제가 상당수 생겨났다. 개개인들은 이 문제들이 자신들의 자각적 연대로만 의제화될 수 있고 해결의 실마리를 찾을 수 있다는 것을 깨닫게 되었다. 즉, 국가와 시장이 삶의 모든 문제에 관심을 가져줄 수 없다는, 국가의 능력 부족과 시장의 실패가 단지 주기적인 것이 아니라 상시적으로 분출한다는, 그래서 삶의 위험 요인은 시민적으로만 제어될 수 있다는 것이 점차 확실해졌다. 당연히 이런 문제의 상당 부분, 예를 들어 생태환경, 노동 억압, 소수자 보호, 성(性) 정체성 위협 등의 문제는 탈국가적 양상으로 전개되었다. 국가와 국가 구성원 사이의 관계를 재조정하는 과정에서 국가 구성원의 인식 변화는 불가피했다.

지속적 성장을 위해 요구되는 인적 존립 형태 변화

무엇보다 대한민국국가를 경제적으로 발전시켜온 동력은 이제 신민적 동원으로 불가능하다는 것이 점차 분명해졌다. 국가가 계획하고 투자하여 타율적으로 노동력을 투입하는 방식으로는 지속 가능한 경제성장과 국가 발전이 보장되지 않는다. 자신의 이해관계를 자신의 결정에 따라 기획하고 협정하여 노동을 실행하는 것, 즉 자율적 노동 주체들의 능동적 경제활동이 21세기를 주도할 것이라는 인식은 이제 미래에 대한 전망이 아니라 당장의 현실이다.

남북한 국가주의의 시민적 극복과 민족 내 평화 조성

대한민국국가에 참으로 특수한 조건은 바로 분단 현실이다. 21세기에 들어서도 세기 초인 현 싯점에서 남북한이 하나의 국가로 조기에 통일되는 것은 사실상 불가능하다고 판명되었다. 따라서 특정 국가에 소속되는 것을 인적 실존의 불변적 형태로 강조한다면, 불완전하나마 국가적 실체성을 현실적으로 유지하고 이를 결코 포기할 생각이 없는 남북한 국가 양측이 예기치 않은 정치적·실질적 부담을 떠안을 가능성이 커졌다. 그 때문에 우리 대한민국국가는 구성원들에게 배타적 소속감보다는 북한 주민과도 함께할 수 있는 공동의 시민적 활동 여건을 조성함으로써, 적어도 비국가 차원에서라도 정신적 일체감과 실질적 이해관계의 공유를 도모하는 것이 장기적으로 통일에 더 유리하다. 그것은 적어도 남북한 양측 국민의 국가적 정체성을 교란하지 않고 그에 따른 무용한 혼란을 야기하지 않아서 도움이 된다. 통일은 반드시 민족 내 평화 속에서 시민적 형태로 배양되어야 한다.

시민적 활력 창출과 아시아 민주주의의 교착지

대한민국이 위치한 동북아시아에는 한반도 주변에 세계 4대 강대국 (미·일·중·러)이 모두 다양한 실질적 세력 기반(경제력, 군사력, 인구, 영토 및 이 모든 것이 융합되어 발휘되는 국제정치력)을 갖고 포진해 있다. 여기서 대한민국국가는 이들과 동등한 실력 기반으로 공존 또는 경쟁하거나 전쟁할 수 없으며, 그런 채로 국가적 독립을 유지해야 한다. 경제력에서는 일본을 능가하기 힘들고, 군사력에서는 미국에 종속되어 있으며, 인구에서는 중국을 따라갈 수 없고, 영토에서는 러시아의 상대가 되지 못한다. 그러면서 남북한의 민족 내 분단 상황은 우리의 국제정치력을 현격하게 약화한다. 또 이 4대 강국들은 이 지역에서 서로 융화할 수 없는 국가적 개성들을 관철시키는 데 국력을 경주하기 때문에 한반도를 중심으로 유럽연합 같은 지역 통합을 기획하는 것도 사실상 실현하기 힘들다.

이런 조건 아래서 대한민국국가가 기댈 수 있는 거의 유일한 활로는 아시아에서 가장 활성화된 민주주의를 바탕으로 시민적 활력을 최대한 가동하는 것이다. 특히 대한민국은 중국과 일본의 신민족주의 경향 앞에서 동일한 유형의 국가주의적 민족주의로 경쟁할 수 없다. 무엇보다 신민족주의 열풍이 동아시아 3국의 내부 정치에서 강화될 경우, 유럽 통합형 아시아 통합은 사실상 꿈도 꿀 수 없다. 이럴 경우 대한민국은 아시아에 개방된 아시아 시민사회의 견인차로서, 국내정치만큼 실효성 있는 국제정치적 능력과 입지를 확보할 방도를 강구해야 한다. 이때 유일하게 가능한 자원은 민주주의 경험과 의식으로 충만한 시민적 활력이며, 그것을 가동함으로써 아시아 네트워크를 구성하는 것이다.

대한민국국가는 이런 대륙적 전망에 입각하여 헌법적 차원에서 전 지구적 활동을 위한 내부구조를 갖출 필요가 있다. 다시 말해서 우리의 '국가 단위'가 지구사회를 축약한 시민국가가 되어 사실상 지구적·아시아적 의제를 끌어오기 위해 사회경제적 흡인력과 정치적 포용력을 발휘할 수 있는 헌법구조를 갖추어야 한다. 폐쇄적 정체성을 중심으로 주권을 최우선시할 경우, 물리적으로 영원히 소국의 처지를 벗어날 수 없을 것이기 때문이다. 세계 4대 강대국을 주변에 둔 대한민국은 적어도 국가정신 차원에서 이들의 국가적 국민주권을 질적으로 넘어서 시민적 인간권을 지향하고, 이를 국가 운영의 원칙으로 삼아 연성형 주권을 발전시켜 나가야 할 것이다.

6. 연성형 시민국가로 전환하기 위한 헌법개혁 시안

바로 이런 문제의식에 입각하여 아주 당위적인 측면에서 보자면, 시민국가 대한민국의 헌법은 탈식민지적인 독립된 생활공간을 확보해야 하며, 모든 인간을 국가 소속원에 국한함으로써 배타적인 복리의식을 각인해온 국민국가형 헌법체계에서 벗어나야 한다.

어느 면에서 20세기 대한민국 헌법의 국가목표는 국가의 독립을 유지하고 북한국가와 효율적으로 경쟁하는 것이었다. 이에 반해 21세기 대한민국은 범아시아를 지향하는 지구적 시민국가로서, 단지 '국민'이 아니라 폭넓게 규정되는 보편적 '국가시민', 즉 보편적 '인간'의 복리와 자유에 기여해야 한다. 이런 목표 아래 21세기 대한민국 헌법은 국가성격의 변화를 주도할 수 있는 장전(章典)이 되어야 한다.

이런 관점에서 보자면, 현행 헌법 전문은 3·1운동에서 4·19까지만 언급하는데, 그렇다고 해서 그 역사의식을 식민 지배와 불의에 항거했다는 정도로 좁게 해석할 것이 아니라, 지구적 정의를 선도하고 인류 문명의 발전에 기여했다고 적극적으로 해석해야 할 것이다. 그리고 지구적·우주적 차원에서의 생태적 평화까지 국가 존립의 목적 범위를 넓힐 수 있도록 심화해나가야 할 것이다. 따라서 상당수 헌법조항의 주어를 '국민'이 아니라 '모든 인간' 또는 '시민'으로 바꿔야 한다.

그와 아울러 시민국가 헌법은 국가권력이 단지 원시민주주의적 삼권분립으로 과두화하는 것을 방지하고 참여민주주의를 실현해야 한다. 오늘날 참여민주주의가 권력기관 주변의 위원회 설치 정도로 장식화하거나 인터넷상에서 진행되는 언쟁 정도로 희화화 또는 사소화되기도 하는데, 이를 적극 구현하기 위해, 행정부·입법부·사법부 등 국가의 모든 권력기구와 정책조직에 '시민심의(市民審議)'를 도입할 것을 명시해야 한다. 시민심의란 일상생활, 공적 영역, 이익단체 전반에 걸친 사회생활권 관련 사안을 협의하고 토론할 때 시민을 자발적으로나 의무적으로 참여시켜 의견을 제출토록 함으로써, 단순히 시민을 대표하는 데 그치는 것이 아니라 모든 결정의 질을 높일 수 있는 의사소통의 가장 고도한 형태다.

시민국가 헌법에서 가장 중요한 것은, 이 국가 안에서 시민이 좀더 적극적으로 더 나은 삶을 설계하고 실천할 수 있게 하기 위하여 다양한 생활을 가능케 하는 기본권 또는 인권 항목을 대폭 증설하면서 동시에 심화하는 것이다. 시민의 의무에 앞서 국가의 의무가 독자적으로 설정되었다는 점에서, 시민국가는 헌법 애국주의를 촉발할 더 효과적이고도 더 다양한 권리 유인을 보유할 것이다. 이때 애국주의는 시민에게 배타적인 국가주의적 애국주의가 아니라 우리 헌법의 대의에 공감하는 인류 모두를 포용하는 애국주의가 될 것이다. 이렇게 되면 대한민국은 단지 한국인뿐만 아니라 한민족, 궁극적으로는 지구시민 전체의 조국이 될 것으로 확신한다. 이것이 나만의 꿈으로 그쳐야 할 것인가?

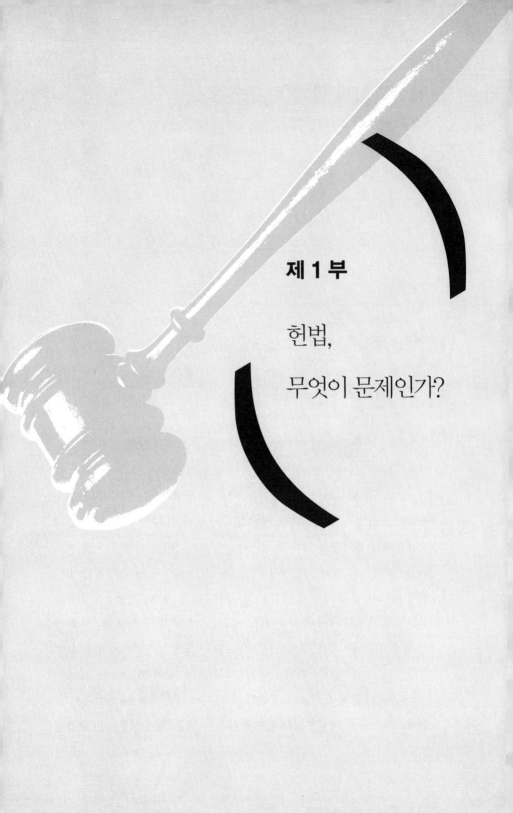

제1부

헌법,

무엇이 문제인가?

헌법개혁과 한국 민주주의

무엇을, 왜, 어떻게 바꿀 것인가

박명림

1. 왜 헌법개혁이 필요한가

한국의 민주주의는 지금 하나의 중대한 문제에 직면해 있다. 그것은 민주주의의 실현이 민주정부의 문제 해결 능력 향상과 사회 성원들의 삶의 질 향상을 담보하지 못한다는 점이다. 왜 한국에서는 민주주의 발전, 유능하고 안정적인 민주정부, 일반 민중의 삶의 질 향상 사이에 정(正)의 상관관계를 보여주지 못하고 있는가? 1948년 근대 국민국가 수립 이래 권위주의정부로 일관한 한국사회는 1987년 '사실상의 민주혁명' 당시 민주적 제도와 결과 사이의 결합을 고뇌하지 않은 채 모든 열정과 역량을 권위주의 자체의 극복에 집중했다. 그러나 오늘날 한국의 민주주의 현실은 권위주의 극복과 민주제도 실현만으로는 크게 부족하다는 점을 보여준다. 민주주의 제도와 현실 사이의 거리가 너무 멀기 때문이다.

민주화 이후 우리 사회가 직면한 세 가지 핵심 문제를 먼저 살펴보자. 첫째, 87년 이후 노무현정부에 이르기까지 '모든' 민주정부들은 중간평

가 공약, 3당합당, 내각제개헌 약속, 재신임 추진, 탄핵파동 같은 '헌법적'
사태에 예외없이 직면했다. 동시에 정당질서의 인위적 재편이나 헌법적
약속(권력구조 변경 등), 탄핵파동 없이 여소야대─분할정부(divided
government) 상태를 정상적으로 극복한 정부는 하나도 없었다. 모든 민
주정부들을 관통하는 이러한 반복 현상은 '헌법적' 사태의 연속이 결코
민주정부들의 무능과 정치공학의 산물만은 아니라는 점을 보여준다. 이
는 제도가 정치를, 헌법이 민주주의를 제약하는 문제점을 분명히 드러내
고 있다.

둘째, 중대한 정치·사회문제들이 법원과 헌법재판소(헌재)로 넘어
가 헌법적·법률적 결정을 통해 해결되고 있고, 그 결과 핵심 정치·사회
의제에서 행정─입법─사법 세 기구의 이해는 종종 정면충돌하고 있다.
민주화의 진전과 함께 '정치의 사법화'(judicialization of politics) 내지는
헌법화, '사회의 법률화' 경향은 더욱 심화되어 국가보안법 개폐, 대통령
탄핵, 이라크 파병, 행정수도 이전, 양심적 병역거부, 호주제 등 정치·사
회·인권·대외관계 핵심 의제들은 거의 전부 헌법적 결정의 문제로 귀결
되었다. 또끄빌(Alexis de Tocqueville)의 통찰 이래 사법의 영향력 증대,
"사법의 정치 대체" 현상은 오늘날 발전된 민주주의국가의 일반적 특징
이라고 할 수 있다.[1] 최근 들어 나타난 한국사회와 정치의 뚜렷한 변화
는 민주화와 '사법화'(司法化)의 동시적인 심화였다. 한국 민주주의는 비
약적으로 증대되고 있는, 법원과 헌재를 포함한 사법부의 '정치적' 역할
에 대해 이론적·실천적으로 대면하지 않으면 안된다.

셋째, 민주주의 아래에서 악화되고 있는 사회경제적 문제의 심각성이
다. 사회 양극화, 실업, 빈곤, 자살, 이념 대결, 의료문제, 교육문제, 부동

---

1) John Ferejohn and Pasquale Pasquino, "Rule of Democracy and Rule of Law," Jose
Maravall and Adam Przeworski, eds., *Democracy and the Rule of Law*(Cambridge
University Press 2003) 248~50면.

산가격 폭등, 기록적인 저출산 등은 민주제도의 실현이 사회 통합의 해체와 삶의 질 저하로 이어지고 있음을 보여준다. 우리는 이러한 현상이 민주주의 자체에 대한 실망과 문제제기로 연결되지 않도록 해야 한다. 제도, 정책, 능력, 이들 중 무엇이 문제인가? 민주주의를 통한 삶의 질 향상의 길은 없는가? 어떻게 하면 민주정부의 리더십과 문제 해결 능력을 높여 그 결과로서 집합적 삶의 질을 향상시킬 것인가?

한 사회의 집합적 삶의 양태는 제도, 리더십, 사회적 조건의 3자가 만나고 길항하는 어느 지점에서 결정된다. 이 셋은 각각 매우 중요하며, 동시에 어떤 접합양식을 갖느냐에 따라 다른 결과를 낳는다. 같은 제도가 어떤 리더십과 조건을 만나느냐에 따라, 같은 조건이 어떤 제도와 리더십을 만나느냐에 따라, 같은 리더십이 어떤 조건과 제도에 직면하느냐에 따라 결과로서의 민주주의 내용과 삶의 현실은 크게 달라진다. 오늘의 한국사회의 문제들은 각각 제도, 리더십, 사회적 조건의 어느 부문에서 치료되어야 하는가? 헌법과 제도의 변개 없이도 우리는 과연 반복되는 헌법적 사태와 민주정부의 능력 향상을 동시에 해결, 달성할 수 있을 것인가?

이 글은 1987년 등장한 헌법체제, 헌정체제, 사회체제, 통칭하여 87년 체제의 헌법적 기원과 특징을 간략히 추출하고, 고려 가능한 범위에서 한국 민주주의의 발전을 위한 헌법적 대안과 절차, 비전에 대해 진술하고자 한다. 이때 말하는 헌법적 대안은 제도적·사회적 대안을 포함한다. 헌법을 포함한 근본 제도 변개의 시도는 시민 참여, 담론 형성, 정당 정치, 미래비전 경쟁을 포괄하는 폭넓은 정치의 과정에 해당하는 동시에 민주주의와 정치 자체의 영역을 비약적으로 확장한다. 최근의 헌법적 결정들은 헌법문제가 핵심 정치문제이자 사회문제로 성큼 다가왔음을 보여준다. 이제 한국사회에서 헌법문제와 민주주의, 헌법과 삶을 분리해 접근할 수 없다는 점은 분명하다. 헌법문제는 곧 정치문제이고, 한국 민주주의는 헌법문제와 정면 대응하지 않으면 안되는 상황에 직면한 것이다. 헌법논의의 '사회화'와 '사회과학화'를 통해 규범과 현실을 연결해야 할 필요가 절실하다.

2. 87년헌정체제의 특징

헌법문제를 중심으로 볼 때 민주화 이후 한국정치의 핵심 특성은 민주화와 헌법화(constitutionalization)의 괴리라고 할 수 있다. 요컨대 운동의 정치와 제도의 정치, 시민사회와 의회의 현저한 단절의 문제다. 한국 현대정치사에서는 강한 국가와 강한 시민사회의 충돌로 광범한 시민 저항이 발생하고, 세계 민주화 역사상 희귀하게도 4·19, 부마·광주항쟁, 6월항쟁을 통해 이승만-박정희-전두환 권위주의체제 '전부'를 운동으로 전복하거나 전복의 단초를 마련했다. 이른바 "운동에 의한 민주화"[2]로 민주화의 주체는 명백히 시민사회였던 것이다. 그러나 구체제 해체 이후 신체제 건설 과정에서는 밑으로부터의 요구가 좁은 정당정치의 채널을 통과하면서 급격히 축소되어 헌법화·제도화되는 정도는 현저히 낮았다. 강력한 운동을 바탕으로 권위주의를 전복했음에도 불구하고 제도화·헌법화의 단계에서는 갑자기 시민 참여의 정도와 영역이 소멸된다.

특히 헌법을 포함한 법률과 제도의 형성과 변용에 대한 시민 참여는 예외적인 몇몇 경우를 제외하면 거의 불가능했다. 일반적으로 민주화 국면에서는 시민사회 주도, 개방적 담론지형, 진보적-변혁적 이념공간, 포괄적 의제, 광장의 열린 정치가 나타나지만 제도화·헌법화 국면에서는

---

2) 최장집 『한국민주주의의 조건과 전망』(나남 1996); 최장집 「운동의 전통과 민주주의의 모델」, 『아세아연구』 103호(2000. 6) 1~26면.

엘리뜨 주도, 폐쇄적 논의구조, 보수적 이념지형, 비포괄적 의제 한정, 탁상협상정치(round table talks politics)로 인해 정치엘리뜨간의 협소한 제도권협약으로 귀결된다. 한국에서 이런 점은 두 가지의 부정적 현상을 초래했다. 첫째는 민주주의 발전에도 불구하고 헌법화가 민주화의 내용을 충분히 담보하지 못하여 헌법체계와 민주주의가 잦은 충돌을 불러일으킨다는 점이다. 둘째는 시민 요구와 헌법규율, 시민사회와 정당정치, 직접민주주의와 대의민주주의의 괴리로 헌법적 안정성이 약화된다는 점이다.

실제로 87년헌법 제정의 과정은 시민사회의 요구가 반영되고 참여가 보장된 심의(deliberation)의 산물이었다기보다는 좁은 정치사회 내 엘리뜨들간의 탁상협상 정치의 결과였다.[3] 따라서 1987년의 헌법협약은 체결 싯점부터 심각한 문제점을 안고 있었다. 심의가 아닌 이러한 탁상정치에 의한 타협은 협약 참여자들 사이의 단기적 이해관계의 절충의 산물로서 한국에서 민주화 이후 반복될 헌법정치 위기의 원인이 되었다.[4] 문제는 다음과 같은 세 수준에 놓여 있다.

첫째로 헌법제정 협약 참가 범위의 협애성으로 인해 시민저항에 직면한 기존 권위주의체제하의 정당대표들만이 참가한 가운데 미래체제의 헌법협약을 체결, 헌법 개정 및 게임의 룰을 결정함으로써 (구헌법)체제 해체와 (신헌법)체제 건설의 주체가 불일치하는 문제를 안은 채 출발했던 것이다. 신헌법체제 건설의 주체들은 타도의 대상이었던 구헌법체제

---

3) 헌법 제정 과정에서의 탁상정치에 대해서는 Jon Elster, Claus Offe, and Ulrich K. Preuss, eds., *Institutional Design in Post-Communist Societies: Rebuilding the Ship at Sea* (Cambridge: Cambridge University Press 1998) 참조.

4) 심의와 한국 민주주의의 관계에 대한 논의는 임혁백 「심의와 한국민주주의」, 『세계화 시대의 민주주의--현상·이론·성찰』(나남 2000) 155~80면 참조. 헌법 제정과 심의에 대한 논의는 Jon Elster, "Deliberation and Constitution Making," Jon Elster, ed., *Diliberative Democracy*(Cambridge: Calmbridge University Press 1998), 97~122면 참조.

하에 선출된 대표들로 참여의 범위가 제약되었다. 즉 헌법 변경을 주도한 시민사회의 대표들이 전혀 참여하지 못한 채, 곧 폐지가 예정된 헌법체제하에서 선출된 의회대표들만이 참여했던 것이다. 민주적 헌법체제 변경의 중대 계기였던 1960년과 1987년의 경우 헌법 변경을 가능하게 했던 시민사회는 헌법 개정(제정) 과정에서는 항상 배제되어, 구체제 타파에는 기여했으나 신체제 건설에는 참여하지 못했다. 따라서 한국사회에서는 헌법체제 변개라는 중대 계기의 경우 항상 제도 변개·쟁취의 주체와 제도 설정·형성의 주체가 다르다는 문제점을 갖고 있다. 이 점은 한국의 민주주의가 헌법 수준에서 개정 이후 민주주의 현실을 담보하지 못하는 한 원인이 되었다. 따라서 바람직한 헌법체제의 형성을 위해서는 어떤 방법을 통해 어떤 대표가 어느 규모의 헌법제정회의 또는 헌법개정회의를 구성하느냐의 문제가 핵심적 관건이 아닐 수 없는 것이다.

이 점과 관련하여 현행 6월항쟁헌법의 제정 과정을 드러내줄 흥미있는 사실이 존재한다. 1987년 6월항쟁시 5월 27일 결성되어 민주화운동을 주도한 민주헌법쟁취국민운동본부의 공동대표 65명 중 정치인은 단지 8명에 불과했다. 이것은 당시 민주헌법 쟁취운동에서의 정치인의 비중을 드러내준다. 6월 29일까지의 '민주헌법 쟁취' 운동은 완전히 이들의 주도하에 있었다. 명칭 자체가 민주헌법 쟁취를 위한 조직임을 알 수 있다. 그러나 6·29선언 이후 9월 16일 개헌안이 타결될 때까지 '민주헌법 제정' 과정은 운동진영을 떠나 온전히 집권당과 반대당 엘리뜨들의 수중으로 넘어갔고 그들 양당 사이의 헌법 개정 '8인 정치회담'에 시민단체들은 아무런 영향을 행사하지 못했다. 미래 헌법체제 형성에 관한 한 손을 놓고 있었던 것이다. 헌법 쟁취 국면과 헌법 제정 국면의 판연한 분리 구획이었다. 더욱이 8인회의 성원 중 절반은 해체의 대상이었던 권위주의 체제의 대표들이었다.[5]

이론적으로 설명하자면 6월항쟁이라는 혁명적 국면이 헌법 민주주의로 넘어가는 상황에서 혁명과 헌법, 운동과 제도가 갖는 상반되는 본질에 직결된 것이라고 할 수 있다. 혁명적 국면(revolutionary moment)의 정치는 무수히 다양한 시민단체로 구성된 시민사회가 주도하며, 정치의 성격은 참여적이고 평등적이다. 그러나 운동이 지배하는 혁명적 운동의 성공 이후 제도화가 진행되는 헌법적 국면(constitutional moment)으로 넘어가면 정치는 조직화한 정당에 의해 주도되고 경제문제가 중시되며 혁명적 국면을 지배했던 연대는 해체된다.[6] 혁명적 의제는 헌법적 의제로 현저히 축소되며 따라서 민주주의는 헌법적 의제의 영역과 범위로 제한된다. 현행 6월항쟁헌법은 민주주의의 발전 과정에서 나타난 이러한 두 국면의 단절과 그로 인한 한계가 표징적으로 드러난 사례였다. 한국의 헌법체제가 근본적으로 불안정할 수밖에 없는 소이는 시민사회의 요구가 급격히 축소·제한되어 헌법화하면서, 게다가 1987년 싯점의 협약이 이후의 사회 변화를 더욱 담지 못하면서, 실제 사회에 존재하는 문제들을 수용하고 해소할 역할을 상실하고 있기 때문인 것이다.

둘째로 헌법 제정이라는 협약의 성격 문제로서 장기적 관점에서의 지속 가능한 민주헌법체제의 구축이 아닌 협약 당시의 대표세력의 단기적 정치 이해관계에 따른 헌법체제 구축이었다는 점이다. 따라서 한국의 헌법체계 발달사는, 그것이 건국헌법, 2공화국헌법, 3공화국헌법, 유신헌법, 전두환헌법, 6월항쟁헌법인지를 막론하고 거시적 민주헌법체제의 구축보다는 당시 싯점의 헌법 제정 세력 또는 협약 참여 세력의 단기적

---

5) 이상의 내용은 한국기독교사회문제연구원 엮음 『개헌과 민주화운동』(민중사 1986); 『6월 민주화 대투쟁』(민중사 1987); 『'87 한국정치사정 ─ 별책·성명서 모음』(민중사 1988) 86~92면; 『대통령 선거투쟁』(민중사 1988) 참조.

6) Sheldon Wolin, "Norm and Form: The Constitutionalizing of Democracy," J. Peter Euben, John Wallach, and Josiah Ober, eds., *Athenian Political Thought and the Reconstruction of American Democracy* (Itacha: Cornell University Press 1994) 29~58면, 특히 29~31면.

인 정치적 이해가 교환된 산물이라는 점에서는 동일했다. 6월항쟁헌법 역시 안정적 민주헌법체제의 구축보다는 당면과제였던 장기집권 방지라는 구헌법체제의 극복과, 또한 노태우, 김영삼, 김대중으로 대표되는 3대 협약 세력의 이해가 교환된 산물이었다. 헌법체제 형성에서 단기적 이해의 교환은 항상 정략성, 불완전성과 불안성을 내포한다. 따라서 이들 3대 협약 참여 세력의 이해 충족 이후에는 심각한 헌법문제가 발생할 가능성이 높았다. 후임이 누구였든지 이들 협약 참여 세력의 정치적 목적이 실현된 이후에는 문제가 노정될 수밖에 없었고, 그것을 노무현정부가 한꺼번에 유증받은 측면이 존재한다.

셋째로 위의 두 가지 문제로 현행 6월항쟁헌법은 특히 권력구조 측면에서 중대한 문제를 안고 있었다. 대통령의 5년 단임, 그리고 대통령과 국회 선거 주기의 불일치는 대표적 조항이었다. 대통령 5년 단임의 문제에 대통령과 국회의 임기가 일치하지 않는 선거 주기 문제가 중첩되면서 대통령—국회 지배정당이 다르며 집권당이 소수당으로 전락하는 분할정부(divided government)가 반복적으로 등장했다. 노태우, 김영삼, 김대중, 노무현 등 민주화 이후 정부들이 직면했던 분할정부의 극복은 3당합당, 반대당 의원 빼가기, 탄핵소추 발의와 같은 (초)헌법적 방법이 아니고는 불가능했다. 이러한 반복 등장은 민주화 이후 한국의 헌정체제가 제도적으로 사회의 정치 균열구조를 반영하지 못하고 있음을 의미한다.

넷째로 권력구조를 포함하여 87년헌법체제의 많은 조항들은 심의의 과정이 아니라 짧은 시간 안에 62년헌법체제 및 80년 헌법논의로 단순 회귀한 것이었다. 그러다 보니 중요한 사회 의제와 변화들 중 많은 것들이 헌법 의제와 조문으로 수렴되지 않았다. 1962년부터 1987년 사이의 정치적·사회경제적 변화 역시 제한적으로만 반영되었다. 특히 1985년에서 1987년 사이에 등장했던 시민사회의 체제 구상과 헌법비전들, 1987년 이후의 사회변화 전망들은 전혀 반영되지 않았다. 제정 방식, 제정 세력의 단절이 헌법의제의 단절을 초래했던 것이다.

그리하여 한국의 87년(헌정)체제는 괄목할 만한 민주제도 발전에도 불구하고 현실에서 다음과 같은 뚜렷한 특징을 드러내고 있다. 첫째, 대통령제 정부형태 및 대통령−의회 선거주기의 불일치, 둘째, 권력 분립 및 법치국가 관념의 강화, 셋째, 대의민주주의의 부활·강화와 직접민주주의의 폭발적 발전에 대한 예측 결여, 넷째, 사회국가(社會國家) 및 사회적 민주화 관념의 소홀, 다섯째, 지방자치·분권국가 관념의 결여, 여섯째, 탈냉전 및 세계화 상황에 대한 대비 부재 등이다. 이러한 특징들은 각각 87년체제를 압축적으로 상징하는 요소들, 즉 첫째, 분할정부의 반복 등장과 민주정부 능력의 저하 및 정당정치의 지속적인 저발전, 둘째, 사법국가로의 진행에 대한 예측 결여와 정치의 사법화 강화, 셋째, 참여민주주의와 대의민주주의의 충돌 빈발, 넷째, 노동·복지문제와 경제민주주의의 악화, 다섯째, 가치와 권위의 중앙 집중 지속, 여섯째, 냉전·분단체제 골간(영토조항 및 국가보안법)의 지속과 이주노동자 등 비국민 거주자에 대한 고려의 결핍 등으로 귀결되었다.

3. 헌법주의·법치와 안정성·민주주의의 문제

최근 헌법문제가 집중적으로 대두되고 정치·사회·삶이 사법화하는 현상은 기존의 정치제도가 정상적으로 작동하는 가운데 빈발했다는 점에서 한국 현대정치에서 매우 예외적이라고 할 수 있다. 1960~61년, 1979~80년, 1987년에 발생한 헌법문제는 기존 헌법의 작동 불능 상황에서 등장했다는 점에서, 또 권위주의하에서 헌정주의(constitutionalism)의 복원을 위한 투쟁의 산물이었다는 점에서 최근 현상과는 전혀 다른 성격을 지닌다. 즉 정상 시기의 헌법문제 등장은 오늘의 한국 민주주의에서 헌법문제가 갖는 중요성을 상징한다.

오늘의 한국사회와 민주주의가 직면한 중대 문제는 헌법과 법률을 준거로 민주주의의 성격과 미래를 결정하는 상황의 반복이라 할 수 있다. 법적 판결이란 본질적으로 승리와 패배, 정의와 불의, 옳음과 그름을 가름해 법률적 승자와 패자를 판정해내는 속성을 갖는다는 점에서 민주주의의 원칙인 균형과 타협과 공존(의 영역)을 축소시킨다. 즉 법적 판결에 호소한다는 것은 정치의 실패를 의미하기 때문에 민주주의는 법이라는 문에 들어가기 전에 문제를 해결하는 것이 본래적 의미에 훨씬 더 충실하다. '선출되지 않은 권력'인 (헌법)재판관들이 시민·인민의 집합의사에 우선할 수 있는가? 법치는 민주주의를 보장하고 발전시킬 수 있는가?

결국 정치의 사법화가 한국 민주주의에 제기한 중대 문제는 '법의 지배, 헌법주의·헌정주의의 강화를 어떻게 볼 것이냐'라는 것이다. 이와 관련하여 과거에 우리는 법치는 곧 민주주의라는 단순 구도에서 한국정치를 이해했다. 법치가 권위주의를 극복하려 했던 민주화의 산물이며 또한 그것이 인권과 민주주의에 기여하는 정(正)의 관계를 갖고 있음을 부인하기 어렵다. 그러나 이러한 전통적 이해는 이제 민주화 이후 양자의 부(負)의 관계에도 주목하여 수정하지 않으면 안된다. 시민사회가 헌법과 헌정주의에 민주적으로 개입해야 할 논리적 근거와 이유는 여기서 비롯한다.

오늘날 이론과 실천 두 수준 모두에서 법치와 민주주의의 차이는 크다. 민주주의와 법의 지배가 상호 보완적이라는 인식은 한 측면일 뿐, 실제의 민주주의 발전 과정에서 두 제도적 양식은 오랜 기간에 걸쳐 상호 갈등적 관계를 보여왔다. 역사적으로 민주주의와 관련하여 법치-헌법주의의 역할은 이중적이다. 한편에서는 권력(남용)을 제도적으로 제한하기도 하지만, 다른 한편에서는 다수결로 대표되는 민주주의를 심대하게 제약하기도 한다. 어쩌면 헌법적 민주주의(constitutional democracy)라는 조어 자체가, 헌법주의와 민주주의가 갖고 있는 근본적인 긴장으로 인해, 출발부터 일정 정도 상호 충돌적인 모순을 안고 있는지도 모른다.[7] 양자는 투표 대 법, 다수지배 대 법률지배·법치, 다수주의(majoritarianism) 대 헌법주의의 충돌관계로 나타난다. 양자의 관계는 구체적 제도에서는 자주 의회와 법원(헌법재판소 포함), 정치인 대 법관의 대결로 나타난다. 헌재-법원 우위 모델에서는 민주적 규칙이 위축되며 반대로 의회 우위 모델에서는 사법기구들이 종속기구로 전락하거나 입법부의 대리인이나 해석자에 지나지 않게 된다.[8] 대체적 경향은 근래 들어 법원·헌재가 일반적으로 승자가 된다는 것이다. 의회의 결정을 법원이 대리인으로서 그대로 받아들이지 않는다는 점이다. 이는 정치의 사법화 또는 헌법화라고 불린다.[9] 법원이 민주적 경쟁의 규칙을 수정하려는 행위자로 행동하려 할 때 정치는 사법화하며, 이는 특히 정치적 교착 국면에서 더욱 두드러진다.

다수 지배(민주주의) 대 법의 지배(법치) 사이의 갈등은 각각 투표와 법을 자신들의 기간(基幹)으로 삼는 행위자들의 갈등이다. 그러할 때 의회와 법원 둘 중 누가 특정 상황을 주도하느냐는 결국 '정치'에 달려 있다.[10] 법의 지배가 있더라도 그것은 법이 정치행위보다 낫기 때문은 아니다. 법은 정치와 분리될 수 없는 것이며 사실 "원칙적으로 법치국가는 민주주의 없이도 가능하다."[11] 즉 민주주의와 법치는 일치하지 않는다.

---

7) Stephen Holmes, "Precommitment and the Paradox of Democracy," Jon Elster and Rune Slagstad, eds., *Constitutionalism and Democracy*(Cambridge University Press 1988) 196~98면.

8) Ferejohn and Pasquino, 앞의 글.

9) 같은 글; Jose Maravall, "The Rule of Law as a Political Weapon," Maravall and Przeworski, eds., 앞의 책.

10) 같은 책 15면.

초기 민주주의는 법치로 인해 발전했으나 오늘날 법치는 민주주의를 보장하는 동시에 심대하게 제약한다. 이 문제야말로 3·12 탄핵사태가 한국 민주주의에 던지는 핵심적인 이론적·실천적 요체를 구성하며, 한국 민주주의가 돌파해야 할 과제가 아닐 수 없다.

마지막 남은 문제는 일종의 헌법 불변주의 또는 규범주의, 헌법 정전(正典)주의의 문제라고 할 수 있다. 헌법은 제정 당시의 정신과 원칙이 불변적 규범이나 정전의 성격을 갖는 것이 결코 아니다. 그것은 기본적으로 해석·재해석되면서 시대상황에 맞게 적용되어가야 하는 것이다. 헌법학과 정치학의 최근 이론들이 주장하듯 최고법원과 헌법재판소의 헌법적 판결이 '최고'(supreme)이자 '최종'(final)이며 '무오류'(infallible) 결정이라는 오랜 관념은 오류라는 점이다.[12] 법적 결정은 자주 변화한다. 따라서 특정 싯점의 그것이 항상 보편타당한 최종 판결은 아닌 것이다. 예컨대 미국의 경우 소년노동, 낙태, 연방주의, 국가―교회 관계, 사형제 등을 보면 알 수 있다.[13] 이는 우리 사회의 경우에도 동일한 사안이라도 상황의 변화에 따라 그들의 판결이 근본적으로, 때로는 거의 정반대로 달라졌던— 예컨대 호주제나 국가보안법 위반에 대한 판결처럼―현실을 고려한다면 충분히 증명되고도 남는다. 실제로 헌법적 가치들은 법원과 헌법재판소를 포함한 사법적 행위자들과 의회, 시민단체, 행정부 등 비사법적 행위자들 사이의 상호작용의 결과이지 전자에 의해 배타적으로 형성되는 것은 아니다. 심지어 일반적 인식과는 달리, 우리의 과거 경우 정반대였지만, 서구의 경우 소수자 보호, 인권 수호, 평등

---

11) 위르겐 하버마스 『사실성과 타당성―담론적 법이론과 민주주의적 법치국가 이론』(나남 2000) 114면.
12) Neal Devins and Louis Fisher, *The Democratic Constitution* (Oxford University Press 2004) 5면, 1장(9~28면).
13) 같은 책 5면.

원칙 고수 등 중대한 민주주의 원칙 역시 법원보다는 선출직에 의해 더 많이 발전했다는 사실도 역사적으로 실증되고 있다.[14] 특정 헌법이 엄격성과 불변성으로 인해 그 유연성과 적응성을 상실한다면 그 헌법은 사회 현실을 반영하지 못하는, 최초 제정 싯점의 가치와 지향만을 대변함으로써 현실과 괴리된 죽은 코드가 되는 것이다. 왜냐하면 모든 헌법은 하나의 프로젝트이며, 이 프로젝트는 입법의 모든 차원에서 끊임없이 계속 추진되고 있는 헌법 해석이라는 양태 속에서만 존립할 수 있기 때문이다.[15] 따라서 과거에 형성된 기존의 체계는 법적 안정성을 충분히 보장할 수도 없다.

결국 헌법과 민주주의를 통합적으로 사고할 때 가장 중요한 문제는 헌법적 정당성은 형식적·법적 준거에 의해서보다는 정치적이고 사회적인 현실에 의해 더 자주 타당성을 갖게 된다는 점이다.[16] 요컨대 법원의 주요한 헌법적 결정은 그것을 둘러싸고 있는 정치에 먼저 관심을 기울이지 않는다면 이해될 수 없는 것이다.[17] 이 말은 헌법 불변주의나 정전주의가 아니라 헌법현실주의가 민주적 공동체의 발전을 위한 헌법의 역할에 긍정적이라는 점에서 중요한 의미를 갖는다. 왜냐하면 법치에 의해 제약받는 오늘날의 한국 민주주의의 현실에서 바람직하고 타당한 대안은 고래의 '헌법적 민주주의'(constitutional democracy)가 아니라 '민주적 헌법주의'(democratic constitutionalism)라고 할 수 있기 때문이다. 전자에서는 헌법화가 민주주의에 우선하여 헌법이 허용하는 범위 내로 민주주의가 제한된다면, 후자에서는 민주화가 헌법의 형태를 규정하여 민주주의가 헌법적 제약을 넘어선다.[18]

---

14) 같은 책 5~6면.

15) 위르겐 하버마스, 앞의 책 171면.

16) Douglas Greenberg, Stanley Katz et al., eds., *Constitutionalism and Democracy: Transitions in the Contemporary World* (New York: Oxford University Press 1993) xix면.

17) Devins and Fisher, 앞의 책 3면.

헌법에는 또한 좋은 사회를 향해 질서나 제도, 가치 등을 창조하고 (making) 주조하며(crafting) 디자인하고 구성-재구성한다는 의미가 포함되어 있는바,[19] 이러한 의미 규정은 헌법의 현실 적응성이나 가변성을 인정하지 않으면 불가능한 것이다. 이 문제는 우리가 법이 갖는 안정화 기능을 수용하더라도, (헌)법과 입법화의 기본적 의미에 대해 고찰하게 한다. 즉 민주적 입법 절차가 보유하는 정당화의 힘은 오로지 시민들의 공동 삶을 규제하는 규칙들에 관하여 시민들 스스로 수행하는 상호 이해의 과정으로부터만 도출될 수 있다. 즉 법이 민주적 절차에 바탕하여 사회적 통합력과의 내적 연관을 보존할 때 비로소 안정화라는 기능을 충족할 수 있는 것이다.[20] 그렇지 않을 경우 법의 안정화 기능은, 호헌-개헌을 둘러싼 1987년의 대투쟁에서 볼 수 있듯이, 오히려 시민사회에 의해 부정될 수 있다. 오늘날 한국에서 민주주의의 진전과 함께 법치·헌법주의를 들어 '법적 결정'에 의지하여 이를 역진시키려는 움직임들은 민주성의 결여로 인해 사실은 법이 제공하는 최소한의 안정화의 기능조차 수행하지 못하고 있는 것이다. 과거(헌법)나 미래(현실)를 담지 못할 때 법적 안정성은 파괴되거나 최소한 위협받는다. 결국 제도와 헌법 자체를 교정하려는 민주주의의 제고 없는 헌정주의 발전과 법적·제도적 안정화는 불가능한 것이다.

---

18) Wolin, 앞의 글 38~39면.
19) Karol Edward Soltan and Stephen L. Elkin, eds., *The Constitution of Good Societies* (University Park, Pennsylvania: The Pennsylvania State University Press 1996).
20) 위르겐 하버마스, 앞의 책.

4. 헌법개혁의 원칙과 절차

가장 먼저 대답해야 할 물음은 지금 꼭 헌법을 바꾸어야 하느냐는 싯점의 문제라고 할 수 있다. 앞서 말한 우리 사회의 헌법과 민주주의 상황에 비추어 헌법개혁 논의는 필수적이다. 최근의 개헌논의에는 두 가지 특징이 있다. 하나는 주체가 정치권 중심이라는 점이고, 다른 하나는 주제가 권력구조에 집중되어 있다는 점이다. 이 두 가지 현상은 심각한 문제를 안고 있다. 필자는 오랫동안 정치권을 넘어 시민사회로 헌법 논의 주체를 확장할 것과, 권력구조 문제를 넘어 미래 만들기로서의 헌법 만들기, 즉 헌정체제 전반에 대한 개혁의제로 내용을 확장할 것을 주장해왔다.

앞서 지적한 87년헌정체제의 근본문제들 이외에 헌법개혁 문제가 지닌 시의성을 지적하자면, 현싯점에서 권위주의가 재등장할 우려는 없다는 점, 네 차례 민주정부의 실험으로 장단점이 거의 다 드러났다는 점, 차기 대선과 총선이 1987년 이후 처음으로 겹친다는 점, 현행 헌법하에서 다시 대선과 총선이 겹치려면 20년을 더 기다려야 한다는 점 등이다. 상당한 문제를 안고 있는 현헌정체제를 다시 20년 이상 지속하는 것은 헌법개혁을 통해 얻을 이익에 비해 국가적·사회적 손실이 너무 크다. 그 점에서 노무현정부 아래서의 헌법개혁이 가장 적기라 할 수 있다. 문제는 그러한 헌법개혁 시도가 사회 혼란으로 이어지지 않을 만큼 우리 사회가 민주적 대화와 통합의 능력을 갖고 있느냐는 것이다.

둘째로 사회적 의제와 헌법적 의제 사이의 관계 문제다. 한 사회의 제도가 문제가 있다고 해서 모든 사회적 의제가 헌법적 의제가 될 수는 없다. 둘은 어떻게 같고 다르며, 헌법화 과정 중의 어느 지점에서 누구에 의해 어떻게 걸러져야 하는가? 인민 의사는 대표들에 의해 항상 반영되고 있는가? 또 사회 진화에 따른 사회적 의제의 탈락과 추가는 곧 헌법적 의제의 배제와 확대를 의미하는가? 이 점을 판별하는 지혜 역시 헌법개혁의 중요한 근거가 된다.

셋째로 누가 헌법을 주도하고 만들 것인가의 문제다. 즉 어떤 대표들로, 어떤 규모로, 어떠한 방식을 통해, 얼마의 기간 동안 헌법개혁의 주체(기구)를 구성하여 활동하느냐의 문제다. 헌법개혁의 과정과 절차에 누가 어떤 방법으로 참여할 것인가? 여기서 헌법 제정 과정에 대한 주권자로서의 시민의 참여가 중요해진다. 즉 헌법정치가 갖는 엘리뜨주의를 넘어 국민·시민의 참여를 통해 민주주의를 발전시키는 헌법민중주의 또는 헌법시민주의(constitutional populism)는 민주주의의 확장을 통한 헌법문제의 해결이라는 하나의 가능한 대안일 수 있을 것이다.[21] 요컨대 헌법문제를 둘러싼 헌법정치의 과정에서 민중적 동원과 참여가 헌법적 내용으로 구체화하는 과정의 필요성이다.

6월항쟁헌법의 등장 과정과 한국 헌법민주주의의 한계를 고려할 때, 금후의 헌법 제정 과정에서 시민들의 참여는 민주주의를 헌법주의의 한계로부터 비약적으로 확장시키는 핵심문제가 된다. 시민사회가 헌법개혁 논의를 외면하거나 참여에서 배제된다면 한국 정치사회와 시민사회는 더욱 유리되고 그 결과 정치권의 헌법논의들은 정치엘리뜨간의 전통적인 탁상협약으로 귀결, 결국 헌법개혁이 아니라 권력구조 변경에 제한되는 과거의 모습을 반복할 것이다. 즉 사회협약으로서의 헌법이 아니라 탁상협약에 머물게 하는 것이다. 그것은 그동안의 시민사회 성장을 부인하고, 정당정치를 더욱 퇴행시키며, 헌법개혁의 내용 역시 87년 이후의 민주주의 발전을 반영하지 못하는 결과로 연결될 것이다.

---

21) Bruce Ackerman, *We The People*, vol. 1: *Foundations*; vol. 2: *Transformations* (Cambridge: Harvard University Press 1991, 1998); Richard Parker, *Here the People Rule: A Constitutional Populist Manifesto* (Cambridge: Harvard University Press 1994).

따라서 시민사회는 이제 독자적인 민주주의 및 헌법 구상을 가다듬어 의회에 구성될 헌법 제정기구에 반영하지 않으면 안된다. 의회에서 대표들의 입법행위에 앞서 정당과 시민대표가 의회 내에 헌법 논의기구를 합동으로 구성하는 방식은 시민사회와 정치사회, 민주화와 헌법화, 민주주의와 헌법주의를 이상적으로 결합하기 위한 바람직한 대안으로 고려될 수 있다. 필자가 시민의 자기결정 의지와 참여를 이렇듯 강조하는 것은 인민주권을 정부와 대표들의 협애한 위임적 입법행위로부터 독립시켜 사고하려는 민주주의의 근원적 출발에 대한 고려 때문이다. 또한 중대한 입법행위에 시민이 참여함으로써 정당정치가 약화되는 것이 아니라, 오히려 시민사회와 정치사회의 연계를 높임으로써 크게 강화·발전시킬 수 있기 때문이다.

요컨대 민주화와 헌법화의 단절을 극복하기 위해 기존의 '공급자 중심의 헌법 논의구조'가 아닌 '수요자 중심의 헌법 논의구조'를 고려하는 혁명적인 발상의 전환이 있어야 한다. 그러할 때 다음의 3중 헌법 제정 과정은 한 대안이 될 수 있다. 시민사회, 정당, 국회의 논의를 결합하는 3중 헌법개혁 과정이 필요하다는 것이다. 헌법 제정과 개혁은 엘리뜨의 독점물이 되어서는 안되지만 또한 고도로 비대중적·전문적인 것이다. 따라서 모든 사회적 의제가 헌법적 의제가 될 수는 없더라도 엘리뜨들의 폐쇄적 탁상협상 정치를 극복하기 위해서는 시민사회 수준의 헌법 논의를 먼저 거친 뒤 정치화 단계를 거쳐 헌법화하는 과정이 필요하다.

1) 제1단계(사회화단계): 헌법문제 및 의제의 사회화, 곧 사회적 (개혁)의 제로서의 헌법논의를 시민·사회단체, 학계, 정당 수준에서 진행한다. 아래로부터의 논의구조를 만드는 중요한 단계로서 민주헌법 제정을 위한 시민사회 연대기구를 형성하여 토론과 합의를 추구한다.

2) 제2단계(정치화단계): 국회에 시민대표로 구성된 민주헌법연구회를 설

치, 정당·학계·시민단체가 공동으로 참여하여 쌍방향의 심층 논의를 진행한다. 사회적 의제의 정치화를 통해 민주적 헌법화 및 수렴의 기능을 수행한다.

3) 제3단계(헌법화단계): 민주헌법연구회의 논의를 국회의 헌법화(조문화 codification) 논의에 반영, 국회의원 및 여야 추천 시민대표 합동으로 가능한 한 단일헌법안을 만든다. 시민대표의 참여는 이 단계에서 종료된다. 최종 단계에서는 입법권을 갖는 국회의원으로 구성되는 헌법개정특별위원회를 통해 최종 헌법안을 제정한다. 그리고 국민투표를 통해 헌법을 확정한다. 최초의 출발점, 즉 주권자인 국민에게 다시 돌아오는 것이다.

요컨대 헌법화 과정을 과거처럼 협애한 제3단계에만 한정하지 않고 1~3단계 전 과정을 포괄, 이를 통해 헌법 제정 논의를 시민·국민에게서 시작하고, 그를 수렴하여 최종 입법 권한은 대표인 국회에 주며, 마지막으로는 다시 국민투표를 통해 결정하는 이상적인 민주적 과정으로 추진한다(〈그림 1〉 참조). 민주화와 헌법화의 단절이 아니라 민주화의 연장으로서 헌법화를 추구하는 것이다. 이 과정에서 참여, 대화, 쌍방향, 심의 (deliberative) 민주주의의 네 원칙은 충분히 견지되어야 한다.

5. 헌법개혁의 내용과 비전

어떤 헌법을 만들 것인가는 곧 어떤 사회와 국가를 만들 것인가의 문제와 같다. 따라서 미래에 어떤 체제를 추구할 것인가를 결정하는 문제는 현재의 싯점에 어떤 범위까지 헌법개혁을 이루어낼 것이냐의 문제와 일정하게 중첩된다. 그것은 곧 21세기에 우리가 어떤 국가정체성을 갖느냐와도 연결된다. 규범과 현실에서 공히 인권, 평화, 민주, 평등, 복지, 문화, 능력과 경쟁, 국제협력 등을 누리고 추구하는 국가를 지향하려 할

그림 1 헌법개혁의 절차

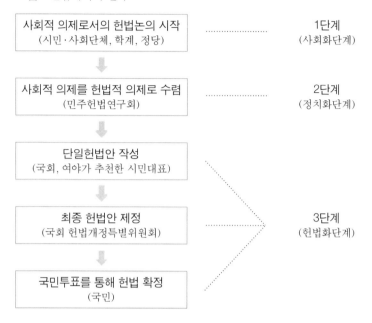

때 우리의 헌법에는 추가·강화·삭제해야 할 부분이 적지 않게 존재한
다. 변화된 현실에서 무엇을 추가·강화·삭제할 것인가? 국가 근본성격,
기본권, 권력구조, 경제조항, 헌법 변경 등의 다섯 분야가 아마도 가장
중요할 것이다. 여기서는 몇 가지에 한정해서 살펴보기로 한다.

국가의 근본성격과 체제의 문제

87년헌법 조항 및 체계에는 국가의 근본성격과 관련하여 몇 가지 심
각한 모순이 존재한다. 첫째는 헌법이 규정하고 있는 민주주의의 내용이
다르다는 점이다. 전문(前文)의 "자유민주적 기본질서를 더욱 확고히하
여"와 제4조의 "자유민주적 기본질서에 입각한 평화적 통일정책을 수립
하고 추진한다" 그리고 제8조 1항의 정당의 목적·조직·활동에 대한 규

정에서 "민주적이어야 하며" 및 4항의 위헌정당 제소에 관한 규정의 "민주적 기본질서에 위배될 때는" 등의 관련 조항이 있다. 전문과 제4조의 '자유민주주의'가 삽입된 것은 각각 민주주의를 억압하기 위한 72년 유신헌법 및 통일을 고려한 87년 현행 헌법의 제정 때였다.

전문 같은 부분의 48년 건국헌법은 "자유민주적 기본질서"가 아니라 "민주주의 제(諸)제도를 수립하여"였다.[22] 48년체제 헌법의 민주주의 규정이 훨씬 더 포괄적인 내용을 담고 있었던 것이다. 따라서 이 충돌은 헌법적으로 자유민주주의와 민주주의의 원리와 성격은 다르다는 점, 역사적으로 민주주의를 부정한 권위주의 제도화를 위한 유신헌법 제정 때 삽입되었다는 점, 동일 헌법 내에서 충돌이 존재한다는 점에서 반드시 해소되어야 할 것이다.

둘째는 제3조의 영토조항 문제다. 이 조항은 몇 가지 문제를 안고 있다. 첫째, '한반도'라는 범위가 국제법적으로나 조약상 획정된 바 없는 추상적인 내용을 담고 있다는 것이다. 둘째, 역사적으로 대한제국이나 대한민국임시정부 등 특정 선행국가를 '헌법적으로' 계승한 것도 아니라는 점이다. 셋째, 헌법 규범이 헌법 현실로서의 남북 분단 및 북한의 존재를 반영하고 있지 못하다는 점이다. 따라서 실제 적용이 불가능하다. 넷째, 헌법조문 내에서 충돌이다. 제4조 '통일 지향' 조항은 제3조에 대한 자기부정인 것이다. 다섯째, 국제적 현실 및 결정과 일치하지 않는다. 북한은 현재 유엔 회원국으로서 이 조항은 유엔헌장과 충돌할 뿐만 아니라, 유엔의 일련의 결정들은 한번도 북한에 대한 대한민국의 헌법적 관할권을 인정한 적이 없었다는 점이다(1947. 11 .14, 1948. 12. 12, 1950. 10. 7, 1950. 10. 12의 결정).[23]

---

22) 유진오 『헌법해의』(명세당 1949) 15면.
23) 박명림 『한국 1950 — 전쟁과 평화』(나남 2002).

통일 지향의 가치, 헌법 규범과 헌법 현실의 충돌, 국제적 결정을 유념할 때 이 조항은 '순수 법리적으로는' 폐지를 고려해야 하나, '현실적으로' 북한의 대남 규정의 엄존, 남한의 통일 이상, 그리고 주변 강대국의 개입을 유념하여 존속시키더라도 다음과 같이 수정해야 앞의 여러 불일치를 해소할 수 있다.[24] "대한민국의 영토는 한반도와 그 부속 도서로 한다. 단, 통일을 이룰 때까지는 잠정적으로 1953년 7월 27일 체결된 정전협정에서 허용된 관할구역으로 한한다."(이때 한국이 참여하지 않은 정전협정에 헌법적 지위를 부여하는 문제가 발생할 경우 단서조항은 "단, 통일을 이룰 때까지는 잠정적으로 대한민국의 실질적인 유효지배가 미치는 지역으로 한한다"로 할 수도 있을 것이다. 한국이 참여하는 평화협정이 체결될 경우 이러한 문제는 어렵지 않게 해결될 수 있다.) 이러한 변화는 48년체제와 53년체제의 헌법질서를 인정하면서도 실제 분단 현실 및 유엔결정과의 충돌을 극복하여 적극적인 통일국가를 지향하는 역설적 효과를 가져올 수 있을 것이다.

셋째는 제5조 2항의 국군의 의무 조항(국가의 안전 보장과 국토방위 수행)과 제60조 2항의 '국군의 외국에의 파견' 허용 조항 사이의 긴장을 해소해야 한다. 국토의 범위를 특정하고 있는 헌법체계를 갖는 국가로서 국토 방위 수행이라는 의무와 외국 파견은 일치하기 어렵다.

넷째는 임시정부와 건국헌법 이래 핵심 가치로 지켜져온 경제민주주의 가치와 조항(헌법전문, 제119조)은 존속해야 한다. 한국의 경제 현실을 고려할 때, 시장경제를 보장하되(제119조 1항) 균등경제와 국가의 역할을

---

24) 이때 같은 분단국가였던 서독 헌법 ─ 독일연방공화국 기본법(본기본법) ─ 제23조를 참조, 원용할 수 있을 것이다. 서독 헌법 제23조는 다음과 같다. "이 기본법은 우선 … (서독 관할지역 주명 명기) … 제(諸) 주(州)의 영역에 적용된다. 독일의 그밖의 영역에서는 그들의 가입 후에 효력을 발생한다." 장명봉 『분단국가의 통일과 헌법』(국민대학교 출판부 2001) 196면.

강조한 전문과 제119조 2항마저 폐기된다면 실제 결과는 크게 부정적일 것이다. 미국의 개입으로 인한 1954년 시장경제 도입 이전의 헌법은 자유시장경제가 아니라, 현행 헌법보다 훨씬 더 경제민주주의를 강조한 국가자본주의 또는 사회적 시장경제 헌법으로서, 이후에도 경제민주주의 정신과 원칙은 삭제되지 않았다. 한국의 자본주의 발전과 시장 개방을 반영하여 경제문제는 향후 가장 강력한 힘겨루기 지점이 될 것이다.

권력구조의 문제

최근 가장 많이 대두되는 권력구조 변경 문제의 경우 앞서 말한 여러 '헌법적' 사태의 반복 등장과 사회 해체를 고려할 때 능력 있는 민주정부를 구성하는 것이 가장 중요하다고 할 수 있다. 현대 민주주의 및 민주정부의 양대 선출기구인 대통령과 의회를 구성하는 선거 주기가 일치하지 않음으로 인해 발생하는 문제들은 주권과 대표의 충돌이라는 한국 헌법체계의 문제를 분명하게 보여주고 있다. 주권자로부터 위임받은 헌법적 권한·능력과 책임 사이에 괴리가 발생하는 것이다. 그렇다고 해서 현행 헌법에는 양자를 일치시키기 위한, 의회책임제 같은 상호 헌법적 견제수단을 갖고 있는 것도 아니다. 이 점과 관련해 대선과 총선의 '선거주기' 충돌 문제를 해소하고 대통령 임기 사이에 국민주권을 반영할 수 있는 헌법적·제도적 계기를 확보하는 것이 매우 중요하다.

대통령 및 국회의원 선거 이후 국민들이 다음 대선 때까지 주권을 행사할 제도적 계기가 존재하지 않을 때 두 헌법기관을 구성하는 국민주권 사이의 중첩과 충돌 그리고 직접민주주의를 향한 시민사회의 열정은 제어되기 어렵다. 따라서 직접대표(대통령 선출)와 간접대표(의회 구성)라는 국민주권의 서로 다른 수준 사이의 교차적 행사를 보장할 필요가 있다. 능력 있는 민주정부를 구성하기 위한 하나의 잠정적 대안은 다음과 같다. "대통령 임기는 4년 중임으로 변경한다. 국무총리제를 폐지하고, 부통령제를 부활하며 대통령선거에서 러닝메이트로 출마한다. 대통령 선거와 지역대표 국회의원선거를 일치시킨다. 비례대표 의원을 지역대표의 2분의 1 수준으로 대폭 증가시켜(양원제의 고려) '중간평가'로서 이들 비례대표 선거를 정당명부제를 통해 대통령 임기 중반에 실시한다." 이상의 장치로 임기 불일치, 선거 주기, 분할정부, 정당 발전 문제를 동시에 접근하여 주권 충돌과 책임성의 문제를 극복하는 것이다. 정당정치와 정당 리더십의 발전은 이러한 헌법체계의 가장 의미 있는 산물이 될 것이다.

현실에서 지켜지지 않는 헌법조항의 강화와 부활

87년헌법이 담고 있는 이상적인 규범과 조항으로서 민주주의 발전에 걸맞게 사회 현실에서 적극적으로 강화하고 살려내야 할 내용들은 다음과 같다.

국가의 인권 보장 의무(제10조)
신체의 자유: "누구든지 법률에 의하지 아니하고는 체포·구속·압수·수색 또는 심문을 받지 아니하며"(제12조 1항) 고문 금지(제12조 2항)
형사 피고인에 대한 무죄 추정의 원칙(제27조 4항)
여자 근로(제32조 4항) 연소자 근로(제32조 5항) 모성 보호 노력(제36조 2항)
국회의원의 청렴 의무 및 국가 이익을 우선한 양심에 따른 직무 이행 조항(제46조)
복지국가 및 사회국가 조항들(다수 조항)

지나간 시대와 사회에 대한 조항의 개정

지나치게 고색창연하고 어색한 헌법의 전문(前文)은 현대적이고 보편적이며 일관되고 깊이 있는 철학과 비전을 담도록 세련되게 개정해야 한다. 경제조항들(제9장 경제, 제119~127조)은 거의 농업 위주 단계의 경제에 대한 내용이라고 할 만하므로 수정해야 한다. 국회의원들에 대한 특권 인정 조항들(제44조 1, 2항)은 폐지해야 한다. 제9조의 "국가는 전통문화의 계승·발전과 민족문화의 창달에 노력하여야 한다"는 조항은 국가의 근본 역할과 관련이 없으며, 국제 협력의 시대에 맞지 않는 전통문화와 민족문화에 대한 막연한 강조이기 때문에 수정 또는 폐지해야 한다.

새로 추가되어야 할 내용

21세기 최근의 헌법 경향(EU 헌법과 스위스 헌법)을 고려할 때 평화권·생명권·인격권 등의 삽입을 고려해야 한다. '국민의 권리와 의무'로 되어 있는 제2장의 제목은 '기본권과 시민권'으로 변경하여 이주노동자 등 급증하고 있는 '대한민국 국민'이 아닌 거주자들에 대한 인권 보장을 규정해야 한다. 예컨대 주요 인권 및 기본권 사항에 대한 주어의 교체 또는 추가를 통해 '국민'으로서 보장받는 사항('대한민국 국민')에 더하여 '국민'이 아니어도 '거주하는 모든 인간'이 보장받아야 하는 사항('누구든지')을 설정해야 한다. 법무부의 공식 통계에 따르면 이주노동자는 이미 42만명을 돌파하고 있다.[25]

그리고 인권의 강화(소수자 보호, 프라이버시 규정 등), 더욱 중요해지고 있는 경제적 삶과 관련하여 경제 부문의 전면 조정 및 조항의 추가

---

25) 법무부 『외국인력현황』(2005).

(재정·금융·경쟁·기업·주택·보건·의료·연금·보험·실업), 너무나 미약한 지방자치 규정(단 2개조에 불과)의 대폭 강화(국가의 보장, 중앙정부와 지방정부의 관계, 지방정부 협의체 건설, 역할 등), 헌법적·법률적 권한을 넘어 정치적·정책적 권한이 급증하고 있는 사법부(헌법재판소 포함)에 대한 민주적 통제 기제에 관한 사항들이 필요하다.

6. 맺음말

한국정치에서 헌법문제는 이제 민주주의 발전을 위해 피할 수 없는 문제가 되었다. 전술한 헌법문제들이 해소되지 않는다면 한국의 민주주의는 두 수준에서 도전받을 것이다. 하나는 헌법 규범이 실제 한국정치의 특성 및 동학을 반영하지 못함으로써 지속적으로 일상정치와 헌법정치, 민주주의와 헌법주의, 다수 지배와 법의 지배가 유리되고 충돌하면서 현실 사회 및 정치 문제의 '헌법 범위 내에서의' 절차적 해결에 실패할 것이라는 점이다. 특히 시민사회의 요구가 헌법화·제도화를 통해서 헌법규범으로 수용되지 않는다면 양자의 괴리는 더욱 커질 것이다. 앞서 필자가 헌법적 민주주의가 아니라 민주적 헌법주의를 대안으로 제시했던 소이는 여기에 있다.

다른 하나는 일상 시기에 반복되는 헌법문제의 빈발로 민주적 능력을 통한 문제 해결에 실패하고 지속적으로 허약한 민주정부를 갖게 될 것이라는 점이다. 노태우정부 이래 노무현정부에 이르기까지 현실정치에서 반복돼온, 분명한 제도적 이유와 근원을 갖는 헌법문제를 해소하지 못한다면 이 문제에 소요되는 사회비용은 더욱 커질 것이고, 우리 사회와 정부의 민주적 능력은 더욱 저락할 것이다. 때론 민주주의의 위기로 상승될 가능성도 존재한다.

좋은 사회를 위한 헌법개혁 논의는 이제 피할 수 없는 과제로 다가온다. 그러나 헌법을 포함한 제도를 바꾼다고 곧바로 현실이 변화하는 것은 아니다. 법과 정치의 영역이 항상 맞물려 있는 것은 더욱 아니다. 모든 제도적 대안은 사회 현실과 만나면서 크게 수정되거나 변질된다. 따라서 헌법문제가 정치사회 현실과 유리되어 독립적 차원에서 대안으로 존재할 수 있다는 견해는 수용되기 어렵다. 특별히 한국처럼 제도와 현실의 간극이 극적으로 컸던 사회에서는 더욱 그러하다. 필자는 제도가 모든 것을 할 수 있다는 이른바 제도최대주의를 수용하지 않는다. 그보다는 오히려 현실의 변화를 우선시하는 제도최소주의에 가까운 편이다. 헌법문제에 대해서도 그러하다. 따라서 조문 위주의 헌법 개정보다는 헌법개혁이 중요하며, 헌법개혁보다는 헌정개혁이 더욱 중요하다.

그러나 아무리 좋은 조항이 헌법 조문에 있다 해도 실제의 현실에서 작동되지 않으면 그 조항은 의미 없는 것이 된다. 따라서 헌법 현실을 개혁하는 헌법개혁이나 사회개혁 없는 헌법 개정은 무의미하다. 그럼에도 불구하고 민주제도를 수정하는 헌법 개정은 헌법개혁의 한 핵심 부문이 되며, 나아가 헌정개혁과 사회개혁을 위한 중대한 단초가 된다. 헌법 변화는 사회 변화의 한 조건이자 미래 설계의 출발이 될 수 있는 것이다. 헌법 제정 및 수정은 결코 선거에 임박하여 몇몇 권력구조 조항을 바꾸는 문제가 아니라 한 공동체의 발전철학과 집합이익, 비전에 관한 사회적 논의와 지혜의 결집의 문제다.

선거가 임박할수록 이해 대립은 첨예해지고, 때문에 우리의 민주주의 역사가 보여주듯 임박한 개헌으로는 결코 바람직한 헌법체계를 가질 수 없다. 인간들은 사안에서 멀어질수록 특수이익·당면이익이 아닌 보편이익과 가치를 제도화할 가능성이 커지기 때문에 우리가 이상적인 헌법체계와 사회질서를 빚어내기에는 지금부터의 논의조차 결코 빠르지 않다. 헌법이 작용하는 기간이 길수록 헌법이 지속되리라는 예상은 더욱 강해진다.[26] 지난 시기의 경험에 비추어 우리 사회의 모든 지혜를 모아야 할, 한국 민주주의의 미래 비전과 철학을 담을 학계와 시민사회의 헌법개정 논의와 준비는 아무리 빠르고 아무리 많아도 부족하다. 지금은 바로 '좋은 사회'를 향한 헌법개혁과 미래 설계를 위한 시민적 지혜의 결집이 절실한 때다. 길게는 1948년 이후, 짧게는 1987년 이후의 헌법 철학·정신·경험을 안고 또 그것을 넘어 민주 '제도'와 '현실'이 조응하는, '좋은 사회'와 '삶의 질 향상'으로 안내할 아름다운 고안물을 창조하자.

---

26) Russel Hardin, "Why a Constitution," Bernard Grofman and Donald Wittman, eds., *The Federalist Papers and the New Institutionalism* (New York: Agathon Press 1989), Ignacio Sanchez-Cuenca, "Power, Rules and Compliance," Maravall and Przeworski, eds., *Democracy and the Rule of Law*, 89면에서 재인용.

민주화시대의 헌법

한상희

1. 소위 87년체제론

뽓지(G. Poggi)는 국가를 "지배를 위한 제도적 장치들의 복합적인 집합"으로 규정한다(뽓지 1995, 19면 이하). 그리고 이 제도적 장치의 핵심 영역에서 국가는 그 지배에 복종해야 할 국민의 의무를 법적 의무의 수준을 넘어 윤리적인 가치까지 있는 것으로 만들어왔다. 신과 교회가 독점했던 가치와 윤리의 문제마저도 국가가 전유하게 되면서, 국가는 법의 이름으로 혹은 공익의 이름으로 직접 선악의 기준을 제시하고 또 강요한다.

하지만 권위주의적 억압으로 점철되었던 한국국가의 경험을 생각하면, 국가적 도덕의 정당성에 심각한 회의가 야기된다. 국가가 시민사회를 폭력적으로 억압하면서 철저한 하향식 억압구조를 형성해왔으며, 이 과정에서 권력의 정당성은 오로지 강권력에서 파생될 수밖에 없었기 때문이다. 그리고 이러한 권위주의적 모습들(한상진 1988, 85~86면, 135~37면)

은 폐쇄적·선택적 정치과정의 강화, 사회문제의 탈정치화, 기술관료 지배체제의 강화, 억압적 강권력 행사 등으로 유지될 수 있었으며, 그것은 그대로 법 담론의 실질을 차지하게 되었다. 시민사회를 정치영역에서 배제하고 탈정치화하는 한편, 관료주의적 합리성으로 그것을 정서짓기 위하여 권위주의국가는 필연적으로 법 담론을 조작함으로써 법의 도구화를 도모해온 것이다.

이런 질곡의 우리 헌정사는 1987년 민주항쟁 등 끊임없는 저항과 참여 노력이 바탕이 되어 정치 및 사회 각 부분에 걸쳐 점점 민주화 단계로 이행해왔다. 과잉 성장된 국가 아래서 그 이름조차 미미했던 시민사회는, 1980년대 이후 뚜렷한 세력으로 등장한 중산층을 기반으로 국가로부터 자율적인 의사와 의지를 내보임으로써 나름의 정치성을 조금씩 확보해갔다. 상향식의 민주적 정치과정을 재구성해나가는 동력이 되어갔던 것이다.

그럼에도 불구하고 국가와 시민사회의 관계를 정립하는 과정에서 정치세력간의 간극이 나타나고 민주화의 요청들을 헌법 해석론이나 이론으로 편입하는 과정에서 오류들―이를 일각에서는 87년체제의 한계로 지칭하기도 한다―이 발생했다. 강권력에 의한 통치가 입헌적 법치로 바뀌는 과정에서 나타난 법률만능주의 또는 법도구주의적 독단들은 그 대표적인 예다. 또한 최근의 IMF사태로 상징되는 신자유주의의 침투가 이러한 민주화의 과정을 그 본류부터 왜곡해, 종래 시민사회를 억압하는 기제였던 정치권력이 더욱 강력한 경제권력으로 대체되고 있음은 또 다른 예다. 그래서 국가의 강권력을 중심으로 경제와 시민사회가 통제되어온 지금까지의 권력구도가, 점차 경제권력이 직접 시민사회를 억압·통제하는 틀로 재편되었다. 나아가 그 경제권력에 세계화라는 일련의 외부적 권력이 편입되어 탈국가화 및 탈정치화 그리고 시민사회의 상품화가 진행되고, 이것들이 복합적으로 작용해서 시민사회의 위기가 대두할 수도 있다는 전망이 나오게 되었다.

이 글은 이러한 문제의식에 의거하여 오늘날 우리 국가의 현 상황을 헌법학적인 차원에서 분석·의미화하고, 기왕의 권위주의적 법모델이 시장주의적 법모델로 대체되는 현실을 극복하기 위한 헌법적 과제를 나름으로 정리·제시해보고자 한다.

2. 민주화 이전의 헌법 현실

헌법의 왜곡

한국국가는 전통적인 권위가 단절되면서 자신의 정당성의 기반을 카리스마와 철저한 도구적 합리성에서 찾고자 했다. 그 단적인 예가 안보 이데올로기와 경제성장 논리였고, 강권력의 행사와 폐쇄적·선택적 정치과정은 그 실효성을 확보하는 수단으로 동원되었다. 이 과정에서 자유주의와 민주주의에 입각한 헌법이념이 변질되고 헌법 현실이 구체적인 판결을 통하여 왜곡되는 창구나 기제가 형성되었다.

해방 이후의 국가 형성기부터 오늘날까지 우리나라 법체계의 가장 두드러진 특징은 바로 국가가 시민사회를 압도하여 그것을 형성·유지 및 관리해왔다는 점이다. 미군정기나 제1공화국 당시의 귀속재산 처분, 원조물자 배분, 토지개량사업 등으로 자본의 기초가 형성될 무렵, 국가의 역할은 말 그대로 절대적이었다. 이승만정권은 북한의 사회주의 국가이념에 대한 대항논리로서 자유민주주의를 공식적으로 천명했으나, 그 실질은 반공 이데올로기를 주축으로 하면서 일제 이래 존재했던 기득권을 유지해주는 정치질서론에 불과했다. 근대 서구국가의 자유주의와 민주주의를 제도화할 생각은 애초부터 없었던 셈이다(김동택 1992, 481면). 이에 경쟁적 정당제도, 자유언론, 사상·집회·결사의 자유 등이 건국 초기부터 심각하게 제약되었으며 이는 북한에 대한 국가안보의 이름 아래 억지로 정당화되었다(박광주 1992, 340면).

제3공화국도 이러한 억압적 통치구조에 더하여, 국가 주도에 의한 경제성장정책을 채용하고 여기에 바탕을 둔 경제구조를 결정지었다. 경제성장은 제3공화국 이래의 특징적인 이념이자 최고의 국가목표였는데, 그것은 후진국에서 정당성의 위기가 심화될 때 일반적으로 제시되는 국가목표 중 하나다. 이 정책은 수입 대체적인 경공업을 중심으로 시작했다가 유신을 전후하여 중화학공업, 수출 중심의 불균형성장정책으로 전환되면서 재벌 중심의 정경유착과 노동 및 농업부문에 대한 억압으로 나아간다. 그리고 8·3조치와 중화학공업화정책의 예에서 보듯이, 경제정책을 국가가 철저하게 관리하는 가운데 경제부문은 국가에 종속·편입되었다. 제5공화국도 마찬가지여서 경제성장 논리 속에서 외채 도입 등의 통화 증대와 임금 상승 억제에 기초한 물가 안정 정책, 중화학공업 투자 조정 및 부실기업 정리를 중심으로 하는 산업구조 고도화 정책 등을 펴 국가의 후견에 의한 경제 관리 체제를 강화했다. 물론 그 과정에서 시민사회가 서서히 자율성을 확립하는 분위기가 형성되어갔던 것도 사실이다. 하지만 국가는 초지일관 시민사회 형성과 유지, 관리의 실질적인 주체로 기능했고, 그 과정에서 경제 합리화라는 관료적 기준에 따라 경제주체들을 선별적으로 지원하고 배제함으로써 불균형·불평등성장정책의 집행자로서 시민사회 위에 군림했다.[1]

한마디로 자유민주적 기본질서의 기저를 이루는 시민사회의 성장 그

---

1) 오도넬(G. O'Donnell)의 관료적 권위주의론은 기본적으로 군부와 기술관료 그리고 민간 자본가들이 정치적 지배 층위를 이루는 3자동맹을 바탕으로 하고 있지만, 국가가 금융과 자본에 대하여 강력한 통제권을 행사하는 우리나라의 경우는 2.5자동맹 정도라고 보아야 할 것이다.

자체를 국가가 주도함으로써, 시민사회가 국가를 견제할 여지가 없었던 것이다. 전통적으로 형성되어온 가부장적 권위주의문화와 더불어, 바로 이것이 한국국가가 대내적으로 거의 절대적인 자율성을 가지고 목표를 정립·집행·실천할 수 있는 배경이 되었다. 수단/도구로서 사회를 조직·동원하는 권위주의국가의 성격을 띠게 된 것이다. 그리고 국가는 시민사회와 유리되었으며, 집권세력, 즉 정권은 정부를 사물화(私物化)하여 스스로를 국가와 동일시하는 한편, 국민들은 정치적 주체성을 갖지 못하고 도구적 객체, 통제와 동원의 대상으로만 규정되고 말았다.(김호진 1993, 272면; 김태일 1985, 342면; 김석준 1992, 80~86면)

이러한 권위주의적 모습들은 헌법을 정치권력이 전유하는 방식으로 외화된다. 시민사회를 정치영역에서 배제하고 탈정치화하면서 자신의 지배를 관료주의적 합리성으로 정당화하기 위하여, 권위주의국가는 필연적으로 법의 도구화를 위한 (헌)법 담론의 조작을 도모한다. 또한 모든 헌법문제를 법률실증주의적 또는 법률관료적 판단에 국한되는 단순한 법률문제로 치환하거나 사실상 헌법적 규율에서 자유로운 통치행위의 문제로 왜곡한다. 그 과정에서 자유주의와 민주주의에 입각한 헌법이념이 변질되고 헌법 현실이 구체적인 판결을 통하여 왜곡되는 창구나 기제가 형성되는 것이다.

변화중인 과거

제6공화국에 들어서면서부터 사정은 조금씩 달라진다. 1970년대 말의 부마사태와 1980년대 초의 노사분규는 자기 인식에 바탕을 둔 중산층 및 노동자들의 정치적·경제적 항의였다. 국가영역에 함몰되어 통제와 유도의 대상이 되었던 시민사회가 자기 목소리를 분출한 것이다. 그리고 그것은 6월항쟁과 그에 이은 노사분규에서 더욱 강화되었다. 중산층·노동자들이 직선제개헌으로 대표되는, 능동적인 정치 참여를 주장하면서 자기 몫으로서의 민주주의를 요구하고 나선 것이 6월항쟁이라면, 그 직후의 노사분규들은 노동자들이 자율적인 조직과 활동을 바탕으로 독자적인 사회세력을 형성했음을 보여주었다고 할 수 있다. 이들은 자신의 이해관계를 기반으로 더욱 능동적으로 정치과정에 참여하면서 국가권력의 합리화를 요구한다. 또한 이데올로기 개방에 힘입어 다양한 목소리를 가지게 되었으며 국가의 전단적 권력 행사에 대항하여 자신의 의견을 주장하고, 자신들이 더는 강요와 강제의 대상이 아니라 국가가 설득으로써 자발적 복종을 얻어내야 하는 능동적인 주체임을 내세웠다.

여기에 꾸준한 경제성장과 불균형성장정책의 결과 상대적으로 독립적인 재벌이 형성된 것도 의미가 있다. 제14대 대통령선거에서처럼 재벌 스스로가 정치세력화하거나 정치에 상당한 영향을 미칠 정도로 상대적인 독자성을 확립하게 된 것이다. 이들은 이제 국가권력의 산출물에만 의존하는 종속적인 존재가 아니라, 상황에 따라 국가권력 자체에 도전해볼 수도 있는 나름의 세력을 지녔음을 보여준 것이다. 여기서 우리는 우리 국가의 성격이 변화하게 된 중요한 요인을 발견할 수 있다. 즉, 국가에 '대하여' 존재하는 경제영역과 시민사회의 등장이 바로 그것이다.

제6공화국에서 헌법재판소가 설치되고 그것이 나름의 실질적 권한을 행사하고 있는 것도 바로 이러한 국가성격의 '개량화'에 말미암은 것이다. 종래 국가에 압도되었던 시민사회가 어느 정도 국가에 대한 견제력을 갖춤에 따라, 국가는 과거처럼 단순히 상징을 조작함으로써 시민사회를 동원 내지 배제하기 힘들어져 이들의 이해관계를 반영하는 조건하에서 자신의 정당성을 찾는 쪽으로 선회하게 된 것이다. 각종 국가현상이나 사회현상을 헌법적인 맥락에서 논의하는 것 자체가 좀더 높은 차원에서의 정책 결정 과정 및 그 결과에 대한 시민적 통제를 의미한다. 종래 정치영역에서 배제되었던 사회부문들도 헌법소송으로 자신의 이해를

'헌법–국가' 차원에서 거론할 수 있게 되었기 때문이다. 국가보안법이나 전교조, 부실기업 정리 조치, 심지어 대학 입시요강에 이르기까지 이전에는 단순히 복종이나 저항 양자만 존재했던 논의들이 헌법재판소에서 공식적으로 심사된다. 이는 헌법적 상징이 더는 권위주의국가의 전유물로서 국가가 자의로 조작할 수 있는 것이 아니며, 경우에 따라서는 시민사회부문도 이에 대한 나름의 지분을 가짐을 의미한다. 요컨대, 헌법재판소는 1980년대 이래 점진적으로 성장해온 시민사회부문이 국가영역에 공식적이고 합법적으로 참여할 수 있는 유효한 기제가 된 것이다.[2]

하지만 시민사회의 성장이 아직은 국가를 통제할 수 있는 수준에까지는 이르지 못해 이러한 분석은 한계에 직면한다. 우선 권위주의적 정치문화가 완전히 불식되지 못한데다가 재벌들의 정경유착이 강화되고, 미국을 중심으로 하는 세계체제 개편 과정에서——특히 신자유주의의 압박으로——국가 주도(또는 개입)형 경제 운용의 필요성이 증대되었으며, 아직도 잔존한 기득 정치세력이 정치 어젠다를 장악하고 있고, 냉전 논리가 사회를 지배하는 등 국가영역은 여전히 시민사회를 압도하고 있기 때문이다.

냉전체제의 종식 및 경제·시민사회의 성장과 더불어 한국국가의 고도의 강권력을 정당화해온 반공–안보 이데올로기가 제6공화국에 와서보혁 대립구도로 전환된 것은 이러한 시대 변화를 잘 보여준다. 즉, 제6공화국에서부터는 국가가 시민사회부문, 특히 중산층의 지지를 얻기 위하여 이데올로기적 통제를 혼용하면서 각종 이데올로기적 도구들과 재벌기업, 전경련, 경총 등과 같은 사적 기구들을 적극적으로 활용하기 시

---

2) 뿐만 아니라 후기산업화사회로 진입하는 과정에서 법체계의 다양화·다원화·다층화가 요청되는데, 이 요청들은 가부장적 법체계에 대한 여성주의적 반발, 시민사회의 정치화에 입각한 다양한 시민적 법 동원 전략 등 기존의 법 담론에 대한 비판적·해체적 재구성 요구로 이어지고 있다.

작한다. 환언하자면 이 보혁구도는 1980년대에 재벌을 중심으로 상대적 자율성을 갖게 된 경제부문이 시민사회부문과 대립하면서, 경제성장의 논리와 안정–안보를 우선시하는 논리를 결부하고 이를 바탕으로 국가영역과 경제영역이 유착하는 방식으로 구축된다. 종래 '국가–시민사회'의 대립 또는 전자에 대한 후자의 일방적인 종속관계가, 제6공화국에서는 과거의 안보–성장 이데올로기와 본질을 같이하면서도 안정을 바탕으로 하는 점진적 개량과 체제 내적 참여를 희구하는 중산층을 국가가 포섭하면서 '국가 및 경제영역 대 혁신(급진)세력'의 대립구도로 변화한 것이다.

제6공화국 이래 헌법재판소를 중심으로 형성된 헌법 담론들이 자유민주주의 이념의 한계 지점에 고착되어 있음은 이것으로 설명 가능하다. 요컨대, 민주화가 되면서 헌법재판소는 선거나 정당 등 미시적 국면에서 형식적 시민권을 확대하는 일련의 개량적 결정들을 내리기도 한다. 하지만 국가보안법이나 노동운동과 관련한 결정들에서 보듯이, 국가 자체의 성격을 드러내는 사안이나 정권안보를 위협할 수 있는 시민권 확대에 대하여는 여전히 보수성을 보이고 있다.

그러나 더욱 큰 문제는 헌법재판소가 5공화국 이전의 과대성장국가 법모델에서 벗어나 점차 시장 중심의 법모델을 수용해가면서, 국가사회 내의 권력현상이 국가에 의한 지배에서 조금씩 경제력에 의한 지배로 전이되고 있다는 점이다. 즉, 국가에 의한 경제통제 사안은 형식적·시장적 평등의 관념을 바탕으로 위헌이라 판단하고 있지만, 국가의 경제정책이 무엇을 지향해야 할지에 대하여 아무런 규정도 하지 않는 채 그저 기계적으로 위헌을 선언하기만 하는 이중성을 보이는 것이다.

요컨대 개량 국면에서 한국국가는 종래 시민사회를 억압하던 국가권력을 해방적 차원에서 해체하는 것이 아니라, 오히려 경제권력으로 그것을 대체하면서 시민사회의 견제 능력 자체를 통제하고 있는 셈이다. 뿐만 아니라 국가가 경제를 통제할 여지마저 없애버리면서, 법이라는 수단을 사용해 경제부문으로부터 시민사회를 보호할 수 있는 여지마저 상당 부분 없애버렸다. 그래서 보기 나름으로는 시민사회가 그대로 경제적·시장적 지배의 구도 속에 편입되어버릴 수도 있는 것이다. 그리고 헌법재판소는 단순히 경제영역과 시민사회영역을 하나의 사적인 영역으로 간주하면서 이를 국가·정치를 중심으로 하는 공적 영역과 대비하고(공/사법 이원론), 모든 생활관계들을 권리와 의무의 담론으로 재구성하는 과정에서 국가 및 법의 작동 영역을 한쪽으로 한정짓는 '민주화된 지배담론'을 헌법의 이름으로 정당화하고 있다. 이 과정에서 6공화국 이래 성장을 거듭해온 중산층은 나름의 시민사회를 형성하기보다는 오히려 이러한 지배담론의 틀 아래 단순히 시장의 한 부분으로 편입되어 시장권력의 대상으로 전락하고 말았다.

신자유주의와 민주적 법치

이러한 국가성격은 1980년대 이후부터 본격화된 세계화─개방과 시장 자유화 요구─바람으로 더욱 혼탁해진다. 특히 IMF체제라는 전대미문의 경제 위기는 국가성격의 근저를 뒤흔드는 지경에까지 이르게 했다. 그리고 실질적인 권력의 전이라는 측면에서 최초의 정권 교체라 할 '국민의 정부' 출범으로 우리 사회는 넓은 의미에서의 과거 청산과 당면한 IMF의 극복이라는 이중적 과제를 떠안게 된다. 민주화와 경제 회복이라는 상충하는 두 요청이 한꺼번에 새 정부의 당면과제가 된 것이다. 하지만 애초부터 소수파 정권이던 국민의 정부에는 이러한 두 요청을 조화롭게 풀어갈 수 있는 추동력이 결여되어 있었다. 그래서 '민주화+경제정의'의 차원이 아니라 오히려 '신자유주의화+생산력주의'의 경제 담론으로만 이 문제를 풀어나가고자 했다. 법체계의 혼란과 정당성의 위기 국면은 바로 여기서 절정에 달한다.

소위 문민정부 이래의 개혁 작업들은 임기응변적 변혁 내지 권력의 사유화(私有化)를 통한 새로운 권력구조의 창출에 집중되었다. 그래서 정권의 세력 기반을 확보하는 전술적 차원에서 개혁을 바라보았고, 그 결과 개혁에 저항하는 기득세력들마저도 개혁의 주체로 포섭했다. 이에 더하여 급작스럽게 닥쳐온 신자유주의의 흐름은 국민의 정부가 보여준 혼란의 주된 요인이 되었다. 개발독재에 의한 고도성장에도 불구하고 여전히 주변부 포디즘의 단계에 불과했던 우리 경제체제에 급작스럽게 자본 국제화 및 신자유주의 확산의 통로로 지칭되는 세계화 전략이 도입됨으로써, 국민의 정부는 경제의 민주화와 자유화라는 두 마리 토끼를 한꺼번에 놓쳐버리게 되었고, 보수화의 새로운 국면에 봉착하게 되었던 것이다.

대체로 기업의 투명성·공정성 확보, 금융구조 개편, 노동시장의 유연성 확보 등을 골자로 하는 IMF관리체제 및 이를 고리로 침투하는 신자유주의는 국가 또는 국가를 중심으로 형성된 소수의 특권집단이 결정하고 집행해온 법 관행들을 처음부터 끝까지 시장의 원리에 일임하도록 강권했다. 더구나 이러한 요구들은 단순히 국내시장의 투명성이나 경쟁력 확보를 지향하는 데 그치지 않고 세계 투기자본을 중심으로 하는 일련의 국제자본들이 더 자유롭고 안정적으로 국내에 진출해 활동할 수 있는 여건을 형성하라는 압력으로까지 확대되었다. 신자유주의는 한마디로, 기간산업의 국·공유화, 시혜적 성격이 강한 사회복지 프로그램 시행, 국가의 통화조절에 의한 경제 운용 등과 같은 국가 개입 모델을 털어버리고 이미 드러난 국가의 실패를 시장을 회복함으로써 치유하라는 명령에 지나지 않는다. 이것은 지금까지 우리 경제를 지탱해온 두 요소, 즉 국가 주도에 의한 경제 운용의 틀과 폐쇄적 경영전략에 힘입은 독과점적 시장 지배에서 탈피해, 시장주의적이고 재산권 중심적인 법모델을 받아들임으

로써 자본이 더 효율적으로 운동할 수 있도록 공간을 구축하고 나아가
우리 경제가 세계시장에 편입될 수 있는 자유경쟁모델을 실천할 것을 요
구하는 것이다.

이 지점에서 우리 국가는 요컨대 기든스(A. Giddens)가 말하는 생산
성주의─이윤 극대화를 위해 최소 비용 투입을 최고 가치로 여기는 경
제적 지향─를 국가의 경제정책뿐 아니라 다른 모든 정책의 핵심으로
삼는 전략을 선택한다. 국민의 정부 이래 지금까지 지속적으로 제기·발
전되어온 구조조정 담론은 이 생산성주의의 또 다른 표현태다. 그것은
국가정책의 궁극 목표가 인간성의 실현이라는 이념적 지향보다 오히려
최소 비용으로 최대의 효과를 올리는 시장적 효용 극대화의 논리에 촛점
이 맞춰짐을 의미한다.

관점을 달리하여 보면 이것은 법 담론의 기본구조를 변경함을 의미한
다. 우리 법 운용에서 정당성의 출발점이 된 자유민주적 기본질서라는
법 명제는 지금까지 국가적 권위(또는 경제적 필요)에 의하여 장악되었
다. 하지만 종래 권위주의적 정권이 왜곡했던 자유의 관념에 이제 IMF와
세계화 차원에서 요구되고 강권되는 별개의 자유주의적 시장경제질서
가 부가되어야 하게끔 상황이 급변하고 있는 것이다. 환언하자면 우리
법모델의 중핵을 차지하던 권위주의적 국가모델과, 사적 영역에 대한 후
견적 지도를 바탕으로 정경유착 및 불균형성장정책의 기반을 형성했던
친권적(paternalistic) 법모델이 자유와 권리 담론을 중심으로 하는 경제
성 모델 내지 시장주의적 모델로 급격히 전환하고 있는 것이다. 또 다르
게 표현하자면, 실질이 결여된 법치국가의 관념에 가장 합리적이고 개인
주의적인 시장모델의 법치 개념이 침투하고 있는 것이다.

그러나 비판적·자율적 시민사회가 정치과정이나 법과정에 중심적인
지위를 확보하거나 이러한 위기를 감당할 수 있을 정도까지 발전되지는
않았다는 데 문제의 핵심이 있다. 시장의 권력성으로부터 공동체적 이념

과 가치를 주창하고 보호·견지할 수 있는 또 다른 사회세력이 결여되어 있다는 것이다. 그런데 우리는 미국처럼 고임금과 복지정책의 경험을 축적하지도 못했고 계약주의를 바탕으로 하는 시장 자체가 국가사회의 기간을 형성해온 경험도 없다. 그렇다고 공동사회의 정치적·사회적·문화적 부분 질서들을 경제질서와 연계하면서, 공동체의 사회적 생존 조건 창출이라는 맥락 아래 경제구조를 형성해온 독일식 사회적 시장경제체제도 구축하지 못했다. 이런 현실에서 볼 때, 시장의 자유와 재산권의 절대성을 급격하게 실현하는 것은 또 다른 억압의 기제만을 양산할 뿐 결단코 우리의 바람직한 발전 대안이 될 수 없다.

그렇다면 우리는 어디서 그 발전 대안을 모색할 것인가? 권위주의적 국가에서 신자유주의적 시장체제가 권력을 이양받고 있는 '친위꾸데따'적인 시대 변화의 질곡을 벗어나려면, 헌법 담론을 어떻게 구성해야 할까? 결론부터 먼저 정리하자면, 무엇보다도 공/사법 이원론을 바탕으로 어느 한 영역이 다른 영역을 배타적이고 일방적으로 지배하거나 한 영역이 다른 영역에 우선한다는 고착된 사고에서 벗어나면서, 동시에 개체화된 원자론적 주체에게 절대적 권력을 승인하고자 하는 권리 담론의 권력성까지도 극복할 수 있는 헌법 담론이 나와야 한다. 환언하자면, 공익이든 효율성이든 생산성이든 어떠한 획일적인 준거로 일상생활을 재단하고 구획하는 것이 아니라, 상호 연대 아래 공유되는 생활과 의식을 바탕으로 부단히 자신을 교정해나가는 일련의 생활과정에서 구체적인 행위의 준거들을 찾아나가는 헌법 담론을 구축해야 한다는 것이다.(한상희 1998)

3. 헌법 담론의 재구성

자유──인간의 권리

먼저 우리는 자유에 대한 헌법학적 개념을 급진적으로 변형할 것을 고려해야 한다. 근대국가의 등장과 더불어 하나의 '실체'로 등장한 자유 관념은 보기에 따라 가장 비인격적인 형태를 띤다. 고전적 자유주의에서 말하는 자유의 핵심은, 로크(J. Locke)의 자유론이 그러하듯 인간의 자율성이라는 관념을 인격(人格)의 연장으로서의 재산권이 가지는 자율성에까지 확장하고, 이러한 유추를 바탕으로 시민사회의 자율성을 경제영역의 자율성으로 대체하는 것이다. 그래서 인간의 자유와 재산권의 자유는 목적과 수단의 지위를 넘어 후자에 의한 전자의 압도 내지 적어도 대등한 관계로까지 평준화된다. 그리고 이 개념 혼착 때문에, 가치를 공유하면서 연대와 공화를 추구하는 시민사회의 공동체적 작동 원리가 교환가치로 형식화된 인격간의 분산적이고 경쟁적인 관계를 중심으로 하는 경제영역과 상호 혼동되거나 전자가 후자에 대입되어버리는 상황이 생겨난다. 즉, 생활관계에서 실체적 연대의 계기로 규정되어야 할 자유 개념이 경쟁적 교환을 위한 형식적 자유 개념으로 대체된다는 것이다.[3]

오늘날 새로이 등장하는 자유 관념은 이러한 고전적·형식적 자유 관념에 정면으로 도전한다. 그것은 보편적·일반적 존재로서의 인간상을 거부하는 것이다. 이러한 시각에서 인간은 구체적인 생활의 장에서 자신

---

3) 이러한 논의는 벤섬(J. Bentham)의 공리주의나 매디슨(J. Madison)의 제한정부론, 슘페터(J. A. Schumpeter)의 민주주의론, 프리드먼(Friedman) 부부의 자유론, 심지어 오늘날의 신자유주의에 이르기까지 일관되게 주류의 입장을 대변한다. 이를 가장 잘 반영하는 것이 계약 자유의 원칙을 절대적인 기본권으로 선언한 로히너원칙(Lochner v. New York, 198 U.S. 45, 1905)이다. Lupu 1979, 1029~30면.

의 정체성을 추구하며 그럼으로써 그 인격을 계발하고 실천하고자 하는 존재로 상정된다. 그래서 예컨대, 가장 중요한 자유로 거론되는 표현의 자유는 진리를 확인하기 위한 수단에 머무는 것(사상의 자유시장론)이 아니라, 그 자체로서 목적인 자유, 즉 자신의 인격이 그대로 표출되고 따라서 그러한 표출 행위로 자신의 인격을 실현하는 자기 동일시의 자유로 재구성된다. 또한 사회는 그 구성원이 스스로의 잠재적 능력을 최고로 발현할 수 있도록 그리고 마찬가지로 그 능력의 행사자 및 개발자인 다른 구성원의 행위를 인정하고 고무하도록 함으로써 그러한 자유를 실현하기 위해 노력해야 할 것이다.

이렇게 될 때 자유를 형식적으로 파악하면서 일반적·추상적 수준에서 작동하는 주권과 법의 획일성 논리는 설 자리를 잃고 만다. 왜냐하면 이 새로운 자유의 개념은 획일성이나 통일성 또는 질서의 관념이 아니라 다양성과 다중성 그리고 무한한 자아 확장을 추구하기 때문이다. 동시에 구분과 배제의 논리에 입각하여 형성되었던 자유와 권리의 관념도 마찬가지로 설 자리를 잃을 것이다. 여기서 중요한 것은 나와 타자의 구분이 아니라 양자간의 차이일 따름이다. 남자/여자의 구분 따위보다는 나와 너 사이에 성향의 차이가 존재하는가, 존재한다면 어떠한 것인가가 중요할 따름이다. 그리고 차이가 존재하더라도 그것은 그대로 나를 평가하거나 재단하는 근거로 객체화되는 것이 아니라, 너의 인격의 한 부분으로 승인되고 또 포용되는 것이다. 이 점에서 자유는 그 자체에 평등의 관념을 내포한다. 다르다는 사실만으로 지배력을 형성하는 근대성의 원리가, 다르기 때문에 존중되어야 한다는 연대성의 원리로 발전하는 것이다.

그래서 이 공간에서는, 법에 내재한 인간의 자율성의 관념은 주체로서의 인간 또는 판단자, 결정자로서의 인간이 아니라, 바로 이러한 상황과 경험의 총체로서의 인간을 중심으로 이해되어야 한다. 그리고 법에서의 자율성은 개인의 자율성이 아니라 개인이 가지는 총체적 생활의 자율성으로 이해되어야 하는 것이다.

자유와 평등 그리고 시장

근대입헌주의 정치이념에서 인간의 문제를 형식적으로 파악하는 것은 전술한 바와 같이 자유의 경우에만 한정되지 않는다. 그것은 평등의 경우에 더욱 심각하게 나타난다. 모든 억압에서 해방되어 자신의 욕망과 의지에 따라 생활할 수 있는 상태로서의 자유는, 기본적으로 물질적·사회적 혹은 정치적 차별이나 배척 행위에서까지도 해방되고자 한다는 의미에서 평등과 동일한 가치에 해당할 수도 있다. 그러나 자본주의의 틀이 국가체제 자체를 결정하게 되면서, 이 자유는 소유권적 자유 혹은 다른 사람이나 외부적인 물질에 대한 배타적·독점적 지배를 전제로 하는 자유의 개념으로 대체되어버린다. 여기서는 개인의 자율성을 바탕으로 하는 시장 합리성 이외의 사회적·문화적 덕목은 전혀 의미를 갖지 못한다. 여기서 보호하고자 하는 '인권'은 인간의 생존이나 타인들과 더불어 사는 유기적 생활과 같은 인간의 본질적인 존재 문제가 아니라, 인간으로부터 분리된 또는 인간 행위의 결과로서 나타나는 소유권과 그것을 중심으로 하는 각종 자유권(liberty)을 의미할 뿐이다.

그 과정에서 인간은 오로지 물질적 존재 혹은 시장에서 경쟁하는 원자론적 개인으로만 머물게 된다. 근대 국민국가는 타인과 구별되는 전인격적 존재로서의 개인의 특성—개인성(individuality)—을 완전히 해체하여 모든 국민들을 미리 일정하게 규정된 기준에 따라 일방적으로 획정·분류한다. 즉, 획일적인 규율의 대상으로 인간을 바라보는 것이다. 그래서 모든 인간은 현실 상황에서 나름의 정향을 가지고 행위하는 생활인으로서가 아니라, 근대국가의 틀 속에서 익명 처리되어 일정한 표준적 특성으로 분류·구획되는 코드로만 인식된다고 할 수 있다.

그리고 이러한 형식적 자유와 평등의 개념에서 근대국가는 인간을 시장의 지배하에 두게 된다. 맥퍼슨(C. B. MacPherson)의 말처럼, "자유민주주의는 자본주의적 시장사회에서 시작되었으며, 처음부터 '시장이 인간을 만든다'라고도 말할 수 있는, 시장사회의 기본적이고 무의식적인 전제"였던 것이다. 시장민주주의의 이러한 인간성 규정에는 중요한 문제가 내재되어 있다(맥퍼슨 1991, 20면). 즉, 개인간에 존재하는 차이와 차별을 혼동하는 것이다. 시장민주주의는, 개인과 그 개인이 처한 상황의 차이에 따라 서로 다르게 처우하는 것을 차별이라고 규정하고 이러한 차별을 자유에 반하는 것으로 간주한다. 그래서 인간생활의 과정에서 자연스럽고 또 본질적으로 존재하게 마련인 차이를 기회균등이라는 원칙을 원용하여 무시하거나 경우에 따라서는 그 차이조차 존재하지 않는다고 간주하여 규율하는 우를 범하게 된다.

우리 헌법에서도 자유민주적 기본 질서가 국가를 구성하는 가장 기본적 원리로 제시되고 있는데, 그것에 사유재산제를 바탕으로 하는 자본주의적 시장경제질서가 포함된다고 이해된다. 그래서 우리 헌법의 자유민주적 기본 질서는 그 본고향인 독일에서보다 더욱 심각한 형태로 자본주의에 투철하게 뿌리박고 있다. 그리고 이 와중에 생활환경에서 소외되어버린 원자론적 개인이 자기 나름의 욕망이나 의지를 발현할 기회조차 갖지 못한 채 허덕이게 된다. 오늘날 신자유주의라는 이름으로 시장 효율성에 모든 생활을 압류당한 노동자들은 그 비근한 예에 지나지 않는다. 또한 정치적으로 각성되어 능동적으로 국정에 참여하여야 할 시민들이 작은 정부라는 명분하에 국가행정'써비스'의 소비자로 전락해버린 모습은 이를 잘 보여준다.

헌법을 해석할 때 이러한 단자론적·원자론적 개인주의의 틀을 과감하게 떨쳐버려야 하는 것은 바로 이 때문이다. 인간 존중의 이념을 근간으로 하는 현대 헌법의 맥락에서 본다면, 인간의 자유와 재산권의 자유는 각각 목적과 수단의 위치에 있어야 한다. 하지만 자본제적 시장주의는 양자를 대등한 지위 혹은 역전된 구조로까지 변형해버린다. 이러한 현상은, 가치를 공유하면서 연대와 공화를 추구하는 시민사회의 공동체적 작동원리와 교환가치를 통하여 형식화된 인격간의 분산적이고 경쟁적인 관계를 중심에 놓는 경제영역을 혼동해 양자를 구분하지 못하거나 전자를 후자에 대입해버림에 따라 발생한다.

이렇게 전도된 헌법이념을 바로잡는 작업은 비교적 간단하다. 단자적 개인의 권리 또는 그것에 은폐·엄폐된 절대적 재산권 보장만을 궁극적 목적으로 삼는 헌법의 틀에서 벗어나 헌법을 인간 본연의 자율성이라는 관념을 중심으로 해석하는 것으로 충분하다. 그리고 이러한 패러다임을 바탕으로 인간소외를 야기하는 경제영역의 자율성이 아니라 인간의 생활 공간인 시민사회의 자율성을 헌법규범화해야 한다. 즉, 시장에서의 경쟁적 교환을 위한 형식적 자유의 개념을 과감히 떨쳐버리고, 생활관계에서 나타나기 마련인 실체적 차이성이나 정체성 확립의 기반이 되는 조건의 상이함 등을 그대로 존중하며, 이를 실현하기 위하여 형식적 자유를 배려하는 관계의 자유로 재구성함으로써, 자유의 관념 자체가 실체적 연대의 계기로 규정될 수 있도록 해야 한다.

이에 여기서는 기든스의 말처럼 해방에 대한 관심보다는 오히려 선택에 대한 관심을 하나의 대안으로 제시해본다. 그것은 "성찰적으로 질서지어진 환경에서 자아를 실현하기 위한 정치"이자, 창조적이고 진지하며 풍부한 의미에서의 라이프스타일정치를 지향한다(기든스 1997, 339면). 일상에서 선택하고 창조하며 변형하는 과정에서 자아 실현의 가능성을 확보하는 정치 공간으로 기본권의 의미가 규정되어야 한다고 요구하는 것이다.

이러한 관점에서 볼 때, 오늘날의 기본권은 필연적으로 두 가지 의미를 지니게 된다.

첫째, 그것은 의연히 해방적 관심을 기저로 삼는다. 하지만 그 해방은 종래와 같이 국가에서 해방되는 것에 한정되지 않고 사회적 제 권력관계에까지 확장된다. 소위 기본권의 제3자적 효력론에서 말하는 기본권 확장론은 그 대표적 예지만, 더 중요하게는 제반의 경제적·시장적 자유 개념의 억압에서 탈피하여 자유로운 생활을 담보할 수 있는 기본권 개념을 구축할 필요가 있다. 예컨대 노동자의 파업을 불법으로 규정하는 사용자는 손해배상 청구의 전 단계로 노동자의 봉급을 가압류하는데, 이것은 경제적 권력현상이 생활관계의 중심 영역에까지 확장되고 있다는 점에서 아주 중대한 인권적 문제지만, 종래의 제3자적 효력론에서는 그 영역 밖에 존재하는 것으로 다룰 뿐이다.

둘째, 전통적인 기본권 이론이 단위단위의 시간과 공간에 현존하는 인간의 존재를 염두에 두고 있다면, 오늘날 후기산업화사회에서의 기본권 담론들은 시간과 공간을 이동하면서 계속적으로 재현되는 인간의 욕망에 촛점을 맞춘다. 자아실현을 향한 일련의 동태적 행위들을 기본권적으로 보장하는 데 집중한다는 것이다. 예컨대 멀티미디어 또는 뉴미디어의 등장과 더불어 쌍방향성과 수용자 지평의 확장 그리고 전문화·분화의 경향이 대중문화로 지칭되던 단방향성, 생산자 중심, 획일화·대량화 경향의 문화를 대체해감에 따라, 문화과정에서 개인은 이제 어떠한 중심에 의하여 규율되는 것이 아니라, 스스로 의사소통 과정에 참여하고 그 과정을 선택하며 형성하는 능동적이고 주체적인 개인으로 변화해나간다. 그리고 이러한 과정은 기든스가 말하는 라이프스타일 선택의 여지를 확장한다. 즉, 개방적 의사소통구조가 확산되면서 개인들이 자신의 생활을 영위하기 위하여 선택할 수 있는 맥락과 상황이 다양하게 제시되며, 자신의 행위와 생활을 유도하고 규율하는 권위들이 다양하게 그리고 다원적으로 존재하는 시대가 도래하는 것이다. 이러한 상황에서 기본권 담론은 권리(기본권)-행위의 전통적인 도식을 벗어나, 생활관계 또는 라이프스타일-권리들(기본권들)이라는 복합적인 새로운 구조를 갖추어야 한다. 즉, 자유권과 재산권, 생활권, 참정권 그리고 평등권 등의 기본권 항목들이 각각 별도의 영역을 특정하여 그 영역 내에서 고유한 의미를 가지고 존재하는 것이 아니라, 개개의 인간들이 자신이 처한 생활환경에서 자신의 생활을 형성하고 영위하는 조건으로서의 인권 관념으로 통합되고 구조화되어야 한다.

인권과 공동체, 민주주의

오늘날 지배적인 민주주의론은 자유 개념과 권력의 원천을 조작하여 둘을 결합해버렸다. 전자에 관하여는, 첫째, 자유를 형식적 개념으로만 파악하고(형식적 자유주의) 둘째, 권력을 자유의 적으로 간주하며(소극적 자유론) 셋째, 그러한 권력은 오로지 정치적인 단일 권력, 즉 국가영역에서만 의미를 갖는 것으로 파악한다(공·사 영역의 이항 대립 및 제한정부론). 그러면서 이러한 자유 개념을 전제로, 넷째, 권력의 원천은 '국민'의 동의에 기반을 두어야 하고(책임정부론) 다섯째, 그 동의는 국민 일반의 의지를 반영해야 하며(주권론) 동시에 개인은 자신의 선호를 바탕으로 정책 대안을 선택한다고 본다(결과로서의 민주주의). 그러다 보니 그 민주주의론은 루쏘(J.-J. Rousseau)의 대의제 민주주의 비판에서 보듯이, 인권과 자유의 조화로운 결합을 방해하는 질곡이 된다. 부연하자면, 슈미트(C. Schmitt)가 지적한 대로, 통치기구와 기본권 보장이 서로 별개의 영역으로 작동하면서 의회주의가 쇠퇴하게 된다는 '동일성의 원칙'의 침식이 발생하게 되는 것이다.

그런데 인권론은 기본적으로 인간 해방의 의미를 함유한다. 하지만 이러한 인간 해방이 단순히 국가권력이나 토지의 구속에서의 해방만을 의미할 때, 그것은 공동체의 해체를 기반으로 하는 근대 자본주의적 시장의 해방만을 의미하게 된다. 그래서 이러한 인권의 관념에는 필연적으로 그 내용, 즉 해방의 실체적 의미로서의 인간성이라는 개념을 포괄해야 하고, 이 인간성은 개인으로서의 인간의 절대 독립성이라는 관점이 아니라, 외부세계와 부단하게 관계를 설정함으로써 자아를 실현하는 실천적 맥락에서 파악되어야 한다.

　이렇게 볼 때, 인권과 민주주의는 본질적으로 동일한 내용을 추구하게 된다. 상황 속에 존재함과 그 존재함으로부터 생활함이라는 관념이 소극적으로는 그 현존재가 부인되거나 부정되지 않음을 의미하는 동시에, 적극적으로는 개인이 그러한 상황을 구성하는 유의미한 인자로서 자신의 삶을 이끌어나감을 의미한다. 따라서 여기서 인간은 그저 수동적인 존재도, 상황의 단순한 반영태도 아니다. 상황은 비록 내부의 행위자를 구속하고 그 행태를 한정하지만, 그럼에도 불구하고 그 행위자들을 고착시킬 수는 없다. 오히려 그 구속에 복종하는 행위자들의 행위를 통하여 다시금 재생산된다. 부연하자면, 행위자들은 상황의 구속이라는 제약 속에서 상황을 다시 해석하고 이를 강화하거나 변개해나간다. 이 점에서 상황은 행위자들의 행위 대상이다. 행위자들의 외부적 표출 행위는 매순간 연속적으로 이루어지는 재생산 과정일 따름이다. 여기서 행위자들의 의도는 중요하지 않다. 분명한 것은 이렇게 상황 관련적 행위를 함으로써 인간은 그 상황 속에서 자신의 정체성을 발견하며, 삶의 의미를 추구하는 것이다.

　이렇게 볼 경우 분석의 대상이 되어야 할 행위자 및 상황의 개념은 절대적인 것이 아니라 철저히 상대적이다. 즉, 그것은 행위자의 외연적 범주를 설정하는 데 상대적일 뿐 아니라, 행위자의 내연적 목적을 설정하거나 행위 양태를 규정하는 데도 상대적이다. 그래서 하나의 행위도 그때그때 설정되는 행위자의 태양에 따라 상이한 목적과 상이한 이해를 가지게 된다. 왜냐하면 행위란 보울즈(S. Bowles)와 진티스(H. Gintis)의 말처럼, 행위 주체 밖에서 미리 주어진 이익 또는 다른 무언가를 획득하기 위한 것이라기보다는, 오히려(또는 그와 동시에) 스스로를 형성하기 위한 것이며, 이러한 형성적 행위란 공통적으로 규정된 목표를 성취하기 위하여 다른 사람들과 함께 행하는 상호적·호혜적·참여적 행위를 의미하기 때문이다(보울즈·진티스 1994, 49~50면, 209면 이하).

이러한 개념화에 따르면, 개별적인 생활의 장은 개별 행위자에 의하여 규정되고 실천된다. 바로 이 점에서 민주주의의 본래적 의미가 추구될 수 있다. 르포르(Claude Lefort)에 의하면, 지금까지 정치를 규정해온 민주주의론에서는 주체간의 다양한 차이를 배제한 채, 주체를 단일하고 통일적인 의지라는 환상을 현실화하는 도구로 동원해왔을 뿐이다(안승국 1995, 40~42면). 여기서는 실존 상황에서 개체로서의 인간이 경험하는 차이의 중요성을 무시한다. 오히려 진실과 허위, 선과 악, 공과 사 등을 이항 대립적으로 구획함으로써, 차이를 일방에 의한 타방의 지배를 정당화하는 근거로 삼고 있다. 그리고 이러한 허위의식을 바로잡기 위해 다원주의를 도입하더라도, 그것이 실존적 차이를 통일적으로 귀결시키려는 전략을 취하고 있는 한 마찬가지의 문제를 야기한다.

따라서 민주주의를 개념지을 때 무엇보다도 필요한 것은, 그것을 수단이 아니라 그 자체로 하나의 목적 내지는 이념으로 파악해야 한다는 것이다. 앞서의 민주주의는 통일성과 단일 결정이라는 정치적 지배를 형성하는 데 필요한 수단으로만 이해되기 때문에 그에 상응하는 문제를 안고 있었다. 비록 민주주의라는 용어가 다양하게 이해되고 있지만, 그것을 굳이 인민의 지배(demos와 kratos의 결합)라는 개념으로 규정한다면, 현대의 민주주의론에서는 그 두 개념(즉, 인민과 지배)에 공통되는 요소로서 항존하는 자율성의 개념에 주목할 수밖에 없다. 왜냐하면 현대의 민주주의론에서는 인간의 본질을 이성이나 신 또는 상황 속의 행위자 등 그 어떠한 형태로 파악하건 간에 일단은 외적(상황 외적 세력을 포함해서) 강제에서 독립된 존재로서의 인간을 상정하고 있기 때문이다. 뿐만 아니라 지배라는 관념 속에서도 이러한 자율성의 요소가 나타난다. 그것은 자기 지배를 의미하기 때문이다. 자유주의적 관점에서는 자신의 선호를 만족시키기 위하여 수단을 선택하고 추구하는 존재로서의 인간이라는 관념을 상정할 뿐 아니라, 그 대립항에 놓여 있는 마르크스주의적 관점에서의 평등한 인간이라는 관념 또한 마찬가지로 착취와 억압에서 자유로운 인간이라는 관념을 상정하고 있다. 그래서 헬드(D. Held)는 민주주의에 관한 사상적 전통을 논하면서 "정치적 권위와 강제력의 자의적 행사"로부터의 보호를 그 지향 목표 중 하나로 들고 있다(헬드 1993, 300~303면). 하지만 이러한 보호적 의미에서의 소극적 자율성은 그 자체로 민주주의의 충분조건이 되지 못한다. 오히려 민주주의는 이러한 자율성이 인간의 정체성 획득 및 능력의 계발과 실현에 이바지할 때 의미를 가진다. 왜냐하면 민주주의는 단순히 '반대가 없음' 또는 '다수가 찬성함'을 지향하는, 그래서 통일된 결정에 이르는 것을 추구하는 것이 아니라, 그러한 결정을 통한 인간성 실현을 목표로 하기 때문이다. 그래서 민주주의는 정치가 "시민으로 하여금 자신의 삶을 좀더 효과적으로 형성·조직할 수 있도록 전환될 수 있는" 기제를 의미한다.

이렇게 보면, 민주주의란 자유와 대립하는, 또는 자유주의와 독립된 것이 아니다. 오히려 인간성의 실현이라는 관점에서는 자유가 그 실질적 내용(내연적 속성)을 의미한다면, 민주주의는 타인들과 교류함으로써 정체성을 획득해나가는 과정(외연적 속성)을 말하는 것으로 볼 수 있다. 앞서 민주주의에 관한 논의에 들어가기 전에 인권의 논의를 먼저 제기한 것도 이 때문이다. 민주주의는 인권의 외적 구현 형태다. 그것은 인간의 자율성을 바탕으로 다른 인간들과의 일정한 교류 양식을 규정하기 때문이다. 또한 그것은 어떤 개체의 현존재를 넘어서는 초월적인 무언가가 존재할 수 없음을 의미한다. 오히려 개체의 현존재에 언제나 주목하고 그것을 '경청'하는, 따라서 타인의 타자성을 그대로 승인하고 존중하는 태도를 요구한다. 그리고 그것은 내버려둘 의무와 배려의 의무를 수반한다.

4. '헌법 다시 읽기'의 당위성

왜 다시 읽어야 하나

이상의 논의에 따라 필연적으로 헌법학의 연구방법론 및 대상의 중심이 이전될 것이 요구된다. 실제 해방 이후 우리나라 "헌법 담론의 주요 생산기지는 헌법재판소와 대학 강단"이었다. 국순옥 교수는 "아직은 헌법 담론의 생산에서 후자가 전자를 따라잡기에는 갈 길이 멀다"(국순옥 2004, 503면)고 했지만, 그럼에도 양자는 모두 헌법전을 중심으로 법리학적 해석에 치중하는 사법법(司法法) 내지 재판법을 지향하고 있다는 점에서 우리 헌법학의 편향적 성격을 잘 보여주고 있을 뿐이다.

하지만 문제는 헌법 담론의 주된 생산기지가 무엇이냐가 아니라, 그것이 오로지 재판법 혹은 법원법에만 한정됨에 따라 정치법으로서의 헌법 혹은 입법법으로서의 헌법이라는 헌법 본연의 역할이 헌법학의 영역에서 사라지고 있다는 점이다. 사법법은 개념 필연적으로 갈등이 분쟁으로 전화되고 난 이후의 과정을 통제하는 것이라고 한다면, 정치법 혹은 입법법으로서의 헌법은 이 갈등의 해소에 필요한 규범적 기준을 제시한다.

실제 최근 참여정부의 국정 운영 과정에서 각종 정치적 문제들이 상당 부분 헌법의 틀 속에서 논의되어 보기 나름으로는 헌법의 과잉을 외칠 정도다. 하지만 정치투쟁의 실질에서는 헌법 자체가 아무런 규범적 영향력을 확보하지 못했다. 따라서 헌법정치적 투쟁 과정을 유도하는 게임의 규칙(rules of game)이 되지 못하고 있는 실정이다. 이 지점에서 "권력의 민중화 없이 기본권의 보장은 현실적으로 실현될 수 없다. 또한 권력의 민주화는 국가권력 귀속의 문제인 주권원리의 해명 없이는 한 치도 전진할 수 없다"(국순옥 1987, 5면)는 국순옥 교수의 단언은 헌법체계가 안고 있는 실존적 한계를 잘 간파한 것이라 할 수 있다.

'헌법 다시 읽기'라는 명제는 '권력의 민중화'를 위한 첫걸음이다. 법관료나 전문적인 정치게이머가 아니라 민중의 수준에서 헌법을 '읽어내는' 작업들이 선행되어야 한다는 것이다. 실제 이상의 논의들에는 사회적 생활관계 혹은 생활세계에서 형성되는 다양한 의견, 사고, 욕구, 이해관계를 유의미하게 정치의 장으로 포섭하고 이를 조정·중재하면서 국가사회의 영역으로 통합해나가는 일련의 과정이 필요하다. 그리고 그 과정에 대한 규범적 표현으로서의 헌법이라는 관념이 요구된다. 그리고 이러한 헌법의 재구성 작업은 필연적으로 그 생활관계 자체를 만들어가는 사람이 주도함으로써 비로소 가능해진다. 소위 당사자주의가 가장 강력하게 요청되는 것이 이 생활정치의 구현 과정인 것이다. 그리고 바로 이러할 때 헌법은 사적 이해관계나 권력적 욕구를 중심으로 하는 관료적 법리학 수준을 벗어나 다양한 이해관계들을 향도하는 통합적 규범학으로서의 성격을 획득——더 정확히는 회복——해낼 수 있게 되는 것이다.

무엇을 읽어내어야 하나

이러한 헌법 읽기를 위해서 우리는 무엇에 주목해야 하는가? 그것은 대체로 다음의 다섯 가지 헌법문제로 집약될 수 있을 것이다.

첫째, 항간에서 지적되는 87년체제의 문제점과 더불어 개헌의 이유로 제시되는 권력체계, 특히 대통령의 임기에 관한 5년 단임제와 4년 중임제 사이의 논란은 엄밀히 말하면 헌법문제가 아니다. 그것은 국회의원의 임기(4년)와 대통령의 임기(5년)가 서로 짝을 이루어 만들어낼 수 있는 모든 경우의 수를 이제 단 한번 경험했을 뿐인 현재의 싯점에서, 그 임기의 상이함이 어떠한 헌법적 결과를 야기하는가는 여전히 관찰 대상으로 남아 있을 뿐, 아직은 비판이나 평가의 대상이 되지 못한다는 점에서 더욱 그러하다. 즉, 이 문제는 현재의 정치상황에 특수한 것으로서, 향후 권력을 누가 어떻게 차지하는가의 문제와 연결될 따름이다.

오히려 더욱 중요한 것은 과거 권위주의체제의 권력구조가 남겨둔 잔재들을 어떻게 하면 좀더 효과적으로 청산할 수 있을 것인가이다. 거의 형해화 수준에까지 이르기도 했던 대의제 민주주의에서부터 극단적인 중앙집권화 권력체계까지, 국민들을 정치과정에서 철저하게 소외시켰던 헌법체계 혹은 헌법 현실의 문제점들을 적나라하게 발본하고 교정하는 작업이 필요하다. 그중에서도 형식적·기계적 대의제의 문제는 가장 시급히 치유되어야 한다. 근대국가에서 대의의 개념은 자유 위임적 대표에서 책임의 원리에 입각한 대표를 거쳐 민감성 내지 조응성(responsiveness)이 요청되는 대표 개념으로 의미가 변해왔다. 단순히 자신 위에서 군림하는 통치자를 선택하는, 선거라는 일회성의 이벤트에서 지속적이고도 항시적인 의사소통 과정으로 대의제의 의미가 바뀌고 있는 것이다.

환언하자면 대의제는 정치과정을 국가이익 내지 공동선의 형성이라는 관점에서 재조정·재구성하는 일종의 당위적 규범 원리로 이해되어야 한다는 것이다. 그래서 선거과정은 당선자 결정을 향하여 나아가는 일직선적 경쟁체제가 아니라 당해 선거구에 현존하는 분파적 이익이 정책 결정 과정에 편입되는 것을 용이하게 하고, 경우에 따라서는 그것을 유도 형성하는 한편 이 분파적 이익들이 타협되고 조정될 수 있는 지침과 대안을 제시하면서 그것을 수렴하는 과정이 되어야 한다. 뿐만 아니라 의회에도 마찬가지 역할이 주어진다. 토론과 심의, 숙고의 과정에서 다양하고 다층적인 이해관계들을 그때그때의 이념적 지표 아래 일반의 지로서의 국가의사로 재가공하는 작업이 기대되는 것이다. 수많은 이익과 의견을 수집·가공·여과하는 일련의 과정을 거쳐 '국민'의 의사를 수렴하고 이를 조정·재가공하여 공동선으로 귀결시키는 작업 또는 그 작업에 대한 당위적 요청——오늘날 대의제에 대한 설명에서 언제나 언급되고 있는 민감성 내지 조응성이 바로 이것이다——이 헌법이념으로서의 대의제의 원리인 것이다.

아울러 지방자치의 문제도 마찬가지 측면에서 재검토되어야 한다. 헌법의 운영 단위를 현재와 같이 전국 단위의 중앙권력에 맞추어둘 것인지 아니면 1980년 이래 나름의 시행착오를 겪어온 지방자치체를 중심으로 하는 공동체적 삶의 단위에 맞추어둘 것인지에 관해 새로운 패러다임이 구성되어야 한다. 이는 헌법적 측면에서만 본다면 중앙권력과 지방권력의 분산·분립의 문제로 치환되겠지만, 그와 동시에 생활공동체에서의 생활양식을 중앙권력이 아니라 그 생활공동체의 자치적인 게임의 규칙에 따라 구성할 수 있도록 함을 의미한다. 그리고 환경권이나 평화적 생존권 등에서 보듯이 생활정치를 확보하기 위한 이런 노력이 전제될 때, 헌법상의 기본권들이 개체성을 벗어나 집단의 권리 내지 인간(people)의 권리로서 실체를 확보할 수 있게 된다.

둘째, 기본권 재구성 작업은 적어도 세 측면에서 시급히 이루어져야 한다. 우선 지구촌화 현상은 철저하게 국민국가 단위로 구성되어온 우리 헌법체계의 전 구조를 재검토하게 만든다. 물론 헌법 전문에서는 이미 세계평화주의와 사해동포주의를 선언하면서 전 지구촌과 공화하는 세상을 꿈꾸고 있으나, 헌법 본문은 국민 이외의 다른 사람들이 전혀 우리 헌법의 보호·보장체계에 포섭되지 못하도록 규정한 폐쇄적 구조를 가진다. 특히 기본권과 관련한 규정들에서는 철저하게 "국민은 …할 권리를 가진다"라는 방식으로 '국민'의 권리를 창조하는 문장구조를 취함으로써, 외국인 혹은 무국적인의 입지를 한없이 좁혀버리고 만다. 물론 이 부분 역시 헌법 해석상 소위 '인간의 권리'로 인정되는 기본권들은 외국인들에게도 인정되는 것으로 이해하기도 하지만, 이러한 편협한 방식보다는 오히려 모든 사람들이 원칙적으로 우리 헌법상의 기본권을 향유할 수 있게 하고, 예외적으로 국가의 주권적 사항들— 예컨대 중앙정치와 관련한 참정권— 에 대한 기본권의 행사를 제한하거나 유보하는 방식을 취하는 것이 바람직하다.

또한 기본권의 개인주의적 성격을 비판적으로 성찰해야 한다. 이 점은 이미 설명했거니와, 기본권 논의가 사적 이익의 보장이라는 수준에 한정된다면, 해방적 관심은 충족될 수 있을지언정 진정으로 인간의 존엄과 가치를 실현하는 매개가 되지는 못한다. 예컨대 평택 등 주한미군 기지와 관련한 평화적 생존권의 문제, 환경권 혹은 갯벌을 공유하는 주민들의 권리 문제 등은 단순한 개인의 이익 보장이라는 차원을 넘어 국가가 주민 전체를 실효성 있게 배려할 방법을 제시할 때 비로소 그 실질을 확보할 수 있게 된다. 그리고 이 점에서 헌법재판의 청구인 적격 역시 현재와 같은 개인적 권리의 수준을 넘어 더 확장된 형태로 보장될 수 있어야 한다.

기본권의 제3자적 효력, 국가의 기본권 보장 의무 내지 기본권 보장을 위한 국가의 개입 의무 문제는 이미 헌법학적으로도 유의미하게 제기된 논점이다. 게다가 이는 신자유주의의 폐단으로부터 기본권을 더욱 실질적으로 보장하기 위해 최우선적으로 고려해야 할 사항이기도 하다. 즉, 민주화의 진행에 따라 권위주의적 권력이 물러난 공간을 경제권력이 차지하고 나서부터 현재의 국면에 이르러서는 기본권의 해방적 관심은 대부분 국가권력으로부터의 자유보다 경제권력— 사정부(私政府)— 으로부터의 자유에 치중되게 된다. 기본권의 제3자적 효력은 바로 이런 사정부의 권력에 대항하여 국가가 국민의 기본권을 보호해야 한다는 요청에서 비롯된다. 뿐만 아니라 사회적 기본권 등의 영역에서는 국가가 가용 자원을 최대한 활용하여 국민의 인간다운 생활을 최대한 보장해야 할 의무가 요청되고 있다. 그리고 이러한 의무는 지금까지의 헌법 이론에서 말하듯 추상적 혹은 프로그램적 의무 수준이 아니라 즉시 청구 가능한 구체적 의무 수준으로 규정되어야 할 것이다.

셋째, 헌법 전체 구조에서 경제질서에 더 비중을 두어야 한다. 현재 헌법은 시민사회영역과 국가영역으로 이원화되어, 전자는 기본권조항에서 그리고 후자는 통치기구 부분에서 다뤄지고 경제영역은 한정적인 수준에서 예외적으로 취급되고 있을 뿐이다. 하지만 오늘날과 같이 경제영역이 국가영역을 대체하거나 그에 갈음하여 지배권력을 행사하고 있는 상황에서는, 헌법이 이 경제영역에 대하여 과거와 같이 마냥 개인적 자유 혹은 사적 자치의 법리만으로 대처해서는 안된다. 오히려 시장적 자유지상주의 내지 시장적 민주주의의 이름을 빌려 경제 논리가 인권이나 생활의 논리를 압도하고 나서는 것을 적극적으로 차단하고 방지하는 헌법규범이 필요한 상황이다.

특히 사유재산제와 재산권의 혼착은 가장 대표적인 예에 해당한다. 우리 헌법의 구조를 보면 재산권은 인신의 자유와 사생활의 자유, 정신적 자유와 참정권 등 정치적 기본권의 중간 지점인 제23조에 자리잡고 있다. 반면 사유재산제는 헌법 제119조 1항의 '개인과 기업의 자유와 창의'에서 규정된다. 즉, 제23조의 재산권은 인간의 존엄과 가치를 실현하는 수단의 성격을 띠며 인간의 존엄과 가치 실현을 위해서는 의연히 제한되거나 한정될 수 있도록 규정되어 있는 것이다. 하지만 헌법 현실은 이러한 구조를 전도하여 제23조의 재산권이 곧 사유재산제의 근거 규정이 되는 것으로 이해하고, 이로부터 곧장 '사적 재산의 절대성'이라는 명제를 도출한다. 마치 인신의 자유가 최대한 보장되어야 하듯, 사유재산제도 거의 불가침에 가까운 절대적 권리로서 인식되고 있는 것이다. 그리고 이 과정에서 경제적 억압은 국가적·정치적 억압과 비슷한 정도로 우리의 생활을 규제하게 되는 것이다.

이에 새로운 헌법 읽기에서는 이러한 도착(倒錯) 현상을 올곧게 치유할 수 있어야 한다. 생활 수단으로서의 재산권과 생산 수단으로서의 사유재산을 명백히 구분하고 양자를 국가적 내지 공동체적으로 규율할 가능성과 범위를 더욱 구체적으로 적시해야 한다. 예컨대 토지공개념의 경우가 가장 대표적이다. 토지가 국가공동체 내에서 지니는 의미와 이 토지를 기반으로 이루어지는 다양한 국민적 생활관계가 먼저 고려된 후에야 그 토지의 재산적 의미가 규정될 수 있을 것이며, 그후에야 생산수단으로서의 토지 개념이 조성될 수 있는 것이다.

이러한 논의가 제대로 이루어질 때 우리는 마지막 과제, 즉 자유민주주의 내지 자유민주적 기본질서의 본래적 의미를 포착해낼 수 있게 된다. 우리 헌법은 전문에서 '자유민주주의'라는 말을 사용하고 제4조 통일조항에서는 '자유민주적 기본질서'라는 말을 그리고 제8조 4항에서는 '민주적 기본질서'라는 말을 사용하고 있다. 그러나 문제는 그것이 우리의 국가성격을 직접 규율하는 것임에도 불구하고 의미 내용이 분명하지 않다는 데 있다. 물론 보수적 입장들에서는 이 자유민주적 기본질서가 자본제적·시장적 자유지상주의를 의미한다고 주장하기도 하지만, 동시에 거기에는 자유로운 민주주의, 즉 사회민주주의적 함의를 완전히 배제하지 않는다고도 주장할 여지 또한 분명히 존재한다. 그리고 이 맥락에서 우리는 우리 헌법이 기반을 두고 있는 국가성격에 대해 우리 나름의 인식 준거를 주체적이고 능동적으로 구성해낼 수 있어야 한다. 그것이 시장적 자유지상주의건 아니면 자유로운 민주주의의 실천 규율이건 간에 말이다.

5. 결론

하지만 이러한 재구성의 틀을 갖춘다고 하더라도, 우리 헌정사에서 누락되어온 입헌주의 이념의 실체 형성이라는 과정을 헌법 읽기에서 생략할 수는 없다. 친일·부역, 반민주·반민족행위 등의 과거를 청산하는 문제는 국가 형성기부터 제시되었던 기본적 과제였다는 점에서 헌법학이 조속히 처리해내야 할 과제며, 과거 권위주의적 통치의 시대에 형성되어 아직까지 우리의 법생활을 지배하고 있는 잔재들—국가보안법, 사회보호법, 집회 및 시위에 관한 법률, 노동관계법 등—을 청산해내는 작업은 앞에서 말한 헌법(학)의 현대적 과제를 처리하기 위한 기본 전제가 된다.

국가의 존립 근거—소위 국가이성—는 무엇인가라는 문제는 근대국가가 형성되기 시작할 때부터 수많은 이론가들의 입에 오르내린 화두다. 하지만 오늘날의 국가이성은 그 무엇보다 인권의 발현이라는 명제에 집중되어 있다. 인간이 인간으로서 존엄하고 그 가치를 한껏 발현할 수 있도록 하는 것이야말로 이념적으로 현대국가의 최고 목표인 것이다. 그러나 근대국가뿐 아니라 현대국가에서도 자본의 논리에 압도된 자유와 민주주의 담론들은 이러한 국가이념 자체를 형식적인 것으로 치환하고 그 속에서 인간이 아닌 자본의 자유와 시장의 민주주의만을 정당화해왔다. 그리고 그 폐단을 우리는 신자유주의의 질곡에서 경험하게 된다. 노동 공간인 작업장이 삶의 현장이 되지 못하고 임노동의 판매장이 되어 노동자가 이윤의 도구로 전락하는 상황, 민영화라는 이름으로 공공성이 효율성으로 대체되어버리는 상황, 쌍방향적 의사소통을 바탕으로 공동체적 연대가 이루어져야 할 싸이버 공간이 세계화 담론 속에서 저작권과 상품 판매를 위한 또 다른 시장이 되어버리는 상황, 이 모든 것들이 인권의 내용을 왜곡하고 편협하게 만드는 담론들의 산물이다.

헌법의 내파(內破)를 기획하는 이 글의 계기도 바로 여기서 나온다. 헌법이 인간성의 실현에 기여하지 못하고 오히려 자본과 이윤의 논리하에 인간을 도구화하는 방향으로 나아가고자 한다면, 이제 우리는 그 헌법의 담론구조 자체를 파괴하고자 노력할 수밖에 없다. 자본에 대항하여 삶과 생활의 문제를, 효율성에 대항하여 공적 미덕의 문제를 그리고 권리의 배타적 지배성에 대항하여 의무감에 입각한 배려와 관용의 문제를 헌법 담론의 구조 깊숙이 삽입하여야 하는 것이다. 한국국가가 IMF를 우수한 성적으로 졸업했다는 사실만으로는 우리 국민들의 삶의 질을 담보하지 못한다. 역경을 넘긴 한국국가가 개인주의적인 패러다임을 넘어서 관용과 배려 그리고 상호 존중의 이념을 바탕으로 영위되는 평화로운 생활과정을 조성하고 그것이 유의미하게 정치화되는 과정을 만들어낼 때, 비로소 우리 국가는 국민의 국가가 될 수 있을 것이다.

■ 참고문헌

국순옥 「강단헌법학 비판」, 『민주법학』 제25권(2004).

국순옥 편역 『자본주의와 헌법』, 까치 1987.

김동택 「한국사회와 민주변혁론: 1950년대에서 1980년대까지」, 한국정치연
　　　구회 사상분과 『현대민주주의론 II』, 창작과비평사 1992.

김석준 『한국산업화국가론』, 나남출판 1992.

김태일 「권위주의체제 등장 원인에 관한 사례연구」, 최장집 엮음 『한국자본
　　　주의와 국가』, 한길사 1985.

김호진 『한국정치체제론』, 박영사 1993.

데이비드 헬드 지음, 이정식 옮김 『민주주의의 모델』, 인간사랑 1993.

로버트 버키 지음, 권용립·신연재 옮김 『정치사상사』, 녹두 1985.

C. B. 맥퍼슨 지음, 이상두 옮김 『자유민주주의에 희망은 있는가』, 범우사 1991.

박광주 『한국 권위주의국가론 ─ 지도자본주의체제하의 집정관적 신중상주
　　　의 국가』, 인간사랑 1992.

쌔뮤얼 보울즈·허버트 진티스 지음, 차성수·권기돈 옮김 『민주주의와 자본
　　　주의 ─ 재산·공동체·그리고 현대사회사상의 모순』, 백산서당 1994.

안승국 등 편역 『민주주의론 강의 1 ─ 포스트모던 패러다임의 모색』, 인간사
　　　랑 1995.

앤서니 기든스 지음, 이윤희 외 옮김 『포스트모더니티』, 민영사 1991.

──────, 권기돈 옮김 『현대성과 자아정체성: 후기 현대의 자아와 사
　　　회』, 새물결 1997.

쟌프랑꼬 뽓지 지음, 박상섭 옮김 『근대국가의 발전』, 민음사 1995.

정연선 「한국 정치지도자 이념의 구조와 변천」, 고려대학교 석사학위논문,
　　　1976.

정종섭 「대의제에 관한 비판적 연구」, 연세대학교 박사학위논문, 1989.

한상진 『한국사회와 관료적 권위주의』, 문학과지성사 1988.

한상희 「대중경제론과 민주적 경제발전론에 대한 헌법적 고찰─『대중참여경제론』을 중심한 헌법읽기」, 민주주의법학연구회 제1차 공개발표회, 1998. 2.

Eulau, Heinz. "Changing Views of Representation." In *The Politics of Representation: Continuities in Theory and Research.* Edited by Heinz Eulau and John C. Wahlke. Beverly Hills: Sage Publications 1978.

Loewenberg, Gerhard, and Samuel C. Patterson. *Comparing Legislatures.* Boston: Little Brown and Company 1979.

Lupu, Ira. "Untangling the Strands of the Fourteenth Amendment." *Michigan Law Review* 77(1979).

시민운동과 헌법 다시 보기

하승창

1. 87년체제, 헌법, 시민운동

87년체제와 그에 기초한 현행 헌법에 대해 '함께하는 시민행동'과 창비가 함께 문제 제기한 이후 시민단체들이 이전보다 헌법에 많은 관심을 가지는 듯하다. 개헌 가능성에 대한 정치권의 언급과 정치학회 등 관련 전문가들의 논의가 무엇보다 큰 영향을 미쳤겠지만, 경실련도 참여연대도 헌법에 많은 관심과 노력을 기울이고 있어 헌법문제는 2006년부터 우리 사회의 주요 어젠다가 될 것이 분명해 보인다. 왜 시민운동은 헌법에 주목하게 되었는가?

우리 사회에서 시민운동이 본격적으로 시작된 것은 1987년 민주화운동 이후다. 말하자면 시민운동은 87년체제에 빚지기도 하고, 87년체제가 내포한 불안정한 체제를 보완하기도 하며, 87년체제의 불안정성을 극복하는 것을 운동의 과제로 삼고 있기도 하다(김동춘 2005; 조희연 2005). 현행 헌법이 87년체제의 산물이지만 시민운동이 '의식적으로' 헌법에 기초한 운동을 전개한 것은 아니었다. 그러나 87년체제가 가져온 변화에 기초해 운동을 전개한 것은 분명하다(서경석 1993). 87년체제에 기초한 그러한 사회운동에 근본적인 변화가 오고 있다(하승창 2006).

87년체제의 변화를 의식하며 헌법에 대한 새로운 인식과 접근을 주장하는 문제 제기들과 마찬가지로(홍윤기 2005; 박명림 2005), 시민운동이 헌법을 다시 보려고 하는 이유 또한 궁극적으로는 87년체제에 기초한 사회운동의 침체 및 변화와 관련되어 있다. 87년체제에 기초한 헌법이 지금의 우리 사회를 포괄하지 못하고 있다는 인식과 더불어 시민운동이 제기하는 사회적 어젠다를 현행 헌법이 받아들이지 못하고 있다는 인식이 생겨난 것이다. 또 하나의 이유는 첫번째와 연결되어 있기는 하지만 그간 우리 운동의 경험에서 얻어진 것이다. 우리 사회운동의 역사에서 사회운동이 헌법과 관계를 맺어온 경험은 적지 않다. 이러한 경험이 헌법의 중요성을 인식하게 만들고 헌법을 다시 보게 만든 것이다.

1987년에 개정된 헌법을 대체할 헌법의 위상과 구성에 관한 논의가 체계화·본격화된 것은 아니다. 기존 헌법의 문제점에 대한 인식이 혹은 헌법적 수준의 새로운 문제의식이 부분적으로 제기되고 있을 뿐이다. 게다가 시민운동이 제기하는 헌법에 관한 논의가 곧 정치권에서 말하는 개헌과 동일하지도 않다. 그러나 시민운동이 헌법을 새롭게 인식하기 시작했다는 것은, 대내외적으로 부닥친 변화로 인해 사회적 어젠다를 설정하는 데 실패함에 따라 겪게 된 위기를 극복하고 운동의 새로운 전망을 찾으려 한다는 의미이기도 하다. 운동적 의미에서 볼 때, '헌법 다시 보기'는 헌법을 매개로 우리 사회를 재구성하기 위한 방향과 과제를 천착해보려는 시도인 것이다.

2. 시민운동의 전망과 헌법 다시 보기

시민운동의 전망 찾기

시민운동이 헌법에 주목하게 된 것은 2000년 총선연대 이후 시민운동이 침체하고 변화되었기 때문이기도 하다. 2000년 총선연대 활동을 통해 시민운동의 정치적·사회적 영향력이 극대화된 후 그 영향력이 여전히 유지되는 것 같지만(『시사저널』), 1990년대와는 다른 양상을 보이는 것이 분명하다. 시민단체에서 일하면서 관찰한 바에 의하면, 2000년 이후 주요 시민단체의 회원 증가 및 미디어 노출 정도는 뚜렷이 줄어들고 있다.

표 1 주요 시민단체에 대한 보도량 변화 추이

	연도	참여연대	경실련	환경운동연합
중앙일보	1998	102	182	139
	1999	262	256	158
	2000	305	346	204
	2001	316	269	225
	2002	160	204	88
	2003	136	96	74
조선일보	1998	196	223	107
	1999	410	372	136
	2000	379	418	138
	2001	568	227	226
	2002	115	133	89
	2003	177	109	79
동아일보	1998	221	174	149
	1999	464	290	189
	2000	760	593	397

	연도	참여연대	경실련	환경운동연합
	2001	499	247	357
	2002	153	108	74
한겨레	2003	209	137	90
	1998	337	248	235
	1999	634	393	286
	2000	932	628	337
	2001	810	286	388
	2002	362	138	191
한국일보	2003	595	156	193
	1998	128	98	70
	1999	479	353	266
	2000	662	788	285
	2001	412	275	189
	2002	167	116	105
	2003	275	129	132

* 출처: 주성수 『한국NGO리포트 2004』, 한양대학교 출판부 2004, 34면.

　　1990년대에 생겨난 시민단체들의 뚜렷한 침체에도 불구하고 시민운동의 저변은 넓어지고 사회적 영향력도 줄어들지 않은 것으로 보인다. 『시민의 신문』이 2005년 조사한 바에 따르면, 2000년 이후에도 시민단체의 창립은 늘어나고 있다. 다만 1990년대와는 다른 양상은 주로 지역과 온라인에서 활동하는 단체들이 늘어난다는 점이다. 이 단체들은 창립 과정과 활동 방식에서도 1990년대의 주요 단체들과는 다른 양상을 보인다. 명망가가 중심이 되어 단체를 창립하고 공청회나 입법청원 등을 통해 정책 대안을 제시하며 활동했던 1990년대 단체들과는 달리, 이들의 경우 자발적 참여자들이 지역공동체에 기반을 두거나 인터넷을 이용한 조직을 구성하고 활동한다(하승창, 앞의 글).

표 2 시민단체의 시기별 설립연도

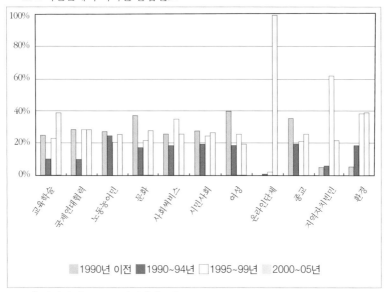

* 출처: 시민의 신문 『2006 시민단체총람』.

이슈의 측면에서도 2000년 이후 주요 시민단체들이 사회적 쟁점을 만들어내는 데 일정한 한계에 부딪힌 것으로 보인다. 2001년 의약분업문제가 사회적 쟁점이 된 후, 2002년 미군에 의한 두 여중생 사망사건과 촛불시위, 2003년 새만금문제와 관련한 삼보일배 운동, 장애인이동권연대의 장애인 이동권 확보 투쟁, 2004년 이라크 파병 문제를 둘러싼 반전운동, 양심적 병역거부와 관련한 오태양과 '전쟁 없는 세상'의 싸움, 탄핵무효 운동, 『오마이뉴스』에서 벌어진 친일인명사전 편찬을 위한 모금운동, 강의석이 벌인 학원에서의 종교의 자유를 위한 싸움, 2005년 천성산문제를 둘러싼 지율의 단식 등이 사회적으로 쟁점이 되었다. 이 사건들에 1990년대의 주요 시민단체들이 간접적으로 관여한 경우는 있지만 이사건들을 주도한 것은 아니었다. 반면에 이 운동들은 대개 개인에 의해제기되었지만, 이를 계기로 관련 조직이 만들어지거나 인터넷을 통한 자발적 참여자들의 활동이 진행되었다. 제기되는 이슈와 운동의 전개 방식에서 1990년대 주요 단체들과의 차이가 뚜렷하게 드러난다.

반면에 87년체제에 기초한 사회운동의 침체는 분명해 보인다. 시민운동에 대해서는 앞에서 일부 언급했지만, 환경운동은 2005년 내내 환경운동의 위기에 관한 논의에 휩싸였고, 방폐장문제에서 결국 자신들의 목표를 이루지 못하고 정부의 오랜 숙원이 풀리는 것을 지켜봐야 했다. 여성운동도 2004년 총선 이후 여성운동의 대표조직이라 할 수 있는 여성연합의 권력화 문제와 여성운동의 제도화 문제로 내부 비판에 직면해야 했다. 노동운동도 민주노총이 기아차노조 비리사건, 강승규 부위원장의 비리사건, 대의원대회의 폭력사태, 10%대에 머문 조직률과 비정규직을 포괄하지 못해 불거진 대표성 문제 등으로 운동의 지도력이 심각히 훼손되었고, 전교조도 교원 평가 문제에 부딪혀 노조원들의 이해가 아니라 참교육이라는 애초의 정신을 살리라는 교육 관련 시민단체들의 압력을 받고 있다.

이러한 현상은 87년체제의 변화(윤상철 2005; 김종엽 2005; 조희연, 앞의 글 등 참조)에 대해 사회운동이 조응하지 못하고 있음을 의미한다. 1990년대에 시민단체들이 제기한 주요 과제들은 김영삼·김대중·노무현 정부를 거치며 일정하게 제도화되었고, 그 결과 시민단체들이 애초 내걸었던 투명성·형평성·공정성 등의 문제는 일정하게 실현되어가는 것으로 보인다. 심지어 이런 제도화가 이 단체들의 정치적 편향을 보여주는 근거라 여겨질 정도다(예컨대 의사나 약사 들은 의약분업 당시 시민단체들이 김대중정부가 추진하는 의료개혁의 선봉대라 인식했을 정도다).

그런 가운데 새롭게 제기된 탈근대적인 이슈들에 기존의 시민단체들이 적절히 대응하지 못한 반면에, 지율과 같은 개인이나 2000년을 전후로 결성된 단체들은 이런 이슈들을 계속 제기해왔다. 탈근대적 이슈들은 사회적으로 1990년대 시민단체들의 가치와는 다르게 인식되고 있어서,

기존의 시민단체가 평화군축운동을 한다고 부서를 설치해도 백화점식으로 운동본부를 하나 더 나열하는 것으로 받아들여질 뿐 새로운 운동으로 인식되지 않는다.

여기에 전망과 관련한 시민운동의 고민이 있다. 따라서 여전히 시민운동가들은 전망의 부재에 시달리고, 심지어 환경운동처럼 생태적 패러다임에 기초해 새로운 운동을 전개할 수 있는 토대를 갖춘 단체들마저 위기론을 거론하기에 이른다. 더구나 비록 퇴행적 구도 아래 전개되기는 하지만, 뉴라이트라는 이름으로 기존의 사회운동을 구진보로 낙인찍으며 새롭게 등장한 보수세력으로 인해, 새로운 쟁점을 제기하지 못하는 기존의 사회운동과 시민운동에 낡은 이미지가 덧씌워지면서 위기의식은 더욱 커지고 있다.

결국 운동의 전망은 새로운 사회 발전 전략에 대한 고민이기도 한데, 이 점에서 시민운동의 고민은 아직 본격화되지 못한 셈이다. 이러한 고민은 단지 이슈를 하나 더 첨가하는 문제가 아니라, 근본적으로 사회를 재구성해나가는 과정에서 시민운동이 어떤 가치와 과제를 목표로 할 것인가를 고민하는 것으로 이어진다. 최장집(崔章集)의 제언이나 백낙청(白樂晴)의 제언 모두가 이와 관련된 것이고, '함께하는 시민행동'과 창비가 주최한 씸포지엄의 고민도 여기에 있으며, 참여연대의 '다시 대한민국을 묻는다'의 고민도 마찬가지다.

결국 향후 우리 사회의 과제를 놓고 논의가 확산되고 전개되어야 할 시기에, '무엇을 매개로 논의할 것인가'를 고민하다 헌법에 주목하게 된 것이다. 이는 헌법이 기본권과 권력의 구성 방식이나 경로, 경제체제 문제 등 사회를 구성하는 기본적인 틀과 제도에 관한 것을 담고 있기 때문이기도 하다. 결국 헌법을 재인식하는 것은 우리 사회를 어떤 가치와 제도로 구성해갈 것인가에 대한 사회적 인식과 공감대를 반영한다. 기본적인 규칙과 제도를 만드는 과정에서 헌법은 기본적 틀거리를 제공해주기 때문이다.

운동과 헌법의 관계

시민운동이 헌법에 주목하게 된 또 다른 까닭은 시민운동의 내적인 경험에 기초한다. 1990년대의 시민운동 이전에도 사회운동은 기존 체제를 옹호하는 비민주적 헌법에 도전했던 역사를 갖고 있다.

1970년대 사회운동의 핵심적 요구는 유신 반대였다. 박정희가 1972년 10월유신을 선포하고 대통령직선제를 없애는 대신 통일주체국민회의 대의원이라는 자신의 수족들로 하여금 체육관에서 대통령을 선출하도록 만든 유신헌법은, 한국적 민주주의라는 이름 아래 자신의 독재를 합헌화하는 것이었다. 독재권력을 유지하기 위한 무력을 합법화한 긴급조치로 박정희정권은 1970년대 내내 유신헌법 자체에 대한 어떤 도전도 용납지 않았지만, 재야 민중운동은 유신헌법의 철폐를 요구했다.

1979년 박정희의 돌발적 사망으로 유신헌법이 폐기되고 민주적 헌법이 들어설지 모른다는 기대가 있었다. 하지만 전두환은 다시 무력으로 국가보위입법회의라는 기구를 구성하고 5공헌법을 만들어 군부에 의한 독재권력을 연장시켰다. 불법적으로 권력을 계승한 전두환정권에 대한 도전에도 역시 헌법이 중요한 매개였다. 1987년 직선제개헌 요구는 유신 이후 민주주의의 회복을 요구해온 사회운동의 공통적이면서 최소한의 요구사항, 즉 절차적 민주주의의 회복을 요구하는 것이었다.

1970~80년대에 대체로 권력을 구성하는 절차와 관련한 요구가 핵심이었던 것은 무엇보다도 독재권력을 타도하고 민주정부를 수립하는 것이 사회운동의 당면 과제였기 때문이다. 민중운동이나 재야운동이 새로운 민주헌법의 내용으로 경제적·사회적인 것을 주장하거나 요구하지 않았던 것이 아니라, 그 요구들의 중심에 권력의 구성 경로 문제가 놓여

있었던 것이다. 여러 정치조직들의 강령에 새로운 사회 구성에 관한 주장들이 나열되었지만, 1987년 6월항쟁 이후 사회적 논의는 급속히 권력의 선출 절차를 중심으로 한 논의에 빠져들어갔고, 헌법의 다른 내용들은 중요한 사회적 어젠다가 되지 못했다. 결국 87년체제를 타협적 체제라고 규정하는(김동춘, 앞의 글) 데는 이같은 요소들이 작용했던 것이다.

87년 민주화운동은 사회운동에도 많은 변화를 가져다주었다. 1990년대에는 87년체제에 기초한 민중운동의 새로운 조직들과 더불어 시민운동이라는 새로운 영역의 사회운동이 우리 사회에 탄생했다. 시민운동은 사회 구성의 비전과 전망을 중심으로 운동을 펼치던 민중운동과 달리, 구체적 정책대안이라는 운동방법론에 입각해 삶의 구체적 조건과 연결된 법률 제정이나 제도 설치를 중심으로 활동해나갔다. 또한 이 법률이나 제도가 최종적으로는 헌법에 귀속된다는 점 때문에, 문제가 되는 법률·제도가 헌법에 비추어 적합한지 묻는 헌법소원을 현행 법률에 대한 사회적 문제제기 방식으로 채택하게 된다.

현재의 법률이 헌법정신에 비추어 적정하지 않다는 판단을 헌법에서 구한다는 생각은 시민운동이 택한 운동방법론에 기초한다. 합법적 운동방식이라는 1990년대 시민운동의 정체성이 그것이다. 헌법소원이 경실련이나 참여연대에 의해 시민운동의 일반적인 방법으로 정착된 이후, 다양한 주체들이 헌법에 판단을 구하는 경우가 늘어났다. 그러나 경실련이 주장해서 만들어진 토지공개념 3개 법안이 헌재에 의해 위헌 혹은 한정합헌으로 판결되면서 무력화된 경험이나, 선거법 제87조에 대한 합헌 판결에서 볼 수 있듯이, 시민운동이 합법적 방식을 택하는 한 헌재의 판결은 그 운동 자체에 대한 우리 사회의 최종 판단처럼 되어버렸다.

양심적 병역거부처럼 지금의 우리 사회가 갖는 가치 지향보다 진보적인 요구가 헌재에서 자주 기각되면서, 점차 시민운동은 현재의 헌법에 기초한 헌법재판소가 시민운동이 추구하는 새로운 변화를 담지하지 못한다고 인식하기 시작했다. 실제로 참여연대는 총 27건의 헌법소원을 냈지만, 2건만이 위헌 판결을 받았다.

이같은 한계를 더욱 본격적으로 인식하게 된 계기는 2004년 대통령 탄핵사건과 행정수도 이전에 관한 법률에 대한 위헌 판결이었다. 대개는 헌법재판소 재판관이 보수적이라는 데서 원인을 찾았다. 그런데 그 과정에서 필자는 헌재 구성원도 문제지만, 오히려 현행 헌법이 1990년대 이후 우리 사회가 겪은 변화를 규율할 수 있는지에 주목하게 되었다. 특히나 스스로 보수단체라고 주장하는 집단들의 헌법소원이 받아들여지는 과정을 볼 때, (헌법이 공동체의 발전과 생존을 위한 구성원 상호간의 약속이라면) 1987년에 이루어진 그 약속이 지금의 사회 변화를 제대로 반영하고 있는지 의문을 가질 수밖에 없었다(같은 의견으로 박명림, 앞의 글).

3. 헌법 논의와 시민운동의 역할

헌법 논의의 문제의식

참여연대나 경실련은 현행 헌법이 국가의 가장 근본적인 법이라는 기본 전제 아래 헌법소원을 낸다. 다른 법률들이 헌법에 담지된 기본권을 침해했다고 판단될 때 이 법률을 헌법위반이라 보고 문제를 제기하는 것이다. 헌법소원에서는 한편으로 그 문제를 사회적으로 제기하고 논의를 불러일으키려는 목적도 있지만, 동시에 헌재의 판결에 의해 현행 법률들이 실제로 개정되기를 바라는 측면도 있다.

그러면 어느 정도까지의 변화를 바라는가? 그간의 경험을 통해 시민운동은 개별 사안과 관련된 한두 조항이 문제가 아니라, 여러 기본권 조항들을 비롯해 헌법체계 전반에 상당한 변화가 필요하다고 인식하게 되었다. 결국 시민운동이 생각하는 공동체의 가치와 시민운동이 지향하는 헌법의 변화 방향은 일치할 수밖에 없다. 문제는 시민운동이 추구하는 가치가 일사불란하지 않고 다원화되어 있으며, 심지어 시민운동 내에서 상호 충돌하기도 한다는 것이다. 이는 시민운동만 그런 것이 아니라 우리 사회 전반이 마찬가지며, 잘못된 것이 아니라 오히려 극히 정상적인 과정이다. 따라서 헌법에 담길 공동체의 가치에 대한 논의가 개헌 논의에서 필수 불가결하며, 실제로 논의 과정 자체가 사회적 인식의 확장 과정이기도 하다. 그 점에서 개헌 논의는 시민운동의 입장에서 볼 때 우리 사회의 발전 방향을 논의할 수 있는 매개체이기도 하다. 공동체의 약속으로서의 헌법은 영속적이지 않으며, 그 약속이 공동체의 상태와 조건에 따라 변화하는 것마저도 약속하기 때문이다. 지금이야말로 1987년헌법에 담긴 규범들을 재검토하고 새롭게 헌법에 담길 내용을 천착해볼 때다. 이는 결국 시민운동의 향후 방향과도 적지 않은 관련이 있으며 소위 '진보'가 무엇이고 어떤 내용인지를 논의해가는 과정과도 관련이 있기 때문이다.

헌법 논의와 공동체의 재구성

그렇다고 하면 무엇을 다시 보아야 하는가? 시민운동이 그간 여러 영역에서 발전시켜온 문제의식들을 헌법에 비추어보면 단순히 하나의 이슈를 제기하는 것이 아님을 알 수 있다. 정치권에서 권력구조에 접근할 때는, 권력 운영의 효율성이라는 측면에서 4년 중임의 대통령제를 이야기하거나, 권력의 분산이라는 면에서 내각제를 이야기한다. 하지만 더욱 근본적으로는 권력의 구조와 구성 방식이 이대로 유효한가라는 의문이 제기되어야 한다. 지금의 사회 변화를 볼 때, 3백년간 유지돼온 미국식 대통령제가 국가라는 틀을 유지하는 데 부적합한 것은 아닐까? 참고로

김광웅(金光雄) 교수는 네트워크정부라는 형태를 고민해보자고 제안한다(그림 1 참조). 박명림(朴明林) 교수가 지금의 삼권분립을 넘어서 제4부를 만들자고 이야기하는 것도 그같은 문제의식의 발로다.

그림 1 대통령중심제 또는 내각책임제 네트워크정부 형태

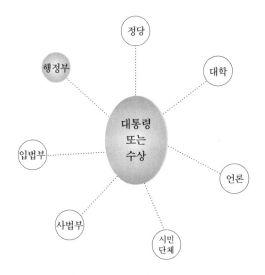

* 출처: 김광웅 「통치구조의 방향──21세기 바람직한 권력구조에 대해서」, 국회 조일현·이은영 의원 주최 개헌 연구 쎄미나 '21세기 선진한국, 열쇠는 개헌이다'(2006. 2. 15).

마찬가지로 헌법에서 정당만이 권력에 접근할 수 있도록 규정한 것에도 의문을 가져야 한다. 반드시 정당을 구성해야만 정치권력에 접근해갈 수 있다면 참여의 기회가 동등하게 보장되지 않을 수 있다. 정당에 참여하지 않고 선거 때마다 무소속으로 출마하는 사람들 중에서 같은 이념과 목표를 가진 사람들이 연합해서 권력에 다가갈 수도 있는 것이다. 유권자들이 얼마나 그들을 신뢰하는가는 별개의 문제지만 말이다. 또 외국인은 정당원이 될 수 없는 지금의 정당법으로 1백만에 육박하는 국내 거주 외국인들이 자신들의 대표를 갖기는 어렵다. 헌법이 국민을 배타적 민족

으로 인식하는 한, 하위법들이 이를 넘어서기 어려운 것이다. 지율의 단식은 논란을 불러일으켰지만 최소한 생태적 사고와 예방이 중요하다는 사회적 인식을 이끌어내는 데 성공했다. 이런 인식이 헌법에 담긴다면 지금의 각종 제도와 행정씨스템 등의 변화는 필연적인데, 우리는 이런 변화를 얼마나 준비하고 있는가?

헌법의 체계에 따라 우리가 새롭게 검토하지 않으면 안될 사항은 기본권과 국가형태, 의회, 경제체제, 지방자치 등 헌법사항 거의 모두에 걸쳐 있다. 예컨대 홍윤기(洪潤基)가 시민헌법을 제안하면서 나누어본 항목을 나열해보면, 전문에서 '국가 정통성의 근거' '국가의 지향점', 총칙에서 '국체' '국민의 요건' '영토' '수도' '국가목표' '국군' '공무원' '정당', 기본권에서 '기본권의 주체' '기본 욕구 해방과 실현의 권리', 국가권력 작동 체계에서 '헌법기관' '지방자치' '경제' '헌법기관간 충돌' 등으로 나누어져 있다. 홍윤기의 제안은 결국 우리가 지금 공동체의 구성 방식과 운영 방식 전반을 재구성해야 한다는 사회적 요구에 직면해 있다는 것을 의미한다. 시민운동의 전망이 지금 답보되어 있고 시민운동이 새로운 이슈와 과제를 적극적으로 제기하지 못하는 것은 이 새로운 구성 방식과 운영 방식에 대한 구체적 요구에 대응하지 못하고 있기 때문이다.

헌법의 위상과 시민운동의 역할

따라서 헌법 논의는 시민운동의 전망에 관한 논의이자 새로운 공동체의 구성 방식과 운영 방식에 대한 논의다. 뉴라이트라 자칭하는 혹자는 우리가 지향해야 할 공동체의 구성 방식과 운영 원리를 '공동체자유주의'라 부르고 있다. 그것도 하나의 주장이다. 진보진영이 이에 대응해 하나의 대안을 내놓아야 한다는 강박관념이 기존의 진보진영을 짓누르고 있다. 여기저기서 싱크탱크가 생기고 그에 따라 조만간 무슨무슨 주의가 쏟아져나올지도 모르겠다.

그러나 이러저러한 연구소의 논의와 연구를 거쳐 나온 하나의 주장과 결론이 우리 사회 전체의 전망이 되기는 쉽지 않을 듯하다. 지금의 우리 사회에서는 다양한 변화와 차이로 인한 사회적 갈등이 보편화된 지 오래다. 당연히 다원화된 가치에 기초한 다양한 입장이 서로 부딪친다. 그래서 어쩌면 더욱 중요한 것은 공동체가 공동체로서 유지되기 위한 규약(protocol)과 모듈인지도 모른다. 공동체가 국가·민족과 동일시되는 시기가 끝나가는 싯점에서 헌법의 위상은 일국의 범접할 수 없는 규율, 배제하고 선택하는 규율이 아니라 서로 다르게 살아가는 사람들이 '함께' 살아갈 수 있는 방법을 학습하고 약속하는 장치여야 한다.

이제는 헌법의 위상을 다르게 세워야 하지 않을까? 이 말은 곧 무슨 주의를 먼저 내세우는 것보다 우리가 공동체의 구성 방식과 운영 방식을 합의해나가는 과정이 더 중요하다는 것이다. 진보진영이 혹은 시민운동이 어떤 주장과 결론을 내놓았는지보다 공동체의 한 성원이 향후 우리 사회의 구성 방식과 운영 원리를 내놓고 이를 사회적으로 구성해가는 '과정'을 만드는 것이 훨씬 중요하다는 말이다. 결국 헌법은 그 과정에 대한 공동체 구성원 상호간의 약속이다.

4. 헌법, 어떻게 다시 볼 것인가

시민운동이 지금의 헌법을 다시 보자고 할 때 당장의 헌법 개정을 주요한 목표로 삼기는 어렵다. 오히려 그간 헌법 논의와 개정이 소수의 권력자 혹은 전문가 사이에서만 진행되어왔기 때문에, 어떤 경로든 시민사회의 의견이 반영되는 과정이 반드시 필요하다. 반복해 말하지만 헌법을 논의하는 과정 자체가 시민사회의 자율성을 기반으로 우리 사회의 미래에 대한 약속의 공감대를 만들어가는 과정이기 때문이다.

노무현정부가 제기한 2006년의 개헌 논의는 권력 운영의 편의를 도모하려는 데 목적을 두고 있다. 복잡·다양해진 선거로 권력의 운영이 힘들고 비효율적이므로 이를 개선하자는 것이다. 그 문제 제기가 전적으로 틀렸다 할 수 없고, 공감대가 전혀 없다 할 수 없다. 그러나 최장집 교수가 지적했듯이, 문제의 본질이 선거가 많아서인지 아니면 5년 임기의 정부를 맡게 된 집권세력이 무능해서인지를 성찰하지 않고 개헌만 되면 문제가 해결될 것이라고 생각한다면, 개헌은 특정 정파의 이해에 기초한 정략적인 것에 불과하게 될 것이다.

진정으로 우리 사회에서 필요한 개헌은 정치적 효율성이나 이미지를 위한 정치적 선언으로서의 개헌이 아니라, 공동체의 발전 방향에 대한 사회적 공감대를 형성할 수 있는 개헌이다. 2006년 들어 양극화 문제를 계기로 헌법의 경제조항을 논의하기 시작한 것이 의미 있는 예가 될 것이다. 이는 헌법학자들이 개헌보다 해석투쟁이 현실적으로 더 의미가 있다고 하는 것과도 일맥상통한다. 해석투쟁은 헌법에 담겨야 할 발전 방향과 공동체의 운영 원리에 대한 사회적 어젠다를 만드는 일이기 때문이다. 이런 식으로 사회적 논의가 진전되고 일정한 공감대가 형성된 후에 구체적 헌법조항으로 발전하고 이를 개헌이라는 방식으로 사회가 수용한다면, 헌법은 선언이나 박제된 문서가 아니라 실제적인 공동체의 규율과 질서가 될 것이다.

그럼에도 17대 국회에서 개헌 논의는 피할 수 없는 '정치적 일정'으로 보인다. 개헌의 주도권을 가진 정치권이 자신들의 정치적 필요 때문에라도 개헌 일정을 늦출 것 같지는 않기 때문이다. 그렇다면 짧은 기간에 헌법에 담겨야 할 사회적 어젠다의 목록이 무엇이고 그중에 사회적 공감대가 커서 개헌이 가능한 부분은 무엇이며 논의로 남겨두어야 할 것은 무엇인지 가름해내는 것도 적지 않게 중요한 문제가 될 것이다. 물론 쓸데 없는 이념 논쟁으로 흐를 가능성도 있으며, 정치권에 절실한 선거 시기의 일치 문제 말고는 본질적인 개헌이 이루어지지 못할 수도 있다. 그러나 헌법을 둘러싼 논의 자체가 가져다주는 사회적 인식의 확장을 생각한다면 시민사회는 적극적으로 헌법 논의를 조직해야 한다. 헌법 논의는 그 자체로 해석투쟁이기도 하기 때문이다. 사회적 논의 과정과 해석투쟁이 결합할 때 헌법은 운동을 발전시키는 촉매로 작동할 수 있을 것이다.

동시에 소위 '진보'진영에 속한다고 생각하는 사람 중에서 '진보'의 새로운 내용을 깊이 고민했던 사람에게는 이 과정 자체가 그런 고민의 과정이 될 것이다. 현실적으로 자신이 생각하는 '진보'의 온전한 내용이 헌법에 전적으로 반영될 수 없을 것이다. 또한 그 '진보'의 내용을 온전하게 만들어낼 수 있는가 하는 문제조차 자신하기는 어렵다. 그러나 지금처럼 구체적 내용이 없는 상태가 계속되는 것보다는 구체적인 헌법 개정 논의를 계기로 새롭게 재구성해야 할 '진보'의 내용을 성찰한다면 그 자체로도 의미가 큰 사회적 진전이 될 것이다.

■ 참고문헌

김동춘 「시민운동의 지형 변화와 새로운 운동의 모색」, 시민사회단체연대회
　　　의 제5회 시민운동가대회 자료집, 2005.
서경석 「민중신학의 위기」, 『기독교사상』 1993년 9월호.
조희연 「87년체제의 전환적 위기와 민주개혁」, 참여사회연구소 씸포지엄 '다
　　　시 대한민국을 묻는다──역사와 좌표', 2005.
하승창 「90년대 중앙집중형 시민운동의 한계와 변화에 관한 연구」, 연세대 사
　　　회학과 석사학위 논문, 2006.
박명림 「한국 헌법과 민주주의──무엇을, 왜, 어떻게 바꿀 것인가」, 창비·함
　　　께하는시민행동 공동 씸포지엄 '87년체제 극복을 위하여──헌법과
　　　사회구조의 비판적 성찰,' 2005.
윤상철 「87년체제의 정치지형과 과제」, 『창작과비평』 2005년 겨울호.
김종엽 「분단체제와 87년체제」, 『창작과비평』 2005년 겨울호.
홍윤기 「국민헌법에서 시민헌법으로」, 창비·함께하는시민행동 공동 씸포지
　　　엄 '87년체제 극복을 위하여──헌법과 사회구조의 비판적 성찰,'
　　　2005.
「2005 한국, 누가 움직이는가──참여연대, 4년 철옹성」, 『시사저널』 2005년
　　　10월 17일자.

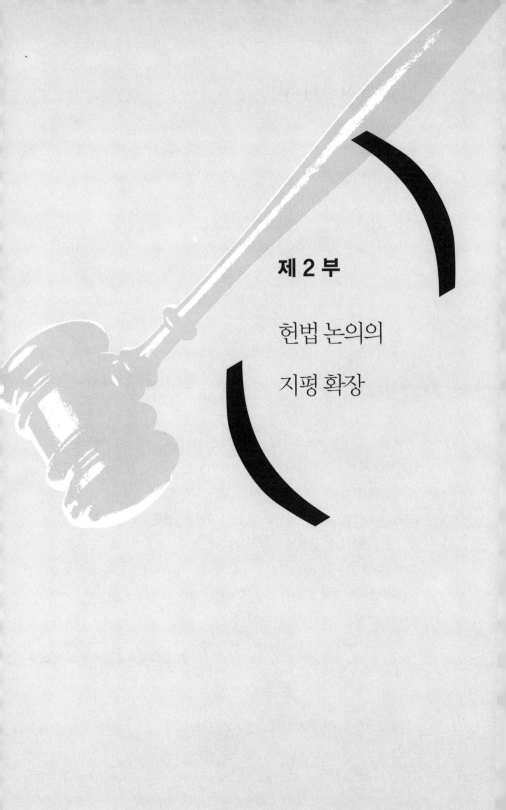

제 2 부

헌법 논의의

지평 확장

헌법과 시민의회*

김상준

1. 새로운 상황

이 글은 헌법기관으로서의 시민의회를 제안한다. 여기서 제안하는 시민의회는 세계 헌정사에서 아직 존재하지 않았던 제도다. 존재하지 않았던 새로운 헌법기관에 대해 논하는 것은 필연적으로 미완이 될 수밖에 없다. 그럼에도 그러한 시도를 해보는 까닭은, 한편으로는 오늘날 우리 현실에서 제기되는 문제가 절박하고, 다른 한편으로는 이러한 문제를 해결해나갈 우리 사회 내부의 민주적 잠재력을 기대하고 신뢰하며, 끝으로 곧 현실정치 일정에 오를 것으로 예상되는 개헌 논의에서 근본적인 논점 하나를 분명하게 제기해두기 위해서다.

사회주의 동구권이 붕괴하면서 현재 지구상의 헌정체제는 '자유주의적 입헌민주주의체제'로 사실상 단일화되었다. 동구권만이 아니다. 아시

---

* 이 글은 『동향과 전망』 67호에 실린 글을 보완한 것이다.

아, 아프리카, 남아메리카, 남유럽을 관통했던 지구적 민주화 과정이 대략 80년대 후반에서 90년대 초중반을 고비로 매듭지어졌는데, 그 결과 자유민주적 헌정체제가 확립되었다. 대통령직선제, 대통령 권한 축소와 (헌법재판소에 의한) 사법심사권 강화를 핵심으로 하는 한국의 87년개헌 역시 이 흐름의 중요한 일부였다.

대한민국 헌정사에서 1987년은 '민주원년', 즉 '이상적인 의미의 입헌적 시원(Year One)'에 가장 근접한 때였다. 그러나 그 가능성은 당시 야당과 집권세력이 졸속으로 타협하면서 그리고 민주세력이 분열하면서 극소화되고 말았다. 실제적인 개헌 작업은 여야 각 4인의 밀실 정치회담으로 매우 짧은 시간에 매우 제한된 정치적 이해관계에 국한되어 이루어졌고, 이렇게 개정된 헌법하에 치러진 대선에서 분열된 민주세력은 패배했다. 이에 따라 7, 80년대 내내 누적되어온 민주적 여망을 발본적 민주화로 연결하는 데 실패했다. 그럼에도 87년 이후 오늘날까지 한국의 시민사회는 역동성을 결코 상실하지 않았다. 이는 비슷한 시기 반(反)권위주의 민주화를 이루었던 여러 나라들과 비교할 때 두드러진다(Kim 2004). 특히 구동구권과는 현저하게 비교된다. 이 글의 제안은 이렇게 고유한 한국의 정치사회 지형을 전제한다. 즉, 민주적 희원 대부분이 87~88년의 체제 전환 과정에서 성취되지 못했지만, 발본적 민주화에 대한 밑으로부터의 열망은 여전히 강인하게 존속하는데, 그것이 이 글의 제안 그리고 그 실현 가능성(feasibility)의 배경과 근거가 된다. 이러한 정황은 이제 바야흐로 한국이 세계 민주주의 지형도에서 하나의 선도적 전범(典範)이 될 가능성을 보여준다.

자유주의적 입헌민주체제의 핵심 원리는 대의민주주의와 헌법주의다. 먼저 대의민주주의(representative democracy)의 제도적 골간은 선거다. 선거란 인민의 의지를 선출자에게 위임하는 제도다. 따라서 선거의 공정성, 절차적 정당성이 제도적으로 얼마나 충분히 실현되느냐가 중요한 관심사가 된다. 또 입헌민주체제의 주요 공직은 모두 선출직이어야 한다. 원리상 그러하므로, 이를 철저하게 구현하는 것이 보통은 대부분의 민주주의 담론에서 중추가 된다. 다음으로 헌법주의(constitutionalism)는 입헌민주주의체제에서 정당성을 판단하는 근거가 헌법이라는 것이다. 즉, 모든 공적 정당성은 헌법에서 비롯되고 헌법으로 귀결된다는 원칙이다. 이 원칙에 따르면, 헌법은 잘못된 다수결 또는 공권력의 횡포로부터 시민의 기본권을 지켜주는 안전판이다. 따라서 시민들은 자신들의 기본권을 침해했다고 생각하는 공공정책이나 법안의 위헌심사를 요청할 권리를 갖는다. 그 결과 헌법주의가 관철되는 사회에서는 정부, 의회, 정당, 주요 여론기관과 함께 법원, 특히 헌법재판소가 입헌정치(constitutional politics)의 주요 행위자가 된다. 이와 같은 자유주의적 입헌민주주의체제에는 영미형, 북구형 또는 신자유주의형, 사회민주주의형 등의 유형이 존재한다.

그러나 거대한 대립(자본주의 대 사회주의, 독재 대 민주)이 종식되고 헌정체제가 단일화·표준화된 이 시대는 결코 행복하기만 한 '역사의 종말'이 아니었다. 냉전 이후의 전지구적 상황은 다양한 형태의 새로운 문제와 위기에 직면했다. 지구화는 패권적으로 진행되었으며, 그 결과 경제적 양극화와 종교적·인종적 대립이 심화되었다. 정보·과학혁명은 새로운 문제를 발생시킬 뿐 아니라, 새로운 문제에 대응할 수 있는 새로운 인프라 역시 산출한다. 자유주의적 입헌민주주의체제는 이러한 흐름 속에서 제기된 다양한 문제와 도전에 직면하여 여러 측면에서 근본적인 한계를 노정한다. 이 체제가 전지구로 확산되어 역사적으로 보면 절정을 구가하는 싯점에, 다시 말하면 명확한 대안이 역사의 지평 위에 뚜렷하게 떠오르지 않은 상황에서 그 체제의 한계에 어떻게 대응할지 모색해야 한다는, 역설적이고 복잡하며 어려운 문제가 발생한다.

한국도 이와 궤도를 같이하고 있지만, 한국에서만 특이하게 두드러지는 양상에도 주목할 필요가 있다. 적합한 해법이란 보편 속에서 특수의 고리를 정확히 파악하는 데서 시작하기 때문이다. 한국의 특수성은 빈번해지고 대규모화하는 갈등을 기존의 헌정씨스템이 적절하게 소화해내지 못하는 것에서 가장 두드러지게 드러난다.

새만금 개발, 의약분업 문제, 위도 핵폐기장 문제, 이라크 파병 문제 그리고 가까이는 올 대통령 탄핵 문제 등(이젠 여기에 행정수도 이전 문제, 비정규직 문제 등을 포함해야 할 것이다—글쓴이)의 경과는 현재 우리 사회에서 헌법기관의 대표성과 헌법기관간의 관계, 정책 결정 과정과 피드백, 이익단체간 갈등, 경제 민주화에 관련한 제반 영역에서 많은 문제가 잠재되어 있을 뿐 아니라, 이들 문제가 충격적이고 돌발적인 방식으로 노정되고 있음을 말해준다. 잠재되어 있는 문제들은 일상적 시기에는 표현의 어떤 통로도 갖지 못하고 있다가 일단 문제가 제기되면 예기치 못한 방식과 통로를 통해 한꺼번에 분출되고, 이렇듯 분출된 흐름들은 상황의 압력 아래 잠정적으로 무마되거나 고형화되지만, 그 귀결에 대해서는 문제의 당사자 어느 쪽도 진심으로 승복하지 못하는 상태가 되풀이되고 있다. 이러한 문제들의 발생, 진행, 귀결을 회고해볼 때, 사회 운영의 양대 축이라 할 효율과 정의 모두가 심각하게 위협받고 있는 상황이라고 말하지 않을 수 없다.(김상준 2004a, 7면)

헌법 개정은 현저한 이유를 전제로 한다. 사소하거나 일시적인 문제는 헌법 개정의 이유가 될 수 없다. 상기한 것들은 국민 대다수가 심각한 문제라고 느끼는 중대한 사안이며, 한국사회 지형의 구조적 변형에서 비롯되고 있기에, 적극적으로 제도적인 대처를 하지 않는다면 앞으로 오랜 기간 지속될 현상이다. 공공의제에 승복하지 않아 남은 앙금이 뿌리 깊은 불신으로 누적되는 이러한 사태는 국가적 재앙으로 귀결될 수 있다. 여기서 주목해야 할 점은 앞에서 언급했던 심각한 갈등이 대부분 아래(시민사회)로부터가 아니라 오히려 위(국가)로부터 나왔다는 사실이다. 공공정책은 여전히 역동화된 시민사회의 공론을 체계적으로 인입하지 못한 채 그것과 별개로 결정되고, 그렇게 결정된 공공정책에 시민들은 저항하고 반발한다. 여기에 더하여 정당간, 정부–의회–사법부간 씨스템이 작동상 마찰을 일으켜 대규모 갈등을 부채질한다. 새로운 상황을 기존 헌정체제가 제대로 소화해내지 못하는 것이다.

이 지점에서 시민사회는 갈등의 원천이고 국가(state)는 이를 초월한 갈등의 해결자라는 홉스류의 시민사회론–국가론(초월적 국가론)은 현실과는 전혀 동떨어진 낡은 관념으로 전락한다. 최근의 시민사회 이론들은 공통적으로 그러한 낡은 관념과 분명한 선을 그으면서 시민사회의 능동성과 적극성을 강조한다. 시민사회의 능동화가 사회 전반의 구조를 변동시키면서, 동시에 바람직한 변화 방향을 예고하는 강한 추동력이 되기 때문이다. 이러한 상황에서 해소되지 않는 갈등의 원인을 거꾸로 시민사회의 능동화에서 찾고, 그 해법을 시민사회의 능동성을 잠재우는 것에서 찾으려 한다면, 갈등은 더욱 격화될 것이다.

결국 문제 해결의 실마리는 기존 헌정체제의 한계를 살펴보고 그 보완책을 마련하는 데서 찾아야 할 것이다. 대국을 보고 문제의 관건이 되는 부분을 먼저 풀어야, 실타래처럼 얽힌 여러 문제가 따라서 풀린다. 관건은 헌정체제의 개혁이다. 정치 자체가 기존 헌정체제의 구조적 한계 안에 갇힌 상황에서, 헌정체제의 개혁 없이 정치의 능동화만을 대안으로 부르짖는다면 아무런 실제적인 변화도 이끌어내지 못한다. 마찬가지로 시민적 덕성을 고취할 참여적 제도는 마련하지 않고 소위 시민의식의 제고만을 주문하는 것 역시 공염불이다. 이 글에서는 그러한 헌정체제 개혁의 일환으로 주요 공공의제를 심의할 시민심의기구(가칭 '시민의회'[1])를 헌법에 명문화할 것을 제안한다. 먼저 그 제안의 핵심과 실제적 필요, 이론적 배경을 요약하고(2, 3절), 이어 그 헌법 이론상의 근거를 존

롤즈(John Rawls)의 논의에 의거하여 밝힌다(4절). 끝으로 몇 가지 가능한 반론을 검토하겠다(5절).

2. 민주주의의 중층성과 불균형

현대사회에서는 기술·관료의 지배가 강화되지만 동시에 그 한계 역시 누적적으로 노출된다. 즉, '비판적 시민' 현상이 일반화·일상화된다(Norris 1999). 이제 거의 모든 정책 사안에 시민의 목소리가 제기된다. 주권자(국민, 시민)의 직접적 의지는 비등해지고, 그에 비례해서 기왕의 대의적 체제는 무력함을 노출한다. 정부의 공공정책 자체가 갈등의 원인을 제공하는 경우가 늘어간다. 공공정책의 추진 절차는 점점 행정적·기술적으로 세련되게 보완되지만(각종 평가·양형量衡 기법의 발전, 각종 위원회·공청회의 도입, 관련 절차법의 분화·발전), 결국 법적 면죄부에 불과하다는 비판에 직면한다. 국회가 직접 다루기 까다로운 미묘한 사안들이 점증한다. 의약분업이나 새만금과 같은 '골치 아픈 사안들'이 제기되었을 때 국회는 정략적인 립써비스 말고는 한 일이 없다. 재선을 목표로

---

1) 시민의회 개념을 사용한 선례는 김지하의 글에 보인다. 이 글의 초고에 대한 논평에서 김기현 부천YMCA 사무총장이 이를 지적해주었다. 가장 요약적으로 표현하면, "문명 전환을 목표로 하는 탈정당적인 시민정치운동 (…) 지방자치를 통한 주민자치 주민평의회 운동, 정확한 의미에서 시민의회운동"이다(김지하 2003, 241면). 김지하의 시민의회 제안은 동학의 포접제를 원형으로 하고 생명 가치를 지향하는 주민자치운동을 말한다. 그가 제안한 취지는 이 글과 크게 다르지 않다고 생각한다. 차이라면, 이 글이 법과 제도의 차원에 집중하는 반면, 김지하는 시민(주민)자치'운동'의 차원에서 문제를 보고 있다는 점 그리고 필자가 성찰성(reflexivity)과 심의(deliberation)에 주목하고 있다면, 그는 생명 가치와 문명 전환을 천착한다는 점이다. 여기서 제안하는 시민의회가 김지하의 시민의회운동과 넓은 의미의 상보관계에 있다고 보아도 무방할 것 같다. 다만 '주민평의회운동'에 대한 자세한 설명이 없는데, 이것의 정치사회학적 위상을 좀더 구체화해야 할 것이다.

할 수밖에 없는 대의제도의 구조상, 각 정당과 의회 구성원 들은 문제 자체의 해결보다 표를 의식한 연기(演技)정치에 골몰한다. 결국 해소되지 못한 문제들이 사법심판으로 몰리고 그 결과 사법부에 과중한 정치적 부담이 지워진다. 그러나 사법적 심판이란 갈등의 종국이요 최종 심급일 뿐이어서, 갈등의 양을 평가하여 한쪽의 손을 들어주기는 하지만 문제를 근본적으로 해결하지는 못한다.

이렇게 심각한 문제를 해결하는 데는 두 요법이 있을 것이다. 첫째, 국회와 정부의 정책기능을 대폭 강화하는 것이다. 시민사회의 영역이 확장되었을 뿐 아니라 새로운 문제들마저 양산되고 있는 정황을 대의기구가 정확히 반영해야 하기 때문이다. 이는 국회 및 정부에서 정책 입안·분석가층을 전문화하고 이들로 구성된 정책 전문위원회들을 강화하는 것과 연관된다. 둘째, 대의민주주의를 체제적으로 보완하는 방안이다. 대의제의 근본적이고 구조적인 한계가 점점 분명해졌기 때문이다. 이 두 요법은 병행되어야 할 것이다. 첫번째 요법은 선례들이 있지만, 두번째 요법에 대해서는 체계적인 접근이나 제도적인 실험이 아직 미미한 형편이다. 이 글은 두번째 요법에 집중한다.[2]

여기서 대의민주주의를 보완하려는 이유는 민주주의를 안정적으로 실현하기 위해서인데, 이는 민주주의를 확장하고 심화함으로써 가능하다. 우리의 발상이 민주주의의 확장과 심화로 나아가기 위해서는, 이 글 모두(冒頭)에서 언급한 대로 자유주의적 입헌민주체제에서 상정하는 대의민주주의가 민주주의의 전모가 아니라 부분적 구성 원리에 불과함을 이해하는 것이 중요하다. 다시 말하면 대의민주주의, 즉 선거에 의한 위

2) 로버트 달(Robert Dahl)이 제안하는 '폴리아키 2' '폴리아키 3'의 강화는 여기서 말하는 첫번째 요법, 두번째 요법과 유사하다고 볼 수 있다(Dahl 1989, 23장). 그가 '폴리아키 3'의 예로 제안하는 미니포퓰리스(minipopulis)는 매우 흥미롭다. 그러나 이상적인 발상에 머물 뿐, 아직 제도적인 구상으로 구체화되지 못한 점이 아쉽다.

임과 이를 위한 여러 제도적 장치는 그보다 더 근원적인 차원에 존재하는 민주주의의 좀더 기본적인 원리들이 충분히 실현될 때만 제 효과를 발휘할 수 있다. 민주주의란 여러 원리들의 중층구조로 이루어지고, 대의민주주의란 그러한 중층구조의 가장 상부에 존재하는 한 층위에 불과하다. 이 네 층위가 가장 안정적으로 중층화된 모형은 피라미드형이라 할 수 있다. 이를 도식화하면 〈그림 1〉과 같다.

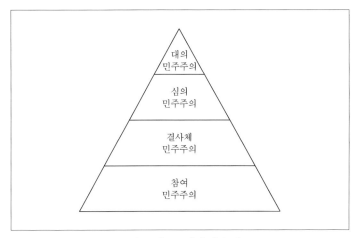

그림 1 민주주의의 네 층위

이 중층구조의 가장 저층은 참여민주주의(participatory democracy), 그 위로 결사체민주주의(associational democracy), 제3층은 심의민주주의(deliberative democracy), 맨 위 층위가 대의민주주의(representative democracy)다. 공공의사의 결정에 시민이 참여해야 한다는 것은 민주주의의 가장 근본적인 원리이기 때문에, 참여민주주의가 중층구조의 기반을 이룬다. 참여는 다양한 형태의 시민 결사체를 매개로 이루어진다. 참여의 원리만 보장되어 있을 뿐 참여의 동인을 결사의 형태로 직조해주는 민주주의적 시민 결사(civil associations)의 관행과 문화가 결여된 민주주의는 집중된 힘의 위협 또는 조종에 취약하기 마련이다. 그러나 참여와 결사의 관행이 존재하더라도 공공적 사안을 결정하는 과정에 성숙된 심의 문화가 존재하지 않는다면, 결사체 이기주의가 난립하게 된다. 여기서 심의(deliberation)[3]란 각종 공공의사 결정 과정에서 참여주체가 선호를 변환(preference transformation)할 수 있을 정도로 자유롭고 공정한 조건과 상황에서 논의가 진행되는 것을 의미한다. 대의민주주의가 선거에 의한 위임을 핵심으로 하더라도 바로 이러한 다층위 민주주의의 제도적·문화적 기반 위에 서야만 충분히 그 효과를 발휘할 수 있다.[4] 이 네 층위는 각각 분리된 별개의 것이 아니라 상호 연관·중복되어 입체를 이루고 있다.

따라서 〈그림 1〉은 민주주의의 각 층위와 이 층위들간의 질적 연관관계까지 적절하게 표현해주는 데는 미흡하다. 그러나 한국민주주의의 문제를 큰 그림으로 간명하게 제시해줄 수 있다. 즉, 민주화 이후에도 한국의 정치상황이 불안정하게 요동치는 원인을 간명하게 짚어낼 수 있는 것

---

3) 이 개념은 그동안 심의(審議), 숙의(熟議), 토의, 토론 등으로 번역되었다. 모두 deliberation의 의미를 표현해주고 있으나, 필자는 그중 심의를 가장 포괄적이고 적합한 번역어로 생각한다. deliberation이란 논의뿐 아니라 결정까지를 포함하는 개념이고, 이를 담은 번역어가 심의이기 때문이다. 또 이 글은 심의를 정치문화로 제한하여 이해하는 것을 넘어서서 이를 법적으로 제도화해야 한다고 주장한다. 기왕의 우리 법 개념에서 deliberation에 준하는 말이 심의이기도 하다.

4) 민주주의를 네 범주 또는 네 층위로 구분하겠다는 발상은 민주주의 이론 영역에서 최근 얻어진 연구 성과에 의거했다. 특히 90년대 이후 비약적으로 발전한 심의민주주의론과 결사체민주주의론의 성과가 중요하다. 이러한 이론적 발전은 기존의 대립구도였던 직접/간접민주주의의 이론적 대립을 확장·심화하여 완전히 변형했다. 이렇듯 쇄신된 새로운 이론적 지평에서는 직접/간접민주주의란 이제 상호 배타적으로 대립하는 개념이 아니며, 더 나아가 그러한 방식의 개념화 자체가 적절하지 않다고 간주된다. 필자가 주로 참고했던 결사체민주주의 이론 연구는 Tocqueville(1945); Durkheim(1992); Cohen and Roger(1992); 안승국(1997); Hirst(1994); Hirst(2002); Hirst and Bader, eds.(2001) 등이고, 심의민주주의에 관한 것은 Habermas(1984, 1987, 1996); Rawls(1971, 1993); Manin(1987); Fishkin(1991, 1995); Elster(1998); Bohman and Rehg, eds.(1997); Dryzek(2000); Gutman and Thompson(2004) 등이다.

이다. 문제의 핵심은 민주주의의 상하부구조 또는 층위 사이의 불균형이다. 기반이 되는 두 층위(참여·결사체민주주의)가 여전히 상대적으로 미발전되었으며, 여기에다 최상층의 대의제도가 원활하게 작동할 수 있도록 받쳐주어야 할, 인체로 비유하면 목에 해당하는 심의민주주의의 관행과 제도가 특히 취약해서 민주주의의 전체 구조가 위태로워진 것이다. 결국 한국민주주의가 봉착한 상황을 요약한다면, 민주주의의 과잉이 아니라 과소 그리고 전체 층위간의 불균형이 문제다.

필자는 대의민주주의 자체를 문제로 보지 않는다. 대의민주주의는 현대 민주주의의 중요한 부분이며 그 자체로 충분히 발전되어야 한다. 다만 그를 받쳐주는 민주주의의 하부구조가 충실하게 동반 성장하지 못한다면, 대의민주주의의 여러 제도가 아무리 잘 구비된다 하더라도 민주주의는 전체적으로 원활하게 작동하지 못하며 결국 위기에 빠질 수밖에 없다. 이렇게 보면 오늘날 한국사회에서 보수적 여론을 주도하는 층의 '갑자기 너무 많은 민주주의가 유입되어 혼란이 발생하고 있다'는 주장은 사태의 부분을 과장하여 전체상을 완전히 뒤집고 왜곡한 것임을 쉽게 이해할 수 있다. 현재 한국의 정치 상황은 대의민주주의를 떠받쳐주어야 할 민주주의의 하부구조가 아직도 미발전되어 불안정한 것에서 비롯한다. 요약하면, 여전히 민주주의의 과잉이 아니라 과소가 문제다.

이러한 구조적인 문제를 원론적으로 해결하는 길은 물론 참여민주주의를 강화하는 것이다. 〈그림 1〉의 관계를 달리 도식화하면 결사·심의·대의민주주의의 세 원이 부분적으로 겹치고, 그 외곽 전체를 참여민주주의가 아우르는 형태다.[5] 결사·심의·대의민주주의 모두가 참여민주주의의 일환인 것이다. 사회 구석구석의 공공의제를 토론하고 결정하는 과정에 밑에서부터 안정적으로 참여하게 될 때 민주주의의 기반은 확고하

---

5) 이 도식은 김상준(2004a)에 상세하게 설명되어 있다.

게 다져진다. 결사체, 심의 문화, 대의제도 역시 이러한 기반 위에서 잘 발전할 수 있다. 그렇기 때문에 〈그림 1〉에서 참여민주주의가 가장 저층을 이루고 가장 넓게 표현된 것이다. 따라서 민주주의를 강화하는 일반적이고 원론적인 해법은 하부구조를 보강하는 것이다. 이러한 원론적 해법은 어떤 상황에서도 견지되어야 할 원칙이다. 그러나 문제를 실질적으로 풀어가려면, 그와 동시에 구체적인 역사적 맥락과 정치적 지형에서 어떤 부분에 중점을 두어야 할 것인가를 고려하는 것도 반드시 필요하다.

이러한 관점에서 필자는 현재 우리의 상황에서 문제의 맥점을 이루는 것 또는 문제 해결의 핵심 고리는 심의민주주의의 층을 강화하는 것이 아니겠는가 생각한다. 이 층위가 가장 취약할 뿐 아니라, 이를 강화하는 것이 전체 구조를 안정화하는 데 가장 빠르고 확실한 방법이 될 것이기 때문이다. 심의민주주의의 제도화가 현재 또는 '민주주의 이후' 시대 한국 민주주의의 불안정성을 극복하는 가장 효과적인 처방이 될 것이라는 이야기다.[6]

심의민주주의의 핵심은 자기 이해(self-interest)를 넘어서 공공적 합의에 도달하는 데 있다. 심의 과정에 "심의 주체들(deliberators)은 상호 소통하면서 자신의 판단·선호·관점을 기꺼이 변화시킬 수 있"으며 그러한 상호 소통은 "강제, 조종 또는 기만이 아니라 설득"으로 이루어진다

---

6) 물론 이와 동시에 참여·결사체민주주의 제도의 저층 역시 확대·강화해야 한다. 이 글에서 심의민주주의의 제도화를 강조하는 것이 이러한 기초적 작업을 방기하거나 도외시하는 것으로 오해되지 않기 바란다. 민주적 제도의 확대·강화란 사회의 전 부면에서 부단히 이루어져야 한다. 이 글에서 그러한 작업 모두를 거론하기는 힘들다. 다만 여기서 제안하는 심의민주주의의 제도화는 민주주의의 저층 강화에도 기여할 것이라는 점을 이야기하고 싶다. 심의민주주의 제도의 활성화가 민주주의의 다른 층위와 제로섬이 아니라 파지티브썸(positive sum)의 관계에 있다는 것은 이후에 언급될 것이다. 다시 한번 강조할 점은, 민주주의의 네 층위를 구분한 것은 분석을 위해서이며 각각은 분절된 독립 단위가 아니라는 점이다.

(Dryzek 2000, 1면). 하버마스(J. Habermas)는 이러한 민주적 심의 과정이 "심의와 결정을 위한 이상적 절차" 또는 "민주적 절차"라고 강조하는데, 이러한 절차를 밟을 때 "실용적 고려, 타협, 자기 인식(self-understanding)과 정의에 관한 담론들의 네트워크가 구축되는데, 유관한 정보의 흐름이 제공되고 이 정보가 적합하게 다루어지기만 한다면 (이 네트워크에서) 합당하고 공정한 결과가 도출될 수 있다는 추정이 확고해진다"고 주장한다(Habermas 1996, 296면).

이러한 심의의 미덕은 오랜 민주적 전통, 정치문화, 시민적 덕성(civic virtue)에 근거하기 때문에, 정치적 제도에 의해서가 아니라 다양한 차원의 교육을 통해 장기적으로 길러진다고 주장되기도 한다. 그러나 관습에서 제도가 자라는 것과 동시에, 제도를 운영함으로써 관습이 자라는 것도 엄연한 사실이다. 여기서 한걸음 더 나아가, 미덕이 좋은 제도를 만드는 것이 아니라 좋은 제도가 미덕을 만든다고 주장했던 루쏘(J.-J. Rousseau)의 견해를 상기할 필요가 있다(Rousseau 1968). 최근 20~30년의 경험을 돌아보면, 한국에 참여 문화, 참여의 전통, 참여의 관습이 없거나 적다고 말하기 어렵다. 이젠 심의민주주의의 정치적 제도화를 적극적으로 고려할 때다. 심의민주주의의 정치적 제도화는 현존하는 민주적 기관들의 심의적 측면을 강화하는 다양한 제도개혁 작업과 아울러, 심의민주주의의 특장(特長)을 특별히 부각하여 제도화한 새로운 민주주의기관의 설계를 포함한다. 다음의 제안은 후자의 측면에 집중할 것이다.

한국에서의 이러한 고민과 고려는 구미에 이미 존재했던 자유주의적 입헌민주주의체제를 완전히 구현하고자 하는 데만 머무르지 않을 것이다. 한국의 고유한 상황에서 제기되는 새로운 도전과 한국이 지닌 새로운 역량을 감안한다면, 기왕의 자유주의 입헌민주주의의 틀을 넘어서는 제도를 모색할 필요가 있다. 한국에서 그러한 실험이 성공한다면, 그 성과는 타국이 배워갈 모범이 될 수 있을 것이다.

3. 민주주의의 확장과 시민의회

유사 사례 검토와 시민의회의 구성 원리

어떻게 제도화할 것인가? 여러 방안이 존재할 수 있겠다. 최근 심의민주주의를 심화할 만한 아이디어들이 여럿 제기되었으며, 정책적 실험의 결과들도 일부 평가되고 있다.[7] 그러나 이 논의들에서 헌법적 차원의 고려는 좀처럼 찾아보기 어렵다.[8] 이 글은 그러한 발상들을 모으고 헌법 차원으로 확장하여 헌법에 주요 공공의제를 심의할 시민심의기구(가칭 '시민의회')의 장(章)을 신설할 것을 제안한다. 그 장의 첫번째 조항은 예컨대 "시민의회는 국가 안위와 국민생활에 중대한 영향을 미치는 국가정책과 공공의제를 심의한다. 그 구성과 절차는 법률로 정한다" 정도가 될 수 있겠다. 이 제안은 얽힌 문제를 풀어갈 실마리가 될 것이다. 이 제안의 취지가 넓게 확산된다면, 하위법에서 거버넌스 전반의 탄력성을 제고할 여러 입법장치들 역시 연쇄적으로 고려될 수 있을 것이다.[9]

그렇다면 시민의회의 구체적 상은 무엇인가? 구미 여러 나라에서 실험되어온 다양한 합의회의(consensus conferences), 시민 정책배심원 제

---

7) 이와 관련한 많은 연구 중 제도적 실험 사례를 다루고 있는 것으로는, Ackerman and Fishkin(2004); Leib(2004); Fung and Wright, eds.(2003); Hoekema(2001); Weeks(2000); Fishkin(1995, 1991) 등 참조.

8) 예외는 Ackerman and Fishkin(2004)과 Leib(2004)다. 전자는 선거 방식의 획기적 전환을 제기하고 있고, 후자에 관해서는 이 글에서 논의될 것이다.

9) 이 글에서는 헌법 차원의 제도 제안에 집중하지만, 필자는 이전 다른 글에서 여기서 말하는 확장된 민주주의원리가 헌법 이하 법률·조례·준칙 또는 준제도적 관행 차원에서 시급히 구현되어야 할 필요성을 상세하게 논한 바 있다(김상준 2004a). "하위법상의 여러 입법장치들"을 먼저 논의했던 셈이다. 이 글은 그때 충분히 제기하지 못했던 최상위법, 즉 헌법 차원의 논의를 보완하는 것이다. 시민의회는 그때 제기했던 '성찰적 합의체제'(reflexive consensus system)의 중요한 일부다.

도, 협의 입법(negotiated rule-making), 공론조사, 씨나리오 워크샵(scenario workshop), 대안적 갈등해결제도(alternative dispute resolution systems), 협력적 의사결정제도(collaborative problem solving) 등이 시민의회 발상의 원형이 된다.[10] 이 실험들의 공통점은 공공정책 결정 과정에서 적절히 선발된 일반 시민들이 잘 설계된 공정한 심의 절차의 주체가 된다는 것이다. 실험 결과 그러한 방식이 매우 효과적일 뿐 아니라 공공정책에 대한 신뢰와 정당성을 크게 제고해줄 수 있음이 입증되었다(Joss and Durant eds. 1995; Weeks 2000, 참여연대 시민과학센터 엮음 2002; Fung and Wright eds. 2003).

시민의회의 구체적인 상에 더 가까이 다가가기 위해 이 글에서는 여러 사례 중 덴마크 의회 산하에 설치된 덴마크기술위원회(Danish Board of Technology)와 여기서 시행해온 합의회의에 주목해보고자 한다. 앞에 언급한 여러 유형들이 대부분 민간 차원의 소규모 실험에 그친 반면, 덴마크기술위원회는 의회 산하의 전국적인 공식기구로서 분명한 법적 위상을 가지고 있기 때문에 시민의회 구상에 좀더 접근한 사례라고 볼 수 있다. 이 위원회는 1985년 출범하여 오늘에 이르기까지 환경·주거·의료 등 광범한 영역의 정책 방향 결정에 큰 영향력을 행사해왔다. 덴마크는 의원내각제 국가이기 때문에, 덴마크기술위원회는 한국으로 말하면 정부와 국회에 공히 속해 있는 국가기구라고 할 수 있다.

1995년 개정된 '덴마크기술위원회법'에 따르면 이 위원회는 위원장 및 10명의 위원(trustees)로 구성된 임기 3년(중임 가능)의 집행위원회(Board of Governors)와 최대 50명의 위원으로 구성된 마찬가지로 임기

---

10) 한국에서는 유네스코 한국위원회에서 1998, 1999년 개최한 '유전자 조작 식품의 안전과 생명윤리에 관한 합의회의', 1999년 '생명 복제기술에 관한 합의회의', 2001년에 주요 시민단체들이 주관한 '개인 유전정보 데이터베이스의 유용성에 대한 합의회의' 등이 시도된 바 있다. 그러나 정부정책에 대한 영향력은 미미했던 것으로 평가된다(이영희 2002).

3년(중임 가능)의 (직능)대표위원회(Board of Representatives)로 이루어 져 있다. 집행위원회 위원(장)은 내각의 장관들에 의해 지명되고(의원 제외), 대표위원회 위원(장)은 잘 발달되어 있는 다양한 분야의 대표적 인 결사체들이 각 1명씩 지명(마찬가지로 의원 제외)한다. 이 위원회들 은 사안에 따라 시민패널을 구성하는데, 패널 모집은 언론에 공지되고 참여 자원자 중에서 나이, 성, 교육 수준, 직업, 직업 분포 등을 고려하여 선발한다.

기술위원회는 지방과 중앙의 다양한 차원에서 시민, 정부, 기업, 관련 전문가들 간의 합의회의와 씨나리오 워크샵을 반복적이고 지속적으로 개최한다. 씨나리오 워크샵은 "미래를 예견할 수 없는 상황에서 미래를 예견하고 그에 기반한 공동의 행동을 조직"하는 합의회의의 일종이다(김 두환 2002, 87면). 해당 분야의 전문가들이 가능한 상황을 다수 설정하고, 공정하게 구성된 시민패널에서 이 씨나리오를 심의한다. 합의회의는 운 영위원회(steering committee) 구성, 시민패널 선발, 예비모임, 본회의 순 으로 진행된다. 이런 일련의 과정은 언론의 집중적인 주목을 받았다. 먼 저 기술위원회에 위임되는 큰 의제가 의회에서 논의되고, 운영위원회의 의제 조정 및 기타 작업이 언론에 보도되었다. 이후 예비모임과 본회의 결과는 더욱 상세하게 보도되었다. 텔레비전은 매 합의회의(시민패널) 를 실황으로 중계했다. 이 합의회의의 결정사항은 의회에 전달되고 언론 에 공개됐다.[11]

---

11) 1995년까지 합의회의에서 심의되었던 사안은 산업과 농업에서의 유전자기술 문제 (1987), 식품과 원자력 문제(1989), 인간게놈지도 문제(1990), 항공기 공기 오염 문제 (1990), 교육문제(1991), 유전자 변형 동물 문제(1992), 운송산업의 미래 문제(1993), 불 임문제(1993), 전자신분증 문제(1994), 정보기술문제(1994), 농업 통합 생산 문제(1994), 식품의 화학적 위험과 환경 문제(1995), 유전자 치료 문제(1995) 등이다. 덴마크기술위 원회에 관한 상세한 논의는 Joss and Durant eds.(1995), 참여연대시민과학센터 엮음 (2002), www.tekno.dk 참조.

이 제도의 틀 자체는 이해 당사자들이 합의함으로써 (아울러 선호를 변경함으로써) 공공선택[12]이 이루어질 수 있도록 설계되었다. 현재까지도 성공적으로 운영되는 이 사례에서 시민의회가 벤치마킹할 점들이 많지만, 시민의회 구상으로 발전시키기 위해서는 몇 가지가 근본적으로 변형되어야 한다. 먼저 시민 합의회의가 명실상부한 제도의 중심으로 설정되어야 한다. 덴마크기술위원회의 제도적 중심은 집행위원회-대표위원회이고, 여기서 시민패널은 원리상 중요하지만 제도적으로는 부차적이다. 먼저 시민패널에는 심의의제를 결정할 권한이 없다. 다만 집행위원회에서 결정한 의제를 검토하고 토론할 뿐이다. 또 합의회의를 구성하는 인원이 소수(10~15인 정도)여서, 통계적으로 유의미한 대표성이 없다.

시민의회에서도 덴마크기술위원회의 집행위원회와 같은 상설기구는 필요하다. 아울러 운영위원회와 같이 의제 심의를 섬세하게 조정해줄 운영장치 그리고 합의회의를 원활히 이끄는 데 도움이 될 세심한 기법과 경험은 받아들여 더욱 가다듬어야 한다. 그러나 시민회의를 소집할 권한이 유권자 전체에 있으며, 그 결정사항은 그 자체로 법적 지위를 가져야 한다는 점에서 시민의회는 덴마크기술위원회나 기타 여러 유사한 실험들과 근본적으로 다르다.

시민의회의 시민의원단은 유권자를 통계적으로 대표할 수 있을 정도로 무작위 선발되어야 할 것이다. 그래야 시민의회 논의의 공정성을 최대한 담보해줄 것이다. 왜냐하면 구체적인 이익단체나 정당, 사회단체와 무관하게 무작위 선발된 상당한 규모의 시민 집단이 이상적으로 설계된 공정한 심의 절차를 거치며 공공의제를 심의할 것이기 때문이다. 즉, 심

---

12) 이는 공공선택 이론(public choice theory)에서 말하는 공공선택과 다르다. 필자는 공공선택 이론이 기반을 둔 합리적 선택 이론의 한계를 지적해왔다(김상준 2003, 2004b). 롤즈가 후기 저작에서 도입했던 대로 합당한 것(the reasonable)과 합리적인 것(the rational)을 구분하고 결합하는 차원에서 공공성 문제에 접근하는 것이 타당하다고 본다 (Rawls 1993).

의 과정이 그 자체로 완결적일 수 있기 때문이다. 이것이 이해집단이나 정당간의 협상과 시민의회의 심의가 근본적으로 구별되는 지점이다.

공적 의제를 논의할 때는 사변이성보다 실천이성의 힘이 훨씬 중요하다. 실제 어떤 공공정책이나 의제에 관한 논의가 교착 상태에 빠지곤 하는 것은 대부분 그 문제 자체를 파악하는 사변적 이성의 힘이 부족해서가 아니라, 그 문제에 얽힌 이해관계의 대립으로 공공성의 기준을 세울 수 없기 때문이다. 모든 주장은 철저한 이해관계나 당파성의 표현으로 받아들여지고, 또 그래야만 현실적인 힘을 획득하며, 그 힘의 논리로 다수를 획득하는 것을 목표로 하기 때문이다. 이러한 상황에서 이상적이면서도 공정한 심의란 사실상 불가능하다. 여기서 사변이성의 힘은 인간의 지적 능력—타고난 능력과 교육받은 정도에 의해 결정된다—에 따라 차이가 있으나 실천이성의 힘은 인간 모두에게 평등하게 주어졌다는 칸트(I. Kant)의 통찰이 중요하다(Kant 1964, 1993). 앞서 살펴본 시민 참여 합의회의의 실험이 성공을 거두어왔던 근본적인 이유가 여기에 있다. 시민의회는 이와 같이 공공의제 논의에 실천이성이 현실적으로 가장 충실하게 구현될 수 있도록 헌법적 제도로 확장하여 구체화한 것이다.

한편 주요 공공의제에 대한 시민심의권은 기본권 중 정치적 기본권, 참정권의 일환이다. 현재 각종 행정절차법에 명시된 공청회 등은 이런 권리를 구체적으로 실현하는 방안으로 제시된 것이다. 그러나 현행 공청회 등에서 시민은 사실상 법의 입안과 결정 밖에 있는 관객일 뿐이다. 그리고 그조차 지극히 형식화되어 있다. 심의의 근본 조건을 전혀 충족해주지 못하는 것이다. 반면 시민의회의 시민의원은 입법자로서 사안 심의의 완전한 주체가 된다. 앞에서 예시한 여러 실험들에서 알 수 있듯이, 무작위 선출된 시민들은 사안 심의에서 놀라운 공정성을 보여주었던 것이다.

현존하는 헌법 중에는 스위스 헌법의 국민발의제가 여기서 제안하는 시민의회와 취지 면에서 유사하다. 이 제도 역시 참고할 만한 우수한 제도지만, 스위스의 국가 및 주(canton)의 규모가 우리와 다르다는 점, 심의를 위한 제도적 장치에 보완할 여지가 있다는 점 등을 고려해야 할 것이다. 스위스의 국민발의제는 국민발의와 국민투표를 결합하고 있는데, 여기서 제안하는 시민의회는 스위스 국민발의제와 국민투표제의 긍정적 취지를 살리면서, 그때 예상되는 단점이나 악용 가능성을 줄일 수 있다.

시민의회의 작동 방식과 파급효과

헌법기구로서 시민의회가 구체적으로 작동하는 방식은 법적인 차원에서 세밀하게 검토되어야 할 것이다. 우선 밑그림을 크게나마 그려보면 다음과 같다. 이 설명은 전국 시민의회에 대한 것인데, 지방 단위 시민의회는 전국 단위에 준하여 유추할 수 있으므로 생략한다.

시민의회는 국민생활에 중장기적으로 심대한 영향을 미치는 공공정책을 심의한다. 시민의회는 국민, 대통령, 국회가 소집할 수 있다(예컨대 유권자의 20분의 1, 국회 과반수의 발의 또는 대통령의 발의). 시민의회의 심의사항은 크게 행정부 또는 국회에서 검토중이나 갈등의 소지가 매우 클 것으로 예상되는 법안, 국회에서 교착중인 법안 그리고 입법되어 시행되고 있으나 국민적 반발이 심한 법안 등이 될 것이다. 시민의회의 결정은 국회의 과반수 동의를 거쳐 입법화된다. 국회는 시민의회의 결정을 두고 가부 표결을 할 뿐, 수정하거나 보완하는 등 일체 변경할 수 없다. 이 법을 대상으로 한 대통령 거부권이나 헌법재판소의 위헌심판은 다른 법률과 같다. 시민의회는 사안에 따라 소집되고 심의 결정이 완료되면 해산한다. 시민의회에 상정된 안건이 법적 절차에 따라 확정되면, 시민의회 운영기구는 전체 유권자 중에서 적정수(예컨대 200인 이상 300인 이하[13])의 시민 심의의원을 무작위 선발한다.

회기중에 시민의원에게는 그 시기 한국인의 평균임금을 산정 지급한다. 시민의원의 직무는 권리이자 의무이기도 하다. 시민의원직을 수행할 수 없을 때는 이를 운영기구에 소청할 수 있고, 운영기구는 이를 심사한다. 운영기구는 선발된 예비의원이 심의사안과 직접적이고 명백하게 이해가 얽혀 있거나 현저한 지능 장애가 있을 경우 등에는 소청을 받아들일 수 있다. 소청이 받아들여지지 않았음에도 시민의원의 직무를 수행하지 않을 때는 적정한 벌칙(벌금이나 다른 권리의 일시적 유예 등)을 부과한다. 예비의원은 의원 정수의 2~3배수로 선발하고, 여러 이유로 생긴 결원은 여기에서 보충한다(여러 상세한 규정은 법률로 정하되, 오랜 전통을 가진 미국 배심원법의 사례를 참고할 만하다).

각 회기 시민의원은 예비회의, 본회의에서 상정된 의제를 검토·심의·결정한다. 시민의원단은 20여명 단위의 분회(分會)로 조직된다. 각 분회는 매 전체회의의 상정 안건을 미리 검토하고, 전체회의 이후 논의 사항을 재검토한다.

시민의회의 소집과 운영은 시민의회 운영기구(앞서 덴마크 사례의 집행위원회―대표위원회에 준한다)의 소관이다. 시민의회 운영기구의 구성 그리고 운영원리에 대한 법적 규정은 시민의회 본회의만큼이나 중요하다. 매기 시민의회 의원의 임기가 당회 1기에 그치는 반면, 시민의회 운영기구는 일정한 임기를 가진 상설기구일 것이고, 시민의회가 얼마나 원활히 작동할지는 이러한 상설 운영기구가 얼마나 잘 구성되고 작동할 것인가에 크게 의존할 것이기 때문이다. 이 운영기구는 정부와 국회의 주요 기관이 임명한 자나 선출한 자를 적절히 배합해 구성하는 것이 바람직할 것이다. 운영기구는 시민의회의 안건이 적법한 절차에 따라 제기

---

13) 이 기준은 다음 두 가지에 따라 결정될 것이다. 공개적 공공심의가 가능한 적정한 정도의 수와 통계적으로 유권자를 대표할 만큼 유의미한 정도의 수가 그것이다.

되면 시민의원단을 소집·구성함과 아울러 시민의원단에게 해당 의제에 대한 정확한 심의자료를 제공할 전문위원회를 구성한다. 또한 시민의회의 예비회의, 본회의 및 분회(分會)가 원활히 진행되도록 조력할 의사 진행 전문가 그리고 시민의회의 논의 및 결정사항을 적절한 법적 내용으로 표현할 수 있도록 조력할 전문 법률가 등 전문 조력자 역시 필요하다. 이 전문위원들의 상당수는 상임직이 될 것이다. 이러한 운영기구들은 충분하고 공정한 심의에 필요한 시민의원단의 요구를 충실하게 이행할 의무가 있다. 시민의회는 상정된 의제의 구체적인 내용을 심의 과정에서 변형·추가할 수 있다. 심의사안은 시민의회(시민의원단 회의)의 심의와 초다수의결(3분의 2 내지 5분의 4)로 결정된다. 이 사항에 대한 구체적인 내용은 법으로 정한다.

시민의회가 헌법에 명시되고 관련 법률로 뒷받침되었다고 가정해보자. 예를 들어 의약분업, 새만금, 행정중심복합도시 등 국가적 갈등을 유발했던 문제들이 한층 높은 합의, 적은 비용, 빠른 시간에 좀더 바람직하게 해결되었을 것이다. 갈등은 갈 때까지 가면 회복되기 어렵다. 원래 이견이 있었던 문제 자체보다 갈등 때문에 쌓이고 증폭된 불신과 거부감이 더 큰 문제가 되기 때문이다. 이 세 사안은 결과적으로 어떻게든 결말에 이르렀다고 생각되지만, 서로 합의하고 승복했다고는 아무도 믿지 않을 것이다. 승복되지 않은 정책이 누적되면 국가적 재앙이 될 수 있다. 이는 어느 정당이 집권하는가와 무관한 구조적 문제다. 지방 차원에서도 공공정책을 둘러싼 반발과 충돌이 빈발하고 있다. 선거로 선출된 자치단체장과 지방의회만으로는 이러한 문제들에 충분히 대처하기 어렵다는 것이 기왕의 누적된 경험에서 확인되었다.[14] 도나 시 단위에 법적으로 제도화

---

14) 이러한 사례는 매우 많지만, 정부에서 공공정책의 갈등을 해결한 대표적 모범 사례로 평가한 것조차 이 글에서 지적한 구조적인 문제를 해결하지 못했다. 그러한 사례에 관한 연구로는 김소연(2006) 참고.

된 시민의회가 존재한다면, 갈등이 과도히 증폭되어 돌이킬 수 없는 상태에 이르기 전에 승복할 수 있는 합의를 도출할 수 있다.

최근 라이브(E. Leib)의 제안은 필자와 유사한 이론적 관심에서 제기된 것으로 적극적으로 검토할 만하다. 그는 무작위 추출된 시민배심원으로 시민 심의의회(deliberative assemblies)를 구성할 것을 제안하면서 이를 국민부(the popular branch of government) 또는 행정부·입법부·사법부에 이은 제4부라 부르고 있다(Leib 2004). 그러나 시민의회는 기존의 3부를 보완·완충하는 기구이지, 기존의 3부와 구분되는 별개의 역할을 하는 기구가 아니어서 제4부라고 부르기엔 무리가 있어 보인다. 또 시민의회의 의원은 상임직이 아니라 사안에 따라 한시적으로 구성되고 해산된다는 점에서도 기존의 3부와 동열에 놓기 어렵지 않은가 생각된다.

시민의회가 기존의 3부를 보완·완충한다는 것은 무엇을 의미하는가? 큰 갈등이 예상되는 법안 또는 국회에서 교착중인 법안을 시민의회가 심의하는 것은 주로 입법부, 부분적으로는 행정부의 입법을 보완하는 것이 된다. 또 국민에게 큰 반발을 받고 있는 법안을 시민의회가 심의하는 것은 법원의 역할을 일정하게 보완하는 것이 된다. 따라서 시민의회는 기존의 3부가 감당하지 못하거나 다루기 어려운 사안들을 맡아 그 갈등이 격화되지 않도록 완충하면서 보완하는 것이다. 끝으로 시민의회가 국민이 발의한 법안을 심의하는 것은 국회의 입법 기능을 일정하게 분점하는 것으로서, 이 역시 입법부를 보완하는 것이라 말할 수 있다.

이와 같이 시민의회는 시민사회 공론장의 역동성을 증폭할 것이다. 시민의회가 헌법기관으로서 얼마나 원활히 작동할지는 시민사회가 얼마나 공공의제에 민감하고 역동적인가에 달려 있다. 시민사회의 공론장이 잘 조직되고 분화될 때, 시민사회는 공공의제와 공공정책의 문제를 발견해 시민의회를 소집하는 대중운동으로 발전해나갈 것이다. 이때 이러한 대중운동을 시민사회의 제반 조직들이 주도하려면, 특정 공공의제를 시민의회의 의제로 성안하여 제기할 만한 정책 역량이 필요할 것이다. 아울러 특정 의제가 시민의회에서 심의될 때, 시민사회의 제반 조직들은 이러한 심의 과정에서 시민들이 느끼는 문제점들과 문제 해결의 올바른 방향을 적극적으로 그리고 설득력 있게 제기할 수 있을 것이다. 또한 이러한 과정은 해당 의제와 관련된 다양한 이해주체들이 공정하게 토론하고 경쟁하는 과정이 될 것이다. 이같은 타당성과 공정성, 즉 공공성이 담보될 이 과정에 시민사회는 적극적으로 참여할 것이며, 그럼으로써 질적으로 성장할 것이다. 이러한 과정을 거치면서 시민의회는 주권자인 시민의 권능을 더욱 직접적으로 구현할 것이다.

현 헌정체제에서 국회의 실질적 주체가 정당이라면, 시민의회의 실질적 주체는 시민 자신이요, 시민적 공론장 자체다. 민주주의의 원론적 시각에서 보면, 좋은 정당은 시민 공론장에 깊이 뿌리내리고 있는 정당이다. 오늘날의 정당들은 대부분 대자본, 기술관료, 지배적 미디어의 작동 논리에 포섭되어 주권자를 관객화(觀客化)하는 연기정치의 분장사로 전락해갔다. 이를 고려하면(이는 세계적인 추세다), 정당 본연의 역할은 거듭 강조될 필요가 있다. 정당이 정치적 공공성의 집결체로서의 위상을 회복하려면, 결국 시민 공론장에 강하면서도 민감하게 뿌리내려야 한다. 정당이 다른 우월한 사회세력의 작동 논리에 구조적으로 편입된 상황에서, 이를 교정할 적절한 제도적 대안 없이 그저 좋은 정치·정치인·정당만을 요구하는 것은 결국 구두선에 불과할 것이다. 시민의회는 이러한 차원에서 건강하고 바람직한 정당과 정당정치를 회복하고 발전시키는 데도 기여할 것이다. 시민의회가 헌법기구화되면 정당은 밑에서 형성되어 올라오는 의제를 시민의회가 설정하고 심의하는 과정에 민감하게 반응하지 않을 수 없을 것이다. 이 과정에서 각 당은 자신의 입장을 타당하고 설득력 있게 개진하기 위해 최선을 다할 것이고, 따라서 시민적 공론장에 더욱 민감하게 반응하고 더욱 깊이 밀착할 것이기 때문이다. 결국 시민의회는 정당들이 시민적 공론장에 뿌리내리고 공공성에 충실한 좋은 정당으로 발전하도록 추동한다.

한편 더욱 급진적인 현 헌정체제의 대안을 모색하는 측에서는 시민의회가 기존 3부의 기능을 '보완·완충'한다는 이 글의 입장이 미진해 보일 수도 있다. 이들은 시민의회와 같은 기관을 일종의 최고 권력기구로 구상해볼 수도 있을 것이다. 그리고 그렇게 접근해야만 대의민주주의의 한계를 근본적으로 극복할 수 있을 것이라고 주장할 수 있을 것이다.[15] 그러나 이 글의 현실 인식과 민주주의 이론에 대한 입장은 그러한 구상과는 차이가 있다. 하지만 필자가 생각하기로는, 현금의 시대 상황에서 현실적이고 실현 가능한 민주적 개혁 방향은 전지구적으로 표준화되어가는 자유주의적 입헌민주주의체제를 인정하면서 그 안에서 개혁을 향한 침로를 찾고 발판을 구축하는 것이다. 또 대의민주주의는 폐절되어야 할 부정적 대상이 아니라 민주주의의 한 층위로서 자신만의 위치가 있다고 본다. 그러나 여하한 이념적·이론적 입장 차이가 존재한다 하더라도, 더 많은 그리고 더 성숙한 민주주의로 진행하기 위해서는 시민의회가 그 실천 고리가 되리라 생각한다. 그래서 이 구상이 민주주의의 가치 지향에 동의하는 모든 층에서 넓게 공유될 수 있기를 기대해본다.

4. 시민의회의 헌법 이론적 근거

자유주의적 입헌민주주의체제에서 전제하는 헌법 이론의 핵심은 '정의의 원칙'(the principles of justice)과 '기본권체계'(the system of fundamental rights)라 할 수 있다. 시민의회 제안이 헌법 이론의 이 두

---

15) 이러한 입장으로는 오현철(2005) 참조.

가지 핵심에 어떻게 부합하는지 살펴보기로 한다. 오늘날 이 문제에 관해서는 존 롤즈의 이론이 가장 타당하다고 인정받고 있기 때문에, 그의 논의에 준하여 검토해보겠다.

먼저 정의의 원칙에 관한 것이다. 롤즈에게 정의의 원칙이란 헌법체계 전체에서 초석이 되는 바탕 원리다. 그는 두 가지 원칙, 즉 "기본적인 권리와 의무를 평등하게 할당하는 것" "사회적·경제적 불평등, 예를 들면 재산과 권력의 불평등을 허용하되 그것이 모든 사람, 그중에서도 특히 사회의 최소 수혜자에게 그 불평등을 보상할 만한 이득을 가져다주는 경우에만 정당하다고 인정하는 것"을 정의의 원칙으로 집약한다(Rawls 1999, 13면). 전자가 유명한 정의의 제1원칙인 '평등한 자유의 원칙'이고, 후자가 정의의 제2원칙인 '차등의 원칙'이다. 롤즈의 이론에서 가장 흥미로운 점은 이러한 정의의 원칙을 도출하기 위해 설정한 상황이다. 그것은 "거기에서 합의된 어떤 원칙도 정의로운 것이 되"도록 하기 위해 가상적으로 설정된 것이다. 그러한 상황을 "원초적 상황"(the original position)이라고 하는데, 그 특징은 "사람들을 불화하게 하고 그들의 사회적·자연적 여건을 그들 자신에게 유리하게 하도록 유혹하는 특수한 우연성의 결과들을 무효화"한다는 데 있다. 이를 위해서 롤즈는 "무지의 베일"(veil of ignorance)이라는 가정을 제시한다. 자신의 사회적·자연적 귀속성을 전혀 알지 못하는 상황을 순전히 이론적으로 가정하는 것이다(같은 책 118~23면).

롤즈가 정의의 원칙을 도출하기 위해 그와 같이 순전히 이론적이기만 한 상황을 가정하는 이유는 명백하다. 칸트의 용어를 빌리자면, 정의의 원칙이란 '감성계'(mundi sensiblilis)가 아니라 '예지계'(또는 '지성계', mundi intelligiblilis)에서 도출된다고 믿기 때문이다. 즉, 이해 관심에서 멀어져야만 또는 감성계의 경향성(inclination)의 꼬리표를 떼야만 만인이 동의할 수 있는 정의의 원칙에 도달할 수 있다는 것이다. 롤즈는 이러한 상황이 현실에서 완벽하게 구현되는 것은 불가능하다고 본다. 다만 현존하는 헌법적 기관들 중에서는 미국의 의회(하원)나 특히 연방대법원이 그것에 가깝다고 한다(Rawls 1993, 7장).

그러나 현행 의회나 헌법재판소보다 시민의회야말로 롤즈가 말하는 '무지의 베일' '원초적 상황'에 현실적으로 가장 근사(近似)할 수 있는 제도다. 의회의 주축인 정당이 정의에 접근하는 방식은 그 원리상 롤즈가 말하는 원초적 상황과는 오히려 상반된다. 즉, 정당은 구체적인 이해관계와 그 이해관계의 연합에 기초하여 다수의 지지를 획득해가며, 그 결과는 선거로 확인되기 때문이다. 또한 헌법재판소 재판관도 그렇게 구성된 정부와 의회 그리고 정당의 지명으로 구성된다. 따라서 비록 이론적으로는 헌법재판관의 법리적 논증이 원리상 정의의 원칙에 의거한다고 상정되지만, 현실에서 헌법재판소는 강력한 정치적 이해관계의 자장(磁場)을 벗어날 수 없는 것이다.

반면 시민의회는 선거가 아니라 추첨, 즉 무작위 표집으로 구성된다. 이 방식 자체가 이해관계의 표명·결집·확인이라는 과정과 무관하다는 점이 중요하다. 구성 원리 자체가 이해관계의 꼬리표를 뗀다. 물론 그런 방식으로 선출된 시민의원들 개개인이 롤즈가 말하는 것처럼 완전한 무지의 베일 상태인 것은 아니다. 그것은 롤즈 자신이 말하듯 불가능하다. 그러나 각 의원들이 애초부터 구체적으로 무엇을 대표·대의하지 않는다는 것 자체가 현실 상황에서 중대한 변화다. 시민의회의 심의 과정을 지배하는 원칙이 있다면, 그것은 대표·대의성 또는 사회적·자연적 귀속성에서 최대한 자유로운 상태에서 공정하게 심의해야 한다는 원칙일 것이다. 물론 이러한 요청은 보편적인 도덕률에 속한다. 그리고 현실의 모든 공적 토론장에서 요구되는 일종의 규범적 전제며, 현실에서 부분적으로나마 인정되고 있다. 문제는 그러한 요청을 최대한 제도적으로 구현할 방법을 찾는 일인데, 이때 시민의회는 다른 헌법기관들보다 장점이 두드러진다. 또 그러한 요청을 최대한 보장할 구체적인 심의 절차를 설계하는 것도 가능하다. 그러한 최선의 절차가 설계될 수 있는 것은 거꾸로 시민의회의 구성 원리 때문이다. 즉, 절차를 설계하는 것 자체가 여하한 정치적 이해관계에서 자유롭기 때문이다. 결국 시민의회란 롤즈가 말하는 원초적 상황을 현실에서 가장 근사하게 구현해주는 헌법기관이다. 따라서 시민의회는 헌법원리의 핵심인 정의의 원칙을 가장 충실하게 구현해줄 것이다.

다음으로 기본권체계 문제를 검토해보자. 기본권체계란 복수로 존재하는 여러 기본적 권리들이 조정되고 균형을 맞추는 원리와 방식을 말한다. 롤즈의 정의론에 비추어볼 때, 주요 공공의제에 대한 시민심의권은 정의의 제1원칙인 '평등한 자유의 원칙'에 포괄되는 기본권에 속한다. 즉, 헌법적 판단에서 모름지기 가장 으뜸에 두어야 할 원칙에 속하는 기본권이다. 이러한 범주에 있는 시민심의권의 헌법적 지위에 대해 롤즈는 주로『정의론』제4장, 그중에서도 특히 36, 37절에서 설명한다. 여기서 롤즈는 헌법에서 정치적 정의가 구현되는 방안과 함께 평등한 자유 또는 참여의 원칙에 관해 논의한다. 이 부분이 유명한 정의의 제1원칙에 관한 논의인데, 롤즈는 '전체로서의 평등한 자유'(equal liberties)를 보장하기 위해서만 기본권을 제약할 수 있다고 본다.

먼저 롤즈는 "헌법에 규정된 정치적 절차에서 평등한 자유의 원칙은 평등한 참여의 원칙"이라고 한다. 그리고 그러한 (평등한) 자유를 제한하는 것, 즉 "참여원칙의 범위를 제한"하는 것은 오직 더 큰 자유를 보장하기 위해서만 가능하다는 것이다. 이어 "평등한 정치적 자유의 한계에 있어서 중요한 변경은 헌법이 다수결에 따르는 정도에 따라 달라"지는데, "헌법에 어떤 유형을 결정할 때 더 큰 다수가 필요하다고 규정하거나 입법부 등의 권한을 제한하는 조항을 둠으로써 다수자의 활동 범위나 권한을 제한하면, 평등한 정치적 자유는 확실히 더 협소해진다"고 한다. 이렇게 "참여원칙의 범위를 제한"하는 헌법적 제도의 예로 그는 "양원제,

견제와 균형이 혼합된 권력분립, 사법 검열을 갖춘 기본권의 장전(章典)" 등을 들고 있다(Rawls 1999, 197면).

그렇다면 이렇게 평등한 참여를 제한하여 정치적 자유를 더 협소하게 하는데도 어떻게 평등한 자유 또는 더 큰 자유 일반이 보장되는 것일까? 롤즈는 "참여의 자유가 협소해져도 다른 여타의 자유들이 더 안전해지고 폭넓어져 이를 보상"하기 때문이라고 답한다.

> 제약 없는 다수의 지배는 이 자유들에 적대적인 것으로 여겨져왔다. 헌법적 합의 때문에 다수는 자신의 의지를 집행하는 것을 지연하고, 더 면밀하게 숙고된 결론을 내리도록 강제된다. 이러한 방법들을 이용해 절차적 제약은 다수결원칙의 폐해를 극소화한다고 주장되어왔다. 이러한 정당화는 더 크고 평등한 자유에 의거한다.(같은 책 201면)

롤즈가 말하는 다른 자유들이란 양심·신체의 자유와 같은 여타의 기본권적 권리들을 말한다. 정치 참여의 자유보다 이 여타의 기본권들이 더 가치 있다는 것이 아니라, 기본권의 전체 체계를 고려할 때, 참여원칙을 일정하게 제약하는 것이 더 크고 평등한 자유 전체를 보장해준다는 것이다.

이 대목에서 주목할 점은 롤즈가 현실의 헌정체제가 평등한 정치적 자유를 충분히 보장하지 못함을 감지하고 인정하는 듯 보인다는 것이다. 그는 "평등한 정치적 자유의 공정한 가치"가 현실에서 모든 사람들에게 충분히 보장되지 않고 있으며, 따라서 어떤 "보완 조치들"이 필요하다고 지적한다. 그렇게 된 이유를 나름대로 날카롭게 묘사하면서 그는 "역사적으로 볼 때 입헌적인 정부의 주요 결점 중 하나는 정치적 자유의 공정한 가치를 보장하는 데 실패해왔다는 것"이라고 단언하기도 한다. 이러한 분석 뒤에는 마땅히 해결 방안을 모색해야 한다. 그러나 대신 롤즈는

"이러한 문제들은 정치사회학에 속"하고 자신의 논의는 정의론이지 정치체제론이 아니라고 하면서, 이 문제를 슬그머니 지나치고 만다(같은 책 198~99면). 전반적으로 이에 대한 롤즈의 논의는 미진하다고 할 수밖에 없다. 그가 현존 대의정부제도(사상)의 역사적 지평, 즉 17~20세기의 구미사회 안에서 사고하고 있다는 한계를 뚜렷하게 보여주는 대목이기도 하다. 대의적인 입헌체제가 역사적으로 보인 한계는 날카롭게 인식하면서도, (원초적 상황을 그리면서 현존하는 의회와 헌법재판소를 여기에 중첩해 보는 시각에서도 드러났던 것처럼) 현존하는 틀 자체를 넘어설 수 있는 또 다른 형태의 헌정제도 또는 헌법기관을 구상하는 데는 결코 이르지 못했다.

시민의회는 롤즈의 한계에 헌정적으로 대응하는 방안이기도 하다. 즉, 시민의회는 롤즈가 말하는 평등한 정치적 자유의 공정한 가치를 보장해주면서, 평등한 자유 일반을 안정시키고 확장하는 데도 기여한다. 이는 시민의회가 참여원칙을 확장함과 아울러 축소하기도 하기 때문에, 즉 양면성을 지니기 때문에 가능하다. 우선 의결정족수가 매우 크다. 원리상으로는 만장일치가 되겠지만, 현실적으로는 3분의 2 내지 5분의 4의 초다수(super majority)를 의결정족수로 할 것이다. 아울러 입법·행정·사법이라는 기존 3부의 기능을 일정하게 견제하고 제약하는 역할을 할 것이다. 또한 국민 전체에 견주어보면 매우 소수의 시민의원이 무작위 추출되어 공공의제를 심의하기 때문에, 모든 국민이 직접적으로 입법자가 된다고 하는 직접민주주의원리에도 일정한 제약이 된다.

이러한 양면성은 헌법 이론상 어떤 의미가 있는가? 먼저 시민의회 덕분에 일반 시민들은 주요 공공의제를 심의·결정하는 주체가 될 수 있다. 정치적 참여권이 새로운 영역으로 확장되는 것이다. 남은 문제는 그 때문에 기본권체계 전체가 축소되거나 위협받지는 않는지다. 하지만 시민의회에서는 참여원칙이 어느 정도 제약을 받기 때문에 이를 막을 수 있다. 먼저 초다수 결정 방식 덕분에 더 면밀하게 숙고하고 공정하게 심의할 수밖에 없어 다수결주의의 폐해가 극소화된다. 다음으로 무작위 선출된 소수의 시민의원들이 시민의회를 구성·운영하기 때문에 대다수 일반 시민의 기본권이 위협받거나 저해될 소지가 없다. 시민의원직은 권리이자 의무여서, 선출된 시민의원의 기본권도 침해되지 않는다. 아울러 시민의회는 기존의 헌법 3부를 일정하게 견제하고 그 역할을 일부 분점함으로써, 기존의 3부가 합의를 이끌어내기 힘들 때 바람직한 합의를 유도해낼 수 있다. 즉, 헌법기관을 분립하고 상호 경쟁시킴으로써 평등한 자유 전체를 더 잘 보장할 수 있다.

정리하자면, 시민의회의 목표는 단순히 시민의 정치 참여 이상(理想)을 최대화하는 것, 다시 말하면, 참여 자체를 최대화하는 것이 아니다. 이 제안이 추구하는 이상이 있다면, 그것은 평등한 자유를 가능하면 최대화하는 것이다. 이는 롤즈가 말하는 정의의 제1원칙에 완전히 부합한다.

5. 결론을 대신하여

끝으로 가능한 몇 가지 반대 논거를 검토해본다. 존재하지 않았던 새로운 제도를 제안하는 글이라면, 따라서 필자가 애초에 고려하지 못했던 (제도의 실행에 뒤따를) '의도하지 않았던 결과들'을 검토하는 것이 중요하기 때문이다. 다음의 반대 논거 중 앞의 세 반론은 이 글의 초안에 대한 김도균 교수의 논평(김도균 2005)[16]을 주로 참고했고, 마지막 반론은 역

---

16) 이 글의 초안은 시민의회에 관한 장(章)과 함께 시민심의권을 헌법상의 한 조(條)로 명시할 것을 제안했다. 그러나 별개의 시민심의권 조는 빼도 무방할 것으로 보인다. 시민의회 장(章)에 충분히 반영되기 때문이다. 아울러 시민심의권을 별개의 조로 명문화할 경우, 불필요한 법적 분쟁이 발생할 수 있다. 김도균의 논평이 이를 수정하는 데 도움이 되었다.

시 같은 자리에서 제기된 홍윤기 교수의 구두논평을 염두에 두었다. 김
도균의 논평은 주로 하버마스의 법 이론에 근거한 비판이었고, 홍윤기의
논평은 보수적인 입장에서 제기할 만한 가상 비판이었다. 물론 다음 반
론은 평자들의 논점을 참고하되 필자가 논의의 필요에 맞게 자의적으로
부가하고 일반화해본 것이다.

시민의회 때문에 공공정책을 결정하는 것이 더 어려워진다?

먼저 시민의회 때문에 '의견이 양극화되'고 '이익의 정치'가 발생할 수
있으며, 그 결과 공공정책을 결정하는 것이 더 어려워질 수 있다는 우려
다. 이러한 우려는 시민의회의 본질과 작동 방식을 확실히 이해한다면 해
소될 수 있으며, 시민의회가 롤즈가 말하는 '원초적 상황'에 가장 가까운
조건을 현실에서 창출해준다는 앞 절에서의 설명으로 대신하기로 한다.

시민의회에서의 심의 절차가 아주 공정하다는 점은 인정한다 하더라
도, 헌법기관간에 대표성이 중복되어 각각의 결점이 충돌할 수 있다는 반
론도 가능하다. 그러나 여타 헌법기관(정부 주요 공직자 및 국회의원)의
대표성과 시민의회의 대표성이 상이함에 주목해야 한다. 전자는 선출된
대표지만, 후자는 추첨된 대표다. 두 대표성은 상충하지 않는다. 민주주
의의 역사에 관한 연구에서는 오히려 두 대표성의 혼합이 민주주의를 구
현하는 핵심임이 밝혀졌다(Manin 1997). 아울러 헌법기관들이 분립하고
서로 견제하여 더 큰 자유가 보장된다면, 이는 입헌주의체제에서 오히려
적극적으로 수용되어야 함은 물론이다.

시민의회 때문에 헌법재판소가 시민사회를 식민화한다?

다음으로 헌법기구화된 시민의회의 결정이 헌법재판소의 위헌심사

대상이 되어 결과적으로 '헌법재판소가 시민사회를 식민화할'지도 모른다고 지적된다. '시민사회를 식민화한다'는 표현은 하버마스가 주장했던 "씨스템이 생활세계를 식민화한다"는 표현을 의식한 것이다. 그러나 하버마스의 논리에서는 주로 씨스템의 권력과 금력이 생활세계로 침투하는 것을 우려한 반면, 필자가 제안하는 시민의회에서는 시민사회 공론이 법과 제도의 씨스템으로 진출해 들어가는 형국이다. 굳이 이야기한다면 역식민화일 것이다. 그렇기 때문에 우선 용어가 적절해 보이지 않지만, 그런 우려를 해소할 필요가 있다.

시민의회의 결정은 의회의 동의를 거쳐 입법화된다. 모든 법률이 그러한 것처럼 시민의회에서 만들어진 법률 역시 헌법재판소가 위헌 여부를 심사할 수 있다. 그러나 이를 헌법재판소가 시민사회를 식민화한다고 말할 수 있을까? 헌법재판소의 판결도 역사적이기 때문에 잘못될 수 있는 것처럼, 시민의회 역시 그렇다. 무오류를 전제하는 것이 오히려 위험하다. 따라서 헌법기관들이 상호 견제하는 것은 헌법원리상 자연스럽다. 시민의회의 결정을 부결할 수 있는 국회 그리고 국회를 통과했더라도 이 법안에 거부권을 행사할 수 있는 대통령도 시민의회를 견제한다. 헌법재판소는 최종 심급일 뿐이다. 물론 시민의회에서 심의·결정했고 의회가 동의했으며 대통령이 거부권을 행사하지 않아 입법 시행된 법안을 두고 헌법재판소가 위헌 판결을 내리는 것은 결코 쉽지 않을 것이다. 그럼에도 그럴 가능성은 물론 존재한다. 그러나 이때는 헌재가 시민사회를 식민화한다기보다는 오히려 헌재의 정당성이 위기에 처했다고 봐야 할 것이다.

이 글의 서두에서 언급한 바와 같이 세계적으로 표준화되고 있는 자유주의적 입헌민주주의체제에서 헌법재판소가 설치되고 그 역할이 커지는 것은 두드러지는 현상이다. 최근 일각에서는 이런 경향을 두고 '헌재 독재' 또는 '제왕적 사법부'라고까지 경계하는데, 이같은 문제의식은 중요하다(최장집 2004). 그런데 기존의 비판은 주로 그것이 대변되지 않은, 대항 다수적인(counter-majoritarian) 권력이라는 것 그리고 헌재의 사법심사 또는 사법행동주의(judicial activism)가 사법적 이성주의 정치(인민주권)보다 우월하다고 여겨질 수 있다는 것에 촛점을 맞춘다.[17] 필자는 이러한 비판이 일면 근거가 있으나 헌재나 사법심사를 부정하고 폐기할 만한 논거는 되지 못한다고 생각한다. 역사적으로 보면, 단순 다수주의가 헌법정신과 헌정질서를 교란했던, 즉 '평등한 자유의 체계 전반'을 침해했던 경우가 엄연히 존재했고, 사법적 규범을 이성적으로 해석하는 과정 자체가 문제는 아니기 때문이다.[18] 문제는 시민적 공론장의 역동성을 충분히 수렴하고 반영하지 못한 상태에서, 갈등할 가능성이 큰 공공정책들이 대의기구들에서의 피상적 논의와 헌재의 독단적 판단 사이를 오락가락하는 것이다. 다시 말하면, 민감한 공공의제를 둘러싸고 대립한 결과 정부와 의회가 교착 상태에 빠질 때, 시민사회 공론장의 역동성은 완전히 배제된 채 최종적인 결정을 헌재가 독점하게 된다는 것이다.

시민의회는 헌재의 권능을 일정하게 분담할 것이다. 개인의 기본권에 대한 헌법소원은 헌재가 담당하고, 사회적 파급력이 큰 갈등 사안, 민감한

---

17) 이러한 비판은 역사적으로 오늘날과 같은 형태의 헌법재판소(연방최고법원)를 최초로 제도화했고, 오랫동안 이 제도를 견지해온 미국의 학계, 특히 법학계 내부 그리고 일부 정치학자들에게서 주로 제기되었다. 오랜 기간 제기되고 응답되어온 문제이기 때문에 관련 문헌 역시 방대하다. 필자가 주로 참고한 것은 Ely(1980); Barber(1988); Ackerman(1992); Arthur(1995); Waldron(1999); Raskin(2004) 등의 논의다.

18) 여기에 한국 사법부의 원죄, 즉 유신독재와 80년대 군부독재에 굴종하고 협력했다는 점 때문에, 즉 헌재를 구성한 인적 풀 자체가 이미 심각하게 오염되었기 때문에 헌재의 정당성에 문제를 제기하는 의견도 존재한다. 그러나 이러한 정황 인식은 제도 자체를 평가하는 것과는 별개의 문제일 것이다. 이 문제를 해결하는 방법은 대중이 사법부의 자기정화를 끊임없이 요구하고 그것에 관심을 가지는 것 그리고 그러한 요청에 부응하는 적절한 제도개혁일 것이다. 여기에는 헌재의 구성 그리고 구성 방법에 대한 문제제기와 새로운 제안들이 포함된다. 사법부 역시 민주화가 확산되고 성숙함에 따라 자신의 질적 수준을 제고해갈 수밖에 없을 것이다.

정치적 사안은 시민의회에서 먼저 심의하는 것이 바람직하다. 양 기관이 어떤 사안을 심의할지는 헌법 개정 과정에서 더 명확하게 재조정될 수 있을 것이다. 시민의회의 심의 절차는 헌재와 유사하겠지만, 시민의회는 헌재와는 달리 정당성의 문제, 즉 대표성이 없는 대항 다수적 권력이라는 문제나, 정치과정이 배제되는 문제로부터 모두 자유롭다.

아울러 시민의회는 제2의 입법부 역할도 할 것이기 때문에, 국회와 경쟁한다면 새로운 갈등을 야기할 것이라 여겨질 수도 있다. 그러나 현재 상황에서 제2의 입법부가 신설되어 타성에 빠진 기존의 국회에 자극을 주는 것은 오히려 긍정적이고 생산적일 것이다. 사안에 따라서는 시민의회가 국회의 교착 상태를 해소해주는 탈출구가 될 수도 있을 것이다. 국회에서 처리하기 까다로운 문제를 시민의회로 이월하게 되면 그러할 것이다. 이러한 일면으로는 경쟁, 일면으로는 보완하면서 양자간에 생산적 긴장을 유지하는 것은 양원제의 일반 원리와 상충하지 않는다. 이렇게 보면 시민의회는 의회정치·정당정치가 바람직한 방향으로 나가도록 추동한다. 시민의회와 정당정치의 관계는 시민단체와 정당의 관계와 유사할 것이다. 양자는 제로썸이 아닌 파지티브썸의 관계에 있다.

시민의회는 시민사회의 비판의 도덕적 권위를 손상시킨다?

세번째로, 시민의회를 거쳐 시민사회의 공론이 법제도화된다면, 즉 시민사회의 공론이 '법적 권위'를 획득하게 된다면, 원래 법의 바깥에 있기 때문에 인정되던 시민사회의 비판이 '도덕적 권위'를 상실하게 될 것이라는 우려다. 그러나 시민사회의 공론이 도덕적으로 정당한지는 법적 권위에 의거하지 않는다. 즉, 법 밖에 존재한다는 사실에서 비롯하는 것이 아니다. 사실 여론 역시 얼마든지 타락할 수 있다. 여론을 공론이라 바꾸어 부른다 해서 상황이 달라지는 것은 아니다. 또한 도덕적 정당성이 자임(自任)이나 주관적 의지에 기반하는 것도 아니다. 현대의 도덕은 어떤 초월적인 교리나 신조가 아니라 성찰성(reflexivity)에 의거한다. 타자와 대면하여 성찰해야만 인간은 자신의 교리·신조·이해관계를 끊임없이 넘어설 수 있다(김상준 2004c). 도덕적 권위든 법적 권위든 둘은 성찰성에 기초해야 한다는 점에서는 동일하다. 법적 권위와 도덕적 권위란 배타적 별개가 아니다. 두 권위를 다르게 볼 때 오히려 현실을 냉소적으로 보게 되는 것인지도 모른다. 시민의회는 심의 과정에서 성찰성을 최대한 보장하기 위해 고안된 제도다. 그러한 제도가 헌법적 지위를 갖게 되었다고 하여 그 '도덕적 권위'가 손상될 것인가? 지금은 반대로 법과 법적 제도들을 좀더 성찰적으로 작동해 그 도덕적 정당성을 강화해야 하지 않을까?

필자는 법적 권위(정당성)와 도덕적 권위(정당성)가 구분되지 않는다고 주장하지 않는다. 둘은 구분되긴 하지만 서로 연동되어 있으며, 생산적 긴장을 유지해야 한다.[19] 시민의회는 결코 시민사회의 공론이 지닌 도덕적 권위를 법적 권위 속으로 흡수하여 무화(無化)하지 않는다. 시민의회에서 심의·결정된 법안에도 시민 불복종은 당연히 가능하다. 시민 누구나 자신의 양심의 법정에서 시민의회가 합의한 법률에 동의하지 않을 수 있고, 법적 처벌을 감수하면서 불복종할 수 있다. 이렇게 시민의회의 지위는 다른 여타의 헌법기관과 다를 바 없다. 아울러 시민의회는 시민사회에서의 공론화 과정을 대체하거나 제약하지 않을 것이다. 오히려

---

19) 하버마스가 현대사회의 법에서 사실성과 규범성이 내적 긴장관계를 이루고 있다고 한 것도 이러한 생각과 상통한다. 다만 하버마스는 그 규범성의 근거가 시민사회 밑에서 올라온 정치적 의지 결정이라고 하면서도, 시민사회와 법 그리고 법 제정 사이에 건널 수 없는 심연을 설정한다(Habermas 1996). 왜 '근거'는 '주체'가 될 수 없는가? 이 질문에 대한 명확하고 일관된 대답을 하버마스의 소통이성론에서 찾기는 어렵다. 오히려 그가 절충적으로 수용한 루만(N. Luhmann)의 체계 이론(systems theory), 즉 체계와 체계는 서로를 완전한 외부, 환경으로 대면할 뿐이라는 발상에서 찾을 수 있다.

더욱 역동적으로 만들고 정화할 것이다. 시민의회는 가능한 한 공정하게 주요 공적의제를 수용하고 북돋우고 제기하고 정화하고 집약하고 심의하여, 결정에 이르게 할 것이다. 이 과정에서 시민사회의 공론장은 위축되는 것이 아니라 더욱 활성화되고 고도화될 것이다.

이상의 세 가지 반론은 국가와 시민사회가 분리되어야 한다는 오래된 고정관념에 근거한다. 그 고정관념은 시민사회의 갈등은 시민사회 스스로 해소할 수 없고 오직 절대적 힘을 가진 (위임받은) 국가만이 봉합할 수 있다는 홉스류의 이론 또는 시민사회의 건강성과 도덕성은 역동성을 바탕으로 국가의 공적 제도와 분리되어 그 바깥으로 '자기 제한'(self-limiting)할 때만 보장될 수 있다는 하버마스류의 이론에 근거한다. 이 두 이론적 흐름은 상극처럼 보이지만 현실에서는 서로 의지하고 있다.[20] 현실은 이러한 고정관념을 앞질러가고 있다. 이러한 견고한 고정관념을 탈피할 때만 우리가 당면한 그리고 풀어야 할 문제들을 해결할 단초를 찾을 수 있다.

여기에 첨언하자면, 필자는 하버마스나 코언(Jean Cohen)과 아라토(A. Arato)가 '시민사회의 자기 제한' 테제(Habermas 1996; Cohen and Arato 1992)를 제기한 것에는 그들이 동구권 혁명 이후, 즉 공산주의−이후(post-communist)에 해당 나라들의 시민사회에서 본 불안정함이 크게 작용했다고 생각한다. 따라서 그들의 자기제한론은 (그들 자신이 주장했던 것처럼) 급진민주주의적 기획에 근거한 대안적 사고의 결과라기보

---

20) 물론 형태적으로 그렇지 내용적으로도 그렇다는 것은 아니다. 홉스는 시민사회를 갈등의 장, 국가는 이를 초월한 해결자로 본다(초월적 국가론). 시민사회의 내적 규범성을 부인하고 국가에 절대성을 부여하는 홉스의 이론은 권위주의로 경도되고 민주주의원리와 근본적으로 대립한다. 반면 하버마스는 시민사회가 입법주체화해서는 안된다고 하지만, 시민사회의 내적 규범성을 국가 정당성의 원천으로 보는 점에서 민주주의원리에 친화적이다.

다는,[21] 자유주의적 입헌주의의 제도적 골간(특히 헌법재판소)에 의지하여 사회의 급속한 우경화를 저지해보려는 역설적인 구상과 관련되어 있다고 생각한다. 원래 시민사회의 자기제한론이란 동구권의 개혁운동가들이 1980년대에 처음 제기했던 것이다. 필자는 이 테제가 그들 나름의 이론적 입장도 표현했던 것이었겠지만, 그보다는 가능한 한 '당국'(해당 국가의 공산당 그리고 더욱 중요하게는 소련공산당)을 자극하지 않으면서 자신들의 운동을 발전시키려고 했던, 즉 자신들의 운동이 체제 자체의 변화까지를 요구하지 않는다는 점을 천명하려 한 전략적 고려의 산물이라고 추정한다. 그 개념을 하버마스나 코언과 아라토는 체제 붕괴를 경과한 공산주의-이후 상황에서 다르게 재배치했던 것이다. 이러한 구상은 그것이 출현한 배경에서 나름의 현실적인 근거를 가지고 있다. 그러나 한국의 민주화 이후 상황은 동구권과 많이 다르다. 무기력한 안정 상태를 유지하는 소위 '선진' 민주주의국가들과도 다르다. 이것이 앞서 이 글의 모두(冒頭)에서 필자가 "한국이 세계 민주주의 지형도에서 하나의 선구적인 전범이 될 가능성"을 언급했던 근거였다. 시민사회의 역동성이 진보의 주요한 동인이 되고 있는 우리나라에서 '시민사회의 자기 제한' 테제는 보수적 구호로 탈바꿈한다. 이를 유념할 필요가 있다. 귤이 회수를 넘으면 탱자가 될 수도 있는 것이다.

---

21) 물론 이러한 주장에 전혀 근거가 없는 것은 아니다. '시민사회의 자기 제한'의 발상은 이미 하버마스의 *The Theory of Commucative Action*의 이론구상에 이미 예고되었고, 이 저작이 유럽 신사회운동의 흐름과 일정한 교감이 있었던 것은 사실이다(신사회운동은 급진민주주의 이론과 깊은 관련이 있다). 그리고 신사회운동과 하버마스의 이론이 동구권의 개혁운동 이론가들에게 큰 영향을 주었던 점도 지적될 필요가 있다. 그러나 통상 하버마스 그리고 아라토는 급진민주주의론의 '급진성'을 대표하는 이론가로 간주되지 않는다.

시민의회 역시 권력화될 것이다?

마지막으로 시민의회의 권력화를 우려하기도 한다. 우리는 민중권력이 타락한 예를 많이 보아왔다. 그런 의미에서 우리 모두는 늙었다. 심지어 고대 그리스 아테네의 민주주의 역시 그런 위험이 있었음을 우리는 알고 있다. 이 글에서 제안하는 시민의회는 고대 그리스의 민회도, 현실 사회주의체제의 인민회의도 아니다. 시민의회란 세계적으로 표준화되어가는 자유주의적 입헌민주주의체제를 부분적으로 보완하는 방안이다. 인정하면서 극복해나가자는 것이다. 어찌 되었거나 그 과정에서도 시민의회는 '권력화'될 수 있지만, 결국 그렇게 될 것이라는 생각을 정면으로 검토해보자.

그런 생각은 시민의회가 특정 세력이나 집단의 전유물이 되거나 시민의회 자체가 일종의 중우(衆愚)독재기관이 될지도 모른다는 것이리라. 먼저 시민의회를 특정한 자신만의 목적을 실현할 도구로 악용하려는 집단이나 사회세력은 언제나 존재할 수 있다. 이들의 힘이 강하다면 공공성에 반하는 의제를 그럴싸하게 포장하여 시민의회에 상정할 수는 있을 것이다. 그러나 우선 그들은 무작위 추출된 시민의회 구성원에 어떠한 영향도 미칠 수 없다. 그리고 그 의제는 상정된 의제의 가능한 모든 반론과 대안을 검토·토론하는 시민의회의 심의를 통과할 수 없다. 최악의 경우, 즉 어떤 특수한 상황에서 시민의회 의원단의 압도적 다수가 어떤 특정한 선입견이나 편견에 휩싸여 있다고 해보자. 한때 온 나라가 나서 진실의 해명을 억압했던 황우석 사태를 상상해보아도 좋다. 그러나 시민의회에서는 이를 엄정하게 심의함으로써 이러한 오도된 열정을 비판적으로 성찰하고 공론화하는 과정을 거치며 차분하게 정화해갈 것이다. 시민의회 역시 잘못된 결정을 할 수 있다. 그러나 그것이 구성되고 작동하는 원리상, 시민의회는 다른 헌법기관보다 밑에서 민의가 형성되어 올라와

야 한다는 원리에 충실하면서도 그 결정이 상대적으로 더 공정하고 공공
적일 것이다. 그럼에도 시민의회의 결정이 편견과 충동에 휩쓸린 중우적
오판이었다면, 이는 국회 부결, 대통령거부권, 끝으로 헌법재판소의 위
헌심사라는 다중의 필터로 거를 수 있다.

그럼에도 어쨌거나 시민의회가 헌법상의 기관이 되는 이상 권력화되
는 것이 불가피하다 할지 모르겠다. 이를 권력화라고 한다면, 그 권력은
여타의 헌법기관들, 정당들, 기타 언론기관들이 행사해왔던 기존의 권력
들과는 상당히 다를 것이다. 그 권력은 어느 특정한 세력·정파·집단이
장악할 수 없기 때문이다. 장악되지 않는 권력 그러나 시민들의 가슴속에
존재하는 정의의 기준, 공정함, 도덕적 감성에 그나마 현실적으로 접근하는
권력, 가장 공정하게 구현되는 권력, 그러한 권력이 가능할까? 물론 여기에
이르면 권력·권력화라는 말의 함의 자체가 환골탈태한다. 이론적 상상
력은 여기서 새롭게 삶의 생동력에 대해 숙고할 기회를 준다.

■ 참고문헌

김도균 「제2입법부 '시민의회' 도입을 통한 현행 헌정체제 보완」, 함께하는 시
        민행동 연속기획 헌법 다시보기 제7회 자료집 토론문, 2005.

김두환 「시나리오 워크샵」, 참여연대 시민과학센터 엮음 『과학기술·환경·시
        민참여』, 한울 2002.

김상준 「시민사회와 NGO·NPO의 개념」, 『NGO연구』 1권 1호, 2003.

_____ (2004a) 「성찰적 합의체제와 국가-시장-시민사회 관계의 재구성」,
        『NGO연구』 2권 2호, 2004.

_____ (2004b) 「부르디외, 콜먼, 퍼트남의 사회적 자본 개념 비판」, 『한국사
        회학』 38집 6호, 2004.

_____ (2004c) 「한 청록별에 대한 명상―보편적 규범원리는 존재 가능한
        가?」, 『사회와 이론』 5집, 2004.

_____ 「대의제 보완할 심의민주주의 강화를」, 『시민의 신문』 2005년 6월 20
        일자.

김소연 「공공정책 갈등과 민주주의―울산광역시 북구 음식물자원화시설 시
        민배심원 사례를 중심으로」, 경희대 NGO대학원 석사학위논문, 2006.

김지하 『생명학』, 화남 2003〔1996〕.

안승국 「결사체 민주주의와 정치공동체」, 『정치학회보』 31/3, 1997.

오현철 「정치적 대표체계의 민주적 재구성 방안 모색―토의민주주의론의
        관점에서」, 함께하는 시민행동 연속기획 헌법 다시보기 제7회 자료
        집, 2005.

이영희 「과학기술정책과 시민참여모델」, 참여연대 시민과학센터 엮음 『과학
        기술·환경·시민참여』, 한울 2002.

참여연대 시민과학센터 엮음 『과학기술·환경·시민참여』, 한울 2002.

최장집 「한국어판 서문: 민주주의와 헌정주의―미국과 한국」, 로버트 달 지
        음, 박상훈·박수형 옮김 『미국 헌법과 민주주의』, 후마니타스 2004.

Ackerman, Bruce. *We The People*. Vol. 1: *Foundations*. Cambridge: Belknap Harvard 1992.

Ackerman, Bruce and James Fishkin. *Deliberation Day*. New Haven: Yale University Press 2004.

Arthur, John. *Words that Bind*. San Francisco: Westview Press 1995.

Barber, Benjamin. *The Conquest of Politics*. Princeton: Princeton UP 1988.

Bohman, James and William Rehg, eds., *Deliberative Democracy*. Cambridge: MIT Press 1997.

Cohen, Jean and Andrew Arato. *Civil Society and Political Theory*. Cambridge: The MIT Press 1992.

Cohen, Joshua and Joel Rogers. "Secondary Associations and Democratic Governance." *Politics and Society* 20/4(1992).

Dahl, Robert. *Democracy and Its Critics*. New Heaven: Yale University Press 1989.

Dryzek, John. *Deliberative Democracy and Beyond*. Oxford: Oxford University Press 2000.

Durkheim, Emile. *Professional Ethics and Civic Morals*. New York: Routledge 1992.

Elster, Jon. *Deliberative Democracy*. Cambridge: Cambridge University Press 1998.

Ely, John. *Democracy and Distrust: A Theory of Judicial Review*. Cambridge: Harvard University Press 1980.

Fishkin, James. *Democracy and Deliberation*. New Haven: Yale University Press 1991.

_____. *The Voice of the People: Public Opinion and Democracy*. New Haven: Yale University Press 1995.

Fung, Archon and Erik Olin Wright, eds., *Deepening Democracy:*

Institutional Innovations in Empowered Participatory Democracy. London: Verso 2003.

Gutman, Amy and Dennis Thompson. Why *Deliberative Democracy*. Princeton: Princeton University Press 2004.

Habermas, Jürgen. *The Theory of Communicative Action*, 2 vols. Boston: Beacon Press 1984, 1987.

_____. *The Structural Transformation of the Public Sphere*. Cambridge: MIT Press 1989.

_____. *Between Facts and Norms*. Cambridge: MIT Press 1996.

Hirst, Paul. *Associative Democracy: New Forms of Economic and Social Governance*. Cambridge: Polity Press 1994.

_____. "Renewing Democracy through Associations." *In The Political Quarterly* 73(4). 2002.

Hirst, Paul and Veit Bader, eds.. *Associative Democracy*. London: Frank Cass 2001.

Hoekema, Andre. "Reflexive Governance and Indigenous Self-rule: Lessons in Associative Democracy?" In *Associative Democracy*. ed. Paul Hirst and Veit Bader. London: Frank Cass 2001.

Joss, Simon and John Durant, eds.. *Public Participation in Science: The Role of Consensus Conference in Europe*. London: Science Museum 1995.

Kant, Immanuel. *Groundwork of the Metaphysic of Morals*. New York: Harper Torchbooks 1964.

_____. *Critique of Practical Reason*. New York: Macmillan 1993.

Kim, Sunhyuk. "South Korea: Confrontational Legacy and Democratic Contributions." In *Civil Society and Political Change in Asia: Expanding and Contracting Democratic Space*. ed. Muthiah Alagappa. Standford: Stanford University Press 2004.

Leib, Ethan. *Deliberative Democracy in America: A Proposal for a Popular Branch of Government.* Pennsylvania Park: The Pennsylvania State University Press 2004.

Manin, Bernard. "On Legitimacy and Political Deliberation." *In Political Theory* 15. 1987.

_____. *The Principles of Representative Government.* Cambridge: Cambridge University Press 1997.

Norris, Pippa, ed.. *Critical Citizens.* Oxford: Oxford University Press 1999.

Raskin, Jamin. *Overruling Democracy: The Supreme Court vs. The American People.* New York: Routledge 2004.

Rawls, John. *Theory of Justice.* Cambridge: Harvard UP 1971.

_____. *Political Liberalism.* New York: Columbia UP 1993.

_____. *A Theory of Justice.* Rev. ed. Cambridge: Belknap Press of Harvard University Press 1999.

Rousseau, Jean-Jaques. *The Social Contract.* New York: Penguin 1968.

Tocquvill, Alexis de. *Democracy in America.* New York: Vintage Books 1945.

Waldron, Jeremy. *Law and Disagreement.* Oxford: Clarendon Press 1999.

Weeks, Edward. "The Practice of Deliberative Democracy: Results from Four Large-Scale Trials." *Public Administration Review* 60/4. 2000

경제헌법 개정, 화두는 다원화

최배근

1. 헌법 개정과 우리 사회의 이중 과제

이념 논쟁의 수준을 넘어 헌법 개정의 필요성을 인정하는 이들은 공통적으로 "현행 헌법은 충분한 공론화 과정을 거치지 못한 채 1987년 6월 민중항쟁의 충격으로 어느 단계에서 갑자기 여야가 타협해 제정한 것이어서, 시대 변화를 담지 못하며 비효율적"이라고 지적한다. 실제로 사회 발전과 진보로 현실과 낡은 제도 및 법 사이에 틈이 발생했고, 그 결과 제도와 법의 역기능이 순기능을 앞설 위험이 커져간다. 우리는 헌법 개정 논의에 국민이 배제된 채 각 정파의 정략적 발상에서 논의가 시작되거나 헌법이 정파간 타협의 산물이 되는 것을 경계하되, 헌법에 이념 논쟁이 아니라 시대 변화를 담아내고 통일에 대비한 미래 지향적인 주제를 포함시킴으로써 헌법 논의를 국가(공동체) 백년대계를 설계하고 법치(예측 가능한 정치체제)를 확립하는 과정으로 만들어야 한다. 즉, 새로운 헌법에는 탈산업화에 따른 지식사회의 도래에 어떻게 대처할지, 민주화 이후 민주주의를 어떻게 확대시킬지 그리고 한반도 통일을 어떻게 이루어낼지 등의 과제를 담아내야 한다. 그런데 이러한 과제는 우리 사회가 좀더 다원화되어야 해결될 것이다. 또한 그동안 법치가 확립되지 못한 주된 이유는 우리의 실정을 제대로 담아내지 못한 '이식된 법체계'에 있다. 다시 말하면, 공식적 규칙체계가 비공식적 규범체계와 조응하지 못하는 것이다. 따라서 우리의 경험에 조응하는 법체계를 만드는 작업이 요구된다. 기본적으로 우리 헌법의 기본 구조와 내용은 다른 제도와 마찬가지로 이식된 것이어서, 인간의 행위를 강제하는 양 축인 '공식적 규칙'과 '비공식적 규범'을 일치시키지 못했다. 이를 감안할 때, 헌법 개정의 방향은 더욱 다원적인 사회를 만들려는 열망을 담아내야 할 뿐만 아니라 우리의 경험에 조응하는 법체계를 만드는 것이어야 한다.

2. 87년헌법 개정을 둘러싼 현재의 논의

우리 헌법의 경제 관련 규정에서는 기본권조항(제10조 행복추구권, 제15조 직업의 자유, 제23조 사유재산권 보장 그리고 경제적 기본권인 제32조 근로의 권리와 최저임금제, 제33조 노동삼권, 제34조 인간다운 생활을 할 권리, 제35조 환경권)과 '경제의 장'(제119~27조)이 서로 충돌할 소지가 있다. 예를 들어, '경제의 장'의 일부 조항은 '기본권 조항'을 넘어서는데, 이때 경제조항이 기본권조항에 따라야 하는 것인지 아니면 '경제의 장'에 따라 기본권조항을 넘는 기본권 제한이 가능한지에 대하여 헌법 해석상의 문제가 제기될 수 있다는 것이다.[1] 이에 따르면 헌법의 경제조항에서는 자유시장경제의 원칙을 선언하면서도 사회적 정의의 요청에 따라 '독과점의 배제' '성장

1) 예를 들어 김형성, 헌법연구를 위한 국회의원 모임 7차 토론회 발제문(2005) 참조.

과 안정, 소득의 분배를 위한 조정과 규제'에 대한 규정(제119조)을 두고 있으며, '자원 및 농지나 토지에 대한 특별한 제한'(제120조 및 121조) '사유 재산의 국유 또는 공유'(제126조) 등의 분야에서는 사회적 정의 실현이라는 차원을 넘어 사회적 시장경제의 특징과 사회주의 경제질서에 가까운 요소를 포함하고 있다고 주장한다. 즉, 국가가 법률로 규제하고 조정할 수 있게 되어 경제에 무소불위의 권력으로 간섭할 수 있는데, 이렇게 민간기업 활동에 정부가 개입하는 것은 위헌적인 월권행위라는 것이다. 이런 주장을 펴는 이들은 자율적 기본권이 점점 더 중요해지는 현대사회에서 '사회주의적 경제조항'이 많은 것은 매우 심각한 문제이기 때문에 87년헌법의 경제조항을 대대적으로 수술할 필요가 있다고 주장한다.[2]

경제조항에서 특히 제119조가 해석과 논란의 중심이 된다. 헌법 제119조를 보면, 시장경제체제를 기본으로 하고 소득분배나 시장 지배력 등에 국가가 개입할 필요가 있다는 것을 인정한다. 이에 대해 경제조항을 개정하자고 주장하는 이들은 제119조 1항과 2항의 양립 가능성에 문

---

2) 제119조 ① 대한민국의 경제질서는 개인과 기업의 경제상의 자유와 창의를 존중함을 기본으로 한다. ② 국가는 균형 있는 국민경제의 성장 및 안정과 적정한 소득의 분배를 유지하고, 시장의 지배와 경제력의 남용을 방지하며, 경제주체간의 조화를 통한 경제의 민주화를 위하여 경제에 관한 규제와 조정을 할 수 있다.

제120조 ① 광물 기타 중요한 지하자원·수산자원·수력과 경제상 이용할 수 있는 자연력은 법률이 정하는 바에 의하여 일정한 기간 그 채취·개발 또는 이용을 특허할 수 있다. ② 국토와 자원은 국가의 보호를 받으며, 국가는 그 균형 있는 개발과 이용을 위하여 필요한 계획을 수립한다.

제121조 ① 국가는 농지에 관하여 경자유전의 원칙이 달성될 수 있도록 노력하여야 하며, 농지의 소작제도는 금지된다. ② 농업 생산성의 제고와 농지의 합리적인 이용을 위하거나 불가피한 사정으로 발생하는 농지의 임대차와 위탁 경영은 법률이 정하는 바에 의하여 인정된다.

제122조 국가는 국민 모두의 생산 및 생활의 기반이 되는 국토의 효율적이고 균형 있는 이용·개발과 보전을 위하여 법률이 정하는 바에 의하여 그에 관한 필요한 제한과 의무를 과할 수 있다.

제126조 국방상 또는 국민경제상 긴절한 필요로 인하여 법률이 정하는 경우를 제외하고는, 사영기업을 국유 또는 공유로 이전하거나 그 경영을 통제 또는 관리할 수 없다.

제를 제기한다. 이들은 1항이 자유경제를, 2항은 경제에 관한 규제와 조정을 규정하기 때문에 양립이 불가능하다고 주장한다. 게다가 2항의 "국가는 균형 있는 국민경제의 성장 및 안정"이라는 문구를, 성장과 안정을 위해 국가의 개입이 필요함을 인정하는 것으로 보아 어느 정도의 계획경제가 가능하다고 해석한다.

그러나 제119조에 대한 문제 제기는 기본적으로 경제 이론에 무지한 데서 비롯된다. 제119조는 무엇보다 자유시장 경제질서를 전제로 시장이 부재하거나 시장의 경쟁이 불충분해 시장이 실패한 영역들에 정부가 개입해야 함을 의미한다. 1항과 2항은 양립 불가능한 게 아니라 상호 보완하는 조항이 된다. 즉, 사부문 제도들이 정부보다 우위에 있음을 인정하면서도 (사부문의 역량이 제한적인 경우에는) 정부정책으로 조정 (coordination)함으로써, 결과적으로 사부문의 능력을 향상한다는 것이다. 시장의 논리가 사회 전체를 지배하지는 못했지만 그 논리가 확대됨에 따라, 비록 사회 전체의 이익이 증대하더라도 사회 일부에서는 종종 피해나 손실을 입는다. 예를 들어, FTA 추진 과정에서 최소한 농업부문의 손실과 피해를 고려해야 하듯이, 경자유전의 원리를 엄격히 적용하거나 소외계층을 배려하는 것 등은 시장질서를 유지하기 위한 마지노선일 것이다. 이처럼 제119조는 시장과 정부를 서로에 대한 대안, 즉 상호 배타적인 대체재가 아니라 정부정책이 사부문을 조정하여 발전시키는 보완적 관계로 간주한다. 즉, 제199조는 '시장 증진적 관점'(the market-enhancing view)을 담고 있는 것이다. 예를 들어, 한국경제 성공의 요인으로 꼽히던 수출 지향적 공업화 정책, 즉 국가가 수출을 정책적으로 적극 지원한 정책을 학계에서는 국가가 세계시장에서 자국 상품의 '가격이 올바로 설정'(get the price right)되도록 지원한 정책으로 이해한다.

물론 일부에서 제119조 1항이 원칙이고 2항은 예외조항이기에, 정부가 시장 개입을 당연시하여 이를 확대해나가는 것은 문제라며 '헌법 합치적 경제정책'을 요구한다.[3] 그러나 이렇게 주장하는 이들은 정부의 시장 개입이 헌법에 불합치하다는 충분하면서도 구체적인 논거를 확보하지 못하는 실정이다. 예를 들어, 공정위의 '시장개혁 로드맵'(출자총액 제한, 금융·보험사의 의결권 축소, 계좌추적권 재도입 등)이 위헌 소지가 있다고 주장하나, 공정위를 비롯해 일부 시민단체에서는 오히려 이 로드맵이 시장의 자율 기능을 강화할 것이라고 주장한다. 또한 현 정부의 부동산정책 역시 자본주의적 시장경제 이념과 위배된다고 하나, 이 주장 역시 시장경제를 어떻게 이해하느냐에 따라 정반대의 주장도 가능하다. 프리드먼(M. Friedman) 같은 시장주의자들조차 토지 가치에 따라 부과되는 보유세가 가장 바람직하며 이를 제대로 부과하는 것은 효율성과 정의 그리고 세입 확보 등의 측면에서 중요하다고 주장한다.

사정이 이렇다 보니 헌법 합치적 경제정책을 주장하는 이들은 이데올로기 공세를 펴 제119조 2항을 비롯한 경제조항을 무력화하려고까지 한다. 앞에서 지적했듯이, 경제의 장은 "사회적 정의의 실현이라는 차원을 넘어 '사회적 시장경제의 특징과 사회주의 경제질서에 가까운 요소'를 포함하고 있다"고 주장하거나, 심지어는 제119조 2항이 각종 관치적 평등 조치('평등주의를 표방한 관치개혁')의 근거로 활용되어 80년대 후반 경제성장 정체의 원인이 되었다고 주장한다.[4] 그러나 87년헌법 때문에 80년대 후반 경제성장이 정체되었다는 주장은 근거가 없다. 실질 GDP 성장률은 87년 11.1%, 88년 10.6%, 89년 6.7%로 연평균 9.5%를 기록했고, 1990~96년 GDP 성장률도 연평균 7.9%를 기록했다.

---

3) 예를 들어 이석연, 전국경제인연합회 부설 국제경영원 주최 최고경영자 월례조찬회 강연(2005) 참조.
4) 예를 들어 좌승희, 열린우리당 당선자 2차 워크샵 강연(2004); 좌승희, 한나라당 정치대학원 특강(2005) 참조.

3. 사유재산권과 시장경제 '개념의 인플레이션'

자유주의 원리와 사유재산권의 성격

오늘날 우리는 소위 사유재산권 '개념의 인플레이션' 속에 살고 있다. 사유재산권은 역사적이고 특수한 하나의 제도임에도 불구하고 신성불가침의 대상이 된 지 오래되었다. 그러나 모든 제도가 그렇듯이 사유재산권 역시 일정한 틀 속에서 자신의 정당성을 확보한다. 많은 사람들이 사용하는 사유재산권의 개념은 영미 자유주의에 배경을 두고 있다.

자연적 권리를 전제로 하는 자유주의에서는 주체와 객체가 엄격히 구분되기 때문에, 권리라는 관념에는 필연적으로 '배타성'이 내포된다. 영미의 자유주의 자체가 인간은 어떠한 권력으로부터도 침해받지 아니하는 천부적 권리를 가지고 있으며, 그때그때의 독자적인 선호와 선택에 따라 이 권리를 행사하고, 이때 누구의 간섭이나 제한을 받지 아니한다는 명제에 기초하기 때문이다. 로크(Locke)나 몽떼스끼외(Montesquieu), 애덤 스미스(Adam Smith) 등이 제기했던 자유주의 논의들은 경제적으로는 시장질서를 그리고 정치적으로는 대의제와 최소한의 국가라는 관념을 바탕으로 구성된다. 여기서 국가는 단지 개개인의 목적을 실현하기 위한 도구로 축소되며 일종의 필요악으로 제시되는데, 이는 개인들이 자신의 개성을 도야하고 발전시키는 영역인 비국가 영역에 대비된다. 그리고 소유권을 절대적인 권리로 간주하면서 이러한 소유권을 보호하거나 소유권이 침해당했을 때 처벌을 대행하는 기관으로 국가를 개념화하고, 그럼으로써 국가의 역할, 즉 개인의 권리 보호를 규정한다. 실제 재산이 하나의 권리로 등장한 것은 자연법론 이래 '인간'과 '대상'의 관계가 인간이 사물을 지배하는 관계로 새롭게 개념화되면서부터다. 인간 신체의 절대성이 그 신체적 활동의 결과로 산출되는 물건에 대한 지배로 유추, 확장되는 로크의 논리가 대표적이다. 이처럼 자유주의적 재산권 개념에 따르면 인간이 자신 외부의 사물을 절대적으로 지배하는 것이 바로 재산권이다.

이렇게 개념화하면 재산을 매개로 인간이 인간을 지배하는 것이 가능해진다. 인간을 모든 관계망에서 유리시키고 이렇게 원자화된 인간을 특정 재화나 용역에까지 확장시킴으로써, 재산권이라는 하나의 지위는 헌법적 기본권의 영역으로까지 승격된다. 즉, 재산이 '생활재'라는 것은 완전히 무시되고 탈각(脫殼)되어버리는 것이다. 나아가 생활 과정에서 필연적으로 타자와 공유할 수밖에 없는 부분까지도 경계를 지어 단일한 주체의 지배력에 구속시켜버린다.

시장관계는 이러한 구조를 더욱 확장한다. 생산과 교환 과정에서 투입되는 인간적 요소는 전혀 고려되지 않는다. 오로지 재산권과 재산권의 관계로 형성되는 형식적이고 추상적인 계약에 따라 생산과 교환 과정이 규정되고 규율될 따름이다. 이처럼 시장은 재산권의 탈인격성을 재강화한다. 즉, 사적 자치의 원리와 '소유권 절대'의 원리가 그대로 시장의 작동 원리로 전이되는 것이다. 시장은 재산권을 그것을 소유한 주체에서 분리해 익명화한다. 교환의 익명성에 기초하는 시장이 경제관계에 편입되는 인간의 인간성을 배제한 것이다. 이와 같이 인간의 불가침적 지위를 재산에도 유추, 적용하는 (영미) 시장질서의 재산권 개념에는 재산이 인간에서 '분리'되어 그 자체가 독립적 인격이 된다. 즉, (영미) 시장질서에서 재산권은 타자를 배제하고 단일한 개인의 배타적인 지배권을 인정함으로써, 재산을 매개로 한 인간의 인간에 대한 지배를 가능케 한다.

시장경제와 사유재산권의 관계

이처럼 사유재산권은 (영미) 시장질서와 불가분의 관계다. 그런데 많은 사람들은 시장경제와 사유재산권의 관계를 부정확하게 이해하고 있다. 사유재산권의 성격과 의미는 양자의 관계에서 명확해진다. 오늘날 우리는 사실 시장 개념에서도 역시 '개념의 인플레이션' 속에 살고 있다. 시장이 거의 경제문제의 만병통치약 수준으로 자리잡아 신성불가침이 된 지 오래되었다. 그러나 시장 혹은 시장경제는 역사적으로 특수한 제도로서 일정한 틀 속에서만 정당화될 뿐이다.

첫째, 시장은 시장에 참여하는 거래 주체와 거래 대상(상품)으로 구성된다. 즉, 시장에 참여하는 거래 주체는 소비자와 생산자로 구분되고, 이들이 거래하는 상품에는 경합성과 배제성이 있어야 한다.[5] 배제성이 없는 상품은 시장에서 거래될 수 없고, 상품에 경합성이 없으면 시장은 실패하기 때문이다.[6]

둘째, 시장경제는 3대 기본성질, 즉 희소성, 합리성, 효율성으로 작동된다. 우선 경제학에서는 사람들의 욕망을 충족해줄 경제적 자원이 한정되어 있는 것을 경제문제의 핵심으로 설정한다. 이것이 '희소성의 제약'이다. 그 다음으로, 한정된 자원으로 욕망을 최대한 충족하기 위해서 무엇을 해야 하고, 자원을 어떻게 써야 할지를 결정해야 하는 '선택'의 문제에 직면한다. 시장경제가 '효율성'을 제1의 목표로 추구하고, 그것을 '가지고 있는 희소자원으로 한 사회가 최대의 효과를 얻고자 하는 속성'으로 정의하는 이유도 여기에 있다. 이때 시장경제에서는 '선택'의 문제를

---

5) 경합성은 한 사람이 재화를 소비하면 다른 사람의 소비가 제한받는 속성이고, 배제성은 타인이 그 재화를 소비하지 못하도록 막을 수 있는 가능성을 의미한다.
6) 시장이 자유롭게 기능하는데도 자원 배분이 효율적이지 않은 상태를 '시장의 실패'라 말한다.

'개인적 차원의 문제'로 접근한다. 선택의 문제에 직면한 개인은 비용과 이익에 입각해서 자신의 이익이 극대화되는 선택을 할 것이다. 이를 '합리적 선택'(합리성)이라 한다. 즉, 경제학에서 시장에 참여하는 경제 주체는 소비자와 생산자로 구분되고, 전자는 제한된 소득에서 효용의 극대화를, 후자는 제한된 자본에서 이윤의 극대화를 추구하며, 이런 목표가 달성될 때 소비자와 생산자는 합리적 선택을 한 것이다.

그런데 시장에 참여하는 각 경제 주체의 선택은 개인적 차원의 문제인 반면, 효율성의 달성은 사회적 차원의 문제다. 따라서 양자간에 충돌이 발생하는데, 이를 최소화하기 위해서는 각 경제 주체가 자기 이익의 극대화를 추구하는 합리적 선택이 다른 경제 주체의 합리적 선택에 영향을 미치지 않아야 한다. 이를 '독립적 최적화'(optimization)라 부르는데, 그래야만 개별 경제 주체가 사적 이익을 극대화하는 것이 사회적 이익 또한 극대화되는 것으로 연결되기 때문이다. 이는 경제학이 '부분의 합은 전체'라는 기계론에 기초함을 의미한다. 경제학과 시장경제에서는 독립적 최적화가 '경쟁'의 원리로써 가능하다고 본다. 경쟁의 원리가 작동할 경우 사적 이익의 극대화는 사회 전체적으로도 가장 바람직한 결과가 된다는 것이다. 예를 들어, 경제학의 아버지로 불리는 애덤 스미스는 1776년에 저술한 『국부론』에서 모든 개별 경제 주체가 자신의 이익만을 위해서 행동해도 '보이지 않는 손'(가격)이 그 이익을 사회 전체의 이익으로 인도한다면서 다음과 같이 기술했다.

각 개인에게는 (…) 공공의 이익을 증진할 의도도 없고, 그들은 자신이 얼마나 공익을 증진했는지도 모른다. (…) 개인은 자신들의 사적 이익만을 추구하지만, 이 과정에서 그들은 의도하지 않은 어떤 목적을 달성하기 위해, 다른 많은 경우에서처럼, 보이지 않는 손에 의해 인도된다. 그렇지만 각 개인이 그 목적 달성을 의도하지 않았다고 해서 사회적으로 불리하지도 않다. 각 개인은 자신들이 의도적으로 사회적 공익을 증진하려고 하는 경우보다 자신들의 사적 이익을 추구하는 과정에서 사회적 공익을 더 효과적으로 증진한다.

이처럼 시장경제의 주요 개념인 합리성이나 독립적 최적화는 개인주의 문화[7]가 번성했던 서양의 역사적 배경과 관계가 있다. 그리고 실제로 서양은 적어도 중세 이래 의심의 여지 없이 '경쟁'이 번성했던 곳이다.[8]

셋째, 이처럼 시장이 효율적이기 위해서는 경쟁이 충분히 작동해야 하는데, 경쟁의 원리가 제대로 작동하기 위해서 사유재산권 체계가 필요하다. 서로 경쟁하는 과정에서 희소한 자원을 가장 잘 사용하는 사람이 자원을 사용하게 되고, 경쟁의 승자가 그 결과를 독점적으로 소유하게 된다. 이래야만 희소한 자원으로 한 사회가 최대의 효용을 얻을 수 있기 때문이다. 이처럼 시장경제의 주요 수단은 경쟁의 원리인 반면, 사유재산권은 경쟁이 제대로 작동하기 위한 **보조수단**일 뿐이다. 사실 경쟁이 제대로 작동하기 위해 배타적·절대적·독점적 소유권을 의미하는 사유재산권이 필요하지는 않다.[9]

---

7) 여기서 말하는 개인주의는 개인의 자유, 생명, 재산 그리고 행복을 강조한 자연법 사상, 즉 '개인'이 최고의 가치로 중시되는 초기 고전적 자유주의의 핵심 사상을 의미한다.

8) 경쟁은 두 가지 유형의 사회조직을 전제한다. 첫째, 자율적 행위자들이 타인의 간섭 없이 사적으로 소유한 자원들을 처분할 수 있는 권한을 부여받아야만 한다. 둘째, 시장 행위자들 사이의 경쟁은 상호 신뢰라는 규범적 규제를 요구한다. 이러한 두 가지 요구는 유럽의 사회구조에서 비롯한 것이다. 10세기에 이르러 이민족의 이주와 침략이 종식되면서 유럽에 형성된 사회구조는 '수많은 그러나 머리가 없는 연방체'였다. 즉, 유럽에는 중심이 없었지만, 그 실체는 많은 단위들이 작지만 서로 가로지르는 상호작용의 네트워크로 구성되어 있었다. 그리고 경쟁에 수반되는 무질서는 기독교라는 '보이는 손'이 조절했다. Michael Mann, "European Development: Approaching a Historical Explanation," in Jean Baechler, John A. Hall, and Michael Mann, eds., *Europe and the Rise of Capitalism*, Basil Blackwell 1989, 10면.

9) 예를 들어, 토지의 소유권은 사용권·용익권·처분권으로 구분되는데, 이 세 가지 권리를 모두 가져야만 사유재산권 체계에 부합한다. 그러나 처분권은 없고 사용권과 용익권만 부여하더라도 시장경제의 활동에는 전혀 지장이 없다. 사실 소유권은 분리할 수 없는 하나의 실체가 아니라 소유자가 소유하는 대상물을 사용할 수 있는 권리의 다발이다. 즉,

경쟁의 원리가 작동하는 곳에서 사유재산권이 보장되지 않을 때 발생하는 문제가 소위 '공유지(공동지)의 비극'이다. 다음은 경제학 교과서에 흔히 볼 수 있는 예인데, 공유자원을 놓고 경쟁의 원리가 작동할 경우 최악의 결과를 만들어낼 수 있음을 보여준다. 두 석유회사는 인접한 유전을 소유하고 있는데, 이 유전들 밑에는 원유가 한덩어리로 매장되어 있다. 그리고 그 유전의 가치는 총 1200만달러, 석유를 채취하는 비용은 유공당 1백만달러라고 가정한다. 공유하고 있는 원유에서 석유를 채취할 때의 이윤은 자기가 뚫은 유공의 개수뿐만 아니라 상대방 기업이 뚫은 유공의 개수에도 영향을 받는다. 이제 각 회사가 자신들의 이기심에 기초해 각자의 이익 극대화를 추구할 경우, 즉 합리적으로 행동할 경우 두 회사는 유공을 3개씩 뚫어 각각 3백만달러씩 총 6백만달러의 이익을 실현한다.

표 1 공유자원의 효율성: 경쟁과 협력의 비교

기업A \\ 기업B	유공 1개	유공 2개	유공 3개
유공 1개	A의 이윤 500만 달러 B의 이윤 500만 달러	A의 이윤 600만 달러 B의 이윤 300만 달러	A의 이윤 500만 달러 B의 이윤 200만 달러
유공 2개	A의 이윤 300만 달러 B의 이윤 600만 달러	A의 이윤 400만 달러 B의 이윤 400만 달러	A의 이윤 420만 달러 B의 이윤 280만 달러
유공 3개	A의 이윤 600만 달러 B의 이윤 200만 달러	A의 이윤 280만 달러 B의 이윤 420만 달러	A의 이윤 300만 달러 B의 이윤 300만 달러

소유권(O)은 단순히 추상적 의미를 지닌 하나의 소유권이 아니라 a, b, c 등 다양한 기능이 합쳐진 것이다. 달리 표현하면 O = a + b + c + … + n 으로 나타낼 수 있다는 것이다. 북구의 사회민주주의자들이 전면적인 사회화를 추진하지 않고 폐기한 이유가 여기에 있다. 소유권 기능의 일부분만으로, 즉 a와 b는 포함하고 c는 제외하는 식으로 사회화를 추진하는 것만으로도 사회주의적 가치 추구가 가능하며 경제적으로도 유리하기 때문이다. Gunnar Adler-Karlsson, *Reclaiming the Canadian Economy*, Toronto: Anansi 1970, 14~15면.

4. 경제의 포스트모던화 ─ 거래 형태와 소유제의 다양화

지금까지 살펴본 시장경제의 특성은 산업사회(제조업)에 기초하고 있으며, 경제학도 주로 이것에 근거해 분석한다. 그러나 오래전부터 '경제의 포스트모던화' 혹은 '경제의 네트워크화'가 진행중이다. 일반적으로 포스트모던사회의 주요 특징으로 중심이 해체되어 사회가 '다원화'되고 그에 따라 경계가 불분명해지고 모호해지는 것 등이 지적된다. 마찬가지로 '경제의 포스트모던화' 현상인 '네트워크경제'가 등장하면서 경제에서도 다원화와 경계의 불분명 등이 화두가 되고 있다. 네트워크경제의 등장은 부가가치의 생산이 '보이는 것'(tangibles)에서 '보이지 않는 것'(intangibles)으로 이동한 것과 관련이 있다. 즉, 탈제조업화 및 써비스화에서 보듯이, 이미 오래전부터 경제적 가치는 기존의 3대 기본 생산요소(노동, 자본, 토지)보다는 무형자산에서 주로 창출되기 시작했다. 정보통신 및 생명공학과 같은 첨단기술이 발달함에 따라 초경량 제품 및 극소형 제품이나 정보와 써비스 등 무형재의 부가가치 창출력이 획기적으로 증가하게 된 것이다(이런 경제를 '무중량 경제'라 한다). 사실 오늘날 상품들의 가격 차이는 대부분 무형 투입물의 가치 차이에서 비롯되며, 가격에서 유형의 자연자원이 차지하는 비중은 작아지고 있다. 무형재의 일반적 특성들로는, 첫째, 디지털정보가 빛과 같은 속도로 이동하기 때문에 생기는 적시성(適時性, speed & timing)·비소모성·비이전성, 둘째, 일물일가의 법칙이 적용되지 않고 정보 이용자의 필요에 따라 가격 및 가치가 변할 수 있기 때문에 생기는 가치의 다양성, 결합성과 누적성, 비분할성(불가분성) 등이 있다. 여기서는 시장경제의 원리들, 특히 사유재산권 체계와 충돌하는 무형재의 주요 특성만 소개한다.

무형재의 비경합성

앞에서 소개했듯이 경쟁의 원리가 작동하는 시장의 세계에서는 상품
이 경합성과 배제성을 가지는 경우에만 자원이 효율적으로 배분될 수 있
다.[10] 경합성은 없고 배제성만 있는 상품은 오늘날 가장 중요하게 취급
됨에도 불구하고 경제학에서는 이에 대한 명칭이 존재하지 않는다. 일반
상품의 생산에는 자원과 에너지가 필요한데, 열역학 제2법칙에 따르면
일단 소모된 에너지는 재생이 불가능하다. 그러나 지식과 정보 재화 등
무형재의 생산 및 재생산은 이러한 열역학의 법칙을 따르지 않는다. 이
처럼 무형재는 아무리 사용해도 소모되지 않기 때문에, 즉 '비소모적'이
기 때문에 경합성이 없다. 다시 말해, 무형재는 '희소성의 원리'가 적용
되는 실물 공간의 재화와 달리 추가비용 없이 무한 복제하는 것이 가능
하다. '풍부성의 원리'가 작동하는 것이다. 물론 첫 생산에는 막대한 비
용과 영감(inspiration) 그리고 노력이 요구된다. 그러나 쏘프트웨어에서
알 수 있듯이, 추가로 생산하려면 첫 생산물을 단지 복사하기만 하면 된
다.[11] 이처럼 경합성이 없는 재화는 산출량을 증가함에 따라 평균비용이

10) 경제학에서는 경합성과 배제성의 유무를 기준으로, 모두 있는 경우를 사적 재화, 모두
없는 경우를 공공재 그리고 경합성은 있으나 배제성이 없는 재화를 공유자원이라 한다.
11) 예를 들어 컴퓨터 쏘프트웨어나 서적, 음반, 영화, 씨디(CD) 등의 정보상품은 초기에
상품의 내용을 만드는 데 많은 비용이 소요되는 반면, 완성된 제품을 재생산하는 데 드
는 비용은 무시해도 될 정도로 적다. 영화를 예로 들면, 스티븐 스필버그는 「쥬라기공
원」이라는 영화를 제작하는 데 수억달러를 사용했으나, 그 영화의 필름을 생산하는 비
용은 초기의 영화 제작비용보다 아주 적은 몇백달러에 불과했다. 특히 가정용 비디오테
이프를 복제하는 데는 불과 몇달러밖에 들지 않았다. 또한 마이크로쏘프트가 윈도우95
의 개발에 쏟아 부은 비용(초기비용)은 무려 5천만달러지만 첫 제품이 나온 후부터는 윈
도우95 씨디롬 한장을 제작하는 데 고작 3, 4달러밖에 들지 않았다. 윈도우95 씨디롬 한 장
의 시중 판매가격이 약 1백달러(한국에서는 당시 약 3백달러)였으니까 제작비용의 25배
이상(한국에서는 75~100배)으로 판매한 셈이다. 윈도우95 씨디롬 한 장 생산에 4달러
씩 계산해도 502만개가 손익분기점이 되고 그후부터는 막대한 수익을 거두게 된다.

하락하기 때문에, 공급자는 시장 수요가 뒷받침되는 한 산출량을 최대로 증가하려 할 것이다. 그 결과 배제성은 있지만 경합성이 없는 상품은 '자연독점'[12] 혹은 불완전경쟁으로 귀결된다. 다시 말해, 공급의 법칙을 성립시켰던 '한계생산 체감의 법칙'이 성립하지 않고, 오히려 수확 체증이 일어나 규모의 경제가 형성된다. 즉, '한계비용(MC)'을 '가격'으로 책정하는 것은 시장경제를 효율적으로 작동시켜왔는데, 이것이 불가능해지고 시장은 실패한다.

무형재의 불가분성과 경계의 불분명성

또한 유형재는 여러 사람들에게 분할되어 소비·생산되지만 정보나 지식 같은 무형재는 분할이 불가능해 집합적으로만 소비·생산된다. 이를 '정보 및 지식 재화의 불가분성'이라 한다. 앞에서 지적했듯이 경제학은 기계론에 기초하기 때문에 한계적 변화(marginal changes)에 관심을 가진다.[13] 주류경제학에 따르면 합리적 의사 결정은 한계적으로 생각할 때만 가능하다. 구체적으로 합리적 소비는 한계효용[14]의 개념으로, 합리적 생산은 한계생산[15]과 한계비용의 개념으로 설명한다. 즉, 시장 이론을 압축한 수요와 공급의 법칙은 한계효용 체감과 한계생산 체감의 법칙을 전제한다. 실제로 우리가 흔히 보는 재화는 대부분 한계효용 및 한계생산 체감의 법칙의 적용을 받는다. 이처럼 '한계적 변화'를 사유하지 못한다면 시장 이론은 이해하기 어렵다. 근대경제학은 '한계혁명'(marginal revolution)에 의해 비로소 성립할 정도였다.

---

12) 시장의 전체 수요를 하나의 생산자가 생산·공급할 수 있는 시장 상태.
13) 경제학 체계는 고전물리학 체계와 맞물려 있다. 즉, 뉴턴이 발견한 미적분학을 이용해 안정적이고 조화로우면서도 가장 효율적인 시장을 찾았다.
14) 한계효용은 재화 한 단위를 더 소비할 때 발생하는 총효용의 증가분을 의미한다.
15) 한계생산은 투입물을 한 단위 늘릴 때 발생하는 상품 총생산량의 증가분을 의미한다.

그런데 무형재의 불가분성에는 한계 개념을 적용할 수 없다. 또한 '지식경제의 성장'으로 경제에서 경계가 불분명해지고 있다. 무엇보다 재화와 써비스가 점점 지식과 정보 집약적 성격을 띠게 되어 그 경계가 불분명해지고 심지어 구분이 적합하지도 않게 된다. 예를 들어, 재화와 써비스의 구분이 모호해지고(provice), 생산자와 소비자 그리고 생산자와 유통자 등의 경계가 사라지며——프로슈머(prosumer)와 디슈머(disumer)라는 말까지 생겨났다——다양하면서도 전문화되고 세분화된 복합지식(융합·복합된 기술)의 활용으로 산업간 경계가 해체되어 이른바 1.5차 혹은 2.5차 산업이 등장했다. 거시적으로 볼 때도 세계경제는 이미 오래전에 미국을 중심으로 하는 일극 경제체제에서 다극 경제체제로 진화했으며 이러한 다극 질서는 점점 강화되고 있다. 세계경제가 점점 상호 의존하고 침투한 결과, 경제는 더 복잡해지고 경계는 더 불분명해졌다. 이런 현상은 '자본의 탈제조업화' 및 '경제의 써비스화', 즉 지식경제의 성장 과정과도 일치한다. 미국의 헤게모니가 쇠퇴하는 과정이 곧 미국 제조업의 경쟁력 약화와 그에 따른 '자본의 탈제조업화', 즉 '경제의 써비스화' 과정이기 때문이다.

무형재와 네트워크 경제

불분명경제 또는 불투명경제(blur economy)가 등장함에 따라 경제는 더 '다극화'되고 '네트워크화'되었다. 그 결과 '네트워크경제'가 등장했다. 경제의 네트워크화는 상호 침투와 의존, 즉 상호작용의 증대를 의미하기 때문에 '경제의 포스트모던화'이기도 하다. 이처럼 지식혁명과 네트워크 경제의 도래로 '유비쿼터스'(Ubiquitous), 즉 '네트워크 외부성'[16]이 일반

---

16) 네트워크 확대로 인해 발생하는 추가적인 이익을 네트워크 외부성(network externality)이라고 한다.

화되고 있다. 네트워크들이 상호작용의 구조가 되어 소비와 생산 활동에서 '네트워크효과'를 만들어내는 것이다. '네트워크효과'란 네트워크 규모가 커질수록 네트워크 가치가 증가하는 것인데, 소비의 네트워크효과[17]와 생산의 네트워크효과(범위의 경제)[18]등이 있다. 이런 네트워크효과가 일반화되면서 시장 이론의 전제인 '독립적 최적화'가 어려워지고 있다.

　네트워크경제가 도래하면서 경제조직과 거래 형태에도 영향을 미치고 있다. 네트워크조직과 네트워크에 기초한 거래가 등장한 것이다. 예를 들어, IT 네트워크 기술이 발달함에 따라 경제 행위자들간에 소요되는 조정 비용이 급격히 감소했다. 따라서 조직구조가 더욱 분권화되고 유기적으로 변화하면서 기업구조가 네트워크로 변화되어갔다. 네트워크는 조직 행위자간의 조정과 통합을 원활히 하여 규모의 경제가 지니는 잇점과 소규모 기업의 혁신성과 유연성을 동시에 얻을 수 있기 때문이다.[19]

　특히 경제환경이 복잡하고 불확실해지면서 이런 장점을 지닌 네트워

---

17) 수요자가 많아질수록 편익이나 효용이 증가하는 대표적 재화는 지식과 정보 재화다. 이것들은 사용자의 수가 커지면 그에 따라 가치가 증가한다. 소비에서의 '네트워크 외부성'은 '매출 증가의 법칙'을 말한다. 즉, 네트워크에 연결되는 가입자가 증가할수록 기존 가입자와 신규 가입자 간의 접속 가능성이 기하급수적으로 확대되어, 개인 수요자가 네트워크에 연결됨으로써 얻는 이득 또는 수요자간의 부가가치 창출이 일반적으로 확대되는 것이다.

18) 지식과 정보 재화 등 무형재의 경우 재화의 비경합성 때문에 공급 측면에서 회소성의 문제가 소멸하고 '규모의 경제'(economy of scale)가 작동할 뿐 아니라 네트워크효과로 '범위의 경제'(economy of scope)가 작동한다.

19) 기본적으로 네트워크조직은 가격이나 감독보다는 상호 이해관계와 의존성에 기초한다. 네트워크조직의 잇점은 정보가 효율적으로 전달되며 전달된 정보가 계층제 내에서 전달된 정보보다 신뢰도가 높고 풍부하다는 것이다. 네트워크조직에서 중요한 것은 서로가 이익을 얻으려면 명확한 커뮤니케이션이 필요하다는 것이다. 이를 관계성이라 한다. 정보와 커뮤니케이션은 자율적인 행위자들, 즉 개인 혹은 전체 조직이 함께 일할 수 있는지를 결정한다. 커뮤니케이션은 참여자들간의 상호 이해를 촉진하기 위해 상호간에 정보를 창조하고 공유하는 과정으로 정의할 수 있으며 언제나 관계성을 내포한다.

크가 더욱 유용해진다. 그 결과 위계질서형 기업들이 사라지고 네트워크라는 새로운 형태의 거래가 이를 대신하는 경향이 확산되고 있다. 즉, 전 세계의 산업이 하이테크, 정보 중심의 산업으로 이행하면서, 수직적으로 통합된 기업들과 테일러식 구조가 네트워크 성격의 조직이나 클러스터 그리고 상호 신뢰와 의존에 기초한 비공식적 유형의 다양한 협력체로 점차 대체되고 있다.[20] 예를 들어, 생산과정에서 생산요소 시장보다는 생산자 네트워크를 통해 자원을 확보하고, 가치도 일회적인 시장 거래가 아니라 지속적으로 소비자와 관계하는 e-CRM(Customer Relation Management) 방식을 이용해 실현한다. 결국 '가치 생산-가치 실현'이라는 경제 과정 일반이 시장보다는 네트워크를 통해 이루어지는 것이다. 그리고 네트워크 안에서 생산자 네트워크와 소비자 네트워크는 생산요소 시장이나 생산물 시장과 달리 명확히 구분되지 않는다. 생산자는 소비자 네트워크와의 지속적인 피드백 과정을 거치면서 제품의 문제점을 발견하고 아이디어를 수용한다. 제품의 개발과 혁신에 소비자(프로슈머)가 참여하는 것이다. 여기서 특히 중요한 것은 전체 네트워크 안의 각 주체들을 연결하고 소비자 네트워크와 생산자 네트워크 간의 연결을 매개하는 것은 네트워크라는 '관계' 자체이지 '가격'이 아니라는 점이다. 이것이 네트워크를 시장과 다른 지배구조로 파악하는 핵심적인 이유다. 또한 네트워크의 관계성은 소비자 지향적 관점을 요구하는데, 대표적으로 높은 협

---

20) 기존의 기업은 수직적으로 통합된 계층적 조직구조를 갖고 있었고 노동자는 대량 생산을 위해 조직화되었다. 이러한 기업들은 생산 중심의 순차적인 계획 싸이클을 가지고 있었다. 전통적인 기업 형태를 M-form 조직이라 하는데 이는 GM에 의해 유명해진 다분할 기업(multi-division firm)을 일컫는 말이다. M-form은 그동안 대부분의 기업들이 사용하는 구조였다. 복수의 기업활동을 하는 구조로서 각각의 기업은 본사에 보고한다. 전통적 기업의 목표는 이들의 기업활동을 관리해서 매출과 이익을 향상하고 계속 살아남도록 하는 것이다. 그런데 이 모델의 문제는 관리자들이 핵심 분야의 외부에서 일어나는 발전에는 어두워질 수밖에 없다는 것이다. 다시 말해 실존하는 시장과 영업 사이의 여백이 무시돼버린다.

동심, 상호 존중, 믿음, 정보 공유 그리고 때로는 합작 상표화 등 공동체 구성원의 실천에 의존하는 것들이다. 이런 기본적인 긴장감 아래에서 소비자 중심의 가치 창출 과정에 더 많은 사람들이 참여할수록, 그 씨스템은 공동체의 전략적 목적을 더욱 효과적으로 달성할 수 있을 것이다.

이처럼 네트워크경제가 도래함에 따라 시장과 기업의 틀에서 벗어나 제3의 거래 유형으로서 네트워크에 주목할 필요가 있다. 다시 말해, 네트워크경제는 시장 대 국가의 이분법에서 벗어난 새로운 시야를 제공하기도 한다. 시장이 불완전하고 부패할 때 정부의 개입이 문제가 아니라 제 역할을 못한 정부가 문제라는 것이다. 즉, 중앙 계획당국에 모든 정보가 전달되는 것은 본질적으로 불가능하기에 사회주의가 붕괴할 수밖에 없듯이, 정보의 심대한 결함 또는 불완전성이 존재하는 현실의 시장경제는 엄청난 경제적 후퇴를 초래할 수 있다. 이를 해결하기 위해서는 다른 형태의 분권화, 즉 민주주의 강화가 필요한데, 이때 네트워크화가 대안이 될 수 있다. 예를 들어, 스티글리츠(J. E. Stiglitz) 등은 노동자의 참여와 소유를 더욱더 허용하는 조직 형태나 이해 당사자(stake) 중심의 기업 지배구조인 파티콘(participation economy)과 같은 조직 형태를 고민하는데, 이는 정보의 균형을 위해 분권화와 네트워크화의 결합이 대안이 될 수 있음을 보여준다.

협력과 공유를 요구하는 네트워크경제

무형재의 불가분성은 무형재의 가치 창출이 집합적임을 의미한다. 현실 경제에서 지식은 갈수록 집단적인 작업으로 창조되고 있다. 이 집단 작업은 기업 내부나 외부 어디서나 이루어질 수 있고, 명시적으로 구상되어 조직되기도 하며, (컨쏘시엄이나 서로 경쟁하는 기업들에 소속된 엔지니어들이 노하우를 교환하는 경우처럼) 비공식적이고 자발적으로 이루어질 수도 있다. 이때의 키워드는 '협력'과 무형자원의 '공유'다.

앞에서 보았듯이 시장 이론에 따르면 공유는 비극을 초래한다(공유지의 비극). 경제학에서는 이 문제를 해결하기 위해 재산권 설정을 주장한다. 그러나 이는 자유경쟁의 원리와 시장에 의한 자원 배분을 유지하기 위해 특정한 유형의 재산권(사유재산권)으로 획일화하는 방식이다. 이론적으로 볼 때, 어떤 재산권이 바람직한지는 효율성을 기준으로 판단되어야 한다. 사유재산권을 설정해야 한다는 주장은 경쟁의 환경이 갖추어졌을 때만 정당성을 갖는다. 그런데 경쟁이 아니라 협력적 환경이 존재 혹은 형성된다면, 공유를 사유로 바꾸는 것이 비효율적이게 된다. 즉, 주류 사회과학에서 주장하는 '공유지의 비극'은 공유가 경쟁의 원리 위에서 작동한 결과라는 점을 간과한 것이다.

앞에서 예로 제시한 공유자원은 협력이 경쟁보다 효율적일 수 있음을 보여준다. 즉, 두 회사가 서로 협력하여 1개씩 뚫을 경우에는 각각 5백만달러씩 총 1천만달러의 이익이 실현된다. 더 나아가 두 회사가 공동으로 출자하고 전체 이익을 똑같이 배분할 경우에는 각각 550만달러씩 총 1100만달러의 이익이 실현될 수 있다. 경쟁하는 것이 협력하는 것보다 열등한 결과, 즉 자원의 비효율적 배분을 초래하는 것이다. 따라서 공유자원이 남용된다는 주장은 경쟁의 문화가 있는 사회에서만 적용될 뿐, 협력의 문화가 있는 사회에서는 적용되지 않는다. 이런 점에서 재산권이 정확히 배정될 때만이 경제적 효율성이 보증된다는 주류 사회과학의 재산권 이론은 서구의 경험을 보편화한 하나의 '신화' 혹은 '이데올로기'에 불과하다.

이와 관련하여 중국에서 향진(鄕鎭)기업이 이룬 경제적 성과는 협력과 문화적 규범의 중요성을 잘 보여준다. 향진기업은 중국 경제를 고도로 성장시킨 주역 중 하나로 꼽히는데, 흔히 서구형 시장경제에 익숙한 사람들은 '재산권이 불명확하고 지역정부와 분리되지 않았다는 것'을 향진기업의 문제점으로 지적한다. 그런데 실증 연구를 보면, 향진기업의 성장률이나 생산성은 국영기업보다 훨씬 높고 사기업과도 차이가 나지 않으며, 오히려 사기업보다 기술적 효율성이 높다고 한다. 경제학의 재산권 이론에서는 재산권이 명확히 규정되지 않으면 효율성이 담보되지 않는다고 주장한다. 하지만 집체 소유(공동소유제)가 효율적인 생산에 부적합하다는 이른바 '표준적'(?) 재산권 이론의 주장과 달리, 많은 연구자들은 사실상 중국의 기층정부가 소유하는 향진기업들의 '모호한 소유권'이 생산의 효율성을 심각하게 저해하지 않음을 보여준다. 이들은 그 근거로 '협조문화'가 정교한 사적 소유권을 불필요하게 만든다고 지적한다. 즉, 향진기업은 지속적인 관계로 묶여 있는 공동체 구성원들이 암묵적 계약을 통해 협조하게 함으로써, 독립적인 법체계 없이 소득을 공유하는 최적의 형식을 창출했다.

이처럼 문화의 차이는 관점의 차이를 만들고 사람들의 행태나 사회조직, 제도 등에 영향을 미친다. 흔히 유럽과 달리 한국이나 동아시아의 미작(米作)사회는 '경쟁'과 '사유'보다는 '협업'과 '공유'의 전통이 강하다고 인식된다. 그러나 유럽의 전통사회에서도 협력과 공유가 결합된 경우가 있다. 중세 유럽의 농업 경영 방식은 (쟁기와 연축 등) 생산도구를 공동으로 확보하고 (파종부터 수확까지) 공동으로 작업한 관습적 **공동경작체제**에 기초했다. 또한 중세 장원에는 촌락 주변에 목초지·삼림·황무지 등의 '공동지'(common field)가 존재했는데, 이 공동지는 영지 구성원들이 공동으로 이용할 수 있었다. 이같은 공동 작업과 생산도구의 공동 확보 그리고 공동지 제도는 토지의 생산성을 극대화하기 위한 제도였음이 입증되고 있다.[21]

---

21) Stefano Fenoaltea, "Transaction Costs, Whig History and the Common Fields," in Bo Gustafsson, ed., *Power and Economic Institutions*, Edward Elgar 1991, 107~69면. 사회적 필요가 증가할 때보다 자원이 희소해질 때 재산권이 변화한다고 주장하는, 즉 요소의

앞에서 든 두 가지 예에서 보듯이, 사유재산권은 경제적 효율성에 절대적이지 않다. 이러한 전제 아래 현재의 지식 기반 경제를 보면, 소유는 사적인 반면 가치 창출은 집합적이거나 집합적으로 이루어질 가능성이 높다. 따라서 사적 소유 체계나 유한 책임 메커니즘은 네트워크시대의 가치 창출과 충돌한다. 즉, 네트워크시대는 재산권 원칙을 재평가하고 법적 체계를 혁신할 것을 요구한다. 재산권이 효율성을 높이는 방향으로 진화하지 않는다면, 경제의 진보는 지체될 수밖에 없기 때문이다. 그럼에도 불구하고 배타적 사유재산권(사적소유권)만이 대안이라는 주장은 소유권의 개념을 두고 단지 사유화냐 국유화냐만을 따지는 이분법에서 벗어나지 못한 것이다. 공유를 특성으로 하는 무형재의 가치 창출은 경쟁보다는 협조주의 문화의 육성과 이를 위한 교육을 요구한다.

5. 거래 형태와 소유제의 다양화를 위하여

지금까지 살펴보았듯이, 사회적 생산이 과거처럼 유형의 생산요소를 중심으로 이루어지는 것이 아니라 무형의 생산요소 중심으로 이루어지는 것은 단순히 생산요소 구성의 변화만을 의미하는 것은 아니다. 이는 사회의 구성 및 운영 원리 그리고 재산권 체계의 변화 등을 수반한다. 우리 사회가 산업사회의 경제에서 새롭게 등장하는 네트워크경제로 발전하기 위해서는, 시급히 경쟁과 사유재산권을 절대화·우상화하는 '경직

상대가격 체계의 변화로 재산권의 변화를 설명하는 이들에 따르면, 서유럽사회에서 봉건제가 성립하는 10세기경에 토지는 노동력보다 상대적으로 풍부했기 때문에 토지를 배타적으로 사용할 수 있는 권리를 고안할 필요가 없었다는 것이다. 이와 관련해서는 D.C. North and R. P. Thomas, *The Rise of the Western World: a New Economic History*, Cambridge University Press, 1973, 19~20면 참조.

된' 시장경제의 틀을 넘어설 필요가 있다. 이미 시장이라는 거래 형태를 넘어서는 새로운 거래 형태(네트워크 거래)가 등장했기 때문이다. 따라서 시장경제에 대한 시각 역시 경쟁의 원리나 사유재산권의 틀에 가둘 필요가 없다. 이렇게 시각을 교정하는 것이 경쟁의 원리나 사유재산권 체계를 부정하는 것은 아니다. 다양한 시장경제 운영 원리가 존재할 수 있고 다양한 재산권과 결합될 수 있다. 마찬가지로 지금까지도 시장과 기업이라는 두 가지 거래 형태가 공존하고 있듯이, 다양한 거래 형태가 공존할 수도 있다. '다양성/다중성/관계'가 시대정신이 된 지 오래되었지만 재산권을 사유하는 수준은 과거에 머물러 있는 것이다.

소유제 다양화의 현실적 함의

오늘날 고부가가치를 창출하기 위한 협력적 상거래(collaborative commerce, c-commerce) 모델, 즉 핵심 역량을 한데 모을 수 있는 협력 관계 형성이 중요한 이유도 무형재의 가치가 집합적으로 창출되는 것에서 비롯한다. 즉, 오늘날 경쟁이 심화되는 환경에서 협력의 필요성이 크게 증대하고 있기 때문이다. 최근 주목을 받는 블루오션(blue ocean)도 협력의 중요성을 보여준다. 오늘날 블루오션 시장 전략이 세계적으로 인기를 얻는 것은 경쟁전략론이나 핵심전략론 등 기존 경영전략과는 다른 새로운 것이기 때문이다. 블루오션 시장 전략의 핵심은 경쟁하지 않고 창조함으로써 이익을 창출한다는 것인데, 여기에서 비경쟁 거대 신시장을 창출하려는 전략은 단순한 틈새시장의 개척을 의미하는 것이 아니다. 경쟁자 없는 거대 신시장을 창출하려면, 경쟁을 구조적으로 제거해야만, 즉 발상을 전환해야만 한다. 이는 경쟁의 원리에 의해 부가가치를 창출하는 대신, 협력의 원리로 효율성을 추구한다는 것을 의미한다. 경제환경의 변화와 위기에 직면한 많은 기업들이 시장을 개척하기 위해 '적과의 동침'도 불사하거나 '원 쏘스-멀티 유즈'(one source-multi use)로 부가가치를 높이는 '윈-윈'(win-win) 전략을 적극적으로 도입하는 것도 협력의 원리가 강화되는 예다.

또한 미래 원천 기술을 확보하는 것이 모든 사회가 맞닥뜨린 절체절명의 시대적 과제가 되었다. 그런데 '고위험(high risk)-고수익(high return)'의 첨단기술은 아무리 수익이 크다고 해도 위험성이 높아서, 이 산업에 투자를 유치하는 일은 말처럼 그리 쉽지 않다. 따라서 투자 재원을 마련하는 것이 중요하지만, 우리나라는 경제규모가 작아 양적으로 선진국을 따라잡기 어렵다. 게다가 97년 위기 이후 투자의 위험을 공유하는 씨스템이 붕괴된 반면, 자본시장은 상대적으로 발달하지 않았다. 이런 상황에서 선택과 집중을 한다 할지라도 첨단기술 개발에 투자할 재원을 마련하기가 쉽지 않다. 예를 들어, 위험과 이익을 공유하는 투자 씨스템을 마련하지 않고 우리나라 바이오산업이 성장산업으로 만개(滿開)할 것을 기대할 수는 없을 것이다. 바이오산업은 상업화되려면 장기간이 소요된다. 줄기세포든 신약이든 적어도 7~10년 정도는 기다려야 한다. 의욕 넘치는 연구자들, 기업가정신을 가진 기업들을 떠받쳐줄 인내심 있는 '인내자본'(patient capital)이 절실하다. 거품이나 머니게임이 아니라 산업으로서의 바이오산업을 기대한다면 더욱 그렇다. 작년 4분기 미국 벤처캐피털이 정보기술과 바이오산업에 투자한 자본은 각각 전체 투자액의 52.9%와 31.5%였다. 우리나라는 작년에 55.7%와 2.6%였다. 바이오 시대를 말하기엔 그 비중이 너무 작고, IT와 BT의 융합을 강조하기엔 균형이 잡혀 있지 않다. 그나마 2.6% 중 7년 이상 지속적으로 투여되는 인내자본이 얼마나 되는지는 말하지 않아도 짐작이 갈 것이다. 우리가 풀어야 할 숙제다. 오히려 최근 소위 성공한 벤처기업들이 외국계 자본에 넘어간 사례가 심심찮게 나타나고 있다. 그 결과 우리나라의 역량이 이전되고 일반 국민이 이익을 공유할 수 없게 되었다. 성장 단계에 있는 벤처기업들이 국내에서 성장하기 어려워 외국계 자본의 힘을 빌리는 것이다. 이 문제를 해결하기 위해서는 가치 네트워크의 파트너들이 **리스크와 보상을 공유**하는 것이 필요하다. '리스크분산설'에 따르면 '자원 획득의 확실성'이 낮은, 즉 리스크가 큰 프로젝트일수록 사유보다 공유가 유리하다. 이익의 보장이 불확실할 때는 나눔이 독점보다 유리하기 때문이다.

통일시대와 87년헌법의 개정

사실 소유제와 거래 형태의 다양화는 통일시대를 대비하기 위해서도 절실하다. 많은 이들은 북한의 향후 시장경제로의 전환은 많은 어려움에 직면할 것임을 지적한다. 배급체제 및 계획경제에 익숙한 북한에서는 시장경제로 전환한다는 것이 곧 모든 생활영역에서의 사고방식이 대폭 전환됨을 의미하기 때문이다. 이들은 통일 이후 서독이 기울인 많은 노력에도 불구하고 동독 주민들, 특히 동독의 중·장년층이 거의 실업 상태로 내몰리게 되었다고 주장한다. 통일독일정부는 일반적인 실업정책으로 이에 대응했으나 옛 배급체제보다 못했고, 그 결과 사회 및 국민 통합에 난항을 겪었다는 것이다. 이 주장은 두 가지 사실을 전제로 해야 할 것 같다. 하나는 의도하든 의도하지 않든 흡수통일을 전제로 한다. 하지만 독일의 통일 경험을 보면 현재의 북한 상황을 전제로 할 때 흡수통일이 바람직하지 않다. 남한에 북한을 흡수통일할 만한 능력(무력)이 존재하는가 혹은 남한이 돌발적인 흡수통일의 상황을 통제할 능력이 존재하는가? 즉, 주변 이해 당사국의 개입과 간섭을 극소화할 수 있는 능력(소위 '자주적 해결'의 가능성)이 존재하는가? 북핵문제와 북한문제를 6자회담의 틀에 의존하는 현실을 보면, 흡수통일은 불가능해 보인다. 독일의 경험을 보더라도 흡수통일, 특히 속전속결식 흡수통일은 권력과 경제력을 쥔 측이 주도하고, 일반 국민은 흡수통일에 따른 부작용의 비용만을 지불하게 될 가능성이 크다. 현재의 상황을 고려할 때, 한반도 통일은 남북한 각자가 내부 변화를 통해 점진적으로 통합되는 방식일 가능성이 크다고 본다. 여기서 통합의 단계가 남북한이 동일한 모습을 갖는 것은 아니다. 남북한의 차이가 불러일으키는 갈등에도 불구하고 서로가 공존할 수 있으면 한반도 통일은 이루어질 것이기 때문이다.

한반도 통일에 대한 이러한 시각을 전제로 할 경우, 북한 체제의 변화는 현재의 남한 체제를 지향하지 않을 가능성이 크고 그럴 필요도 없다고 생각한다. 이에 많은 사람들이 북한 체제의 변화와 관련하여 중국식 시장경제를 대안으로 제시한다. 지난 25년간 진행된 중국식 시장경제는 남한의 시장경제와는 상당한 차이를 보이고 있다. 향후에도 양국의 시장경제는 상당히 차이날 가능성이 크다. 예를 들어, 중국식 시장경제는 다원적 소유제에 기초하고 있다. 즉, 앞에서 다룬 향진기업의 사례에서 보았듯이, 중국의 경험은 시장경제가 다양한 소유와 결합될 수 있음을 보여준다는 점에서 중요하다. 공유제가 중심이 되었던 중국에서 본격적으로 사영경제가 제도화되고 사유재산권이 보장된 것은 1999년 3월 중국 제9기 전국인민대표대회(전인대) 2차 전체회의에서 헌법 제6조, 8조, 11조를 개정하면서부터였다. 그리고 이는 국영기업의 개혁과 맞물려 있다. 즉, 1999년에 헌법을 개정하면서, 사영경제를 '공유제의 보충' 형식으로 명기했다. 이는 사영경제를 사회주의 시장경제의 '중요한 구성 부분'으로 격상해 사유재산제 허용을 명문화한 것이다.[22] 그럼으로써 사영기업을 육성해 국영기업의 개혁에 따른 실업자를 흡수하고 전체 국가경제에 활력소를 제공하려 했다. 이처럼 99년에 헌법이 개정되면서 사유제와 사유경제 등 비공유경제는 국유경제와 함께 사회주의 시장경제의

---

22) 1999년의 헌법 개정으로 전체 인구의 약 20%에 달하는 2억 5천여만명이 종사하는 사유제 경제 부문이 헌법적 지위를 부여받았으며, 이에 따라 개인의 재산권도 법적으로 보장받게 됐다.

주요 구성 부분이 되었다. 여기서 개체 경영이나 사영기업 등 사유경제가 격상됐다는 사실 때문에 사유경제가 비사유경제를 본격적으로 대체하기 시작했다고 보아서는 곤란하다. 오히려 99년 헌법 개정의 의미는 중국식 시장경제에서 소유제의 다양화가 제도화되었다는 점에 있다. 다양한 소유제가 공존하더라도 현실적으로 커다란 마찰이 일어나지 않는다는 지금까지의 경험이 반영된 것이다. 2004년 전인대 10기 2차 전체회의에서 '사유재산 보호' 조항이 헌법에 삽입된 것도 이런 자신감의 반영으로 해석되기도 한다. 최근 검토하고 있는 물권법 역시 "임의의 단체나 개인이 임의의 수단으로 국가, 집단과 개인의 재산을 침해하거나 파괴하는 것을 금지"하기 위한 차원이지, 사유재산권의 전면화와는 거리가 있다.

중국식 시장경제를 전제로 할 때, 북한에 도입될 시장경제 역시 유연하게 바라볼 필요가 있다. 예를 들어, 중국의 경험은 통일에 대비해 거론되는 다양한 법률적 과제, 특히 분단(한국전쟁) 이전에 존재했던 남북한의 토지 소유권을 어떤 식으로 해결할지에 대한 좋은 단서를 제공한다. 기본적으로 건물 소유와 토지 임대만 가능한 중국의 토지 및 부동산 소유제도로도 시장경제를 운영하는 데 문제가 없다. 반대로 독일의 통일과정에서는 동독 지역 땅에 대한 서독인들의 옛 소유권을 인정해주었는데, 해당되는 부동산이 동독 전체 부동산의 50%나 되어 통일 이후 동독지역에 대한 투자를 가로막는 심각한 걸림돌이 되었다. 이를 감안할 때 남한의 재산권 개념으로 북한을 변화시킬 필요는 없다. 마찬가지로 북한체제가 시장경제를 도입하는 과정에서 다양한 형태의 소유권에 기초한 기업조직들이 등장할 가능성이 크다.

평화주의 헌법을 위한 인권적 접근

이대훈

1. 국가의 폭력과 헌법의 평화주의

헌법에서 평화주의는 일반적으로 군사동맹 및 계엄이나 비상조치 등 대내외 군사활동과 전쟁에 대한 태도를 기준으로 판별된다. 이 글에서는 먼저 헌법학적으로 좁은 의미의 평화주의, 즉 국가의 군사활동과 관련된 평화주의 문제를 다루고, 다음으로 좀더 넓은 의미의 평화, 즉 정의 구현과 관련된 문제로서 시민에 대한 국가의 폭력 문제를 고찰한다. 이어서 대내외 군사활동에 촛점을 두는 좁은 평화주의 논의를 넘어서, 헌법에 인권에 입각한 평화주의가 수용되는 것이야말로 진정한 의미에서 평화주의 헌법으로 나아가는 길, 평화주의국가로 나아가는 길이라고 제안한다.

냉전 시대를 거치면서 우리는 국가 안전보장을 협소하게 이해해왔다. 이는 평화주의 헌법에 중대한 장애물이 되므로, 우리는 국가안보를 새로운 각도에서 이해할 필요가 있다. 필자는 국가의 정체성이 동맹이나 특정 국제체제에 근거해서는 안되며, '인권과 평화'라는 초국적이고 높은 수준의 민주주의 가치로 재규정되어야 한다고 본다. 여기에 이 논의가 일정 정도 기여하기를 희망한다.

　대한민국 헌법에는 좁은 의미의 평화와 관련된 다음과 같은 조항이 있다.

전문(前文)　　（…） 밖으로는 항구적인 세계평화와 인류 공영에 이바지함으로써 （…）

第5조 1항　　대한민국은 국제평화의 유지에 노력하고 침략적 전쟁을 부인한다.

第5조 2항　　국군은 국가의 안전보장과 국토방위의 신성한 의무를 수행함을 사명으로 하며, 그 정치적 중립성은 준수된다.

第37조 2항　　국민의 모든 자유와 권리는 국가안전보장·질서유지 또는 공공복리를 위하여 필요한 경우에 한하여 법률로써 제한할 수 있으며, 제한하는 경우에도 자유와 권리의 본질적인 내용을 침해할 수 없다.

第60조 2항　　국회는 선전포고, 국군의 외국에의 파견 또는 외국 군대의 대한민국 영역 안에서의 주류에 대한 동의권을 가진다.

第91조 1항　　국가 안전보장에 관련되는 대외정책·군사정책과 국내정책의 수립에 관하여 국무회의의 심의에 앞서 대통령의 자문에 응하기 위하여 국가안전보장회의를 둔다.

2. 평화에 대한 인권적 접근

　1970년대 말에서 1980년대 초반까지 국제인권기구를 포함한 다양한 유엔기구에서는 이른바 평화-인권-개발(발전)의 삼각 주제를 두고 논쟁이 지속되었다. 익히 알려진 이유로 서방진영은 대개 자유권적 인권을 핵심 의제로 삼는 데 동의했으며, 사회주의국가들은 국제평화문제가 그리고 이른바 남반부 개도국들은 개발(발전)이 핵심 의제라고 주장했다.

인권은 공동체가 임의로 침해할 수 없는 불가침의 가치를 권리로 규정한 것이다. 따라서 평화와 개발도 인권의 관점에서 접근되었고, 이는 자연스럽게 발전권(right to development)[1]과 평화권(right to peace)에 관한 논의로 이어지게 되었다.

이러한 논의에 기초가 되는 정신은 세계인권선언(1948)에 잘 나타난다. 그 전문(前文)에서는 인권을 무시하고 경멸하는 것은 국제평화를 위협할 수 있다고 경고한다. 나아가 세계인권선언 제28조는 "모든 사람은 이 선언에 규정된 권리와 자유가 완전히 실현될 수 있도록 사회적·국제적 질서에 대한 권리를 가진다"고 규정하여, 바람직한 국제질서가 인권에 기초해야 하며 이러한 권리가 시민에게 보장되어야 한다는 점을 분명히 하고 있다.

평화의 권리와 관련하여 1984년 유엔총회에서는 서방을 제외한 국가들의 주도하에 역사상 처음으로 '인민들의 평화권 선언'이 채택되었다(유엔총회 결의 39/11, 1984. 11. 12). 이 선언은 모든 나라의 물질적 안녕과 발전, 진보, 권리와 자유를 완전하게 보장하기 위해서는 국제적으로 전쟁이 없는 삶이 필수적임을 확인하고, 지구상의 모든 인민들에게 '신성한 평화의 권리'가 있음을 규정한다. 핵심적인 규정은 다음과 같다.

총회는 (…) 인민들의 평화로운 생활을 유지해주는 것이 각국의 신성한 의무임을 확인하며, 다음과 같이 엄숙히 선언한다.

1. 지구상의 인민은 신성한 평화의 권리를 가진다.

---

1) 발전권 선언은 1986년 유엔총회에서 채택되었다. 이대훈 「발전의 권리와 개발」, 『한국 인권의 현황과 과제』, 세계인권선언 50주년 기념사업회 1998 참조.

2. 인민들에게 평화의 권리와 그 이행을 보장하는 것은 각국의 근본적인 의무다.

유엔 평화권 선언에서 평화권은 자결권과 마찬가지로 인민들의 집단적 권리로 제시되었을 뿐, 개개인의 시민들에게 부여되는 평화권에 대한 규정은 찾아보기 힘들었다. 평화권 선언에는 심지어 전통적인 주제인 '국제관계에서 무력 사용의 금지'라는 규정도 포함되지 않았다. 이러한 한계는 냉전 시대의 체제 경쟁에 기인하는 것으로 보이며, 개개인에게 평화를 향한 인권을 어떻게 부여할 것인가는 숙제로 남게 되었다.

평화와 인권의 관계를 설명하는 데는 세 가지 접근이 가능하다. 첫째는 인권이 평화의 전제조건이라는 접근이고, 둘째는 인권을 평화의 구성 요건의 하나로 보는 것이며, 셋째는 평화를 인권의 전제조건으로 보는 것이다.[2]

첫번째 접근을 대표하는 것으로는 무엇보다 유엔헌장 제55조에 규정된 내용, '인권과 기본적 자유를 보편적으로 존중하고 준수하는 것이 국가간의 호혜 평화 관계에 필수적인 안정과 복리의 조건을 형성하는 데 관건이 된다'는 명시적 표현을 들 수 있다. 이와 같은 입장은 유럽안보협력기구과 헬씽키협약에서도 반복된다. 그러나 이러한 관점은 두 가지 측면에서 한계가 있다. 첫째는 인권이 국경을 넘는 보편적 규범이 되면서 한 국가가 타국의 인권에 개입할 여지가 생기게 되었고, 이것이 국가간 갈등의 원인이 될 수 있다. 둘째로는 민주주의와 인권이 신봉된다고 하는 사회에서조차 왜곡된 정보나 정치 조작, 역사적인 편견, 국익론이나 국가안보론 등으로 타국과의 부정의한 전쟁에 동의할 수 있다.

---

2) Vojin Dimitrijevic, "Human Rights and Peace," in Janusz Symonides, ed., *Human Rights: New Dimensions and Challenges*, Ashgate/UNESCO 1998.

인권 보장을 평화의 구성요건으로 보는 접근은 주로 요한 갈퉁(Johan Galtung)의 구조적 폭력—적극적 평화—개념에 따른 것인데, 인권 보장을 포함하여 다양한 사회 복리와 안전보장의 총체를 평화로 설정한다. 국제기구로서는 유네스코가 채택한 입장이 이에 가까우며, 이때 인권 보장을 구성요건으로 하는 평화는 인류가 지향하는 선한 가치의 총합이 된다. 한편 인간안보론은 개인의 안전에 촛점을 맞춘 총체적 평화론의 또다른 모습이라 할 수 있다. 그러나 평화가 모든 선한 가치의 총합이라는 개념이나 접근이 정책을 입안하는 데 현실적으로 어떤 영향을 미칠 수 있는지는 인간안보론과 마찬가지로 아직 의문이다.

인권 보장의 전제조건으로 평화를 설정하는 접근은 우선 국제 인도주의법에서 시작되었다고 할 수 있다. 무력분쟁에 관한 국제법은 전쟁중이라 하더라도 개인의 권리가 구체적으로 보장되어야 한다는 전제에서 출발하며, 이를 위반할 경우 정당한 전쟁 수행으로 인정하지 않는다. 여기에는 평화의 부재, 즉 전쟁 또는 무력갈등이 인권을 향유하는 데 직접적인 위협이 된다는 자명한 인식이 전제되어 있다. 주목해야 할 것은, 국제 인도주의법이 전쟁시 '우리'의 인권을 보호하는 데 촛점을 맞추기보다, 정당한 전쟁 개시의 조건과 정당한 전쟁 수행의 방법을 제한함으로써 상대, 즉 적의 인권 보호를 우선한다는 것이다. 즉, 국제 인도주의법과 국제 인권법은 전쟁중에도 그리고 국가안보를 이유로 하는 비상 상황에도 국가나 개인이 침해할 수 없는 절대 불가침의 영역을 설정한다. 따라서 비상 상황으로 사회 구성원의 인권을 일부 제약하는 경우에도 이 제약은 차별적으로 적용되어서는 안된다는 것이다. 대표적으로 시민적·정치적 권리에 관한 국제규약 제4조 2항은 생명권, 신체안전권(고문과 가혹행위의 금지), 노예제 금지, 채무에 의한 억류 금지, 죄형법정주의 등을 절대 불가침의 원리로 규정한다. 이와 같이 우리는 어떠한 비상 상황이라도 국가와 개인이 침해할 수 없는 '중대한 인권'의 영역이 존재한다는 데 국제사회가 합의해왔음을 알 수 있다. 여기서 핵심은 합의할 수 있는 절대 불가침의 '중대한 인권' 영역이다. 이러한 접근도 약점이 있는바, 최근 각국의 반테러법 제정과 적용 과정에서 드러나듯이 그 범위가 무능한 정치지도자들과 사회적 히스테리에 지나치게 좌우된다는 것이다.

이런 세 가지 접근을 염두에 두고 아시아 시민사회에서 진행된 평화권 정립을 위한 노력을 살펴보자. 1990년대에 아시아 전역의 약 150개 비정부기구들은 수년간의 준비 작업을 거쳐 아시아인권헌장 초안을 작성했다. 이후 초안은 광범위하고 전문적인 협의를 거쳤고, 결국 1998년 5월 아시아인권위원회의 초청으로 부탄, 홍콩, 인도, 캄보디아, 한국, 말레이시아, 필리핀, 싱가포르, 스리랑카, 타이 등 아시아 각국에서 모인 1백여명의 참가자들이 한국 광주에서 '아시아인권헌장'을 선언했다. 아시아인권헌장에 담긴 평화권 조항을 좀 길지만 인용해본다.

평화권

4-1. 모든 개인은 평화롭게 살 권리를 가진다. 그리하여 자신의 육체적·지적·도덕적·정신적 능력을 충분히 개발할 수 있어야 하며, 어떠한 종류의 폭력의 대상이 되어서도 안된다. 아시아 민중은 전쟁과 내전으로 커다란 곤란과 비극을 체험하고 있다. 전쟁과 내전은 많은 사람의 생명을 앗아가고, 신체를 훼손하며, 사람들을 다른 지방 내지 다른 나라로 떠나게 만들고, 많은 가족을 해체하고 있다. 좀더 포괄적으로 말하자면, 전쟁과 내전으로 문명의 혜택을 누리는 삶 혹은 평화적 생활을 추구할 수 없게 되었다. 많은 나라에서 국가와 시민사회가 심하게 군사화되어 모든 문제가 폭력에 의해 결정되고 정부나 군부의 위협이나 공포로부터 시민들은 보호받지 못하고 있다.

4-2. 국가는 법률과 질서를 유지할 책무를 진다. 이 책무는 폭력 사용이 엄격하게 제한되는 가운데 실행되어야 하며, 인도주의적 법률 등 국제사회에 의해 확립된 여러 기준에 부합해야 한다. 모든 개인과 집단은 경찰과 군대에 의

해 자행되는 폭력 등 모든 형태의 국가폭력으로부터 보호받을 권리가 있다.

4-3. 평화롭게 살 권리가 보장되려면, 국가와 기업과 시민사회 차원에서 이루어지는 제반의 정치적·경제적·사회적 활동들이 모두 국민의 안전을 존중해야 하며, 특히 사회적 약자의 안전만큼은 존중해야 한다. 국민과 국민들이 살아가는 자연환경 사이의 안전한 관계도 보장되어야 한다. 억압과 착취 그리고 폭력에 기대지 않고 사회에 내재하는 모든 가치 있는 요소들이 훼손되지 않으면서, 모든 개인은 자신의 욕구와 희망을 충족할 수 있는 정치적·경제적·사회적 환경을 보장받아야 한다.

4-4. 아시아 국가들은 파시스트의 침략과 식민주의, 신식민주의 지배에 맞서 투쟁해오면서 평화를 정착시키는 데 중요한 역할을 했다. 이러한 투쟁 속에서 아시아 국가들은 주권의 보전과 강대국의 내정 불간섭이 얼마나 중요한지 강조했다. 그러나 외세의 강점 위협에 대항하여 주권을 보전하고 보호해야 한다는 이유로 개인의 안전과 평화로운 생활의 권리를 박탈해서는 안된다. 그것은 외자 유치가 인권 탄압의 변명으로 사용되어서는 안되는 것과 마찬가지다. 나아가 국가는 전체 국민 개개인의 안전 상황을 국제사회에 보고해야 하며, 이를 거부하는 것은 결코 정당화될 수 없다. 국민이 자유롭게 살 권리는 국가가 국제사회에 책임을 질 때만 보증된다.

4-5. 국제사회는 아시아의 전쟁과 내전에 깊이 연관되어 있다. 다른 국가들은 아시아의 각종 집단들을 대리자로 내세워 전쟁을 부추겨왔고, 내전에 개입된 집단과 정부에 무기를 공급했으며, 이런 무기 판매로 막대한 이윤을 챙겼다. 결과적으로 아시아 국가들은 국가의 개발정책과 국민의 복지에 써야 할 막대한 공공자금을 무기 구입에 유용한 것이다. 군사기지를 비롯한 (보통 외세의) 여러 군사시설은 인근 지역에 거주하는 주민들의 사회적·육체적 안전을 위협해왔다.

여기서 주목할 만한 것은 제1항에서 평화권을 평화적 생존권에 기초해 규정하면서도 평화의 조건을 무력분쟁 해소뿐 아니라 광의의 정의 구현으로 이해한다는 점, 국가의 대외적인 무력행사를 제한하는 데 그치지 않고 국가에 의한 폭력 일반을 제약하고자 했다는 점, 인권의 총체적인 보장이 평화의 구성요건이라는 입장을 확인했다는 점, 국제질서의 정의로운 개편이 일국적인 평화 구현과 긴밀히 연관됨을 강조한 점 등이다. 즉, 아시아인권헌장에서 규정된 평화권은 일국과 국제질서를 관통하는 정의 구현의 상을 권리로 표현한 것으로 보인다.

3. 시민에 대한 국가의 폭력과 평화의 권리

헌법상의 평화주의를 대외적 평화, 즉 전쟁과 대외 군사활동 등으로 국한해서 이해하는 것은 협소하다. 평화주의의 핵심은 폭력과 공포로부터의 자유인데, 폭력과 공포가 주로 국가 외부에서 기인한다는 인식 자체가 매우 심각한 문제를 안고 있기 때문이다. 한국 현대사에서 그러했듯이 이러한 인식은 시민에 대한 국가의 폭력을 정당화하거나 은폐하는 데 유용한 수단이 되어왔던 것이다.

다시 말하면, 평화주의는 궁극적으로 국가의 무력·폭력 사용과 결부된다. 따라서 국가 외부로부터의 무력·폭력에 국한해서 평화주의를 이해하는 것은 앞에서 논의했던 국제사회의 노력, 즉 중대한 폭력을 규율하는 보편적 규범을 수립하려는 국제적인 노력과 상치된다. 무력·폭력의 사용이 외부에 의해 이루어지든 내부에서 이루어지든 그 정당성이 의문시될 경우, 이것은 가해자와 피해자 그리고 의무과 권리의 문제가 된다. 그러므로 헌법에서의 평화주의를 근본적으로 논의하기 위해서는 국가의 폭력으로부터 시민의 인권을 폭력 이전과 이후에 어떻게 보장할지 논의해야 한다.

전쟁 수행상의 부당한 폭력과 국가의 (국내적) 인권침해를 구분하지 않고 공히 그 책임을 묻는 인권규범으로는 유엔의 '전쟁범죄와 반인도적 범죄에 대한 공소시효 부적용 협약'(1968), 유엔 인권소위의 '중대한 인권 침해와 중대한 인도주의법 위반시 피해자 보상 권리에 관한 기본 원칙과 지침'(특별보고관 테오 반 보벤Theo van Boven 1995) 등이 있으며, 시민에 대한 국가의 책임과 보상의 의무를 규정한 인권규범으로는 유엔 인권소위의 '중대한 인권침해 피해자 배상·보상·재활에 관한 연구'(특별보고관 테오 반 보벤 1993), 유엔 인권위의 '불처벌 척결을 위한 보강 원칙'(독립적 전문가 디안 오렌틀리히어Diane Orentlicher 2005), 유엔 인권소위의 '(시민적·정치적 권리인) 인권을 침해한 자의 불처벌 문제에 관한 최종 보고서'(루이스 조이넷Louis Joinet 1997) 등이 있다. 이러한 인권규범에는 공통점이 존재하는데, 그것은 '중대한 인권침해'의 경우 피해자 구제와 가해자의 책임 추궁에 국경, 즉 내부·외부가 존재하지 않는다는 것이다.

유엔의 공소시효 부적용 협약은 먼저 "범행 싯점과 상관없이" 전쟁범 죄와 반인도적 범죄에는 공소시효가 적용되지 않는다고 규정한다(제1 조). 이 협약이 적용되는 전쟁범죄는 다시 뉘른베르크헌장에서 정의되고 유엔총회 결의 3(I)호(1946. 2. 13)와 95(I)호(1946. 12. 11)에 의해 확인된 것 으로 한정되며, 특히 전쟁 희생자 보호를 위한 1945년 8월 8일의 제네바 협약에 열거된 '중대한 위반 행위'(grave breaches)도 협약의 적용을 받 는다(제1조 a항). 이 협약에서 반인도적 범죄는 "전시에 저질러졌든 평시 에 저질러졌든 간에 1945년 8월 8일의 뉘른베르크 국제군사법정헌장에 서 정의되고 유엔총회 결의 3(I)호와 95(I)호에 의해 확인된 것"으로 정 의된다(제1조 b항). 이 협약은 또한 "무력공격 또는 점령에 의한 축출 (eviction), 인종 격리 정책으로 야기된 비인간적 행위와 집단학살 범죄" 에도 적용된다(같은 조문). 이 협약의 규정은 범죄의 완성 정도를 묻지 않 고 정범이나 종범으로 이러한 범죄행위의 실행에 가담하거나 직접적으로 선동 또는 모의한 국가 당국자와 사인(私人) 그리고 이러한 범행을 용인한 국가 당국자에게 적용된다(제2조). 유엔협약은 무엇보다 이러한 범죄를 "소추하고 처벌하는 데 공소시효 또는 다른 제한 사유가 적용되지 않고, 이러한 사유가 존재할 경우 이를 폐지하기 위해 필요한 모든 입법 또는 다른 조치를 각각의 헌법 절차에 따라 채택"할 의무를 당사국에 부과한다(제4조).[3]

국제상설형사재판소 규정 제7조에 따르면, 공소시효가 적용되지 않는 반인도적 범죄는 민간인에게 광범위하거나 조직적인 공격을 자행한 다음 행위를 말한다.[4]

(a) 살인 (b) 말살 (c) 노예화 (d) 강제 이주 (e) 국제법의 기본 원칙에 위반되는 구금행위나 신체의 자유를 과도하게 박탈하는 행위 (f) 고문 (g) 강간, 성노예화, 강제된 매춘 및 임신, 단종 혹은 기타 이와 비견되는 성적 폭력 (h) 정치적·종교적·민족적·문화적·종교적 혹은 성적 차별에 입각한 특정 집단 박해 (i) 강제 납치행위 (j) 아파르트헤이트 (k) 기타 의도적으로 신체에 심각한 고통을 주기 위해 자행되는 비인도적 행위

이 규정은 재판소의 관장 범죄로 대량학살, 전쟁범죄, 침략행위와 함께 국제상설형사재판소가 관장하는 주요 범죄행위인 반인도적 범죄를 세밀하게 규정한 것이다. 이는 가장 엄격하게 가해자의 책임을 물어야할 '중대한 인권'에 반하는 행위, 즉 인류사회가 제거하고 예방하고자 하는 가장 극심한 폭력행위를 국제규범으로 규정한 것으로서 하나의 분수

3) 이상·조시현 「중대한 인권 침해 문제에 대한 시효 문제」, 『민주사회를 위한 변론』 1999년 12월호, 민주사회를 위한 변호사회.
4) 박찬운 「반인도적 범죄의 국내적 수용──국내법의 문제와 수용 방안을 중심으로」, 『반인도적 범죄와 공소시효 문제──국제법의 흐름과 국내법의 정비 방향을 중심으로』, 국회 일본군위안부 문제 연구모임 1999.

령을 이루고 있다. 여기서 우리는 대량학살, 전쟁범죄, 침략행위, 반인도적 범죄가 서로 비슷한 위치를 차지함을 확인할 수 있다.

4. 국가 안전보장에 대한 이해

국가안보는 근현대 국제체제를 떠받치는 국가주권원리의 핵심적인 정책 담론이다. 국가의 최고 목표가 자신의 안전을 보장하는 것이며, 이 정책분야가 다른 정책분야보다 우월하다는 주장이다. 안보는 또 국익의 핵심이라고 주장된다. 파병과 관련된 국익론, 유신 시대 '안정 위의 성장론' 등이 그런 주장의 예다. 한편 국가안보가 아니라 인간안보가 진정한 안보라거나, '정권안보로 전락한 국가안보'를 비판하며 진정한 국가안보를 주장하는 것도 결국 '안보' 담론의 틀 안에서 전개되는 비판일 뿐이다. 평화운동을 세계체제와 연관해 이해하고 전개하기 위해서는 근대 세계체제와 안보의 상관관계를 이해해야 한다.

'안보'는 근대 서구에서 퍼져나온 개념이다. 하지만 이 개념은 사회적·자발적 합의가 불가능한 '모호한 상징'일 뿐이며, 좋게 평가하더라도 '저개발된 개념'에 불과하다. 그래서 이를 최대한 현실에 적용해도 '안보의 딜레마'에 처하게 되는 것이다. 국가안보정책이라는 명칭이 미국의 대외정책에서 처음 등장한 것은 1947년이다. 이는 미국이 전후 세계전략을 구상하면서 외교정책의 중심에 안보 사상을 채택했음을 의미한다. 그 배경에는 냉전이라는 총체적 진영 대결구도하에서 전통적인 일국적 국가방위 개념으로는 대사회주의권 대결전략에 대한 국내의 동의를 구할 수 없었던 상황이 있다.[5] 즉, 국가안보론은 해외에서 미국과 동맹국

---

5) Ole Waever, *Concepts of Security*, Institute of Political Science, University of

의 이익을 보호하는 것이 곧 국익이라는 해석을 가능케 하는 근거이자 국가방위라는 소극적 정책 태도를 대신하는 공세적인 정책 패러다임이 되었고, 당시 미국의 이해를 반영한 중추적인 이론이었다고 할 수 있다. 이는 냉전의 요구에 따라 증대된 국방비, 사회의 안정, 적극적이며 확대된 대외정책, 핵 경쟁을 정당화하기 위한 것이다. 하지만 그 이면에는 이렇게 확대된 군사외교정책에 대한 국내의 거부 반응을 극복할 필요가 대두되었기 때문이다.

이런 특수한 역사적 배경을 갖는 안보 패러다임은 보통 어떤 행위를 '적대행위'로, 어떤 수준의 행위를 '위협'으로, 또 어떤 국가를 '적국'으로 규정하는 것과 같은 일상적인 해석과 인식 행위를 포함한다. 보통 안보 위협이라고 지칭되는 현상에는 군사력이라는 물리적 실재와 그것의 사용에 대한 정보와 추측, 해석과 편견, 정치적 의지와 여론 등 '관념적' 실재가 함께 들어 있다. 이 때문에 안보문제를 물리적 실재로만 여기면 안되며, 해석과 편견 및 추측이 난무하는 '관념'의 영역을 아울러 상대해야 한다. 관념과 결합되지 않은 물리적 군사력은 그 자체로는 안보에 위협이 되지 않는다. 따라서 안보 위협을 제기하는 '행위'는 특정한 정치적 행위며, 그러한 행위를 반복함으로써 정치적 행위자는 자기의 관념과 의지, 정체성을 재형성 또는 강화하기 때문에 '안보' 언술은 정치적 행위자의 구성적 행위다.

'안보'라는 언어를 사용하는 정치적 해석과 언술 행위는 다른 정치적 언행과 달리 '죽음의 공포'를 제기하는 특별한 행위다. 왜냐하면 '안보'가 지켜지지 않을 경우 국가가 붕괴되고 국가 구성원이 죽음에 이른다는 '협박'이 수반되기 때문이다. 그런 면에서 안보는 다른 '국익' 언술과 다르다. 또한 안보는 통상적인 정치 수단 이외에 특별하고 예외적인 정치

Copenhagen 1997.

가 필요하다고 대중에게 호소하고 이를 정당화하는 데 이용된다. 즉, 안보의 언어로 자행되는 정치행위는 비정상적인 것이다. '죽음의 공포'를 전제로 한 이 비정상성이 폭력(군사행동 또는 초법적 안보기구의 활동)을 정당화하는 것이다.

요약하면, 안보정치는 비정상적 정치가 정당성을 획득하기 위한 시도로 볼 수 있다. 이는 정치와 일상에서 민주주의를 후퇴시키고 폭력을 증대한다. 안보 행위자와 안보 전문가 들은 죽음의 공포라는 장막 뒤에 숨어 민주적 통제에서 벗어나 '자유'를 얻는다. 이런 면에서 '안보의 언어'는 발화자의 안보를 지켜준다.

냉전의 광기가 잦아들면서 극단적인 '공포의 언어'에 의지해온 안보론은 설득력을 상실한다. 냉전 이후의 안보론은 더 낮은 수준의 '공포의 언어', 즉 '위협의 언어'에 의존하는데 이때부터 '안보 개념의 확산'이 문제되기 시작한다. 이 과정에서 일반적으로 전통적인 안보사항에는 군사력, 세력균형, 신기술의 군사적 영향, 자원 경쟁, 영토 보호 등이 있으며 새로운 (비전통적) 안보사항으로 경제 위기, 환경 파괴, 인권, 정치 안정, 국제범죄 등이 거론된다.

보통 폭력적 수단에 호소하지는 않지만 '경제안보' '환경안보' '인간안보' '테러리즘'이 (때로는 마치 국가안보론의 대안인 듯) 새로운 위협으로 제기되기도 한다. 하지만 그 동기도 역시 해당 문제가 중대한 위협을 야기하므로 특단의 조치가 필요하다고 관심을 환기하고자 하는, 냉전시대와 같은 종류의 '강조어법'이다. 그러나 안보문제, 정확하게는 '안보언어'를 확대하게 되면 원하던 바와는 반대의 결과가 나타나게 된다. 다양한 행위자들이 특정 이익, 특정 주제를 우선시하도록 만들기 위하여 공포감을 끌어들이는 것은 결국 그들이 아무 주제에도 특별한 관심을 쏟지 못하는 상황을 초래하기 때문이다.

보통 인간안보 논의에서 통상적으로 제기되는 인간'안보'항목을 몇 가지 언급해보면, 폭력으로부터의 개인적인 안전, 생활필수품 확보, 범죄와 테러리즘으로부터의 안전, 전염병으로부터의 안전, 정치적 부패로부터의 안전, 인권 보장, 젠더 차별로부터의 자유, 정치적·문화적 공동체의 권리 보장, 경제개발, 민주주의 신장, 자연환경 남용 방지, 지속 가능한 환경 등이 있다. 외교정책에 인간안보문제를 적극 수용한 캐나다 정부는 인간안보를 "폭력적 위협 및 비폭력적 위협으로부터 인민의 안전을 지키는 것"이라고 광범위하게 정의한다. 하지만 이렇게 포괄적으로 정의하다보면 우선적으로 중요한 정책 이슈가 무엇인지 판단할 수 없게 되며 모든 것이 중요하다는 무의미한 결론에 도달하게 된다. 한편 낮은 수준의 위협을 강조하는 확대된 안보 담론의 문제점은 최근 '테러리즘'의 위협을 이유로 군사적 과잉 안보와 전쟁 도발을 정당화하는 부시 행정부의 노선에서도 간접적으로 입증된다고 할 수 있다. 즉, 안보의 정치에서는 죽음의 협박이 다른 모든 협박을 압도하는 '협박의 제왕'인 것이다.

앞으로도 더 다양한 안보론이 대두될 수 있으나, 이러한 안보 인플레 노선보다는 현대 자본주의사회에 다수의 다층적인 '위험'(risk)이 필연적으로 존재함을 인정하고 위기관리정책 차원에서 '정상적인' 정치를 함으로써, 안보 담론이 근거하는 '공포의 장막'을 걷어내는 것이 더 타당할 것이다. 이를 우리는 (이른바 안보 전문성이 보통 군사 전문성, 국제정치 전문성과 상통한다는 것을 염두에 두면서) 총체적으로 '안보문제의 사회화' 또는 '안보문제의 탈안보화'라고 부를 수 있을 것이다. 냉전 담론에 대항하여 '죽음의 정치'에서 '상생의 정치'로의 전환으로도 담론화할 수 있다.

최근 여러 방면에서 평화운동이 물리적 군사력의 문제, 안보 위협의 해석과 그 선동의 문제, '적'과 '우리'의 '정체성' 형성에 관한 문제 그리고 변화를 야기할 수 있는 탈안보적 행위자 형성의 문제를 다루는 것도 이런 맥락이다. 물론 전쟁이나 갈등을 겪은 사회는 구성원들에게 '위협'의 환상이 깊게 각인되어 그 인식이 강고하게 잔존하며, 위협의 정치로 기반을 다진 정치세력들 역시 강고하기 때문에, 즉 이른바 안보체제가 강고하기 때문에, 안보의 사회화·탈안보화 과정은 많은 시간과 노력을 필요로 할 것이다.

5. 소결

이상에서 우리는 국제 시민사회의 노력, 국제 인권법과 국제 인도주의법의 발전 과정에서 '폭력에 대한 위대한 거부'가 공통적으로 발견됨을 알 수 있다. 즉, 국가를 포함하여 어떠한 행위자도 대량학살, 전쟁범죄, 침략행위를 하거나 반인도적 범죄의 공소시효를 배제하고 사면 또는 망각함으로써 책임을 면제받을 수 없다는 것이다. 이는 국제적으로 가장 엄격하게 가해자의 책임을 물어야 하는 '중대한 인권'의 영역, 즉 인류사회가 제거하고 예방하고자 하는 가장 극심한 폭력의 영역을 규정하는 노력에서 하나의 분수령을 이룬다. 평화주의를 제도화하는 과정에서 우리가 주목해야 할 것은 가장 심각한 폭력의 여러 모습, 즉 대량학살, 전쟁범죄, 침략행위, 반인도적 범죄가 서로 비슷한 위치에 있다는 것이다. 이는 평화를 외부에서의 무력행사와 관련된 것으로만 이해하는 방식과 다르다.

그렇다면 헌법상의 평화주의에 인권적으로 접근한다는 것은 어떤 의미인가? 폭력을 거부하고 그것에 저항할 수 있는 권리를 기본권으로 보장한다는 것은 단지 국가가 자신에 전통적으로 부여되었던 의무를 벗어던지기 위한 방편이 아니다. 군사력을 포함해서 폭력의 행사에는 피해가 따르기 마련이며, 국가가 그러한 폭력행위를 수행했다고 해서 면책될 수 없다. 특히 세계인권선언 제8조에서 규정된 대로, 인권침해 피해자가 효과적인 구제를 받을 수 있도록 하는 것이 민주국가의 기본이다. 즉, 국가의 인권 피해자 구제 의무는 근대 인권의 핵심이다.

피해자 구제를 중심으로 평화주의에 인권적으로 접근하게 되면, 나아가 피해를 직접 받지 않은 다른 사람들이나 사회 전체가 자신의 국가가 어떠한 반인권적 행위를 했는지 알 수 있게 되며, 그 결과 국가가 이러한 행위를 재발하지 않도록 견제하여 제도개혁과 인적 청산 등을 이루어냄으로써 국가가 인권 보장의 의무를 다하도록 사실상 강제한다. (이런 관점에서 추후 헌법 제30조 "타인의 범죄행위로 인하여 생명·신체에 대한 피해를 받은 국민은 법률이 정하는 바에 의하여 국가로부터 구조를 받을 수 있다"는 조항이 대량학살, 전쟁범죄, 침략행위, 반인도적 범죄 피해자의 구제권을 보장하는 데 충분한지 검토할 필요가 있다.)

국가에 대한 시민의 의무가 자유로운 동의에 기초하는지, 인지된 공익성에 기초하는지, 그러한 기초를 요하지 않는 것인지에는 논란이 있지만, 그러한 의무가 최소한의 보편적 인권규범과 충돌하거나 충돌할 가능성이 있는 경우에는 시민의 적극적인 동의를 요하는 것으로 이해되어야 할 것이다. 즉, 정책의 정당성이 의문시되는 경우 의무는 동의에 기초해야 할 것이다. 여기에 해당하는 것이 평화의 권리와 관련된 전쟁행위, 군사활동, 기타 국가의 불법적 폭력행위(쿠데타시의 병력 동원 명령에 대한 복종 등)와 반인도적 범죄(고문·납치 등) 등이다. 이것들은 통상 국가안보활동으로 인식되는 영역과 반인도적 범죄의 영역에 걸쳐 있다. 명백한 반인도적 범죄와 달리 국가안보 영역의 활동은 국가행위 중에서 보편적 인권규범과 충돌할 여지가 있음에도 불구하고 쉽게 정당화되어온 영역이라 문제가 더 크다. 이러한 이유로 이 영역에서 국가에 대한 시민의 의무가 자동적으로 발생한다고 보기에는 무리가 있다. 따라서 국제법상 중대한 인권침해, 국제 형사재판소가 관장하는 범죄 영역에는 '자동적인 준수'(compliance)의 원리를 적용할 수 없으며, 국가정책의 영향과 파급효과를 충분히 '인지한 연후의 동의'(consent by knowing)의 원리를 적용할 필요가 있다.

이렇게 하려면 국가안전문제를 여러 가지로 해석할 길을 열어놓아야 한다. 국가안보에서 민주주의와 인권의 원칙을 지켜야 한다는 말이다. 정책의 정당성이 의심받을 경우 시민들은 복수의 대안을 제시하고 대안 간의 경쟁을 추구하면서 정부의 정책을 변화시킬 권한을 가져야 한다. 국가안보문제의 경우, 이는 적, 위협, 안보 이슈, 관련된 군사외교활동의 성격과 범위를 여러 가지로 해석하고 판단할 길을 열어놓는다는 의미다. 이러기 위해서는 시민의 알 권리가 충분히 보장되어야 한다. 베트남전 파병과 이라크 파병은, 정보를 왜곡하고 알 권리를 침해함으로써, 즉 일종의 여론 조작을 통해, 국가안보와 관련이 없는 불법전쟁에 시민들의 인지된 동의 없이 참전한 경우다. 그리고 참전 병사들에게는 일방적으로 생명을 걸게 한 셈이다. 이것은 정당성 논란이 있는 군사활동을 두고 국가가 다르게 해석하고 판단할 수 있는 여지를 제공하지 않은 데서 발생한 중대한 인권침해며, 추후 국가가 전쟁범죄를 저질렀거나 그에 공모한 것으로 해석될 수도 있는 것이다. (이와 관련하여 헌법 제91조와 같이 국가안전보장기구를 구성하는 경우, 평화주의 헌법이라면 국가안전보장에 대한 해석의 다양성과 인지한 연후의 동의권을 전제로 접근해야 한다.)

아직까지 여러 인권체계나 우리 헌법에서는 평화가 주로 '국가간의 전쟁이나 국가 내에서의 무력충돌'이 없는 상태라고 인식되며, 국제평화가 인권을 실현하기 위한 조건 혹은 질서라고 막연히 이해될 뿐 평화권이 독자적 권리로서 승인되지는 못했음을 알 수 있다. 1980년대 이후 국제기구에서 '평화권'이 공식적으로 등장하고 일정한 합의를 얻기는 했지만, 아직까지 보편적으로 승인되고 적용되지는 못했으며, 그 결과 인권

체계 내에 통합되지 못했다.

그러나 국가가 폭력을 행사할 가능성이 항시적으로 존재하는 현대사회에서, 특히 탈냉전 이후 오히려 전쟁이나 무력분쟁 들이 급속히 증가하는 상황에서 인민들은 인권을 총체적으로 부정할 지경에 이르렀다. 그리고 1999년의 코소보전쟁을 계기로 '인권을 명분으로 한 전쟁'이 등장하면서 인권과 평화가 충돌하기도 했으며, 최근 미국의 전쟁 등을 고려할 때, 전쟁이나 무력사용은 '이제 정치의 연장이 아니라 정치의 종말'을 의미하게 되었다. 따라서 전쟁, 무력사용, 국가의 중대한 폭력에 대한 입장을 인권론 차원에서 명확히 확립할 필요가 있다. 인권과 평화의 관계를 면밀히 검토하고 평화에 대한 권리를 독자적으로 개념화하며 인권체계와 법리체계로 통합하는 새로운 접근이 시도되어야 할 것이다.

■ 참고문헌

『민주사회를 위한 변론』 1999년 12월호, 민주사회를 위한 변호사회.
이대훈 「발전의 권리와 개발」, 『한국 인권의 현황과 과제』, 세계인권선언 50
    주년 기념사업회 1998.

Kritz, Neil J., ed. *Transitional Justice: How Emerging Democracies Reckon
    with Former Regimes.* Vol. 1. United States Institute of Peace 1995.
Levi, Margaret. *Consent, Dissent, and Patriotism.* Cambridge University Press
    1997.
Rosenau, James N. "Citizenship in a Changing Global Order." In *Governance
    without Government: Order and Change in World Politics.* ed. by
    James N. Rosenaw and Ernst-Otto Czempiel. Cambridge University
    Press 1992.
Symonides, Janusz., ed. *Human Rights: New Dimensions and Challenges.*
    Ashgate/UNESCO 1998.
Waever, Ole. *Concepts of Security.* Institute of Political Science, University of
    Copenhagen 1997.

헌법의 남성성과 국민 범주의 정치

정희진

> 질서를 변화시키는 것과 자신이 붕괴되는 것은 하나의 사건이다.
>
> ──토미야마 이찌로오(富山一郎)

> 헌법은 스스로에 대해서 잘 모른다.
>
> ──오정진

1. 텍스트로서의 헌법

1968년 일본 쿄오또(京都)를 무대로 재일 한국/조선인이 전면에 등장하는 이즈쯔 카즈유끼(井筒和幸) 감독의 영화 「박치기(パッチギ!)」에는 일본 헌법의 정신을 표현한 멋진 대사가 나온다. 이 영화에는 폭력과 평화, 정체성의 정치와 횡단의 정치, 성 해방과 가족주의, 글로벌리즘과 민족주의가 교차한다. 그래서 민족·성별·세대·계급 등 그 어떤 정치적 입장에서 읽어도 이 영화는 심각한 텍스트가 된다. 이렇게 논쟁적인 영화

의 주요 모띠프는 북한 노래 「임진강」이다. 이 노래에는 조국 분단의 아픔, 소통에 대한 소망과 절망, '강 건너'에 서 있는 모든 상대방―'적대자'―에 대한 그리움이 절절한데, 단지 북한 노래라는 이유로 이 노래를 일본에서 방송하거나 레코드로 발매하는 것은 금지되었다. 이 영화에서 68혁명을 대변하는 한 자유주의자는 "금지하는 아니라 중지일 뿐"이라며 금지의 주체인 국가권력을 부정한다. 방송국, 일본 경시청, 민단의 협박에도 불구하고 라디오에서 이 노래를 방송하는 프로듀서는, "천체망원경으로 전 우주를 샅샅이 뒤져도 못 부를 노래는 없으며, 이는 일본 헌법이 보장한 표현의 자유"라고 외친다. 재일 한국/조선인은 일본 내 비(非)국민이며, 투표권도 없다. 그러나 헌법이 명시한 '표현의 자유'는 그들의 목소리를 막을 수 없는 근거가 된다. 식당 출입구에 '오끼나와 사람, 조선 사람, 개 출입 금지'라는 푯말이 붙어 있는 시대를 살아왔으며 '마늘 냄새'가 '검은 피부'로 간주되는 인종적 타자, 재일 한국/조선인에게도 '표현의 자유'는 있는 것이다.

대한민국 헌법의 미덕도 여기에 있을 것이다. 유일-보편주의(uni/versalism)의 근대성에 수많은 의문과 도전이 제기됨에도 불구하고, 근대 자유주의 철학의 보편성은 사회적 약자에게도 동일하게 적용된다. 따라서 그것은 언제나 자유주의 자체를 내파하는 급진성을 함의한다. 이것이 헌법이 거대하고 단일한(monolithic) 편집증적인 규범임에도 불구하고, 민주주의를 위한 투쟁에서 우리가 헌법에 기대를 걸고 개입해야 하는 이유일 것이다. 대부분의 '한국인'들, 특히 '국민학교'를 다닌 세대들 태반은 "국민교육헌장은 달달 외우며 자랐지만 정작 헌법 전문(全文)은 한번도 읽어보지 못했"을 것이다.[1] 해방 후 한국사회에서는 '자유와 평등의 헌법정신' 대신, 국민교육헌장, 경제발전, 국가안보 이데올로기가 정전이

---

1) 변연식 「평화, 상생, 복지를 위한 헌법」, 『황해문화』 45호.

되어왔으며, 지금은 시장질서가 최고 규범으로 여겨진다.

헌법이 전제하고 지향하는 보편성은 선재(先在)하는 것이 아니라 사회 구성원의 개입과 투쟁 과정에서 만들어진다. 이때 국민의 범주에서 배제된 사회적 타자들은 자신과 '국민'의 차이를 특수화하지 않고 그 차이를 근거로 기존의 국민 개념과 보편성을 해체·재구성한다. 헌법은 다른 언어와 마찬가지로 정치적·역사적 산물이며, 성별·계급 등 사회적 분석의 범주로부터 중립적이지 않다. 헌법이 일반법보다 정치적인 것은 ('현실')정치 과정에서 탄생했기 때문이기도 하고, 국가권력을 중심으로 사회적 이해관계를 조정하는 정치를 규율하기 때문이기도 하다. 또한 헌법에서는 큰 틀에서 정책의 방향이 정해지면서 정책 결정의 최소 요건과 절차만이 규정될 뿐이어서, 정치에 의해 구체화될 여지가 큰 것도 주요한 이유다.[2] 즉, 헌법은 사회가 민주적인지를 결정하는 기준이라기보다는, 다양한 해석투쟁, 담론의 경합이 일어나는 일종의 텍스트라는 것이다. 헌법은 그 자체로 국가공동체의 최고 규범이 아니며, 그것을 최고 규범으로 만드는 사회적 힘에 의존할 뿐이다. 다시 말해 우리가 주목해야 할 것은 담론으로서 헌법이 존재하는 방식이다.[3] '불가침의 고유한 헌법정신'이 사회적 약자를 '보호'해주지는 못한다. 때문에 중요한 것은 어떠한 사회적 조건과 상황 아래서 어떠한 형식으로 헌법이 자기 기능을 드러내는가일 것이다.

그러므로 헌법에 대한 분석과 개입은 다층적이면서도 각축하는 사회적 권력관계에 대한 분석을 동반할 수밖에 없다. 헌법 역시 역사적·사회적으로 형성된 언어의 구조와 경계, 범주, 가치체계에서 자유롭지 않다. 헌법의 의미를 구성하는 작업은 언제나 권력과의 갈등을 수반하며, 따라

---

2) 김종철 「헌법은 우리에게 무엇인가?」, 『황해문화』 45호.

3) Michel Foucault, *Language, Counter-Memory, Practice: Selected Essays and Interviews*, trans. Donald F. Bouchard and Sherry Simon, Ithaca: Cornell University Press 1977 참조.

서 헌법을 매개로 운용되고 정당화되는 사회관계·제도·조직에 대한 분석을 포함한다. 텍스트로서의 헌법은 진실이나 지식으로서의 아이디어를 순환시키는 길잡이일 뿐 아니라, 사회 계층이나 공간 사이에서 아이디어를 이동시키는 통로 혹은 하나의 교차점이다.[4] 텍스트(text)는 사회적 의미망(textile) 속에 존재하는 것이다.

경험이나 현실은 투명한 실체가 아니라 그 자체로 이미 해석이기 때문에, 인식자의 사회적 위치에 따라 매우 다르게 구성된다. 그러므로 '객관적 현실'은 존재하거나 정의(定義)되는 것이 아니라 경합하는 것이며, '근본적'으로는 언설의 결과다. 다시 말해 '현실'은 무엇이 현실인가, 누구의 현실인가를 둘러싸고 사회적 주체들이 투쟁하는 미지의 무언가다. '현실'은 다양한 사회세력들의 정치적 입장이 표출되는 담론의 경합장이며, 동시에 그러한 담론에 의해 사회적 주체들이 종속되고 갈등하며 새로운 국면을 꿈꾸는 인간의 재현 형태다. 헌법은 현실 초월적인(disembodied) 투명한 언설이 아니라, 특정 세력의 경험(embodied experience)인 것이다. 모든 법은 누군가의 경험이다(실제로 법관들은 논리보다는 자신의 직관에 의존한다. 법리보다는 판사 개인의 가치관이 많이 반영된다는 말이다. 논리는 그후에 만들어진다[5]).

이 글에서는 헌법의 구조와 조항들에서 사회 구성원들의 목소리가 어떻게 선택되고 배제되며 추방되고 반영되는가를 성 인지적(性認知的, gender perspective) 시각에서 개략적으로 검토할 것이다. 성별(性別)이

---

4) 텍스트는 지식과 진실의 보고(寶庫), 정보 축적의 장이라기보다는 오히려 독자의 사고를 흩트려놓아 언어·개념·실천을 뒤섞고, 망쳐놓으며, 결합을 날조·조작하여 텍스트 자체가 행동의 한 형태로 생성·변화하는 과정이다. 텍스트는 개념과 마찬가지로 여러 가지 일을 행하고 만들며 연결을 확장해 새로운 편제를 가져온다. Elizabeth A. Grosz, "Architecture from the Outside," in *Architecture from the Outside: Essays on Virtual and Real Space*, Cambridge, Mass.: MIT Press 2001.

5) 김두식 『헌법의 풍경』, 교양인 2004.

사회를 조직하는 기본 구성원리이고 성차별 제도가 여타 사회세력간의 위계와 차별에 대한 모델이 되어왔기 때문에, 성 인지적 시각은 남성과 여성 간의 사회적 역학관계를 설명할 뿐 아니라 여성 외의 다양한 '비국민'들—장애인, 이주노동자, 비이성애자, 노인 등—의 사회적 성원권 (membership)에 대한 통찰력을 제공할 수 있으리라 생각한다.

2. '비(非)국민'의 시각에서 본 헌법의 문제와 쟁점

헌법에 어떤 내용이 담겨 있는가 그리고 이를 둘러싼 사회적 논쟁이 존재하는가 여부는 그 사회의 가치관과 민주주의가 어느 정도인지 가늠할 수 있는 척도가 된다. 헌법을 개정하고자 하든 수호하고자 하든, 헌법 논의는 헌법이 재현하는 사회적 구성 원리를 반성하는 것에서 출발해야 한다.[6] 한국사회는 '큰 정치'와 '작은 정치'를 구분한다. 정치(또는 정치학)는 대개 '현실정치' '제도권정치'를 의미하며, 다른 차원의 정치는 '현실정치'에 수렴·흡수되거나 위계화·사소화된다. 한국사회에서 '정치'는 비장애인, 이성애자, 중산층 남성 들이 주로 참여하는 공적 영역에서 제도화된 형태의 정당정치를 뜻한다. 이러한 '현실정치'는 거의 남성들만의 '게임의 법칙'에 따라 움직이며, '현실'은 주로 이들에 의해 정의된다. 일반적으로 '현실정치'의 틀에서는 자연스럽다고 가정되는 기존의 지배적인 의미들이 생산되고 그것에 우선순위가 부여됨으로써, 특정한 사회구조가 유지·재생산된다.

그러나 '현실정치'는 인간사회에 존재하는 수많은 형식의 정치 중 하나일 뿐이며, 어떤 면에서는 가장 가시적인 따라서 가장 협소한 형태의

---

6) 서동진 「소송사회에서 상상하는 새로운 헌법」, 『황해문화』 45호.

정치다. 성별제도나 이성애주의, 비장애인 중심주의에 입각한 정치학은 너무나 정치적이어서 기존 정치의 외부에 존재하며, 거의 무의식적 차원에서 (재)생산된다. 이러한 정치들은 기존의 '현실정치'와 대립하거나 그것을 보조하는 것이 아니라, '현실정치'가 작동하기 위한 전제들이다. 따라서 시민사회가 헌법에 개입하고 '다른 목소리'를 내는 것이 정부형태나 선거 방식 등 현실정치의 권력구조에 대한 논의로만 국한 혹은 환원된다면, 결국 기존의 '남성 국민' 중심의 정치질서가 강화되는 것을 의미할 뿐이다.

우리 헌법에 여성은 부재한다기보다 재현 대상, 이등적 존재, 의존자 혹은 묻혀진 존재로 구성·규정·한정되어 있다. 따라서 여성의 시각에서 헌법을 다시 읽는 작업은, 법 안에서 수용·재현되는 여성이 누구인지를 해석함으로써 여성의 존재 상황을 드러내는 것에서 출발한다.[7] 더 나아가 '여성'이나 성별을 사회(텍스트)를 분석하는 '종속변수'가 아니라 '독립변수'로 정치화하는 것을 의미한다. 특히 지구화 시대 혹은 글로벌 거버넌스 체제에서 '여성'은 중요한 '대안'세력이다. 새로운 시장, 새로운 도구(미디어), 새로운 주역, 새로운 규율을 요구하는 글로벌 거버넌스 상황에서 여성은 기존의 성별화된 국민국가의 규범성과 경계에 도전하는 가장 광범위한 정치집단이기 때문이다. 여성은 여타 정체성 집단과는 달리, 어느 집단에서든 반수 정도를 차지하기 때문에 그 집단의 유지와 변화를 주도하는 중요한 참여자이며 정치적 행위자(players)가 될 수 있다. 즉, '여성'이나 성별은 이제 결과로서의 설명 대상이 아니라 사회 변화를 주도하는 중요한 요소로 등장하고 있다.

이러한 관점에서 볼 때, 현행 헌법에는 전반적으로 '남성 국민'의 이

---

7) 양현아 「여성의 '목소리'와 법여성학 방법론」, 양현아 엮음 『가지 않은 길, 법여성학을 향하여』, 사람생각 2004.

해(利害)와 관심사가 지나치게 보편화되어 과도하게 반영되었으며, 지구/지역화(glo/calization) 시대, 국제결혼 12% 시대에 혈연적(따라서 인종주의적) 민족주의를 고집하고 있다.[8] 민족주의와 젠더는 한국 근대화 기획의 강력한 서구 지향과 자기 정체성 찾기 사이의 모순을 해결하는 출구였다. 여성은 이러한 갈등과 긴장을 매개하는 사회적 기호가 되어왔다.[9] 그러면서도 동시에 서구 중심의 근대 자유주의 담론을 여과 없이 빌려 쓰고 있다.

1987년 이후 한국사회는 '구조적' 차원에서뿐만 아니라 개인/'국민'의 일상생활, 정서, 의식구조, 사고방식에서 급격한 변화를 경험해왔다. 2004년 한국보건사회연구원의 보고에 의하면, 오는 2020년에는 자녀 없이 부부로만 이루어진 가구나 1인 가구가 40%를 넘어설 것이라고 한다. 특히 1인 가구 중 독거노인 가구가 40% 이상 될 것으로 전망했다. 점점 사회가 고령화되고, 남성 가부장 중심의 기존 가족이 해체되며, 이혼율이 증가하면서, 부부와 자녀가 동거하는 '정상' 가족이 급속히 줄어든다는 것이다. '가정을 사회의 기본단위로 삼는', 다시 말하면 가정 내 여성 노동을 성 역할이라는 이름으로 착취하는 현재의 사회구조가 뿌리부터 뒤흔들린다는 말이다.

2005년 현재 한국사회의 각종 지표를 살펴보자. 여성 가구주는 전체의 19.5%로 20년 전보다 3.6배 증가했고, 1인 가구가 15.5%, 부부 가구 14.8%, 어머니나 아버지 한 사람과 자녀로 이루어진 '한 부모' 가구가 9.4%다. 게다가 전체 결혼 중 12%는 국제결혼이다. 한국의 이혼율은 OECD국가 중 3위이고, 그 증가율은 1위다. 지난 34년간 인구 1천명당 이혼 건수는 7배 증가했지만, 혼인 건수는 30% 이상 줄었다. 작년에 이

---

8) 대표적인 예가 헌법 전문(前文)의 "우리들의 자손의 안전과 자유와 행복을 영원히 확보할 것을 다짐하면서"라는 문언이다.
9) 김은실 「한국 근대화 프로젝트의 문화논리와 가부장성」, 『당대비평』 8호.

혼한 부부 중 동거 기간이 20년 이상인 황혼이혼 비율은 18.3%로, 23년 사이에 4배 증가했다.[10] 여성 1인당 출산율은 1.15~1.17명으로 당대 세계 최저 수준이자, 근대 국민국가 역사상 최저다. 현재의 출산율이 지속될 경우, 2100년 한국의 인구는 1621만명으로 감소한다. 한국은 2004년 말 현재 42만명의 외국인이 취업중인 유엔이 정한 이민국가다(유엔은 이주노동자를 이민으로 정의한다). 그러나 이 모든 수치는 '공식' 통계이기 때문에, 실제는 이보다 더할 것이라고 전문가들은 추정한다. 이러한 변화의 주된 원인은 산업구조 변화, 지구화, 여성의 의식 변화 등으로 설명할 수 있다. 그러나 잘 살펴보면, 이 모든 변화를 주도하는 것은 여성이다. 이제 여성들은 더는 '엄마처럼 살지 않는다'. '집안'일과 '바깥'일, 육아의 삼중 노동을 당연하게 여기지 않으며, '현모양처 겸 커리어우먼'이 되라는 이중 메씨지 사이에서 갈팡질팡하거나 고통을 감수하지 않는다(전 세계에서 이혼율이 가장 낮은 국가는 인도다. 그러나 인도는 기혼 여성의 자살율이 가장 높기도 하다. 한국 여성들은 자살하느니 이혼을 선택하는 '합리적인' 사람들인 셈이다).

이처럼 우리는 기존 헌법이 전제하는 개인·가족·국가·시민·주권의 의미와 경계가 급격히 요동치는 시대에 살고 있다. 이러한 변화를 주도하는 정치세력인 여성을 정치적 주체로, 성별을 분석 범주로 보아 헌법을 재해석할 때, 다음 네 차원의 논의가 가능하다. 첫째는 비록 규범적 차원일지라도, 자유와 평등을 근간으로 민주주의의 근거가 되어온 '헌법정신'이다. 2005년 대학총장들이 기부금입학제도를 건의했을 때, '신자유주의 신봉자'로 알려진 김진표 교육부총리조차 그것이 '헌법정신'에 위배된다며 반대한 예가 대표적이라 할 수 있다. 앞서 제기한 대로, 근대성에 대한 수많은 회의에도 불구하고 여전히 많은 이들은 근대를 포기할

---

10) http://www.hani.co.kr/section-004000000/2005/06/004000000200506211253602.html.

수 없는 미완의 프로젝트로 여긴다. 이는 모든 사람들에게 적용되는 보편적 이상에 합의하고 믿으며, 그것을 성취하고자 하기 때문이다. 즉, 흔히 제기되는 것처럼, 아직 우리 사회에는 근대가 오지도 않았다든가, 서구 합리성에 문제가 있기는 하지만 한국사회에서는 그런 합리성이나마 제대로 실현된 적이 없다는 점에서, 헌법이 보장한 개인의 보편적 권리가 사회적 약자에게도 적용될 수 있도록 기존 헌법에 대한 해석투쟁을 전개하는 것이 입법투쟁보다 여전히 더 중요하다는 것이다.[11] 자유주의(individualism)는 여전히 급진적이다(1970년 전태일이 외쳤던 것은 "근로기준법을 제정하라"가 아니라 "제대로 지켜라"였다).

둘째는 첫째 논의와는 반대 방향에서, 근대적 보편주의가 전제하는 강자 중심의 같음(sameness)을 문제화하는 것이다. 즉, 보편의 기준을 누가 설정하는가에 도전하는 것이다. 지금까지는 강자의 주관성이 보편성으로 미화되어왔다. 평등을 사회에서 구성된 것으로 보지 못하면, "인권은 배려입니다" 같은 구호가 등장하게 된다. 인권은 경합하는 가치이지 누군가를 배려하는 것이 아니다. 이러한 자유주의적 언설에서는 "여성부가 있으니 남성부가 필요하다"거나 "소수자할당제는 역차별이다" 등에서 볼 수 있듯이, 기존 지배세력의 피해의식이 '평등(같음)'의 이름으로 정당화된다. 평등의 반대말은 차이가 아니라 불평등이며, 평등은 기존 '주류'세력과 같음을 주장·욕망하는 것이 아니라 차이의 기준을 재구성함으로써 사회정의와 공정함을 추구하는 것이다. '배려' '보호'라는 말에는 이미 주체와 타자의 구분이 전제되어 있다.

기존의 보편주의와 개인주의 개념은 서구 백인 중산층 남성의 입장에서 구성된 것이다. 실제는 정치적인 이해관계로부터 만들어진 것이지만, 사회적 진공상태를 가장한 논리다. 모든 개인은 자유주의 철학이 의미하

---

11) 본서 한상희의 글 참조.

는 주체가 될 수 없다. 이런 점에서 헌법의 보편주의는 일종의 '신의 위치'(God trick)에서 말하고 있는, 현실 초월적 보편주의다. 헌법 제17조(모든 국민은 사생활의 비밀과 자유를 침해받지 아니한다)와 제21조 1항(모든 국민은 언론·출판의 자유와 집회·결사의 자유를 가진다)에 규정된 사생활권과 표현의 자유 개념이 대표적이다. 뒤에 상술하겠지만, 모든 개인에게 사생활권과 표현의 자유가 있다는 언명이 중요하다기보다는, 이 두 기본권이 성별과 계급 등에 따라 매우 상충한다는 것이 더욱 본질적인 문제다. 국가나 헌법조차 이를 중재할 의지와 능력이 부족하다는 것이 바로 '현실정치' 상황이다. 예를 들어 '1등 신문'을 표방하며 구독률과 열독률 모두 1위라는 모 종합 일간지의 TV광고 문구는 역설적이게도 '할 말은 하는 신문'이다. 이처럼 한국사회에서 어떤 세력, 어떤 사람에게는 표현의 자유가 지나치고, 어떤 세력에게는 표현의 자유가 전혀 없다. 그리고 여성, '비(非)이성애자', 장애인과 같은 사회세력에게는 표현의 자유 이전에, 자신을 스스로의 시각으로 정의하고 대변할 언어가 없다. 제14조(모든 국민은 거주·이전의 자유를 가진다) 역시 선언적 조항이다. 거주나 이동의 자유 문제는 계급과 성별, 장애 여부, 연령제도 등에 기반을 두고 작동하는 몸의 정치학 영역에서 대단히 복잡한 쟁점이다. 장애인에게 거주와 이동은 거리라는 객관적 수치 문제가 아니라 접근성의 문제다. 장애인이나 환자, 노인은 자유롭게 이동하려면 타인의 보살핌 노동에 의지해야 하는데, 이러한 보살핌 노동을 사회가 책임지지 않을 경우, 이들의 이동의 자유는 가부장적 문화 속에서 며느리가 치매 노인을 돌볼 수밖에 없는 상황처럼 다른 개인의 이전의 자유를 '침해'한다. 한국사회에서 장애인이나 기혼 여성은 거주·이전·이동의 자유가 '없다'. 몇 년 전 여성 은행원을 거주지에서 먼 곳으로 발령하는 신인사제도가 문제가 된 적 있었는데, 이는 성차별 문화를 이용하여 여성 노동자를 '합법적으로 해고한 셈이다.

셋째, 마이클 왈저(Michael Walzer)가 논한 인권 개념이 변화하는 과정, 즉 '인권의 운동' 논의를 헌법에도 적용한다면, 헌법의 운동 논의에서도 맥락성과 가변성을 원칙으로 삼아야 한다. 즉, 헌법정치보다는 일상정치, 헌법적 의제보다는 사회적 의제라는 맥락에서 헌법을 논의해야 하며, 헌법에 권력구조를 규정하는 것도 중요하지만 사회적 가치와 규범을 제시하는 것이 더욱 중요하다.[12] 현행 헌법의 객관성은 권력의 내용이 아니라 형식에서 담보된다는 사고가 필요하다. 과정으로서의 헌법, 절대적 가치가 아니라 하나의 담론으로서의 헌법, 경합적 가치로서의 헌법, 구현 대상이 아니라 지속적으로 재해석되어야 할 투쟁 대상으로서의 '유목적 헌법'이 논의의 전제가 되어야 한다.

넷째는 차이와 위치에 근거하여 헌법의 구성과 조항이 지니는 성별적 의미를 드러내는 작업이다. 성별뿐만 아니라 (사회적 위치성에 기인한) 동성애자, 장애인의 입장에서 그리고 (가치 지향으로서) 생태·평화·문화의 시각에서 헌법을 다시 읽어야 한다. 동시에 이러한 작업은 성별과 계급, 연령, 성적 지향(sexual orientation)과 같은 다른 사회적 모순간의 관계를 재설정하는 실천이 된다.

3. 헌법의 성별성과 국민 범주

헌법의 성별성을 이야기할 때, 첫번째로 꼽히는 것이 성차별적인 내용 구성이다. 헌법이 어떤 내용을 담아야 하는가는 헌법이 누구의 목소리를 대변하는가에 따라 달라진다. 〈표 1〉과 같이 헌법에는 '일부 남성 국민'의 주된 관심사, 즉 '현실정치'의 권력구조에 대한 조항이 과도하게

---

12) 이에 대한 자세한 논의는 본서 박명림·홍윤기·하승창의 글 참조.

표 1 헌법의 규정 내용수과 조항 수

	규정 내용	조항	조항 수
전문			
제1장	총강	1조~9조	9개
제2장	국민의 권리와 의무	10조~39조	30개
제3장	국회	40조~65조	26개
제4장	정부(대통령·행정부)	66조~100조	35개
제5장	법원	101조~110조	10개
제6장	헌법재판소	111조~113조	3개
제7장	선거관리	114조~116조	3개
제8장	지방자치	117조~118조	2개
제9장	경제	119조~127조	9개
제10장	헌법 개정	128조~130조	3개
부칙		1조~6조	6개

많다. 예를 들어 제112조 1항(헌법재판소 재판관의 임기는 6년으로 하며, 법률이 정하는 바에 의하여 연임할 수 있다)과 같은 내용이 헌법에 굳이 명시되어야 할까? 사실 이러한 조항에서 정작 규정해야 할 것은 임기 등이 아니라, 인구 비례에 따른 할당제 등 평등에 대한 사항일 것이다. 하지만 헌법에 권력기관(장)의 선출과 임기 등에 관한 내용은 매우 상세한 반면, 평등에 관한 조항은 대단히 간략하다. 제2장의 제11조 1항(모든 국민은 법 앞에 평등하다. 누구든지 성별·종교 또는 사회적 신분에 의하여 정치적·경제적·사회적·문화적 생활의 모든 영역에 있어서 차별을 받지 아니한다)은 민주주의의 보루로서 헌법정신의 핵심 내용이기 때문에, 하나의 독립된 장(章)이 되어야 한다고 본다.

또한 논란의 여지는 있지만, 사회적 신분은 지역, 장애, 성적 지향, 학력, 학벌, 외모, 직업, 국적, 인종 등과 같이 구체적으로 예시되어야 한다. 한마디로 현행 헌법은 유연하게 정리할 부분은 지나치게 구체적인가 하면, 구체적이어야 할 부분은 지나치게 유연하게 구성되어 있다.[13] 물론 차별 금지의 대상이 되는 사회적 신분이 구체적으로 제시되어야 하는가 아니면 선언적·포괄적으로 제시되어야 하는가에는 논란이 있다. 구체적으로 제시하는 것이 오히려 해석의 여지를 좁힐 수 있기 때문이다. 그러나 대개의 사회적 신분이 비가시화·탈정치화되어간다는 점에서 이는 구체화되어야 할 것이다. 또한 평등에 관한 조항에서 차별 금지에 그치는 것이 아니라 유럽 헌법과 같이 평등에 대한 가치관과 철학이 제시되어야 한다.[14] 평등에 대한 철학을 같음의 문제로 다루는 것이 아니라 차이 존중의 문제로 다룬다든가(다를 수 있는 권리로서의 평등), 성매매와 같이 '여성'과 장애 남성 등 사회적 약자끼리의 갈등 문제[15]에 대한 규범과 해결 방식이 제시되어야 한다.

둘째, 개별 조항의 성별성이다. 국가는 모든 국민을 대변하지 않으며, 국민은 모든 시민을 포괄하지 않는다. 국민은 본질적인 범주가 아니라 정치적인 범주로서, 탄생했다기보다 만들어진다. 헌법 제1조 2항(대한민국의 주권은 국민에게 있고, 모든 권력은 국민으로부터 나온다)이나 제2조 1항(대한민국의 국민이 되는 요건은 법률로 정한다) 같은 조항들은, 실제로 국민국가 내부의 타자들을 국민으로 만드는 데 별로 효력이 없다. 여성이나 장애인 같은 비국민들이 국민이 되는 데 걸림돌이 되는 것은 법률적인 문제가 아니라 일상화된 차별의 문제, 다시 말해 문화적

---

13) 본서 정태호의 글.
14) 본서 최윤철의 글.
15) 이에 대한 자세한 논의는 졸고 「여성의 눈으로 다시 보는 인권」, 『페미니즘의 도전—한국사회 일상의 성정치학』(교양인 2005) 참조.

인 문제이기 때문이다.

그러므로 헌법은, 사회적 권력관계의 결과를 반영한 국민을 전제할 것이 아니라 국민이 구성되는 과정의 정치를 명시해야 한다. 실제로 국가나 헌법의 주체는 국민 전체가 아니라 구체적인 특정 세력 '누구'인데, 주체는 자신을 설명할 필요가 없으므로 국가는 자신이 누구인지 밝히지 않는다. 제32조 4항(여자의 근로는 특별한 보호를 받으며, 고용·임금 및 근로조건에 있어서 부당한 차별을 받지 아니한다)과 제34조 3항(국가는 여자의 복지와 권익의 향상을 위하여 노력하여야 한다), 동조 4항(국가는 노인과 청소년의 복지 향상을 위한 정책을 실시할 의무를 진다)의 언설 주체이자 보호와 시혜의 담당자인 국가는 최소한 여성·노인·청소년은 아니라는 것을 보여준다.

앞에서 제기한 제32조 4항과 제36조 2항(국가는 모성의 보호를 위하여 노력하여야 한다)은 남녀간 차이에 대한 남성 중심적 사고의 대표적인 예다. 현재 한국사회의 양성평등 이념은 남성이 여성과 같아지는 것이 아니라, 여성이 남성과 같아지는 남성 중심적 같음을 전제로 한다. 때문에 모성 역시 권리가 아니라 보호의 대상으로 여겨진다. 여성의 모성, 출산 능력을 권리가 아니라 보호의 대상으로 보는 것은 재생산 능력을 남성의 입장에서 해석한 데 따른 것이다.

제36조 1항(혼인과 가족생활은 개인의 존엄과 양성의 평등을 기초로 성립되고 유지되어야 하며, 국가는 이를 보장한다) 역시 개정되어야 한다. 인간이 양성으로 구성되는 것은 아니다. 성차별 사회에서만 인간을 양성으로 구분한다. 인도의 히즈라(hijra), 유녁(eunuch)이나 양성구유자(兩性具有者), 트랜스젠더의 존재는 남녀 구분이 자연스러운 것이 아니라 정치적 제도의 결과임을 보여준다. 이들은 남성과 여성의 구분 자체에 도전한다. 양성 조항은 이 '제3의 성'들의 인권을 박탈한다. 또한 이 조항은 동성간 결혼을 '양성평등'이라는 '헌법정신'의 이름으로 막을 여지

가 있다. 양성 개념은 기본적으로 남성 중심적 언설이기에, '제2의 성'인 여성에게도 차별적이다. 양성 개념에서는 남성과 여성이 평등하면서 다른 존재가 아니라, 주체(남성)가 대상(여성)을 규정하기 때문이다. 이분법은 A-B의 구조가 아니라 A-not A의 논리를 따른다. 여성은 남성과의 차이로부터 규정되지만, 남성은 여성과의 차이로부터 규정되지 않는다.

제39조 1항(모든 국민은 법률이 정하는 바에 의하여 국방의 의무를 진다)과 동조 2항(누구든지 병역의무의 이행으로 인하여 불이익한 처우를 받지 아니한다)은 논란이 거듭되는 '군사화된 시민권' 조항이다. 이 조항은 모병제가 도입되거나 여성에게 병역의 의무가 부과된다고 해도, 환경·생태·평화주의 입장에서 계속 문제가 될 것이다. 또한 성적소수자·혼혈인·여성·장애인 등 국방의 의무에서 배제된 시민을 명백하게 차별하는 조항으로 반드시 개정되어야 한다. 특히 병역의무 이행으로 불이익을 받지 않아야 한다는 2항은 여성이나 장애인, 혼혈인의 입장에서 어불성설이 아닐 수 없다. 오히려 "병역의무를 이행하지 않았다고 해서 불이익을 받는 국민이 없어야 한다"는 조항이 필요하다. 여성과 장애인이 국방의 의무를 지는 방법을 법률에서 정하지 않음은 그들을 국민으로 여기지 않는다는 말이 아닐까?

근대 이후 여성은 공과 사를 분리하는 제도, 이데올로기에 따라 남성과 다른 형태로 국가, 사회와 관계를 맺게 되었다. 남성들의 세계인 공적 영역에서는 남성만을 주체로 인정하기 때문에, 여성이 공적 영역과 관계를 맺거나 경찰·금융기관·법과 같은 공적·사회적 자원을 이용하려면 가족제도, 즉 남성을 매개로 해야 했다. 그러나 여성과 달리 남성의 시민권은 가족제도와 관련이 없다. 남성은 국가와 직접 연결되거나 국가 그 자체지만, 여성은 남성을 거쳐 간접적으로 국가에 연결된다. 때문에 '남자가 없는 여자들' ─ 레즈비언, 비혼(非婚) 여성, 이혼 여성 등 ─ 은 한국 사회에서 시민권을 갖기 어렵다. 여성은 병역의 의무가 있는 남성에게

밥을 해주거나 그들의 쎅스 상대가 됨으로써, 즉 성 역할 노동으로 국민인 남성의 요구·욕구에 부응함으로써, 남성 국가의 인정을 받아 비로소 '국민'이 된다.

몇 해 전 있었던 군 가산점제 논쟁은 이와 관련하여 생각거리를 던져준다. 군 가산점제 논쟁 때마다 등장하는 남성들의 논리 중에 "여자들이 의무는 다하지 않고 권리만 주장한다"라는 주장이 있다. 그런데 사실 근대 민주주의사회에서 의무와 권리는 대립하는 개념이 아니다. 일정한 자격을 갖출 경우 국가는 개인을 '국민' '시민'으로 인정하고, 국민으로 인정받은 사람은 권리와 의무를 동시에 갖는다. 의무는, 수행하지 않으면 처벌받을 수는 있어도 이행했다고 해서 보상받을 수 있는 개념이 아니다. 군 가산점제는 여성과 장애인 등 처음부터 국방의 의무가 면제된 사람들에게 그 면제된 의무를 이행하지 않았다고 처벌하는 식이다. 면제의 기준을 문제삼아 여성과 장애인의 징병을 주장할 수는 있어도, 당초부터 면제된, 존재하지도 않는 의무를 수행하지 않았다고 개인의 권리와 생존권(취업권)을 박탈하거나 불이익을 감수하라고 할 수는 없다.[16] 여성과 장애인은 '특권층'이어서 병역의 의무가 면제된 것이 아니라, '2등 시민'이어서 군 가산점제라는 권리도, 병역이라는 의무도 없을 뿐이다. 의무나 권리는 국민에게만 해당하므로, 국민 되기에 적합하지 않은, 국민의 기준에 미달하는 2등 시민에게는 의무도 권리도 없다. 여성을 비롯한 2등 시민은 병역의 의무가 면제된 것이 아니라 거기에서 배제된 것이다.

군사주의가 작동하기 위해서는 싸워야 할 적, 지키는 주체, 보호의 대상이 있어야 한다. 가부장제 사회의 '보호자 남성, 피보호자 여성'이라는 전형적 성 역할은 이 세 가지에 부합한다. 군대의 존재 이유가 설득력을 갖기 위해서는 남성이 군대에 복무하지 않으면 자신의 남성다움을 검증

---

16) 『여성과사회』 11호에 실린 배은경·권김현영·박홍주의 글 참조.

할 수 없다고 느끼게 만들어야 하고, 그들의 경험은 여성에 대한 지배와 보호, 여성의 고마움 표현으로 증명되어야 한다. 그러므로 적과 피보호자를 상정하는 군대가 존재하는 한, 여성이 군 복무에 남성과 평등하게 참여한다고 해서 시민권이 보장되지는 않는다.[17]

셋째, 자유주의적 언설이 실제로는 차별로 작동하는 경우다. 제17조 (모든 국민은 사생활의 비밀과 자유를 침해받지 아니한다)가 대표적인데, 모든 국민이 누구를 지칭하느냐에 따라 이 조항은 '헌법정신'이 될 수도 있고 악법 조항이 될 수도 있다. '사생활'은 기본적으로 공/사 분리를 전제한 계급적·성별적 언어다. 프라이버시는 개인이라는 개념과 함께 탄생했는데, 이때 개인은 중산층 남성만을 의미한다. 우리 사회에서 일상적으로 사용하는 프라이버시 개념은 중산층 남성의 프라이버시다. 모든 인간이 인간(개인)으로 간주되지 않기 때문에, 프라이버시 역시 모든 사람에게 평등하게 보장되지 않는다. 만일 어떤 사람이 9평 아파트에 산다면 9평이 그의 프라이버시 공간이 되고, 50평 아파트에 산다면 50평이 그러하다. 남성에게 집은 프라이버시 공간이지만, 여성에게 집은 노동의 공간이 되어 프라이버시가 잘 보장되지 않는다. 오히려 여성들은 집에서 나와 공적인 노동을 할 때 프라이버시를 가질 수 있다고 말한다. 또한 이성애자 남성에게 성은 사적인 것이지만, 여성이나 동성애자에게 성은 너무나 공적이고 정치적인 것이다.

이제까지 가정 내 폭력에 국가가 거의 개입하지 않았는데, 그 주된 근거는 개인(폭력을 행사하는 남성)의 프라이버시를 침해할 우려가 있다는 것이었다. 이러한 인식은 여성은 인간이 아니어서 여성의 프라이버시는 남편에 속해 있으며, 폭력의 피해자인 여성의 고통보다 가해자의 프

---

17) 졸고 「군사주의와 남성성」, 『페미니즘의 도전 — 한국사회 일상의 성정치학』, 교양인 2005 참조.

라이버시가 더 중요하다는 것을 함축하고 있다. 그러나 사회는 사적 영역에 선별적으로 개입한다. 같은 가정폭력이라 해도 아동 혹은 노인 학대에는 아내에 대한 폭력에서와 같은 불개입 논리를 구사하지 않는다. 또한 국가가 개인의 사생활을 보장하기 위해 가정폭력에 개입하지 말아야 한다면, 호주제·상속세·가족법·가족계획사업과 같은 제도로 국민의 사생활에 깊숙이 간여하는 일을 삼가야 할 것이다. 이처럼 공/사 영역의 분리, 대립은 허구적이며 불안정하다. 사생활권 보장에도 불구하고, 소위 여성 연예인 비디오사건이나 성폭력 피해자가 가해자로부터 명예훼손으로 역고소당하는 사례는 한국사회에서 프라이버시가 누구의 프라이버시인가를 보여준다.

제21조 1항(모든 국민은 언론·출판의 자유와 집회·결사의 자유를 가진다)과 동조 4항 전단(언론·출판은 타인의 명예나 권리 또는 공중도덕이나 사회윤리를 침해하여서는 아니된다)은 포르노그래피나 여성 쎅슈얼리티와 관련해 논쟁이 되는 중요한 조항이다. 여성의 입장에서는 '포르노그래피가 표현의 자유에 속하느냐 여성의 인권을 침해하느냐' 란 논쟁구조 자체가 차별이다. 모든 재현은 권력관계의 표현이다. 권리로서의 표현의 자유 개념은 근대 자본주의사회에서 강력한 국민국가가 탄생한 뒤 거대한 국가권력에 비해 취약한 개인의 권리를 보장하기 위한 것이었다. 집회의 자유, 사상의 자유 역시 같은 맥락의 권리들이다. 즉, 표현의 자유는 아무 때나 누구나 주장할 수 있는 것이 아니라, 사회적 약자가 지배 규범에 저항할 때만 권리로 존중될 수 있다. 기존의 포르노그래피는 대부분 '표현의 자유'에 속하는 것이 아니라 여성의 인권을 침해하며, 여성에 대한 폭력에 해당한다. 여성이나 장애인, 동성애자의 성적 권리와 욕망을 옹호하는 포르노그래피도 적잖게 제작되고 있다. 여성주의자들이 포르노그래피를 반대하는 것은, 성 보수주의자 혹은 '검열주의자' 여서가 아니라, 현재 제작·유통되는 포르노그래피가 성폭력을 '정상

적인 섹스'로 묘사하여 여성에 대한 폭력을 합리화하는 기제로 활용되기 때문이다. 실제로 우리 사회에서 많은 남성들은 '포르노는 이론이고 강간은 실천'이라고 여기고 있다.

4. 소통 가능한 헌법의 보편주의를 소망하며

여성주의는 보편성 자체를 부정하는 것이 아니라, 기존의 고정된 보편성, 초월적·본질적이라고 간주되는 보편성이 구성되는 과정에 개입된 정치를 문제삼는다. 다중−보편주의(poly/versalism)나 '횡단의 정치'(trans/versal politics)는 그러한 고민의 산물이다. 다원화하면서 보편화하는 것이고, 소통 가능한 보편을 지향하는 것이다. 소통 가능한 보편성을 재구성하기 위해서는 이제까지 침묵했던 다양한 사회적 타자들의 목소리가 헌법에 반영되어 기존의 권위주의적인 헌법 관련 담론을 상대화해야 한다. 헌법의 언어를 '실현 가능성' '현실 논리'에 가두지 말고, 예기치 않은 상상력을 허용해야 한다.

사실, 현재의 헌법이야말로 현실적이지 않다. 지금 대한민국 헌법은 국민국가의 틀 안에서, 서구가 근대 시민사회로 진입할 당시의 개념을 그대로 전제하고 있기 때문에 '탈식민 시대', 지구화 시대의 현실에 부합하지 않는다. 지구화는 권력과 정체성이 다양하게 그리고 모순적으로 변해가는 과정이다. 투쟁의 장소·정치·경제·자본·노동·국가·시장 그리고 국제정치가 기술과 통신의 발달에 따라 급격히 변화해가면서, 동시적이고 탈영토화된 조직 구성과 의사 결정이 가능해졌다. 지구화의 동시대성, 공간성에 견주어본다면 현재의 헌법은 시간의 경과에 따른 서구의 발전 모델을 그대로 따르고 있어 문제가 있다. 또한 한국사회에서 법치주의가 확립되지 못하는 이유 중 하나가 한국사회의 비공식 규범체계에 조응하지 못하는 법조항 때문인데, 이는 헌법이 우리 실정과 맞지 않는 서구 근대의 언어를 그대로 차용하면서 발생한 현상이다.

따라서 헌법을 재사유하려는 실천은 헌법을 담론투쟁의 영역으로 끌어들여 새롭게 의미화하는 작업이다. 우리는 지금 법치주의가 정치의 사법화, 사회운동의 사법화로 이해되는 사회에서 살고 있다. 시민사회조차 모든 문제를 법의 판결로 환원하고 법의 판단에 호소하는 데 주력하는 듯하다. 그리고 헌법재판소는 모든 사회적·정치적 갈등을 매개하고 조장하는 권력의 최종 심급이 된 듯하다. 여성운동도 예외는 아니다. 개인적인 것은 정치적인 것이라는 여성주의 구호는 '사적' 이슈를 법제화하려는 것처럼 보이고, 성 주류화 정책은 주류를 여성주의화하는 것이 아니라 여성이 주류화하는 것으로 간주된다. 여성운동은 여성 관련 법 제정을 주도·감시·개정하고, 더욱 강한 처벌을 요구하는 식으로 법을 '따라다니기'에 힘겹다. 법으로는 보상·환원될 수 없는 정치영역을 고민해야 한다. 현실을 다른 방식으로 재현하는 언어와 상상력이 필요한 것이다. 헌법 다시 보기 실천은 헌법 자체에 관한 것이라기보다는, 바로 당대 우리 현실을 더욱 풍부하게 이해하고 설명하며 성찰하기 위한 실천이다.

통합적 문화 개념으로 헌법 다시 보기

역대 정권의 문화정책 이념과 헌법의 문화 기술을 중심으로

박신의

1. 문제 제기

문화영역에서 '헌법 다시 보기'를 한다면, 일단 두 가지 관점으로 접근할 수 있겠다. 이는 곧 문화를 어떻게 바라보느냐에 따라 접근 방식이 달라진다는 말이다. 다시 말하면 문화를 단일 항목으로 이해할 경우와, 문화를 법철학적 의미로 혹은 의식과 가치관의 문제로 이해할 경우로 구분된다. 문화를 단일 항목으로 이해할 경우, 그 항목은 헌법 제9조 '국가는 전통문화의 계승·발전과 민족문화의 창달에 노력하여야 한다'라는 부분이다. 이 조항은 국가의 문화이념을 나타내는 것으로, 다분히 국가의 정체성과 관련한 정책적 맥락을 담은 것이라 하겠다. 그리고 제22조 1항 '모든 국민은 학문과 예술의 자유를 가진다'에서와 같이 예술분야를 표현한 경우가 있는데, 이는 흔히 문화를 협의의 의미로 이해하여 예술과 동일시한 데 따른 표현으로, 국가적 책무가 아니라 국민의 권리항목으로 제시된 것이라 하겠다.

그러나 문화를 종교와 언론, 교육의 차원으로 확장하면 그 항목은 좀 더 늘어난다. 즉, 제20조 종교의 자유와 제21조 언론·출판·집회·결사의 자유, 제31조 교육권을 포함하게 될 것이다. 물론 이런 식으로 문화를 규정하는 것은 모호한 구석이 없지 않다. 게다가 문화라는 개념이 정확히 어떤 영역이나 범주를 규정하는 것이 아니라, 삶의 양식이라는 가변성을 갖는다. 게다가 최근의 문화 변동을 생각한다면 그 개념은 더욱 모호해진다. 이를테면 젠더와 평화·복지·환경·평화 등의 개념을 인간의 존엄성과 다양한 문화를 보장해줘야 한다는 맥락에서 거론하게 되면, 그 범위가 훨씬 확장되는 것이다. 가령 제34조 1항 '모든 국민은 인간다운 생활을 할 권리를 가진다'라는 표현도 내용상으로는 기본권을 지칭하지만, 인간의 자율성과 인간다움의 존엄성을 지킨다는 의미를 지녀 문화적 권리로도 해석될 수 있기 때문이다.

다른 한편 문화 변동에 따른 관습과 가치관의 변화 등으로 나타난 현상도 일종의 문화 개념에 포섭될 여지가 있다. 이를테면 인터넷문화가 빚어낸 다양한 소통의 문화와 이에 따른 새로운 관습의 형성, 나아가 소수자문화와 하위문화의 등장 등은 새로운 문화현상으로서, 오히려 법조항에 새롭게 추가되어야 할지도 모른다. 또 외국인 노동자 유입으로 인한 노동조건의 변화 그리고 그들의 정착에 따른 다인종화와 문화적 다양화 현상도 마찬가지다. 그리고 새로운 문화현상에서 발생하는 각종 인권 침해도 문화적 맥락에서 접근될 사안이다. 그렇게 되면 아동과 청소년, 장애자와 노인의 복지에서부터 제35조의 '쾌적한 주거생활'과 '환경 보전' 등 주거권에 이르기까지 문화적 맥락을 담지 않은 부분은 없을 것이다.[1]

---

1) 이를테면 북한의 헌법에서 문화는 별도의 장으로 구성되어 있는데, 제1장 정치, 제2장 경제에 이어 제3장에 총 19조로 구성되어 있다. 문화 개념은 기본적으로 '모든 사람들을

하지만 한국사회에서 문화의 법적 지위는 일반적으로 국가적 이념과
정체성의 틀에 불과하거나 예술 장르로 등치되는 정도에 머물러 있다고
해도 과언이 아니다. 게다가 행정적 요구 때문이라도 문화는 정책적 범
위로 규정되면서 그 범위가 조금씩 변화를 보여왔다. 이를테면 문화공보
부에서 문화체육부로 그리고 현재의 문화관광부로 명칭이 변경된 것도
정책 업무의 변화와 확장에 근거한 것이라고 할 수 있다. 현재 문화관광
부의 문화정책 범위는 문화·예술·체육·관광·청소년·종교·문화재 등
을 다 포괄하며, 그 법적 근거인 '문화관광부와 그 소속기관 직제' 제3조
에서도 "문화관광부는 문화·예술·영상·광고·출판·간행물·체육·청소
년 및 관광에 관한 사무를 관장한다"고 규정하고 있다. 어쨌든 문화는 국
가적 이념의 요구로서, 행정적 업무 대상으로서 한정되어 있다고 보고,
결국 헌법을 다시 보기 위해 '문화'를 말하는 것은 곧 그러한 궤적을 돌아
보는 일과 병행될 수밖에 없다고 본다. 그리고 특별히 헌법 제9조가 탄
생하기까지의 궤적을 살펴봄으로서 국가적 이념으로서의 문화가 지닌
의미를 점검해보고자 한다.

2. 정치적 도구로서의 문화——정부 수립에서 5공화국까지

1948년 정부 수립을 맞이하면서 문화행정 업무는 영화 검열 및 단행

자연과 사회에 대한 깊은 지식과 높은 문화 기술 수준을 가진 사회주의, 공산주의 건설
자로 만들며 온 사회를 인테리화'하는 개념으로 규정되어 있다. 민족문화에 대해서는
'국가는 사회주의적 민족문화 건설에서 제국주의의 문화적 침투와 복고주의적 경향에
반대하며 민족문화 유산을 보호하고 사회주의 현실에 맞게 계승·발전한다'로 기술되어
있다. 이어서 모든 문화는 사회주의적 관점에 따라 교육과 과학기술, 문학예술, 근로자
들의 사회주의적 문화 정서생활 영위, 언어정책, 체육기술 발전, 무상 의료·치료, 환경
보호에 따른 '생활환경과 로동조건'의 마련 등 비교적 사회 여러 영역에 걸친 기본권의
의미로 적용된다. 『대한민국헌법』, 박영률출판사 2003, 211~13면.

본 출판 관련 업무를 맡은 공보처와 문교부 문화국 내에 예술과와 교도과가 신설되면서 시작되었다. 이후 1952년 7월 대통령중심제 개헌이 이루어지자, 공보처의 모든 문화행정 업무가 문교부로 이관되면서 최초로 문화행정 업무가 일원화된다. 이때 공보처는 공보실로 축소되면서 그 업무가 선전영화 제작에 집중된다. 당시의 법제도적 상황을 보면, 문화보호법(1952. 8)에 따른 학술원과 예술원 개원(1954. 7), 문화재관리국의 전신인 구황실재산사무총국 설립(1955. 6), 국산영화 제작 장려 및 영화오락 순화를 위한 보상 특혜 조치(1958. 4) 등이 있다. 그야말로 초기 문화행정이 시행된 제1·2공화국 시기(1948. 8~1961. 5)의 문화정책은 국내의 정치적 필요에 의해 정부 산하 문화행정기관이 개편되고, 소수의 관변 문화민간단체의 활동과 창작활동을 제한적으로 지원하는 정도에 머물렀다. 또한 당시의 문화란, 전후 반공 이데올로기의 강조와 함께 전 국민의 반공의식화를 위한 도구적 개념에 한정된 것이었다고도 할 수 있다.

5·16 군사쿠데타와 더불어 출범한 제3공화국(1961. 5~1972. 9)에 들어서면서 문화행정은 공보부와 문교부로 다시 이원화된다. 특히 동적 개념의 예술(영화·연극·무용·음악·연예·정기간행물·국립극장·국립국악원·국립영화제작소)이 공보부로 이관되고, 문학·미술·문화재·도서(단행본)·박물관·종무행정 분야는 문교부로 이관되었다. 그러다가 1968년 문화공보부가 발족하면서 문화행정은 다시 재통합된다. 특히 공보부 산하 문화선전국과 공보국의 조직을 보면, 다분히 문화예술을 선전 개념으로 간주했음을 엿볼 수 있는데, 실제로 예산편성에서도 홍보 및 방송 관리에 드는 공보예산이 무려 81.5%를 차지할 정도로 공보행정 중심이었다. 물론 이 시기에 공연법(1951)을 비롯하여, 문화재보호법(1962), 영화법(1962), 향교재산법(1962), 불교재산관리법(1962), 지방문화사업조성법(1965), 음반에 관한 법률(1967), 문화예술진흥법(1972) 등 문화행정의 기본적인 법체계가 완성되었지만, 실제로는 1966년 한국예술문화윤리위원

회를 신설하여 사전심의제와 대중음악의 가사와 악보에 대한 사전승인제, 영화대본에 대한 사전심사제 등을 운영함으로써, 대체로 문화예술 진흥 및 장려보다는 행정절차법 위주의 규제 및 통제에 치중했다. 그런 분위기 속에서 1962년 1월 한국예술문화단체총연합회(예총)가 공보부의 지도 관리하에 발족한 사실도 흥미롭다.

박정희정권의 최우선 과제가 경제개발과 유신체제라는 권위주의체제 확립이었음을 감안하면, 실제로 문화정책은 정권의 체제 유지와 긴밀한 연관을 갖는 정치적 이데올로기의 표현 방식 중 하나로 이용되었고, 당시 국민들의 인식과 정서에 의식적·무의식적으로 많은 영향을 끼쳤다고 볼 수 있다. 특히 박정희정권은 정권의 정통성 부재와 친일정권이라는 부정적 측면을 상쇄하기 위해 전통문화정책들을 이용했고, 이러한 예들은 민족주의적 감정과 밀접히 연관된 역사와 전통이 어떻게 정치적으로 이용되는지 잘 보여준다. 당시 선택된 대상들은 곧 1960~70년대 문화정체성의 지배적 상징이 되었는데, 이는 곧 국난 극복의 역사적 유산, 민족 사상을 정립한 선현 유적, 전통문화의 보존·계승을 위한 유적 등으로 드러났으며, 다시 호국 선현과 국방 유적으로 집중되었다.[2]

이에 따라 1960년대에 원형 보존·유지에 주안점을 두어 부분적이고 지엽적인 문화재 보수 위주의 사업이 실시됐다면, 1970년대에는 종합적이고 근본적인 보수·복원이 이뤄짐으로써 적극적인 정화·조성사업으로 발전되었다. 이런 과정을 거쳐 일련의 전통문화정책이 정치적 목적을 지니게 되었다고 가정할 수 있다. 실제로 1970년대 초반부터 발견되기

---

2) 구체적인 대상으로는 이순신과 현충사, 경주 고도(古都) 개발과 화랑도, 세종대왕과 한글 창제, 강화도의 진보(鎭堡) 및 수원성의 복원 등을 꼽을 수 있다. 이런 일련의 선택적 역사 재구성 과정은 10월유신 이후 한국적 민족주의 표방과 함께 가속화되었는데, 당시 문화정책에서 문인보다는 무신, 지역적으로는 경상도, 현대를 피해 오래된 과거로, 민중 문화보다는 지배계급의 문화, 지방문화재보다는 국가문화재가 강조된 점도 이를 증명하고 있다.

시작한 고대 유물들은 각 언론에 의해 '민족문화의 우수성'을 보여주는 사례로 홍보되었다. 이는 박정희체제가 민족문화 유산의 수호자라는 이미지를 갖는 데 도움이 되었을 뿐 아니라, 1960년대 후반부터 공론화된 민족주의사관과 함께 국민들 사이에 복고적인 민족주의적 분위기를 고조했으며, 1970년대 고대사 연구를 활성화했다. 결국 박정희정권의 전통문화정책은 국민들이 전통문화에 자부심을 갖게 하고 문화재 보호 의식을 높이는 등 긍정적으로 기능하기도 했지만, 문화유산을 선택적으로 복고하고 국수주의를 조장했으며 위인을 신격화하고 정치적으로 이용하는 등 문화를 도구화한 부정적인 측면도 있었다.

이는 곧 제4공화국(1972. 10~1981. 3)의 문화정책과 이념으로 이어졌는데, 전통문화의 계승과 이를 바탕으로 한 새로운 민족문화의 창조라는 이념을 목표로 하는 '문예중흥 5개년 계획'[3](1974~78)도 이와 관련이 크다. 이 시기에는 문예진흥기금 모금이 시작되면서 한국문화예술진흥원이 설립되었으며(1973. 10), KBS의 공사화가 진행되고, 영화진흥공사가 발족했다. 1979년에는 정부 주관 문화예술행사를 민간으로 이관하기로 하면서 문화공보부의 영화 검열이 반관반민(半官半民) 단체인 공연윤리위원회로 위탁되고, 1980년부터 국전 운영을 한국문화예술진흥원으로 이관했다. 예산 구성을 보면, 공보(홍보 및 방송 관리)부문이 54%, 문화(문화예술, 문화재)부문이 45.5%로 크게 변화했지만, 실제로 문화에 대한 관점 자체가 국가 시정목표였던 자립 경제와 자주국방을 뒷받침하는 국가 이데올로기 확립 차원에 머물렀고, '한국적 민주주의'의 구현이라는 10월유신과의 연계성을 벗어나지 못했으며, 예술에 대한 선별적 지원과 심의·검열을 통한 통제를 자행한 점 등을 보면 문화의 정치 도구화는 더욱 강화된 셈이다. 실제로 4공화국에서의 우수영화(외화수입권 배당)

---

3) 제2차 '문예중흥 5개년 계획'(1979~83)은 10·26사태로 무산되었다.

선정 기준은 10월유신을 구현하는 내용이거나 새마을운동에 적극 참여케 하는 내용으로 규정되어 있었기 때문이다.

제5공화국(1981. 3~1988. 2)에 이르면 문화 개념은 국가발전의 요소로 간주된다. 1981년 대통령 시정연설에서 '올바른 민족문화의 기틀을 정립하기 위한' 새로운 문화정책이 언급된 후, '80년대 새 문화정책'이라는 중기 정책이 마련되고 1983년에 발표된 '제5차 경제사회발전 5개년 수정계획'에 문화부문이 포함됨으로써 문화정책도 국가사회 발전 전략의 하나로 인정받기에 이른다. 이후 '제6차 경제사회발전 5개년 계획'(1986)의 문화부문 계획은 1985년에 발표된 '문화발전 장기 정책구상(1986~2000)'의 기조를 이어받았다. 이 계획들을 살펴볼 때 제5공화국 문화정책은 '민족문화의 주체성'과 '문화시설의 확충'이 유난히 강조된다는 특징을 지닌다. 최소한 민족문화의 정체성 강조는 근본적으로 4공화국과 뿌리를 같이하는 것이라 할 수 있다.[4] 그리고 5공화국헌법 제8조(현행 헌법 제9조)에 "국가는 전통문화의 계승·발전과 민족문화의 창달에 노력하여야 한다"는 국가의 문화 창달 의무를 새롭게 명기함으로써 문화의 법적 지위 향상이 어느 정도 이뤄지게 되었다.

다른 한편 폭압적인 정치와 관 주도의 경제정책을 이끌어갔던 5공정권이 문화분야에서는 자율성 제고를 내세우면서 이에 상응한 몇 가지 조치를 취했다. 정부가 주관하던 대한민국 연극제와 무용제, 국악제 등 이른바 전국 규모의 문화예술행사를 민간으로 이관하기 전 단계로 반관반민 단체인 문예진흥원에 행사들을 이관했고, 국가와 지방 문화기관의 장을 상당 부분 문화예술계 인사로 대체 임명했다. 동시에 문화 투자를 대폭 확대하고 전국적으로 문화시설을 조성하는 사업의 일환으로, 과천 국

---

4) 이러한 지향에 따라 주요 문화재의 보수·정비사업과 무형문화재의 보존 및 고전 국역사업 등 국학의 진흥에 상당한 성과를 거둔 것도 사실이다.

립현대미술관과 예술의 전당, 독립기념관, 국립국악당 등 대규모 문화시설을 건립했고, 5대 궁(宮)을 개보수했다. 각 시·도에도 종합문예회관과 문화시설, 중요무형문화재 전수회관 등의 시설들이 확충되고 지역마다 지방 문화행사 개발이 추진되기 시작했다. 흥미로운 점은 5공 기간 정치와 경제, 사회적으로는 사용되지 못했던 '민주주의'라는 용어가 유독 문화분야에서는 즐겨 사용되었는데, 그것이 곧 '문화(의) 민주화'다. 정책의 주요 대상을 창조 계층인 문화예술인에서 향수 계층인 국민 전체로 확대한다는 의미의 이른바 '문화 민주화'라는 이념을 특히 지방문화의 육성·진흥을 통해 달성하고자 한 것이다.

3. 문화의 확장과 실천 ── 제6공화국에서 참여정부까지

어떤 의미에서 보면 문화정책의 이념이 명시적으로 제시된 것은 6공화국(1988. 2~1993. 1) 3년째 새해에 문화부가 설치되고 난 후다. 처음으로 문화분야를 전담하는 독립 행정부처가 만들어진 가운데, 정부 내 장관의 서열도 7위로 격상된 신설 문화부는 문화정책국, 생활문화국, 예술진흥국 등으로 편제되었다. 그리고 김영삼정권기인 1993년 3월 체육청소년부와 통합하여 문화체육부가 될 때까지 이 체제를 유지했다. 6공화국에서는 문화정책의 목표가 문화 향수 참여권 신장과 통일문화 기반 조성, 문화 창조력 신장을 위한 간접 지원 방식 도입(한국예술종합학교 설립 등), 국제 문화 교류의 양적 확대와 다변화로 정리된다. 또한 1992년 정부 세출예산에서 문화부문 예산이 0.43%를 차지해 재정 확충에 많이 노력한 것으로 평가된다.

6공화국이 내세운 '문화발전 10개년 계획(1990~1999)'은 1993년 2월 김영삼 문민정부 출범 직후 '문화 창달 5개년 계획(1993~97)'으로 대체된다. 이 계획은 문화체육의 창달을 신경제 건설과 함께 '국가발전의 두 수레바퀴 중 하나'라고 표현하면서, '문화 창달을 통해 국민들의 삶의 질을 향상하여 선진 문화복지국가로 진입하는 것'을 정책목표로 설정했다. 정책기조는 '규제에서 자율로, 중앙에서 지역으로, 창조 계층에서 향수 계층으로, 분단에서 통일로, 보다 넓은 세계로'라는 지향 아래 제시되었다. 이에 따라 94개 단위사업과 5개 정책과제군[5]이 형성되었으며, 문화 부문 예산이 1993년에는 정부예산의 0.61%로, 1997년에는 0.91%로 늘어나게 되었다. 특히 1996년부터 '문화복지'를 문화정책의 핵심 가치로 부각하여 문화복지를 문화권으로 인식하기 시작했다. 특히 생활권 단위의 소규모 복합 문화 공간인 '문화의 집'을 조성하기 시작한 것은 주목할 만하다. 또한 그해에 '문화정보화추진계획(1997~2010)'을 수립한 데 이어, 정권 말기인 1997년에는 '문화 비전 2000년의 과제'를 발표했다. '문화 비전 2000'은 '다양성과 통합성의 문화' 등 5개의 새로운 문화 패러다임을 제시하고, 여섯 가지 과제 중 하나로 '창조적 인간을 위한 문화교육'을 내세워 문화교육을 강조했다.

IMF 구제금융 한파와 더불어 1998년 2월 출범한 김대중 국민의 정부는 출범 당시 문화체육부 직제를 폐지하고 1차관보 2실 6국의 문화관광부를 신설했으며, 1999년 5월 문화재관리국을 차관급 외청인 문화재청으로 승격 독립시켰다. 특히 국민의 정부에서는 기존의 문화 창작력 제고, 문화 향수권 확대와 함께 문화예술활동을 규제하는 대신 자율성을 우선시하고, 문화산업·관광산업의 경제 효과 극대화를 문화정책의 주요 정책과제로 추진했다. 실제로 '지원은 하되 간섭하지 않는다'는 '팔길이' 원칙을 앞세우면서, 공연자등록제 및 공연대본 사전심사제 등 143건

---

5) 5개 정책과제군은 첫째, 민족정기의 확립, 둘째, 지역문화의 활성화와 문화복지의 균점화, 셋째, 문화 창조력 제고와 문화환경 개선, 넷째, 문화산업 개발과 기업문화 활성화 지원, 다섯째, 한겨레문화의 조성과 우리 문화의 세계화다.

의 규제를 폐지했고, 비디오 사전심의제를 등급심사제로 전환하는 등 61건을 개선했으며, 71건에 대해서는 법령 개정 등을 추진함으로써 과거 정부에 비해 현격하게 문화·관광분야 전반에 자율적 분위기를 조성하기도 했다.[6]

또한 문민정부의 문화산업 육성 정책을 이어받아 '문화산업은 21세기의 기간산업'임을 공표하고(김대중 대통령 취임사) IT산업과 함께 지식 기반 경제의 핵심 산업으로 적극 육성하겠다는 의지를 보였다. 이에 따라 한국게임산업개발원 설립(1999. 7)에 이어 한국문화콘텐츠진흥원을 출범시켰으며(2001. 8), 2003년 말까지 5천억원 목표(실제 조성액은 2,620억원)로 문화산업진흥기금 조성을 시도하게 되었다. 이어서 국민의 정부가 일관성 있게 추진해온 대북 포용정책(일명 햇볕정책)과 맞물려 금강산 관광 추진을 비롯한 관광정책과 통일 관련한 남북 문화 교류 활성화 등에서 많은 성과가 있었다는 점도 특기할 만하다. 이는 문화정책의 대상과 범위가 정치 상황의 변화로 인해 이만큼 확대될 수 있음을 보여주는 사례라고 하겠다. 또한 국민의 정부 때인 2000년에는 사상 최초로 문화부문 세출예산이 정부 전체 세출예산의 1%를 넘어섰을 뿐 아니라, 그해에는 문화관광부와 문화재청 전체 예산이, 다음 해에는 문화부문 예산이 1조원을 넘어서게 되었다.

한편 참여정부의 문화 비전은 한마디로 '창의한국'이다. 이전 정권의 정책에 비하면 문화에 대한 접근 수준이 상당히 추상적임을 알 수 있다.

---

6) 문화정책의 방향이 추상적인 수준에서 구체적인 수준으로 진전된 것도 눈여겨봐야 할 대목이다. 특히 2000년에 발표된 '문화 비전 21'의 경우, 기본 방향을 실현하기 위한 수단으로서의 문화정책 방향이 항목별로 설정되어 실현 가능성을 높였다는 점이 특기할 만한데, 이는 그간 문화행정을 담당하는 독립부서의 성과가 축적된 덕분이라고 할 수 있다. 물론 기존 문화정책의 개혁이라는 관점에서 보면 '문화 비전 21'의 실현 과정은 여전히 비판을 받아왔다. 특히 대규모 관광단지의 개발, 기존 정책 기획 및 실현 과정과 결과에 대한 평가 부재, 문화관광부의 수혜적 태도 등이 문제점으로 지적되었다.

그리하여 창의 문화를 비전으로 하고 그 추진 목표를 '창의적인 문화시민/다원적인 문화사회/역동적인 문화국가'로, 기본 방향은 '문화와 개인/문화와 사회/문화와 경제/문화와 지역/문화와 세계'로 설정한다. 이는 곧 문화를 '어떤 사회나 집단의 성격을 나타내는 독특한 영적·물질적·지적·정서적 특성들의 총체적인 복합체'[7]로 규정하면서, 인간의 존엄과 자율성을 바탕으로 문화가 전체 사회적 관계 속에서 영향력과 힘을 행사할 수 있음을 분명히 한 것으로 해석된다. 이를테면 사회문제에 문화적으로 접근하고 인간의 자율성을 신뢰하는 문화적 태도를 견지하면서 사회를 개선·치유하겠다는 것이다. 이에 따라 문화권을 근간으로 하는 문화헌장 제정과 이에 의거한 문화기본법 제정 그리고 예술 진흥을 위한 기초예술진흥법 입법 등이 준비되고 있다. 또한 문화예술의 사회적 관계를 실현하기 위해, 문화예술진흥법 개정을 통한 문화예술위원회 전환과 문화예술 교육사업에 따른 문화예술교육지원법 제정, 미술의 공공성을 살리기 위한 공공미술제도 개선, 미술시장 활성화를 위한 미술은행제도 설립, 지역의 문화 진흥을 위한 지역문화진흥법 제정 등이 진행중이다.

4. 통합적 문화 개념으로 헌법 읽기

이제까지 역대 정권의 문화정책이 어떻게 변천했는지 점검함으로써 문화 개념이 어떻게 이해되고 있는지 살펴보았다. 문화정책은 곧 국가가 전제하는 문화에 대한 이념을 드러내기 때문에, 이를 살펴보는 것은 헌법을 문화적 관점으로 읽어내기 위한 전 단계로서 중요하다. 결과적으로

---

7) 유네스코의 정의에 따른 것으로, 문화의 일반적 의미라 할 수 있다. 문화관광부 『창의한국』, 2004.

한국사회의 경제적 성장과 정치적 갈등 속에서 문화도 결코 자유롭지 못했는데, 아직까지도 우리는 문화가 늘 그런 구조와 관계에서 비켜 있는 것처럼 인식하고 있어 안타깝다. 어떤 의미에서 보면, 정권 변화에 따른 정책적 목표 속에서 문화의 기능과 역할이 손쉽게 그리고 편의적으로 재편되는 등 문화는 도구적 개념에서 크게 벗어나지 못했다고 할 수 있다. 인간의 존엄과 자율성을 존중한다는 원칙 속에서 문화에 그 자체의 독립된 가치와 존립 근거가 있다고 인식하기에는, 우리 근현대사의 흐름이 결코 순탄하지 않았던 것이다.

이에 따라 헌법에 명기된 문화를 다시 읽어볼 수 있겠다. 무엇보다도 문화를 삶의 양식과 사고·인식·정서의 총체로 바라보기보다는, 법조항을 이루는 하나의 단위로 혹은 단일 항목으로 보려는 경향이 지배적이다. 그것도 문화에 대한 국가의 책무를 매우 분명하게 규정함으로써 문화의 역할마저도 국가주의적 기준에 따르도록 만들었다. 이는 문화를 언급한 유일한 조항인 헌법 제9조를 보면 알 수 있는데, '국가는 전통문화의 계승·발전과 민족문화의 창달에 노력하여야 한다'고 규정함으로써 문화를 전통문화와 민족문화로 좁게 이해하고 있다. 결국 문화가 사실상 국가적 정통성과 정체성 수립에 긴밀하게 연결되어 그 이념적 폭이 매우 좁아진 것이다.

하지만 21세기의 문화 변동을 돌이켜볼 때, 과연 오늘날에도 전통문화의 계승·발전과 민족문화의 창달이 국가적 목표로 공유될 수 있을지는 의문이다. 오히려 전통문화와 민족문화 자체가 국제적 흐름과 상치하지 않는지 물을 필요가 있다. 실제로 우리는 사회가 엄청나게 변했다고 말하지만, 정작 그에 따른 문화의 변화에 대해서는 그다지 심각하게 고려하지 않는다. 게다가 헌법 제9조의 문구가 5공화국 때 마련되었고, 민족문화라는 표현마저 4공화국에 뿌리를 두고 있다. 이같이 국가적 정통성과 정체성 수립을 위해 문화가 동원(?)된 역사적 배경을 감안하면, 그 배경에는 분명 군사정권 시절의 정책적 요구가 담겨 있다고 할 수 있다. 그런 점에서 헌법이 여전히 이 조항을 그대로 유지한다면, 우리 헌법의 문화 개념은 몰시간적(沒時間的)이라고 볼 수 있다.

이러한 인식 아래 그나마 한발짝 나아간 논의는, 최근 문화 변동을 감안하면서 문화의 다양성이나 역동성 등의 요소를 첨가하는 것이다.[8] 21세기를 맞아 환경 변화 때문에 한국사회에서도 문화의 다양성 논의가 촉발된 것을 생각하면, 가장 쟁점이 되는 것은 '문화의 혼성'에 따른 문화정체성을 재정의하는 것이다. 그것은 곧 대중문화의 급성장과 함께 문화 자체가 더욱 분화되고, 그 실체들이 다양한 맥락을 가지면서 근본적 성격의 단일한 정체성이나 국가적 기준이 약화되었음을 의미한다. 한류에서 나타나는 또 다른 문화정체성, 외국인 노동자와 국제결혼의 증가에 따른 문화 다양성의 일상화, 문화의 세계화 속에서 급증하는 국제 교류, 냉혹한 시장 논리에 따른 탈국가화·탈민족화 현상 등이 국가적 개념을 약화한다는 점을 염두에 두어야 한다는 것이다.

그런 점에서 단순히 문화의 다양성을 첨언하는 차원으로 해결될 일은 아닐 것이다. 오히려 문화의 다양성으로 정치·경제·사회 전반에 어떤 변화가 추동되었는지를 먼저 생각할 일이다. 다시 말하면 모든 분야에서 추구되는 궁극적인 가치가 더는 경제적 기준이나 효용성에 좌우되지 않

---

8) 한상희 교수는 「한국 민주화 과정에서의 헌법(학)의 과제」에서 이미 이와 관련하여 다음과 같이 제안했다. "싸이버 공간을 위한 헌법 개정이 필요하다고 한다면 그 첫번째의 개정 대상은 흔히 말하듯 새로운 '정보기본권'이라는 목록을 추가하는 것이 아니라, 다양성과 다원·다층성, 역동성을 특징으로 하는 싸이버문화의 순기능을 헌법적으로 담보하기 위한 일종의 국가의무 조항을 설치하는 것이어야 한다. 즉, 문화적 다양성 보호 조항을 설치함으로써 다수자문화의 횡포로부터 소수자문화의 의미와 가치를 보전하고 보장할 것을 국가적 의무로 상정하는 것이다. 직설적으로 표현하자면, 헌법 제9조를 다음과 같이 개정하자는 것이다.
• 현행: 국가는 전통문화의 계승·발전과 민족문화의 창달에 노력하여야 한다.
• 개헌안: 국가는 문화의 다양성을 보장하고 전통문화의 계승·발전과 민족문화의 창달에 노력하여야 한다."

는다는 것이다. 또한 노동 개념과 직업체계의 확장으로 새로운 사회계층 개념이 자리잡은 것, 주5일근무제 실시에 따른 여가문화 개념의 등장과 문화 욕구의 증대 등이 여러 분야의 변화를 가속화한다는 것이다. 게다가 문화산업의 발달은 단순히 문화의 산업적 가치, 경제적 재화 개념과의 결합만으로 설명되지 않고, 그것을 위해 문화예술 콘텐츠와의 결합 속에서 새로운 차원의 문화예술 진흥이 필요하다는 인식을 요구한다. 결국 문화 변동이 가져온 인식의 전환을 기반으로 사회 여러 분야에서 패러다임의 변화가 추동됨을 간과해서는 안될 것이다.

그런 점에서 문화에 대한 국가의 책무를 명기할 때 적어도 '원리로서의 문화 개념'을 담는 일종의 문화에 대한 이념이 기술되어야 하지 않을까? 대체로 문화가 기능적으로 다뤄지면서 첨삭의 요소로 고려되는 점을 돌이켜보면 더욱 그렇다. 심지어 문화예술진흥법조차도 문화예술과 문화시설을 정의할 때, 개념적으로 정의하기보다는 행정적 편의를 위한 장르 구분, 범주 설정에 그치고 있다. 그래서라도 차후 제정될 '문화기본법'이나 '기초예술진흥법'에서는 최소한 문화예술의 철학적 가치 및 이념과 함께 문화권, 문화예술활동의 주체 등을 먼저 기술해야 한다.

그리고 각각의 헌법조항을 기술할 때 문화적 접근을 시도해보자는 주장도 고려해볼 만하다. 그것은 헌법에 대한 사유 방식 자체를 문화적으로 바꾸자는 주장이기도 한데, 관련 조항들을 기술할 때 인간의 존엄성과 자율성에 대한 신뢰를 바탕으로 권리와 의무를 규정함으로써 가능할 것이다. 그렇게 하면 국토 균형 발전(제122조)이나 지역경제 발전(제123조 2항)의 궁극적인 목적이 경제주의적 개발이 아니라, 문화 계획(cultural planning)에 따라 인간적이고 문화적인 공간을 형성할 수 있도록 도시나 지역 환경을 조성하는 것이 될 것이다. 이런 기준은 평화와 관련한 모든 조항에도 적용될 수 있을 것이고, 특히 통일(제4조)에 대한 기술도 이런 관점에서라면 다르게 접근할 수 있을 것이다. 이를테면 물리적인 공간의 통일이 아니라, 문화의 차이를 바탕으로 하면서도 동질의 문화를 공유할 수 있는 차원에서의 통일 개념이 새롭게 기술될 수 있을 것이다.

실제로 1990년 이후 한국의 문화정책 이념이 문화복지에서 삶의 질 향상으로 변모해왔음을 본다면, 삶의 질 향상이 단순히 문화를 매개로 하는 복지나 문화의 일차적인 수혜 개념은 아닐 것이다. 오히려 문화를 통한 복지 실천이 사회적 구조와 맞닿아 그 구조적 모순을 해결하면서 삶의 질 문제를 제안하는 형태일 것이다. 또한 문화의 향유자가 이제는 향유자로서의 의미만이 아니라 생산자 및 창조자로서의 의미까지 확장된다면 삶의 질 향상은 훨씬 실천적이고 당대적이 되리라 생각한다. 그리하여 평생학습 환경 조성이나 문화적인 도시 공간 창출에서도, 교육과 도시에 얽힌 모순을 스스로 치유하면서 주민 모두가 문화 공간을 만들어가는 주체가 된다는 개념 아래 헌법조항을 기술할 수 있을 것이다. 이상에서 살펴본 바와 같이, 문화적 관점에서 헌법 다시 보기는 이제 문화를 단일한 개체나 단위가 아니라 모든 사회적 관계에 녹아나는 원리로서의 개념, 즉 통합적 개념으로 전환하는 일에서 시작된다고 말하고 싶다.

다른 한편 '원리로서의 문화' 개념은 앞서 말한 바와 같이 인간의 자율성을 신뢰하는 태도와 판단을 전제한다. 따라서 한 사회의 모든 문제를 이해하고 해결하는 방식에 적용될 수 있다. 이를테면 양성평등과 환경문제, 외국인 노동자나 동성애자문제, 각종 사회범죄나 경제문제 등 모든 사회문제를 '문화적으로' 접근하고 해결하자는 것이다. 문화는 감성과 상상력에 기반을 둔 창조적 능력으로서, 사회적 갈등과 제반 문제를 해결하는 데 한층 근본적인 방식이 될 것이기 때문이다.

■ 참고문헌

『대한민국헌법』, 박영률출판사 2003.

국회문화관광위원회『기초예술 활성화를 위한 법·제도적 지원 방안 연구』,
　　　　경희대학교 문화예술경영연구소 2005.

김복수 외『문화의 세기 한국의 문화정책』, 보고사 2003.

문화관광부『2001 문화정책백서』, 2001.

_____『2003 문화정책백서』, 2003.

_____『참여정부 문화비전』, 2003.

_____『창의한국』, 2004.

박신의「새로운 문화 개념을 통한 통합적 문화정책을 바란다」,『문화예술』
　　　　2004년 12월호, 한국문화예술진흥원.

_____「통합적 문화정책의 유형 개발과 문화 거버넌스 행정체계 구축」,
　　　　대통령자문정책기획위원회, 2005.

오양열「한국의 문화행정체계 50년 구조 및 기능의 변천 과정과 그 과제」,『문
　　　　화정책논총』제7집(1995), 한국문화정책개발원.

한상희「한국 민주화 과정에서의 헌법(학)의 과제」,『공법연구』제32집 제5호
　　　　(2005).

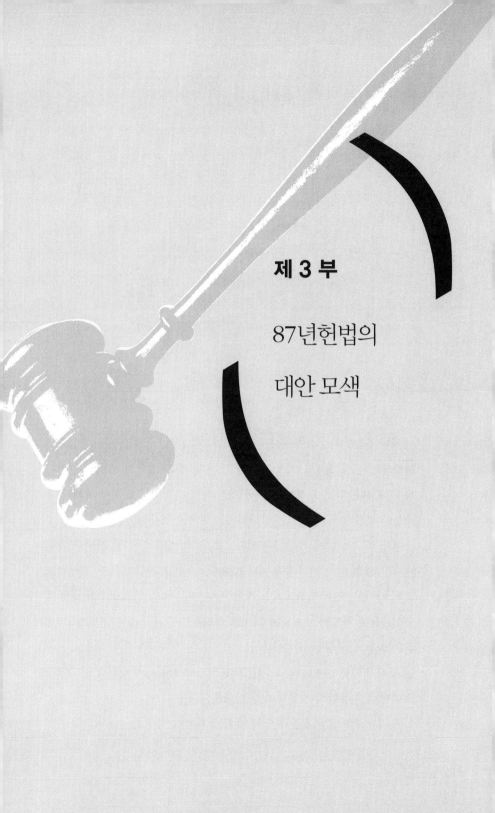

제 3 부

87년헌법의
대안 모색

권리장전의 현대화

정태호

1. 서

지난 5·31 지방선거에서 여권이 참패하면서, 권력구조를 중심으로 진행되던 헌법 개정 논의를 추동할 만한 정치적·사회적 동력은 현저하게 약해졌다. 가까운 장래에 헌법 개정 작업이 시작될지 여부 자체가 불확실한 실정이다. 하지만 시민사회에는 현행 헌법을 개정해야 한다는 공감대가 비교적 넓게 확산되어 있다. 그런만큼 향후의 헌법 개정과 관련한 준비를 착실히 진행해야 한다고 본다. 그리고 관심의 폭도 권력구조만이 아니라, 권리장전까지 넓혀야 한다. 왜냐하면 권력구조가 공동체 구성원들이 지향하는 이념과 가치를 실현하는 수단에 불과한 반면, 기본권은 공동체 구성원들이 공감하는 기본적인 가치들이 집약적으로 표출된 것이기 때문이다. 그리고 기본권이 국가와 법질서의 정당성을 매개함으로써 국민 통합의 원동력이 되기 때문이다.

우리 헌법의 권리장전은 헌법의 최고 가치인 인간 존엄성(제10조 1문 전단), 포괄적인 자유의 보장으로 이해될 수 있는 행복추구권(제10조 1문 후단), 정당한 근거 없는 차별을 금지한 평등권(제11조), 신체의 자유에서 재산권에 이르는 고전적 자유권들(제12~23조), 언론매체와 과학기술의 발전에 따라 인정된 현대적 자유권인 사생활의 비밀과 자유(제17조), 선거권과 공무담임권(제24, 25조), 정당 설립의 자유(제8조 1항)와 같은 정치적 기본권, 재판청구권에서 국가배상청구권 등을 아우르는 청구권적 기본권(제27~30조), 다수의 사회적 기본권(제31조 이하), 미래 세대의 기본권 보호를 의미하는 환경권(제35조)을 비롯하여, 향후 기본권의 발전을 위한 여지를 열어놓은 조항('국민의 자유와 권리는 헌법에 열거되지 아니한 이유로 경시되지 아니한다', 제37조 1항)까지 포함하고 있어서 개인의 기본권을 보장하는 데 부족함이 없어 보인다. 그렇기 때문에 권리장전을 개정하는 것에 선뜻 공감하지 않을 수도 있다.

그러나 권리장전에는 독소나 결함을 내포하고 있는 조항들, 법제도의 발전을 가로막을 수 있는 조항들도 들어 있다. 또한 사회의 변화·발전에 따라 추가되거나 부각 또는 현대화되어야 할 기본권들도 있고, 기본권 체계적인 관점에서 볼 때 재배치되어야 할 기본권 조항들도 있다. 또한 기본권의 효력을 강화하고 국가기관과 국민에 좀더 잘 알리기 위하여 기본권 이론이나 기본권 해석론에서 확인된 것을 명시할 필요도 있다.

권리장전 개정 작업은 현재 우리의 자유를 위협하는 또는 향후 지속적으로 자유를 위협하게 될 제반 요인들에도 불구하고 모든 개인의 자율성이 평등하게 보장될 수 있도록 최선의 헌법적 대책을 마련하는 것을 목표로 하여야 한다.

다수의 동구권 국가들은 자유화된 후 새로운 헌법을 제정하는 과정에서 또는 기존의 헌법을 개정하는 과정에서 다른 나라의 헌법전에 규정된 조문들을 모방했을 뿐 아니라 다른 나라의 판례와 이론을 수용하여 조문화하기도 했다. 이는 비단 후발 헌법국가들에서만 나타나는 현상은 아니다. 서유럽 국가들도 서로의 헌법을 배우고 장점을 수용하고 있다. 이러한 현상은 특히 기본권 영역에서 두드러진다.[1] 이렇게 서로 배우고 수용하는 과정에서 이른바 '국제적인 기본권 공동체'의 싹이 자라나고 있는 것이다. 각국의 기본권 목록과 우리 헌법의 권리장전을 비교하면, 법학적 상상력이 자극되고 우리 헌법의 장점이나 취약점이 용이하게 확인되며, 기본권 이념들을 조문화하는 작업이 쉬워지게 된다. 그래서 본고에서도 비교헌법학의 성과를 적절하게 활용하고자 한다.

2. 기본권의 정의

기본권이란 헌법 제정권력자가 제정한 헌법에 의해 보장되어 효력이 강화된 권리로 정의되곤 한다. 즉, 기본권은 불변의 권리 또는 적어도 어렵게만, 즉 헌법 개정을 통해서만 개정될 수 있는 권리를 의미한다. 이러한 정의는 법규범의 효력이라는 형식적 기준에 의거하고 있기 때문에, 헌법정책적으로 어떤 권리를 기본권으로 보장해야 하는지, 어떤 권리를 헌법의 차원에서 보장하는 것이 왜 정당한지에 대해서는 충분한 답을 주지 못한다. 다만 기본권을 법률보다 우월적인 효력을 가진 헌법으로 강력하게 보장하는 것은, 기본권이 입법자가 쉽게 개폐하지 못하도록 할 필요성이 있는 권리들이라는 것을 시사해준다.

헌법에 기본권으로 보장해야 할 것이 무엇인지 답하려면 실질적인 기준이 제시되어야 한다. 이와 관련하여 자연법론 내지 자유주의적 기본권이론[2]에서는 인간의 천부적 인권 내지 생래적 권리를 기준으로 제시한

---

1) 이에 대해서는 Peter Häberle, "Das Konzept der Grundrechte," in ders., *Europäische Rechtskultur*, 1997, 279면 이하 참조.
2) Carl Schmitt, *Verfassungslehre*, 3. Aufl., Neudruck 1957, 170면 이하. 이에 대한 상세한

바 있다. 스멘트(R. Smend)의 통합론적 기본권 이론[3]에서는 기본권을 한 공동체에 내려오는 가치체계 내지 문화체계가 헌법 제정 당시에 집약적으로 표현된 것으로 정의함으로써, 공동체 구성원들에 의하여 경험적으로 승인되고 관철된 권리들을 기본권으로 정의한다. 최근에 대화이론에 바탕을 둔 헌법 이론이 대두되었는데, 여기서는 대화의 절차에 참여하는 자의 인격적 승인에 대한 규범적 요청인 인권이 기본권을 정당화한다고 주장된다.[4]

이를 종합하면 실질적 의미의 기본권은 보편적 효력을 갖는 인권에 이념적 기반을 두고 있으며, 사회적으로 승인·관철되고, 또 입법자도 마음대로 개폐할 수 없도록 헌법에 규정하여야 할 만큼 중요한 권리라고 정의할 수 있다. 가령 교원 지위 법정주의는 인권처럼 보편적 효력을 갖고 있다고 보기 어렵지만 기본권 목록에 들어 있다. 이처럼 형식적 의미의 기본권과 인권의 범위가 반드시 일치하지는 않는다.

한편 기본권은 실정헌법에 근거해 효력을 가진다. 이에 비하여 인권은 논자에 따라 사회적 실효성이나 자연법 또는 사회의 도덕규범에 근거해 효력을 가진다고 한다. 기본권과 인권이라는 개념이 동일한 것으로 혼동되고 있으나, 이처럼 그 효력의 근거에는 차이가 있다.

소개 및 비판으로는 계희열 『헌법학(중)』, 박영사 2004, 31면 이하 참조.
3) 이에 대한 상세한 소개는 계희열, 앞의 책 39면 이하; 「헌법관과 기본권 이론―기본권의 성격 변천에 관한 일 고찰」, 『공법연구』 제11집(1983), 52면 이하 참조.
4) 이 이론을 국내에 소개하고 있는 것으로는 이준일 『헌법학강의』, 홍문사 2005, 290면 이하 참조.

3. 개정이 필요한 사항

헌법 제2장 표제의 개칭

헌법 제2장은 '국민의 권리와 의무'라는 표제를 달고 있다. 이딸리아의 현행 헌법(1947년헌법), 일본의 현행 헌법, 1919년 바이마르 헌법, 벨기에 헌법(1831년 및 1993년헌법)[5]도 이와 같은 표제어를 쓰고 있다. 우리 헌법은 거의 모든 개별 기본권 조항들에서도 기본권의 주체를, 즉 자신의 이익을 위하여 해당 기본권을 주장할 수 있는 자를 '국민'으로 명시하고 있다. 일본 헌법이 같은 표제어를 쓰면서도 고전적 자유권의 주어를 대부분 모든 사람으로 하거나 아예 주체를 명시하지 않은 것에 견주어보면, 우리 헌법의 제정자들이 권리장전의 목록을 작성하면서 지나치게 내향적인 태도를 취했음을 알 수 있다. 현행 헌법의 이와 같은 태도는 국제화·개방화의 시대적 흐름을 감안할 때 시대착오적이라고 할 수밖에 없다. 왜냐하면 수많은 외국인들이 내한하고 또 정주하는 현실을 외면하면서 외국인과 무국적자의 인권 문제를 전적으로 입법정책이나 국제법의 문제로 남겨두고 있기 때문이다.

이 문제에 관한 입법례로는 기본권 목록의 표제를 '기본권'으로 달고, 그 안에 인간이면 누구나 향유할 수 있는 인간의 권리와 국적자만이 향유할 수 있는 권리를 구분하여 규율하는 방법(독일 기본법[6]과 1937/2002

---

5) 이 헌법은 제2장의 표제를 '벨기에인과 그 권리'로 표시하고 있다. 그러나 개별 기본권 조항들의 주어로는 모든 사람 또는 그에 상당하는 용어가 사용되고 있으며, 벨기에인이 사용된 경우는 드물다.

6) 인간 존엄권(제1조 1항), 인격의 자유 발현권(제2조 1항), 생명권, 신체를 훼손당하지 않을 권리, 신체의 자유(제2조 2항), 평등권(제3조), 종교·양심 등의 자유(제4조), 표현의 자유(제5조), 혼인과 가족생활의 자유(제6조), 통신의 자유(제10조), 주거의 자유(제13조), 재산권(제14조), 청원권(제17조)은 인간의 권리로 보장하고, 집회의 자유(제8조), 결사의 자

년 아일랜드 헌법, 1983년 네덜란드 헌법), 기본권의 주체를 모든 사람으로 규정하고 외국인의 기본권은 국제법의 정신을 존중하면서 법률로 일반적으로 제한할 수 있도록 하는 방법(터키의 현행 헌법[7]), '기본권, 시민권, 사회정책적 목표'라는 장에서 거주 이전의 자유를 제외한 기본권은 원칙적으로 모든 사람에게 보장하고 시민권 및 정치적 권리는 자국민에게만 보장하는 방법(2000년 스위스 헌법), '기본권과 기본 의무'라는 표제하에 자국에 사는 외국인에게 원칙적으로 내국인과 동등한 권리와 의무를 부여하면서 외국인은 정치적 권리, 공무담임권, 기타 헌법과 법률이 전적으로 내국인에게만 부여한 권리의 주체가 될 수 없다고 명시하는 방법(1976/2002년 뽀르뚜갈 헌법[8]) 등이 있다. 어떠한 방법이든 외국인도 기본권의 주체임을 헌법 스스로 명시적으로 인정하는 것이 최근 세계 각국 헌법의 흐름임을 확인할 수 있다.

현재 헌법학계는 현행 헌법상의 결함을 해석론으로 제거하려고 한다. 그러나 논자에 따라 해석이 다를 뿐 아니라, 그러한 시도는 엄밀히 보면 해석의 한계를 무시한 것이어서 문제가 없지 않다. 헌법의 문구가 헌법 해석의 한계를 설정하기 때문이다. 한편 현행 헌법은 기본 의무도 내국인에게만 부과하고 있으나, 그것이 타당한지는 의문스럽다. 외국인에게도 그가 대한민국에서 정주하는 한, 납세·교육 의무 등 기본 의무를 부과할 필요가 있다. 따라서 제2장의 표제를 '기본권과 기본 의무'로 변경하고, 거기에서 인간의 권리와 국민의 권리를 분명히 구분해서 규율함으로써 논란의 소지를 없앨 필요가 있다.[9]

유(제9조), 거주 이전의 자유(제11조), 직업의 자유(제12조)는 독일인의 권리로 보장하고 있다.
7) 1982년 9월 13일 제정된 터키 헌법 제16조 "외국인의 기본권과 기본 자유는 국제법과 조화를 이루면서 법률로 제한될 수 있다." 그밖에도 1975년 그리스 헌법 제5조 2항도 유사한 규율 방식을 취하고 있다.
8) 1978/1992년 스페인 헌법도 제13조 2항에서 유사한 규정을 두고 있다.

아울러 그동안 학계의 통설로 인정된 내국 법인의 기본권 향유 능력
도 독일 헌법처럼 명시하는[10] 것이 바람직하다.

독소조항 및 법의 발전을 가로막는 조항 개폐

독소조항 제거

헌법을 개정함으로써 무엇보다도 먼저 현행 헌법상의 기본권 규정들
에 들어 있는 독소조항이 제거되어야 한다.

첫째, 군인·군무원·경찰공무원 등의 국가배상청구권을 박탈한 헌법
제28조 2항이 삭제되어야 한다. 이 규정은 1971년 대법원이 같은 내용의
국가배상법 조항을 위헌으로 확인하자, 당시의 어려운 재정 형편을 이유
로 헌법에 추가되었다. 그러나 국가의 재정적 여건이 현저하게 개선된
오늘날에 이 조항이 유지되어야 할 어떠한 명분도 존재하지 않을 뿐 아
니라, 군인 등을 부당하게 차별하는 조항이다. 따라서 정의에 반하는 불
법적 규정, 이른바 헌법에 위반되는 헌법조항이라는 비판이 끊이질 않았
다. 헌법재판 절차에서도 이 규정이 위헌이라는 주장이 수차 제기되었으
나, 헌법재판소는 헌법규정에 대한 위헌심사를 할 수 없다는 이유로 그
러한 주장을 배척했다.[11] 그렇기 때문에 현재 남은 길은 헌법에서 이 규
정을 삭제하는 것뿐이다.

둘째, 권위주의정권 시절 언론·출판 활동에 대한 행정적 통제를 강화
하기 위해 적잖이 왜곡된 헌법 제21조의 일부 조항도 오남용의 가능성을
줄이는 방향으로 수정될 필요가 있다. 1962년 제3공화국헌법에서 처음

---

9) 이에 대해서는 계희열, 앞의 책 806~807면 참조.
10) 제19조 3항 "기본권이 그 본질상 내국 법인에 적용될 수 있는 때, 해당 기본권은 내국
　　법인에도 적용된다."
11) 가령 헌재 2001. 2. 22, 2000헌바38, 판례집 13-1, 289면 참조.

으로 도입된 언론·출판의 자유에 대한 헌법적 한계, 즉 '언론·출판은 타인의 명예나 권리 또는 공중도덕이나 사회윤리를 침해하여서는 아니된다'는 헌법 제21조 4항 1문은 오남용될 우려가 매우 크다. '공중도덕, 사회윤리'라는 개념은 가변적일 뿐 아니라 불명확하고, '타인의 권리'라는 요건 역시 대부분 법률로 구체화되므로, 언론·출판의 자유가 형해화하거나 언론·출판 활동을 어느 범위까지 보호할지가 입법자의 손에 의해 좌우될 가능성이 크기 때문이다. 이와 같은 모호한 규정을 두어 언론·출판의 자유를 헌법 스스로 제한하는 민주적인 헌법은, 과문한 탓인지는 모르지만, 어디에도 없다. 헌법 제21조 4항이 없더라도 언론·출판의 자유는 헌법 제37조 2항에 따라 공익을 위하여 제한될 수 있다. 따라서 언론·출판의 자유에 현행 헌법처럼 헌법적 한계를 설정하지 않더라도 입법으로 오남용에 충분히 대처할 수 있다.

'통신·방송의 시설 기준과 신문의 기능을 보장하기 위하여 필요한 사항은 법률로 정한다'고 규정한 헌법 제21조 3항도 삭제되어야 한다. 이 규정은 언론사·출판사의 무분별한 난립과 사이비 언론으로 인한 폐해를 막는다는 미명하에 1980년 제5공화국헌법에 처음으로 도입되었는데, 현실적으로는 언론·출판 활동을 위축시키는 '정기간행물 등록에 관한 법률'('신문 등의 자유와 기능 보장에 관한 법률'에 의해 폐지됨)상의 시설 관련 규정들에 헌법적 근거를 제공하고 있기 때문이다.[12] 이 규정을 삭제하는 대신 미디어의 다원성을 보장하는 규정[13]을 추가하는 것이 옳다.

---

12) 정기간행물을 발행하고자 하는 자에게 일정한 물적 시설을 갖추어 등록할 것을 요구하는 정기간행물의 등록 등에 관한 법률 제7조 1항에 대한 합헌결정인 헌재 1992. 6. 26, 90헌가23, 판례집 4, 300면 이하, 특히 310면 및 같은 규정에 대한 변정수 재판관의 위헌 취지의 반대의견 참조.

13) 가령 유럽연합 기본권헌장 제11조 제2항, 2001년 개정된 1975년의 그리스 헌법 제14조 제5, 7, 9조 및 제15조 2항 참조.

법제도의 발전을 가로막는 조항 개폐

기존의 법제도들이 현실 변화에 맞추어 탄력적으로 변화·발전할 수 있는 여지를 확보하기 위하여 수정되어야 할 기본권 조항들도 있다.

첫째, 검사만이 영장을 신청할 수 있도록 한 현행 영장신청제도(제12조 3항, 제16조)를 개정해야 한다. 영장은 인신 구속의 오남용을 방지하기 위하여 신분이 보장된 독립적인 법관의 심사를 거쳐 발급된다. 따라서 검사에게만 영장신청권을 부여하여야 할 필연적 이유가 없다.[14] 검사의 영장신청권은 1962년헌법에 처음으로 명시된 이래 진지한 검토 없이 계속 유지되고 있다. 그러나 '검사의 신청에 의한'이라는 문구를 삭제하는 것이 향후 수사구조의 변경을 더 용이하게 하는 길이다.

둘째, 현재 배심제나 참심제가 사법 민주화의 한 방편으로 논의되고 있는데, 이 제도가 좀더 확고한 합헌적 발판을 마련하려면, '헌법과 법률이 정한 법관'에게 재판받을 권리를 보장하고 있는 제27조 1항의 조문 일부도 시급히 수정되어야 한다. 스위스 헌법 제30조 1항처럼 "법률에 의하여 창설되며 독립적이고 공정한 관할법원에 의해 재판을 받을 권리"를 보장하거나[15] 법률이 정하는 배심재판이나 참심재판의 가능성을 함께 명시한다면, 배심원이나 참심원이 사실문제나 법률문제의 판단에 관여할 때 제기되는 위헌 시비를 차단하면서도 공정하고 민주적인 재판 권리를 보장할 수 있을 것이다.

---

14) 현행 일본 헌법 제33조도 "누구도, 현행범으로서 체포되는 경우를 제외하고는, 권한을 가진 사법 관헌이 발행하고 이유와 범죄를 명시한 영장에 의하지 않으면 체포되지 않는다"고 규정하여 검사의 개입을 예정하지 않고 있다.

15) 현행 일본 헌법도 제32조에서는 단지 "누구도 재판소에서 재판을 받을 권리를 빼앗기지 않는다"고만 규정하고, 제37조 1항에서 "모든 형사사건에서 피고인은 공정한 재판소에서 신속하고 공개된 재판을 받을 권리를 갖는다"고 규정함으로써 재판구조 변경의 여지를 넓게 열어놓고 있다.

불문의 기본권 명시

몇몇 기본권들은 현행 헌법에 명시적으로 규정되지는 않았지만 기본
권 규정들에 대한 해석을 통해 인정되고 있다. 이런 기본권들은 그 중요
성에 비추어볼 때 독자적인 기본권으로 명시되어야 할 것이다.

생명권 및 신체를 훼손당하지 않을 권리

'생명권'[16]과 '신체를 훼손당하지 않을 권리' 역시 통설과 판례에 의
하여 헌법상의 기본권으로 인정되고 있다. 하지만 이 권리의 중요성이나
권위주의 체제에서 이 권리들이 경시되었던 경험에 비추어볼 때, 이를
독자적인 기본권으로 명시할 필요가 있다.[17] 아울러 '사형제 폐지'를 명
기하는 것도 진지하게 고민할 필요가 있다.

개인정보 자결권

정보기술이 눈부시게 발전하면서 개인정보를 수집·집적·결합·전
파·활용하는 것이 쉬워졌다. 따라서 개인의 인격 및 사적·정치적 결정
의 자유가 심각하게 침해될 위험이 커졌고, 이런 침해로부터 개인을 효
과적으로 보호하려면 개인정보 자결권이 인정되어야 한다.[18] 헌법재판

---

16) "인간의 생명은 고귀하고, 이 세상에서 무엇과도 바꿀 수 없는 존엄한 인간 존재의 근
　원이다. 이러한 생명에 대한 권리는 비록 헌법에 명문의 규정이 없다 하더라도 인간의
　생존 본능과 존재 목적에 바탕을 둔 선험적이고 자연법적인 권리로서 헌법에 규정된 모
　든 기본권의 전제로서 기능하는 기본권 중의 기본권이라 할 것이다." 헌재 1996. 11. 28,
　95헌바1, 판례집 8-2, 537면 이하, 특히 545면.
17) 이에 관한 입법례로는 독일 기본법 제2조 2항 "모든 사람은 생명권과 신체를 훼손당하
　지 않을 권리를 가진다. 신체의 자유는 불가침이다. 이 권리들은 법률에 근거하여서만
　침해될 수 있다"를 들 수 있다.
18) 헌재 2005. 5. 26, 99헌마513 등, 공보 105호, 666면 이하, 특히 672면; 헌재 2005. 7. 21,
　2003헌마282 등.

소도 최근 헌법 제10조 전단에서 도출되는 일반적 인격권 및 제17조 사생활의 비밀과 자유 보장을 근거로 이러한 기본권을 인정한 바 있다. 이 기본권이 개인의 인격 보호 및 민주주의에 중대한 의미가 있음을 생각하면, 유럽연합 기본권헌장처럼 개인정보 자결권을 독립적인 기본권으로 보장하는 한편, 이 권리가 침해되는지 감독하는 독립적인 전문 보호기관 설치를 명시할 필요가 있다. 현행 헌법 제17조는 사생활의 비밀을 구성요건으로 제시함으로써 사생활의 비밀에 해당하지 않는 개인정보의 수집, 처리, 이용 및 오남용, 개인의 인격적 표지를 상업적으로 이용하는 것을 막기에는 충분치 않기 때문이다.

정보의 자유

표현의 자유와 정치적 기본권을 의미 있게 행사하기 위해서는 '정보의 자유(알 권리)', 즉 정보를 자유롭게 수집하고 활용할 수 있는 자유가 전제되어야 한다. 이는 헌법재판소의 판례에 의해서도 수차례 확인된 바 있다.[19] 판례에서는 단순히 정보의 자유만이 아니라 제한된 범위에서나마 정보청구권까지도 인정하고 있다. 그러나 헌법에 그 요건이 명시되어 있지 않아 권리의 범위와 내용이 불분명한 상태다. 정보의 자유가 민주주의의 실현에 얼마나 중요한지를 감안한다면 이를 독자적인 기본권으로 명시하되, 내용적인 연관에 비추어 언론·출판의 자유와 함께 하나의 조문에서 항을 나누어 규율하거나 언론·출판의 자유에 이어 별개의 조항으로 규율하는 것이 합리적일 것이다. 이 기본권을 규정한 조문의 고전적 형태는 독일 기본법이나 스위스 헌법에서 찾을 수 있다.[20] 한편 그

---

19) 헌재 1991. 5. 13, 90헌마133, 판례집 3, 234면 이하, 특히 245, 246면 참조.
20) 독일 기본법 제5조 1항 제2선택지 "누구나 (…) 일반적으로 접근할 수 있는 정보원으로부터 방해를 받지 않고 정보를 얻을 권리를 가진다."; 스위스 헌법 제16조 3항 "누구든지 정보를 자유로이 수령하고, 일반에 공개된 정보원으로부터 입수하며, 이를 유포할 권리를 가진다."

리스는 2001년 4월의 헌법 개정에서 이와 관련된 좋은 모델이 될 수 있다. 그리스 헌법은 정보사회로 발전하면서 심각해진 정보격차 해소 문제를 반영하여 다음과 같은 현대적인 기본권 조항을 추가했다. "제5조의 a ① 모든 사람은 법률이 정하는 바에 따라 정보수집권을 가진다. 이 권리는 국가 안전, 범죄 방지 또는 제3자의 권리와 이익 보호를 이유로 정당하면서도 절대적으로 필요한 경우에만 법률로 제한될 수 있다. ② 모든 사람은 정보사회에 참여할 권리를 가진다. 전자적 방식으로 유통되는 정보, 그러한 정보의 생산·교환·전파에 쉽게 접근하도록 해주는 것은 국가의 의무다." 물론 그리스 헌법은 이 의무를 일정하게 유보하긴 했지만, 우리 헌법의 개정에 많은 시사점을 던져준다고 하겠다.

추가되거나 강화되어야 할 기본권

사회의 급속한 발전 추세나 국민의 의식 변화에 발맞추어 좀더 강력하게 보장하거나 추가해야 할 규정들도 있다.

국가목표로서의 남녀평등

남녀평등의 실질적인 실현을 국가의 목표로 명시해야 한다. 헌법 제11조 1항 후단(남녀 차별 금지) 및 제32조 4항(고용·임금·근로조건에서의 여성 차별 금지)에 의하여 여성에 대한 법적·제도적인 차별이 많이 제거되어가고는 있지만, 현실에서는 여성의 실질적인 지위가 남성보다 여전히 낮다. 공직 임용에서 여성할당제가 제한적으로 실시되고는 있지만, 그 헌법적 근거는 박약하다. 할당제[21]는 남성에 대한 역차별이어서

---

21) 물론 할당제에도 다양한 유형이 존재하며, 모든 할당제가 예외 없이 위헌이라는 것은 아니다. 가령 남성과 동일한 자격을 가진 여성 지원자를 일정한 조건하에서 우선적으로 채용하거나 승진하는 것은 헌법에 합치할 수도 있다. 이에 대해서는 계희열, 앞의 책

원칙적으로 위헌이라는 것이 미국이나 독일 학계의 다수설이다.[22] 사실상의 남녀평등을 실현하려면 사회구조, 특히 노동시장의 구조, 남성 우월적인 문화나 의식을 개선하는 작업과 사회정책적 투자가 동시에 진행되지 않으면 안된다. 헌법 제34조 3항에서는 '국가는 여자의 복지와 권익의 향상을 노력하여야 한다'는 규정을 두고 있지만, 이 규정이 '사실상의 남녀평등'을 실현하기 위하여 노력하라는 의미까지 내포하고 있다고 보기는 어렵다. 그러므로 독일 기본법 제3조 2항과 같이 '남성과 여성은 평등하다. 국가는 남녀평등의 실질적 실현을 촉진하고 현존하는 불이익의 제거를 위해 노력해야 한다'는 더욱 강력하고 분명한 국가목표 규정을 둠으로써 국가에 한층 분명한 의무를 부과하는 것이 바람직하다.[23]

출신 지역·언어·피부색에 따른 차별 금지

우리 사회에 만연된 지역감정은 지역주의로 고착화되어 지역구도라는 정치체제를 낳고 있다. 과도한 지역감정은 정치적으로 지역간, 정당간의 극단적인 대립을 유발하면서 공동체의 통합, 더 나아가 국가의 장래를 위협하게 되었다. 이와 같은 병리현상을 치유하기 위해 헌법 제11조 1항 후단의 차별 금지 사유인 성별, 종교, 사회적 신분에 출신 지역을 추가할 것을 제안한다. 지역감정이 뿌리 깊은 우리 사회에서는 개인의 출신 지역도 가문이나 문벌처럼 개인에 대한 일정한 사회적 평가를 수반한다. 이를 감안하면 출신 지역도 사회적 신분의 일종이라고 볼 수 있다.

2004면 참조.

22) 여성할당제에 대한 상세한 논의는 계희열, 앞의 책 246면 및 거기에 인용된 문헌 참조. 그밖에도 김영희 「할당제의 합헌성에 관한 연구―평등권에 비추어본 여성 일정 비율 할당제」, 한국여성개발연구원 1997년도 연구보고서, 210~12면 참조.

23) 2000년 스위스 헌법 제8조 3항도 유사한 규정을 두고 있다. "남녀는 동등한 권리를 가진다. 법률은 특히 가족, 교육 및 근로의 분야에서 양성의 법률상 및 사실상의 평등을 확보해야 한다. 남녀는 동일 가치의 근로에 관하여 동일한 임금을 받을 권리를 가진다."

그러나 지역감정의 폐해가 극심한 현 상황에서는 이를 사회적 신분과는 별도의 차별 금지 사유로 명기함으로써 국가권력과 사회적 세력에 더 분명하게 인식시킬 필요가 있다고 본다. 한편, 국제결혼이 폭발적으로 증가하면서 우리 언어에 익숙하지 아니한 한국인, 한민족의 전형적인 모습과는 확연히 구분되는 외모를 가진 혼혈 한국인이 급속히 증가하고 있다. 그에 따라 기본권 차원에서 언어와 피부색에 의한 차별의 금지도 특별 평등권의 하나로 명시함으로써 장차 이와 같은 사회발전에 따라 발생할지도 모르는 사회통합의 위기에 미리 대처할 필요성도 커지고 있다.

그리고 제11조 1항 후단은 특별 평등권의 성격을 지니기 때문에 별개의 항에서 규율하는 것이 법체계상 옳다고 본다. 후단을 전단을 부연해 설명하는 것으로 이해하여 동 규정에 명시된 차별 금지 사유를 예시로 본다면, 후단에서 차별 금지 사유들을 특별히 명시한 취지가 무색해지기 때문이다. 후단에서 열거되지 아니한 사유로 차별하는 것은 전단으로 해결할 수 있다. 우리 헌법 제11조 1항은 일본 현행 헌법(1946년헌법) 제14조 1항[24]을 무비판적으로, 그것도 잘못 수용한 것이라 여겨진다.

불로소득 환수의 가능성 명시

자고 일어나면 치솟는 아파트 및 토지의 가격은 양극화현상을 심화하고 있다. 이는 노동의욕을 저하하고 사행심을 조장하여 국민경제를 병들게 할 뿐만 아니라 사회 통합을 위협하는 등 극심한 부작용을 초래하고 있다. 이에 대처하기 위해 다수의 법률들이 제정되거나 제정이 시도되었지만, 제정 과정에서 기득권 세력들의 저항에 부딪히거나 경기 부양 논리에 밀려 그 내용이 왜곡되는 경우가 비일비재했다. 부의 부당한 대물

---

24) "모든 국민은 법 아래 평등하며, 인종, 신조, 성별, 사회적 신분 내지는 문벌에 의해 정치적·경제적 또는 사회적 관계에서 차별받지 않는다."

림 문제도 마찬가지다. 독일 바이에른 헌법(1946/2003년 헌법)[25]처럼 불로소득 환수의 헌법적 근거를 더욱 선명하게 한다면, 관련 입법이 더 용이해지고 위헌 시비가 차단되며, 국민에 대한 교육적 효과도 있으리라고 본다.

노인, 청소년, 장애인의 주체적 지위 보장

우리 사회가 노령(화)사회로 급속하게 천이함에 따라 노인문제는 더욱 심각해질 것이며, 이혼율의 급증과 사교육 열풍 속에서 청소년들은 주체적 지위를 상실해가고 있다. 또한 장애인들은 사회적·경제적·문화적으로 더욱 소외될 것이다. 따라서 그 대책을 헌법적 차원에서 강구하는 것이 헌법정책적으로 필요하다고 본다. 현행 헌법은 제34조 4항(국가는 노인과 청소년의 복지 향상을 위한 정책을 실시할 의무를 진다), 제5항(신체장애자 및 … 기타 사유로 생활 능력이 없는 국민은 법률이 정하는 바에 의하여 국가의 보호를 받는다)에서 노인, 청소년, 장애인을 사회정책의 수동적인 수혜자로만 다루고 있을 뿐, 주체로 명확히 인식하면서 그들의 사회적 통합을 모색하고 있지는 않기 때문이다.

이와 관련하여 유럽연합 기본권헌장은 훌륭한 입법례가 될 터인데, 거기에는 다음과 같은 조항이 있다. 노인과 관련해서는 "노인은 사회적·문화적 생활을 존엄하고 독립적으로 영위할 수 있는 권리가 있다"(제25조). 아동과 관련해서는 "① 아동은 국가에 보호를 요구할 수 있고 아동의 복지를 위한 대책을 요구할 수 있다. 자신과 관련한 일에 대한 아동의

---

25) 바이에른 헌법 제161조 2항 "재산권 주체의 특별한 노력이나 자본의 투여 없이 발생한 토지 가치의 상승분은 공공을 위하여 이용하도록 할 수 있다."; 제168조 2항 "노동 능력이 있는 국민들의 불로소득에는 법률의 규준에 따라 특별세가 부과되어야 한다."; 제123조 3항 전단 "상속세는 거대한 부가 소수의 수중에 장악되는 것을 방지하는 데도 기여한다."

의견은 그 연령과 성숙에 상응하여 존중되어야 한다. ② 모든 공적·사적 기관들은 아동에 대한 조치를 취할 때 아동의 복리를 우선적으로 고려해야 한다. ③ 모든 아동은, 자신의 복리에 반하지 않는 한, 부모와의 인간관계 및 직접적인 접촉을 정기적으로 유지할 권리를 가진다"(제24조). 장애인과 관련해서는 "장애인은 그 독립성, 사회적·직업적 통합, 공동체 생활에 대한 참여를 보장하는 조치를 요구할 수 있는 권리를 가진다"(제26조).

선거 연령의 하한 명시

선거권(제25조)을 행사할 수 있는 연령 기준을 헌법에서 '선거일 현재 만 18세 이상'으로 확정해야 한다. 선거권과 같은 정치적 기본권은 국민주권을 현실화하고 민주주의를 실현하는 데 근본적으로 중요하기 때문에, 공익 실현을 위해 불가피한 경우에만 그것의 제한이 헌법적으로 정당화될 수 있다. 그러한 사유가 없음에도 불구하고 선거 연령 기준은 오랫동안 20세 이상으로 고정되었다. 사실 18세 이상 20세 미만 국민의 선거 참여를 배제해야 할 만큼 정당하면서도 합리적인 사유는 존재하지 않는다. 국민의 교육 수준이 급격히 향상되었고 정보사회로 급속하게 진전함에 따라 이와 같은 주장은 더욱더 힘을 얻게 되었다. 다행히 최근 여야 합의로 선거 연령의 하한을 선거일 현재 19세로 낮추었지만(2005. 8. 4, 법률 7681호), 이도 여전히 불완전한 정치적 타협에 불과하다. 그러므로 선거 연령을 미합중국 헌법[26]처럼 아예 헌법에 명시하여, 이 문제에 정파적으로 접근하는 것을 막는 것이 올바른 헌법정책적 결정일 것이다.

---

26) 미합중국 헌법 수정 제26조(18세 이상 시민의 선거권) 1항 "연령 18세 이상 합중국 시민의 투표권은 연령을 이유로 합중국 또는 주에 의하여 거부되거나 제한되지 아니한다."

정치적 망명권 명시

우리도 괄목할 만한 정치적·경제적 발전을 이룩한만큼, '정치적으로 박해받는 자'들을 위해 정치적 망명권을 기본권의 하나로 보장함으로써 1951년 7월 28일의 제네바협정, 1967년 1월 31일의 '난민의 법적 지위에 관한 의정서'에 따라 부과된 국제법상의 의무를 다할 필요가 있다고 본다. 이는 일제의 강점하에서 그리고 독재정권 시절에 많은 독립운동가들이나 민주투사들이 해외에 망명해 독립운동이나 민주화운동을 지속할 수 있었던 것을 보은하는 것이기도 하다.[27]

양심을 이유로 한 대체 복무 가능성 명시

병역법에서는 양심을 이유로 비집총 대체 복무를 요구하며 병역 이행을 거부하는 것이 허용되지 않는다. 이에 대해 헌법소원이 청구되었는데, 헌법재판소는 합헌결정을 내렸다.[28] 이에 따라 대체복무제 도입운동은 상당 기간 위헌 논쟁에서 (헌)법 개정운동으로 방향을 바꿀 수밖에 없는 처지가 되었다. 군의 정예화 등 군조직 개혁이 논의되는 차제에 양심상의 이유로 집총 병역을 이행할 수 없는 자들을 위하여 대체복무제를 헌법에 명시하는 것을 진지하게 검토할 필요가 있을 것이다.[29]

기본권 규정의 편제 개편

기본권 보장의 체계상, 몇몇 규정들의 편제를 더 합리적으로 바꿀 필

---

27) 독일 기본법 제16조를 모델로 다음과 같이 이를 조문화할 수 있을 것이다. "정치적으로 박해받는 자는 법률이 정하는 바에 의하여 망명권을 가진다."
28) 헌재 2004. 8. 26, 2002헌가1, 판례집 16-2, 141면(2인의 반대의견 있음).
29) 입법례로는 독일 기본법을 비롯한 구미의 헌법 다수를 들 수 있다. 여기서는 독일 기본법 제4조 3항만을 그 예로 제시한다. "누구도 양심에 반하여 집총 병역을 강제받지 아니한다. 상세한 것은 연방 법률로 정한다."

요가 있다.

현행 헌법은 언론·출판·집회·결사의 자유를 하나의 조항(제21조 1항)에서 규정하고 있다. 이 기본권들은 모두 인격적·사회적 자유의 보장에 그치는 것이 아니라 민주적 정치 과정에 불가결한 정치적 자유를 보장하는 것이다. 그러나 그 기본권들의 보호 대상은 각이하다. 또 이렇게 여러 기본권들을 하나의 조항에 묶을 경우, 각 기본권의 특수한 문제들에 대한 규정을 체계적으로 배치하는 것이 기술적으로 어려워진다. 비교헌법적으로 보더라도 소수의 국가[30]를 제외하고는 이 자유들을 하나의 조문에 묶지 않는다.

언론·출판의 자유를 집회·결사의 자유와 분리하여 정보의 자유 등과 함께 묶어 규율하고, 노동삼권(제33조)을 결사의 자유와 함께 규율하거나[31] 결사의 자유에 이어 배치하는[32] 것이 타당하다고 본다. 노동삼권이 산업사회를 배경으로 발생했고 또 노동자들의 권익 향상에 기여했지만, 그것을 보장하는 형식에 비추어볼 때 자유권의 일종인만큼 사회적 기본권들의 한복판에 위치시키는 것은 논리적이라 할 수 없다.[33] 아울러 노동자들의 노동삼권에 대응하는 '사용자들의 단결의 자유'[34]도 함께 명시하는 것이 형평에도 맞다. 스위스 신헌법은 이에 대한 좋은 입법례가 된다.[35]

---

30) 미국 헌법 수정 제1조(종교·언론 및 출판의 집회 및 청원의 권리) "연방의회는 국교를 정하거나 또는 자유로운 신교 행위를 금지하는 법률을 제정할 수 없다. 또한 언론, 출판의 자유, 국민이 평화롭게 집회할 수 있는 권리, 불만사항을 구제받기 위하여 정부에 청원할 권리를 제한하는 법률을 제정할 수 없다."; 일본 현행 헌법 제21조 1항 "집회, 결사 및 언론, 출판, 기타 일체의 표현의 자유를 보장한다."

31) 독일 기본법 제9조는 결사의 자유를 제1항에서, 노동자 및 사용자의 단결의 자유를 제3항에서 보장하고 있다.

32) 스위스 헌법은 결사의 자유(제23조), 거주 이전의 자유(제24조), 재산권(제26조), 경제적 자유(제27조)에 이어 노동자 및 사용자의 단결의 자유(제28조)를 보장하고 있다. 경제활동과 밀접하게 관련된 자유권적 기본권들을 연이어 배치한 것이다.

33) 일본 헌법도 근로의 권리(제27조)에 이어 근로삼권을 배치하여 우리 헌법과 같은 규율 방식을 취하고 있다.

34) 독일 기본법 제9조 3항; 스위스 헌법 제28조 등 참조.

기본권 중에는 현행 헌법에서 분리되어 보장되어 있으나, 하나의 조문에서 보장하는 것이 더 합리적인 것들도 있다. 바로 양심의 자유(제19조)와 종교의 자유(20조)가 그것이다. 가령 종교적 신념을 이유로 비집총 대체 복무를 요구하는 경우처럼 신앙은 양심을 형성하는 원동력이 된다. 이 두 기본권은 내면적 자유권으로서 서로 긴밀하게 연결되어 있기 때문에, 양자를 별개의 조문에서 규율하기보다는 건국헌법[36]이나 독일, 스위스의 헌법[37]처럼 하나의 조문에 규정하는 것이 낫다고 본다. 한편 '사상, 세계관의 자유'도 양심의 자유에 의해서 보호된다는 것이 헌법학계의 통설이다. 그렇지만 단순히 다른 사상을 가졌다는 이유로 온갖 탄압과 차별이 자행되었던 우리의 역사를 고려할 때, 양심·신앙의 자유와 마찬가지로 '사상 및 세계관의 자유'도 명문화하여 국가권력에 더욱 분명한 경고를 보낼 필요가 있다.

확대된 기본권 기능 명시

그동안 기본권 이론 내지 기본권 해석론에서는 기본권이 국가권력을 구속한다는 점이 확인되고, 또 기본권의 기능들이 확장되어왔다. 따라서 국민 및 국가기관에 대한 교육적 효과를 제고하기 위하여 이를 헌법에 명시하는 것이 바람직하다고 본다.

---

35) 제28조(단결의 자유) "① 노동자, 사용자 및 그들의 조직은 그 이익을 옹호하기 위하여 단합하고 조합을 형성할 수 있으며 또한 그에 가입하거나 관계되지 않을 권리를 가진다. ② 쟁의는 가능한 한 교섭과 알선으로 해결해야 한다. ③ 파업 및 직장폐쇄는, 그것이 노동관계와 관련이 있고 노동의 평화를 옹호하거나 조정을 위해 교섭할 의무를 방기하지 아니하는 한 허용된다. ④ 파업이 금지되는 사람의 범위에 관하여는 법률로 정한다."
36) 제헌헌법 제12조 1항 "모든 국민은 신앙과 양심의 자유를 가진다."
37) 독일 기본법 제4조(신앙, 양심 및 고백의 자유, 병역거부) "① 신앙과 양심의 자유 그리고 종교적·세계관적 고백의 자유는 불가침이다."

현행 헌법에는 명문의 규정이 없지만, 기본권이 국가에 대한 개인의 권리일 뿐만 아니라 공동체의 객관적 가치질서의 요소라는 인식이 헌법 실무에서는 관철되었다.[38] 따라서 기본권은 입법자에게는 법을 제정할 때 존중하여야 할 입법 지침이, 법을 적용·집행하는 집행권과 사법권에는 법의 해석과 적용의 지침이 된다. 그러므로 기본권은 법의 모든 영역에서 관철될 수 있고 또 그렇게 되어야 한다. 또한 기본권이 입법권·집행권·사법권 등 모든 국가권력을 구속한다는 데도 이론이 없다. 현행 헌법 제10조 후단에서 "국가는 기본적 인권을 확인하고 이를 보장할 의무를 진다"고 규정함으로써 간접적으로 그러한 취지를 밝히고 있으나, 그 구속력과 확장된 기능을 입체적으로 부각시킬 필요가 있다.

한편 현대 산업사회에서는 국가만이 아니라 노동조합, 거대기업, 사립학교와 같은 사회적 세력도 개인의 자유를 위협할 수 있다. 우편·통신 등 전통적 국가부문이 점차 민영화됨에 따라 통신의 자유가 위협받는 양상도 근본적으로 변화되고 있다. 그렇기 때문에 오늘날 기본권은 비국가적 세력이 침해하지 못하도록 자유를 보호하는 데까지 나아가야 한다는 데 이론이 없다. 이미 기본권 해석론에서 기본권이 사인들 사이의 법률관계에도 효력(이른바 대사인적 효력)을 미친다는 것이 밝혀졌고, 최근에는 자유권적 기본권이 사인들이 자유를 침해하지 못하도록 보호해야할 의무를 국가에 부과한다(국가의 기본권 보호 의무)고 인식하기에 이르렀다.[39]

필자는 헌법이 국민이나 국가기관에 대한 교육적 효과를 거둘 수 있도록 이와 같은 기본권 이론 내지 기본권 해석론의 성과가 헌법에 명시되기를 기대한다. 이와 관련하여 스위스 헌법 제35조는 다음과 같은 규

---

38) 가령 헌재 1996. 2. 29, 93헌마186, 판례집 8-1, 111면 이하, 특히 116면 참조.
39) 헌재 1997. 1. 16, 90헌마110, 판례집 9-1, 90면 이하, 특히 119면; 상세한 것은 졸고 「기본권 보호 의무」, 『인권과 정의』 1997년 8월호 83면 이하 참조.

율 모델을 제시하고 있다. "① 기본권은 법질서 전체에 관철되어야 한다. ② 국가과제를 수행하는 자는 기본권에 구속되며, 기본권의 실현에 기여할 의무가 있다. ③ 기본권이 사인들 사이에 적용될 수 있는 경우에 국가기관들은 기본권이 사인들의 관계에도 실효성을 갖도록 배려해야 한다."

국가인권위원회 설치 명시

끝으로 헌법재판소나 법원의 틈새에서 기본권을 보호하기 위해 의미 있는 활동을 전개하는 국가인권위원회의 설치 근거를 헌법에 마련함으로써, 국가인권위원회를 법률상의 기구에서 헌법상의 기구로 격상하는 것도 고려할 필요가 있다.

4. 특히 사회적 기본권 목록의 재검토

우리 헌법은 사회적 기본권 내지 국가의 사회적 의무를 다양하고 화려하게 명시하고 있다. 교육을 받을 권리(제31조), 근로의 권리(제32조 1항 전단), 고용 증진 및 적정 임금의 보장 의무와 최저임금제 실시 의무(제32조 1항 후단), 인간 존엄성에 상응하는 근로조건 법정 의무(제32조 3항), 인간다운 생활을 할 권리(제34조 1항), 국가의 사회보장·복지 증진 의무(제34조 2항), 여자·노인·청소년의 복지 증진 의무(제34조 3항), 생활무능력자 보호 의무(제34조 4항), 국가의 쾌적한 주거생활 보장 의무(제35조 3항), 국가의 모성 보호 의무(제36조 2항), 국가의 국민보건 보호의무(제36조 3항) 등이 그것이다. 그럼으로써 헌법은 사회구성원들 사이의 적대적 대립관계와 사회적 불평등이 해소되며, 자유를 실현하는 데 불가결한 전제가 모든 사람에게 보장되는 국가, 즉 사회국가 내지 복지국가를 실현할 의무를 국가에 부과했다.

그러나 헌법상의 사회(복지)국가는 이상일 뿐 현실이 아니다. 정부예산에서 복지예산이 점하는 비율은 OECD국가 중 최하위권이다. 복지부문에서 헌법과 현실 사이에 이렇게 괴리가 큰 원인은 무엇보다도 다른 기본권들과는 달리 사회적 기본권 내지 국가의 사회정책적 의무를 실현하기 위해서는 재원을 확보해야 하고, 권리의 주체와 내용 등을 법률로 확정해야 한다는 데 있다. 즉, 사회국가라는 이상을 실현할 만큼 재정이 확보되고 실질적인 법률이 제정되기 위해서는, 이 과제를 핵심 목표로 삼은 정당들이 국회에서 다수의석을 점해야 하고, 또 이를 위해서는 유권자들이 각성될 필요가 있다.

사실 민주주의는 사회국가 실현을 자극하면서도 후원한다.[40] 민주적 질서에서 정치의사는 모든 개인의 정치적 평등, 즉 보통선거권 및 평등선거권의 토대 위에서 그리고 정치권력을 둘러싼 상시적 경쟁의 토대 위에서 형성되며, 따라서 민주주의는 모든 사회적 문제와 이해관계를 정치문제화하고 또 정치적 논의의 대상으로 만들 수 있기 때문이다. 이러한 의미에서 대중민주주의는 사회국가를 잉태하고 있으며, 이러한 방식으로 민주주의와 사회국가는 모두 인간의 존엄성과 자유와 평등이라는 가치의 실현을 위하여 봉사한다.[41] 우리 헌법에서는 보통·평등선거권을 통한, 즉 국민에 의한 '형식적' 정당화(제도로서의 민주주의)와, 사회국가라는 국가목표의 실현, 즉 국민을 위한 통치라는 '실질적' 정당화가 결합되어 있는 것이다.

---

40) E. W. Böckenförde, "Demokratie als Verfassungsprinzip," in ders., *Staat, Verfassung, Demokratie: Studien zur Verfassungstheorie und zum Verfassungsrecht*, 1991, 289면 이하, 특히 375면 참조.

41) H. F. Zacher, "Das soziale Staatsziel," in *Handbuch des Staatsrechts* I, 1995 §25 단락번호 86 참조.

독일은 우리와는 달리 헌법에 사회국가라는 목표만 있을 뿐이며, 스위스의 신헌법도 사회정책적 목표만을 명시할 뿐 개인의 권리 형태로 사회적 기본권을 보장하지 않는다.[42] 그럼에도 불구하고 전술한 것처럼 민주주의와 사회국가는 밀접하게 관련되어 있기 때문에 이 국가들의 복지 수준은 우리와 비교할 수 없을 정도로 높다.

그렇다면 우리 국가가 국민을 기만하는 것으로 봐야 하는가? 헌법에 의해 조성된 이 기만 상태를 해소하기 위해서 개인들에게 보장되는 사회적 기본권의 목록을 삭제하고 객관적인 사회정책적 목표만을 추상적으로 (또는 너무 구체적이지 않게) 명시해야 할 것인가? 주관적 권리의 목록을 제시하는 방식을 택하면, 이상과 현실 사이의 괴리를 노출하는 약점이 있다. 하지만 객관적인 사회정책적 목표만을 제시하는 방식과는 달리 개인이 소송을 제기함으로써 국가가 사회적 의무를 이행하도록 강제할 수 있고, 국가가 사회적 의무를 충분히 이행하지 못할 경우 그 이유를 들을 수 있다는 장점이 있다. 실질적 민주화가 충분히 진전되지 못한 상황에서 주관적 권리의 목록을 삭제하고 객관적·사회정책적 목표만을 제시한다면, 사회적 기본권 때문에 그나마 국가가 현재 사회정책적 목표

---

42) 독일 기본법 제20조 "독일연방공화국은 사회적 법치국가다", 제28조 "독일은 사회적 연방국가"; 스위스 헌법 제41조 "① 연방 및 주는 개인의 자기 책임과 능동성을 보완하여 다음 사항을 확보하도록 노력한다. a. 모든 사람은 사회보장의 혜택을 받는다. b. 모든 사람은 건강을 유지하는 데 필요한 의료를 받는다. c. 성인과 아동으로 이루어지는 공동체인 가족은 보호와 지원을 받는다. d. 일할 능력이 있는 자는 모두 공평하게 적절한 조건하에서 노동하고 자기의 생계를 마련한다. e. 주거를 요하는 자는 모두 자신 및 가족이 부담할 수 있는 조건으로 적절한 주택을 확보한다. f. 아동, 청년 및 노동 연령에 달한 자는 능력에 따라 초등 내지 고등 교육을 받는다. g. 아동 및 청소년은 사회적 책임을 부담할 수 있는 자립적인 사람으로 성장하는 과정에서 그리고 사회·문화·정치에 참가할 수 있도록 지원받는다. ② 연방 및 주는 모든 사람이 노령, 장애, 질병, 사고, 실업, 출산으로 인하여 또는 고아, 과부가 됨으로써 발생하는 경제적 결과에 대한 보험의 혜택을 받도록 노력한다. ③ 연방 및 주는 헌법상의 권한과 능력의 범위 안에서 사회적 목표의 달성을 위하여 노력한다. ④ 사회적 목표에 근거하여 개인이 국가의 급부를 직접 청구할 수 있는 권리를 도출할 수 없다."

를 추진하고 있는데 이마저도 약화할 수 있다. 이와 같은 사정을 고려하여 두 방안을 절충하는 것, 즉 반드시 권리로 보장해야 할 것을 제외하고는 국가의 사회정책적 목표로 규정하여 입법자의 정치적 책임에 맡겨두는 것이 바람직하다고 본다. 그렇다면 반드시 권리로 보장되어야 할 것은 무엇인가? 극빈자 또는 생활무능력자의 보호청구권,[43] 법정 의무교육을 무상으로 받을 권리를 들 수 있을 것이다.

한편 사회국가를 실현하려면, 그에 필요한 재원 등을 궁극적으로 사회구성원들이 나누어 부담해야 한다.[44] 오늘날 우리 사회에는 철저하게 권리를 주장하면서도 타인이나 공동체 전체에 대한 자신의 의무는 이행하지 않으려는 세태가 퍼져 있다. 이를 고려할 때, 사회국가의 실현은 궁극적으로 우리 자신이 이웃 사랑을 공동체 차원에서 실천하는 것에 달려 있다는 점을 헌법 전문에 명시하거나 기본 의무의 하나로 확정하는 것도 고려할 가치가 있다고 본다.[45]

---

43) 스위스 헌법은 사회적 기본권 목록을 포기하면서도 제12조에서 곤궁한 자에게 조력을 받을 권리를 보장하고 있다. 즉, "곤궁하거나 생활 능력이 없는 사람은 조력과 간호를 받거나 인간의 존엄에 불가결한 수단을 받을 권리를 가진다."

44) 사회국가는 개인 상호간의 사회적 의무(개별적·집단적 이기주의 배제, 집단적 자조 및 원조 의무), 개인의 전체에 대한 사회적 의무(개인의 자유와 권리가 사회적으로 구속됨을 인정할 의무), 전체의 개인에 대한 사회적 의무(국가의 사회적 부조, 사회적 생존 대책 마련, 조정 등의 의무)가 이행될 때 실현된다. 이에 대하여 상세한 것은 E. R. Huber, "Rechtsstaat und Sozialstaat in der modernen Industriegesellschaft," in E. Forsthoff (Hrsg.) *Rechtsstaatlichkeit und Sozialstaatlichkeit*, 1968, 606면 이하; 계희열 『헌법학(상)』, 박영사, 390면 이하 참조.

45) 가령 그리스 헌법 제25조 4항에서는 "국가는 모든 개인에게 사회적·국가적 연대의 의무를 이행할 것을 요구할 수 있다"고 명시하고 있다. 그리스 헌법에서는 이 규정을 기본권 제한 가능성을 명시하는 규정들 뒤에 배치하고 있다.

5. 결어

사람들은 모두 자신의 이상이 헌법에 담기고 또 국가가 그 이상을 실현해주기를 희망한다. 그러나 헌법과 그것에 따라 구성되는 국가는 마술주머니가 아니다. 인간이 역사적 제약 속에서 생활하듯이 헌법의 실현도 현실적 제약을 받을 수밖에 없다. 그러므로 헌법에 자신의 꿈을 담으려 노력하는 이들은 헌법이 국가 그리고 궁극적으로는 우리 모두에게 부과되는 과제라는 점을 잊지 말아야 한다. 특히 많은 재정을 요구하는 사회적 기본권의 보장이나 그 보장 방식에는 신중을 기해야 한다. 헌법이 많은 이들의 희망을 풍성하게 담을 때 그 정당성은 일견 제고된 것처럼 보일지 모른다. 그러나 그 약속이 이행되지 않았을 때 사람들은 실망과 분노를 느낄 것이다. 따라서 무분별하게 약속이 남발하면 오히려 헌법 및 그것에 따라 구성되는 국가의 정당성을 훼손해나갈 수도 있고, 헌법의 구속력 자체도 약화할 수 있음에 유념해야 한다. 헌법 개정 작업이 광범위한 세력들의 참여와 활발한 논의 속에서 신중하게 진행되어야 할 이유도 여기에 있다. 개방적이고 투명한 논의 과정이 헌법의 민주적 정당성을 만들어낼 뿐만 아니라 헌법의 가능성과 한계를 이해하는 데도 도움이 될 것이기 때문이다.

끝으로 이번 헌법 개정 과정에서 헌법학적 체계를 갖춘 현대적 감각의 권리장전이 만들어져, 개인의 자유가 오늘날 처한 그리고 미래에 맞닥뜨리게 될 위기에 대하여 적정한 처방을 제시해주기를 기대해본다.

국민주권과 시민의회[*]

오현철

1. 잊혀진 국민주권, 사라진 주권자

'국가의 주권은 국민에게 있다,' 모두 다 이렇게 알고 있지만 사실은 그렇지 않다. 현대 대의민주주의 국가에서 국민은 실질적인 주권자가 아니다. 특히 한국에서는 더욱 그러하다. 국민주권 이념은 몇 년에 한번씩 치러지는 선거에서만 형식적으로 확인될 뿐, 모든 정책 결정과 판단은 입법부·행정부·사법부의 대리인들이 전담한다.

대의정치체제에서 국민주권 이념이 실종된 것은 우연이 아니다. 근대적 대의정치의 실질적 창안자들은 국민이 정치에 직접적으로 참여하는 것을 두려워했다. 이들이 구상한 정치체제는 "인민의 열망을 막아내고 그 영향을 지연시키는 장치"가 되었다. 그들은 대다수 인민들의 정치적

---

* 이 글은 『시민사회와 NGO』 2006년 5월호에 실린 졸고 「정치적 대표체계의 민주적 재구성」을 일부 수정한 것이다.

압력을 회피하기 위하여 "대의의 원칙을 바람직한 정치의 황금률로 삼고 인민이 직접적으로 권력을 행사할 모든 길을 막았다."(에르메 1998, 21면)

이들은 군주가 주권을 구현한다는 군주정 측의 주장을 반박하기 위해 오직 인민만이 통치할 자격이 있다고 선언했다. 그러나 인민을 예찬하면서도 인민들이 엘리뜨집단인 자신들의 재산과 안전을 위협할 것을 두려워하여 인민들의 의사표현 수단을 박탈했다. 투표하거나 선거에 입후보할 권리를 박탈했으며, 영국·프랑스·미국에서는 19세기 내내 보통선거의 유권자 수를 지속적으로 줄여나갔다(같은 책 40면).

또끄빌(A. de Tocqueville)은 『미국의 민주주의』에서 국민주권 이념에 대한 대의민주주의의 딜레마를 명확하게 표현했다. "나는 한 국가를 통치하는 경우 국민의 다수가 모든 것을 할 권리를 갖는다는 준칙이 부도덕하며 가증스럽다고 생각한다. 그렇지만 나는 모든 권력의 기원이 다수의 의지에 있다고 본다."(같은 책 39면에서 재인용) 그는 한편으로 권력의 원천이 국민이라는 점을 인정하면서 다른 한편으로 국민의 손에 권력이 쥐어지는 것을 거부했다.

그 이후로 대의민주주의 이론은 시민들의 직접 정치 참여를 바람직한 것으로 간주하지도 않을 뿐만 아니라, 오히려 시민의 정치 참여를 경계한다(Fiorina 1999). 따라서 전 세계적으로 시민 참여가 활성화되는 최근 흐름을 바라보면서, 대의민주주의 이론가들이 대중의 광범위한 정치 참여에 내재하는 위험을 강조하는 것은 지금까지의 경험에 비추어볼 때 오히려 자연스러운 현상이다(Pateman 1970, 1면). 이제 '국민주권'의 원리는 교과서에서나 찾아볼 수 있는 역사적 유물이 되었고, 실제로는 정치인·언론인·선거전문가 등이 선거와 여론 조작으로 의제를 설정하고 결정을 내리는 실정이다. 즉, 전문가주권이 대의민주주의를 채택한 거의 모든 국가에서 관철되고 있다.

2. 비민주적인 주권 대리인, 헌법재판소

대의민주주의체제에서는 권력분립 원칙에 따라 사법부가 국가기구의 한 축이 되어 입법부·행정부를 견제한다. 국민의 직접선거로 선출되어 민주적 대표성을 지니는 입법부·행정부의 정치행위를, 국민들로부터 선출되지 않아 민주적 대표성이 상대적으로 낮은 사법부가 심판하게 된 것이다. 서구에서도 낙태, 동성애, 차별 철폐 조치, 안락사, 시민 불복종 등 많은 문제들의 정당성이 법원의 최종 판결로 결정되었으며, 그 결정 과정에 시민들의 의사가 반영될 제도적 통로가 봉쇄되었다.

이로써 시민들은 자신들의 삶에 중요한 도덕적 질문과 결정에 개입할 수 있는 기회와 그에 따른 책임을 박탈당했으며, 자기 통제를 훈련할 생생한 기회도 상실했다. 문제는 시민들이 참여하지 못한 상태에서 내려진 결정, 즉 시민들의 협상과 합의 구축 과정을 우회하여 내려진 도덕적 결정은 정치적 균형과 정당성을 상실한다는 것이다(Macedo, ed. 1999).

토의민주주의(deliberative democracy) 이론에서 주장되는 국민주권 원리[1]에 따르면, "모든 정치권력은 시민의 의사소통적 권력에서" 나온다. 정치적 지배의 행사 방향은 시민들이 담론적으로 구조화된 의견과 의지를 형성하는 과정에서 스스로 부여한 법률에 따라 정해지며 또 그 법률에 의해 그 행사는 정당화된다."(하버마스 2000, 216면) 따라서 국민들의 의사소통 결과가 최종적이며 주권적인 권력 행사의 근거가 되어야 한다.

그러나 한국에서는 대의정치 이념, 즉 전문가들의 통치라는 이념에 따라 국민주권이 헌법재판소에 넘겨졌다. 대리인들이 만든 헌법은 국가기구간 권력 충돌을 조정하거나 정책을 최종적으로 판단할 권한을 국민

---

1) 토의민주주의에 대한 개괄적 설명은 오현철(2006a)을 참고할 것.

들에게 부여한 것이 아니라, 자신들이 추천한 또다른 간접기구에 맡겼다. 국민주권은 국민들의 유동하는 의사소통 행위에서 창출되어야 하지만, 대의기구로부터 정당성을 위임받은 2차 위임기구인 헌법재판소가 주권을 배타적·무제한적으로 행사하고 있다.

한국의 헌법재판소는 다음과 같은 이유에서 민주주의 원칙을 근본적으로 침식한다. 첫째, 헌법재판소에는 민주성이 결여되었다. 국민들이 재판관 임명에 직접 개입할 수 없으며 전적으로 대리인들의 추천과 판단에 맡겨진다. 둘째, 토의성이 결여되었다. 국민들이 재판 과정에 참여하거나 의견을 개진할 수 없다. 셋째, 공개성이 결여되었다. 폐쇄적인 공간에서 소수의 재판관이 결정을 내린다. 넷째, 책임성이 결여되었다. 판결은 모든 분야에 영향을 미치지만, 결과에 대해서 재판관들이 국민들에게 책임지지 않는다. 다섯째, 견제 방법이 없다. 헌법을 해석하면서 성문헌법 조항뿐만 아니라 사전에 짐작하기 어려운 '관습헌법'까지 창조하기 때문에 국민들이 판결의 준거와 방향을 예측하거나 견제할 방법이 없다. 여섯째, 대안 탐색을 봉쇄한다. 헌법재판소의 판결은 최종적인 것이어서 결과에 승복하지 않는 사람들은 다른 대안을 찾기 어렵다.

헌법재판소의 판결이 최종적이며 누구에게나 영향을 미친다는 점에서, 국민들이 직접 행사해야 할 주권을 9인의 재판관이 대신 행사하는 셈이다. 헌법재판소는 현대사회에서 '정부의 실패'와 시장의 독주, 시민사회로부터의 도전으로 미약하게만 남아 있던 대의제의 정당성을 뿌리부터 붕괴시킨다. 입법부나 행정부가 결정하는 법률과 정책의 정당성이 얼마나 신뢰할 만한지는 국민의 직접적인 선거 결과와 무관하게 재판부의 판단에 좌우된다. 선거 기간에 국민의 의사를 수렴하고 지지자를 결집한 공약의 정당성도 담보할 수 없게 된다. 그 결과 국민들은 정치에서 소외되고, 국민들이 주권을 행사할 기회는 근원적으로 박탈된다. 이러한 제도는 즉각 폐지돼야 한다.

헌법재판소의 판결로 정부기구들을 견제하는 제도를 사법적 민주주의 모델이라고 이해할 수도 있다. 그러나 사법적 민주주의 모델이 형식적으로는 합법적일지라도, "입법 과정을 파괴하고 시민의 활동을 약화하기 때문에, 또 대의제적 원칙들에 의존하고 정치적 영역에 독립적인—이 경우에 자연권·상위법·헌법과 같은 것들의 허울하에 위장된—근거를 끌어들이기 때문에 결함이 있다."(바아버 1992, 220면) 헌법재판소가 신행정수도 특별조치법을 무효화한 논거인 관습헌법 개념이 '정치적 영역에 독립적인 근거'를 끌어들인 대표 사례다. 즉, 국민들이 합리적으로 토론하여 정치적으로 결정해야 할 사안을, 정치 과정 밖에 있어서 누구도 통제하지 못하는 논거로 자의적으로 판단했기 때문이다.

헌법재판소가 관습헌법 개념을 도입하는 순간, 정치로 풀어야 할 사안을 과거의 화석화된 관습, 그 정당성이 심히 의심스러운 관습 안에 매장했다. 그 판결은, 국민들의 정치적 결정을 성문화하는 헌법정신, 헌법제정권력자인 국민의 뜻을 반영하고 시대정신에 비추어 해석해야 할 헌법정신을, 실체를 짐작할 수 없는 형이상학으로 만들었다. 소수의 재판관들이 과거의 장막을 넘겨 실어온 관습헌법의 강시(殭屍)가 장차 태어날 세대의 자유와 정치적 권리까지도 제한한다. 이와 같은 성문헌법 밖의 초월적 기준은 국민이 정당한지 여부를 판별하지 않은 과거의 잔영에 불과하며, 예측 불가능한 기준으로 현실을 재단하는 것을 금지하는 성문헌법의 정신을 정면으로 위배한 것이다.

헌법재판소제도에는 이처럼 많은 결함이 있는데, 그것에 정당성을 부여하는 유일한 근거는 재판관들의 전문성이라고 할 수 있다. 그러나 전문성은 정치적 판단을 위한 필요조건, 즉 출발점에 불과하다. 각각의 전문성은 다른 필수요건과 결합되었을 때만 정당성을 확보할 수 있다. 다른 분야를 예로 들자면, 건축에서는 생활의 경험, 의학에서는 생명을 존중하는 태도, 과학에서는 윤리 존중이 필수요건일 것이다. 헌법 해석에서도 전문성은 출발점에 불과하며 전문성을 토대로 한 국민들의 이성적 판단을 최종적으로 거쳐야 한다. 법적 전문성과 함께 법률을 대하는 민주적인 태도도 반영되어야 하기 때문이다. 그리고 가장 확실하게 민주적인 태도를 반영하는 방법은 국민에게 판단 권한을 부여하는 것이다.

모든 과학적 진리와 마찬가지로 법도 잠정적인 타당성만을 주장할 수 있다. 법률의 규정은 언제나 과거의 결정이며, 법 제정 당시의 인식론과 세계관을 반영하기 때문이다. 따라서 법률이 개정되기 전까지는 끊임없이 시대에 맞게 새롭게 해석되어야 한다. 그 해석의 기준은 다양할 수 있으므로, 해석의 최종 권한을 헌법재판관과 같은 특정인들이 독점해서는 안된다. 그 이유는 네 가지로 요약할 수 있다.

첫째, 국민주권 원리에 따라 국민이 최종적인 결정권을 보유해야 한다. 법철학적 관점에서도 국민이 입법과 해석의 최종 권한을 보유해야 한다. 헌법 제정권력자는 국민이며, 헌법 개정권력자도 국민이다. 따라서 최종적인 헌법 해석권력자도 마땅히 국민이어야 한다.

둘째, 푸꼬(M. Foucault)가 밝힌 것처럼 지식은 권력을 낳고 권력은 지식을 다시 강화하므로, 특정인들이 헌법 해석의 권한을 독점하는 체제에서는 소수 해석자에게 권력이 집중되고, 집중된 권력은 그 분야 전문가의 독점적 지위를 공고화한다. 헌법재판관들에게 주어진 독점적 해석권력은 판결을 통해 자신들에게 주어진 권력을 재강화한다. 그러므로 모든 사람들이 헌법 해석에 접근하고 판단할 수 있을 때만, 즉 헌법 해석에 관해 백가쟁명을 허용하고 그것에 기반하여 국민이 최종적 판단을 내릴 수 있어야만 소수 법률 전문가들의 권력 독점을 방지할 수 있다.

셋째, 헌법재판소의 폐쇄된 의사 결정 구조는 자유로운 논쟁과 대화를 제한하기 때문에 특히 문제가 된다. 하나의 결정이 정당성을 획득하기 위해서는 특수한 입장만을 반영해서는 안되며 보편성을 담보해야 한다. 그러기 위해서는 여러 특수한 입장들이 열린 공간에서 서로 논증하는 과정을 거쳐 타당한 논증이 선별되어야 한다. 이와 달리 헌법재판소의 결정은 폐쇄된 공간에서 이루어져 보편성을 획득하지 못하므로, 그 결정은 정당성이 결여된 합법화된 강압에 불과할 것이다. 특히 그 결정이 "전통, 선례, 상상된 자연법의 권위에 호소하는 논증에 근거한다면 더욱 큰 문제다."(Dryzek 2002, 71면) 결국 헌법재판소가 정당성이 의심스러운 전통을 끌어들여 '관습헌법' 논리를 전개한 것은 폐쇄적인 의사 결정 구조 탓이라 할 수 있다.

넷째, 대개 개인의 법률적·정치적 판단에는 개인적 성향이 깊이 개입되며, 개인적 성향은 그가 살아온 삶의 궤적에 각인되어 있다. 판사도 이러한 개인적 성향에서 자유로울 수 없다. 우리는 미 연방대법원 판사들의 이념적 성향에 따라 미국사회의 방향이 달라져왔다는 사실을 알고 있다. 판사들의 개인적 성향에 따라 국가의 미래가 좌우되는 것이다. 따라서 소수의 성향에 국가의 주권이 귀착되는 제도는 불안정하며, 이들의 실수를 최소화하기 위해 국민 다수가 공개된 장소에서 토의하고 판단하도록 제도를 재구성해야 한다.

3. 불완전한 직접민주주의

국민주권원리에 가장 부합되는 정치제도는 직접민주주의다. 현실에서도 대의민주주의의 한계를 보완하고 법률과 정책의 정당성을 높이기 위해 정치 과정에 직접민주주의 방식을 도입하여 활용한다. 국민투표(referendum), 국민발의, 국민소환 등이 대표적인 예다. 대통령후보를 지명하기 위해 실시되는 미국의 예비선거제도, 한국의 국민 참여 경선 등도 직접민주주의 방식을 가미한 사례다. 그러나 국민투표와 예비선거 등은 그 장점에도 불구하고 민주적 정책 결정을 의미 있게 만드는 데 필수적인 토의 과정을 경시한다.

과거에 직접민주주의는 정치이론가들에게 공포의 대상이었다. 나치 독일과 파시스트 이딸리아를 경험한 후, 많은 사람들이 대중의 광범위한 정치 참여가 갈등의 증대, 부적절한 분열, 환상주의를 초래할 수 있다는 데 동의했다(Berelson 1952; Parsons 1960). 그리고 대중이 정치에 점점 덜 개입하려는 경향을 정치의 위기를 야기하는 정치적 무관심 때문이라고 분석하지 않고, 반대로 '대중이 통치자들을 신뢰하기 때문'이라고 긍정적으로 해석하거나(Almond and Verba 1963), 대중이 정치에 '냉담하게 반응하는 것은 민주주의의 건전함을 반영하는 것'이라고 주장하기도 했다(Lipset 1963). 이러한 불신은 오늘날에도 크게 다르지 않다.

이들의 주장은 근본적으로 직접민주주의를 불신하는 데서 시작되었지만, 다른 한편으로 이들의 우려가 완전히 근거 없는 것은 아니다. 경험적으로 파악할 때 토의 없는 동원투표(plebiscite) 방식은 시민들의 선입견을 강화하고 집단화하며, 생활세계의 권력관계를 직접적으로 반영할 뿐만 아니라, 엘리뜨들이 이를 쉽게 조작할 수 있어 의제를 통제하는 자가 의도한 대로 결과가 산출될 가능성이 크기 때문이다. 유신헌법에 대한 국민투표 그리고 최근의 방사능폐기물 처리장 선정에 대한 경쟁적 동원투표가 대표적인 사례다.

그러므로 직접민주주의 방식에서 투표 자체도 중요하지만, 타당성과 투표 과정에서의 공적 토론이 더 중요하다. "타당성과 공적 대화가 중심적 역할을 한다는 점이 인정되지 않는다면, 공동체적 정치는 세속적으로 변할 수 있고, 선한 의도를 지닌 민주주의자들을 집단주의의 위험스런 실험으로 이끌어갈 수 있다."(바아버 1992, 242면) 국민발의와 국민소환도 마찬가지다. 토의가 없다면 단순한 동원투표와 동일한 오류를 범할 것이다. 따라서 단순한 투표-직접민주주의는 대안이 아니며 토의민주주의를 제도화하여 이러한 단점을 보완해야 한다.

4. 국민주권을 회복하기 위한 이론, 토의민주주의

대의민주주의와 직접민주주의의 단점을 보완하는 동시에 국민주권 원리를 실현할 수 있는 정치체제는 토의민주주의로 마련될 수 있다. 논자들에 따라 토의민주주의의 성격은 다양하다.[2] 하버마스(Habermas)는 담화윤리론과 토의정치론을 중심으로 공론영역과 시민사회에서의 토의를 강조하고, 롤즈(Rawls)는 공적 이성 개념을 토대로 헌법과 관련된 중요한 문제에 관심을 두며, 구트만(Gutman)과 톰슨(Thompson)은 토의민주주의 이념을 가치 일반에 확대 적용하여 일상에서의 토론을 중시한다(김명식 2004, 262면). 코언(Cohen)은 주로 정치적 영역에서 토의의 원리 및 그 실현 방안을 탐구한다. 이들의 관점은 다양하지만, 기본적으로 대의민주주의의 부정적 측면들을 교정하고 시민들의 적극적 참여를 유도해야 한다는 데는 인식을 같이한다.

이론가들의 이론적 지향점에 따라 토의민주주의의 목표가 토의 그 자체에 있는지 아니면 정치적 결정을 위한 것인지 사이에 논란이 있다. 전

---

2) 'deliberative democracy'에 대한 번역어에는 '토의' '숙고' '심의' '협의' 민주주의가 있다. 오늘날 널리 수용되고 있는 deliberation 개념에는 다음과 같은 철학적 배경이 있다. 20세기의 철학은 전통적으로 인정되었던 경험이나 관념보다 언어를 인식의 매체로 더 주목하게 되었다. 이런 '언어학적 전회'(linguistic turn) 이후, 현대의 사회철학도 인식 과정에서 언어행위가 지닌 중요성을 수용했다. deliberation은 이러한 언어학적 전회를 내포한 개념이다. 하버마스는 이러한 배경하에 자신의 이론에서 일관되게 언어행위를 강조했다. '전회' 이후 그의 이론에서는 speech action, communication, discourse, deliberation이 핵심 개념이 되었고, 하버마스와는 다른 관점에서 토의민주주의를 주장하는 이론가들의 핵심 개념이 communication, dialogue, discuss, debate, rhetoric, story telling 등인 점을 보면, 이는 더욱 분명해진다. 이 이론들과 개념들의 핵심에는 바로 언어행위가 자리잡고 있다. 따라서 숙고, 심의 등 언어행위보다 사유를 강조하는 느낌의 개념은 적절하지 않다. 또한 협의에는 동의와 합의를 이끌어내는 행위라는 의미가 강하게 담겨 있어서, 합의 없는 극단적인 논쟁까지도 포함하는 후기 하버마스의 관점을 담아내지 못한다. 따라서 토의민주주의가 적절한 용어라고 할 수 있다.

자는 주로 시민사회에서의 토의를 강조하고, 후자는 의사 결정 과정에서 투표와 협상을 대신하는 토의적 방법을 강조한다. 이 글의 목적이 토의민주주의 이념이 현실정치 과정에서 작동되도록 제도화하는 방안을 모색하는 것이므로, 이 글에서는 정치의 목표를 '투표와 개인적 선택으로부터 가능한 모든 사람들의 토론에 의한 결정'(from vote/choice to voice)으로 전환 설정할 것이다.

의사 결정이 토의적 방법으로 정당화된다는 관점에서 볼 때 토의민주주의가 대의민주주의와 근본적으로 다른 점은, 토의민주주의에서 법률과 정책의 정당성을 판단하는 기준은 '단순히 주어진 이익 균형을 정확하게 대표하는 것이 아니라, 그 법률에 의해 영향받는 모든 사람들이 자유롭고 공개된 토의하에 그것을 합리적으로 수용할 수 있는지 여부'(Greiff 2000, 401~402면)다. 그러므로 토의민주주의는 이념적 측면에서 개인의 선택을 최우선시하는 자유민주주의를 교정하고, 방법론 측면에서 엘리뜨들이 결정권을 독점하는 대의민주주의를 재구성하려는 시도다. 토의민주주의 이념은 대리인들의 정치 독점을 지양하고, 국민이 직접 토의적인 정치행위를 함으로써 최종적인 결정을 내릴 것을 요구하며, 정책을 '모든 사람들의 자유롭고 공개된 토의'로 결정함으로써 국민주권원리를 실현할 것을 지향한다.

코언은 이러한 토의민주주의적 정치체제의 의미를 다음과 같이 제시한다. 첫째, 입법부나 행정부의 독재에서 벗어나 시민들이 스스로 공적 결정을 내리므로 전통적인 공적 개념을 넘어선다. 둘째, 참여한 시민들이 문제 해결을 위해 권력을 행사하며, 소유권에 기반하여 결정하는 것이 아니라 그들간의 토론으로 결정하므로 전통적인 사적 개념을 넘어선다. 셋째, 참여하는 시민들이 잘 조직되고 성공적인 결사체의 구성원이어야 하는 것은 아니므로, 결사체 중심의 사유를 넘어선다. 넷째, 전통적인 대의민주주의에서는 찾아볼 수 없는, 문제 해결을 위한 일상적 지혜

가 제공됨으로써, 전통적인 대리인 체제를 넘어선다.(Cohen and Sabel 1998, 4면)

토의민주주의의 목표를 "공동체의 의사 결정을 위한 토의 과정에 정보를 갖춘 시민들이 참여하는 것"으로 설정할 때, 토의민주주의 이념이 제도화되기 위해서는 몇 가지 요건이 충족되어야 한다. 기본적으로는 '대중적 참여의 폭이 광범위하고, 참여 과정에서 적절한 정보를 제공받아야 하며, 참여 방식이 토의적이어야 한다.'(Weeks 2000, 360~63면) 이를 구체적으로 살펴보면 다음과 같다.

첫째, 시민의 광범위한 참여가 필요하다. 공청회·자문회의·위원회·태스크포스 등 전통적인 시민 참여 과정에는 소수의 시민들, 특히 해당 정책에 이해관계가 있는 사람들이 주로 참여했다. 토의민주주의는 이와 달리 다수 시민들의 광범위한 참여를 요구한다. 또한 일반 대중을 대신할 수 있는 집단(성·인종·지역·계급·연령 등)이면서 대표성 있는 시민들의 참여를 요구한다. 참여의 폭이 광범위하지만 대표성 없는 시민들이 참여한다면, 공동체가 어떤 정책을 선호하는지 엄밀하게 반영하지 못할 것이다. 반대로 참여의 폭이 좁지만 대표성 있는 시민들이 참여한다면 이를 반영할 수는 있겠지만, 광범위한 시민이 참여할 때 얻을 수 있는 이익이 희생된다.

둘째, 정보에 근거한 공적 판단이 필요하다. 여론은 정책을 판단할 신뢰할 만한 토대를 제공하지 못한다. 일반적으로 여론은 빈약한 정보에 의존하고 피상적이며 지속적이지 못하다. 토의민주주의는 여론이 아닌 공적 판단을 요구하며 공적 판단은 정보에 근거하여 일관되고 안정적이어야 한다. 정보에 근거해 공적 판단을 할 때는 문제의 기본적 요소와 요소들간의 상관관계를 이해하고 대안적 정책과 연관된 결과를 예측할 필요가 있다.

셋째, 충분한 토의 기회를 제공해야 한다. 토의를 조직하는 과정은 창조적 지성과 규범적 평가가 수반되는 구성적(structured) 활동들이어야 한다. 그것은 시민들에게 선택지를 제시하고, 문제의 특성과 결과들에 대한 정보를 제공하며, 합리적 토론을 촉진하고, 성찰적 판단을 이끌어 내야 한다.

이런 요건들은 지방도시의 예산 문제와 같은 작은 행정 분야에서 해외 파병과 같은 중앙정부의 정치적 결정에 이르기까지, 토의를 필요로 하는 모든 사안들에 공통적으로 요구된다. 토의로 합의에 이르지 못할 경우에는 다수결 투표가 이루어진다. 이때 투표 결과는 사적인 선호를 집합한 것이 아니라 토의의 결과가 이루어낸 집단적 판단이 된다. 나아가 장기적인 관점에서 토의민주주의가 안정적으로 발전하기 위해서는 이러한 요건보다 더 근본적인 요인들, 즉 시민사회의 발전, 공론의 장 활성화, 시민들간의 합리적 연대 등이 필요하다. 그리고 이러한 요건들은 토의민주주의가 실천될 때 더 빠르고 확고하게 정착될 것이다.

5. 국민주권 회복을 위한 제도, 시민의회

현대 민주주의국가에서 대의제는 피할 수 없는 정치제도다. 현실적으로 모든 국민이 정책 결정 과정과 입법 과정에 일상적으로 참여할 수 없기 때문이다. 그렇지만 대의민주주의의 한계를 극복하기 위해서는 지금처럼 주권을 대의기구에 포괄적으로 위임하는 것이 아니라, 대의기구의 권력을 제한하고 헌법적 판단이 필요한 사항은 국민이 직접 심판하는 대표체계를 구성해야 한다. 국민이 최종적으로 결정하고, 그 결정을 대리인들이 집행하는 것이 민주주의 원리이기 때문이다.

이러한 이유에서 헌법재판소를 대체하여 국민들이 주권적 결정 사안을 직접적·최종적으로 결정하는 시민의회를 구성해야 한다. 시민의회는 대의제가 방기한 국민주권원리를 실현할 수 있도록 구성되어야 하며, 이익 집약 투표가 아닌 토의적 과정을 거쳐 결정이 내려지도록 설계되어야 한다. 이를 위해 시민의회에서는 쟁점 사안에 상반된 입장을 가진 전문가들, 즉 정당, 정부 당국자, 일반 시민 등 각계의 전문적 의견을 토대로 토의를 시작한다. 이러한 방식은 마넹(P. Manent)이 바람직한 정치제도가 갖추어야 할 원칙으로 제시한 '탁월성의 원칙'과 '유사성의 원칙'을 조화시킬 수 있다. 전문가들에게 의존하는 것이 아니라 그들의 의견을 출발점으로 삼는다는 점에서 '탁월성의 원칙'이, 그들의 의견에 대해 일반 시민들이 토의한다는 점에서 '유사성의 원칙'이 실현되기 때문이다.

많은 학자들이 시민의회처럼 입법·사법·행정과 독립적으로 활동하는 제4부의 구성을 이론적으로 시도했다. 미국의 법학자 웅거(Unger)도 일종의 제4부를 구성할 것을 주장했고(Unger 1996), 번하임(Burnheim)은 극단적으로 대의민주주의를 종식시키고 그 대신 소수의 무작위 표본을 구성하여 다양한 정치적 이슈를 토론케 하는 토의기구를 제도화하자고 제안했다(Burnheim 1985). 헬드(Held)는 통계적 대표제에 의거해 선택된 대표자들, 즉 성과 인종을 포함한 주요 사회 범주의 통계적 대표자들을 뽑아 상원을 구성할 것을 주장했다(헬드 1993, 323면).

이와 관련하여 체계적인 아이디어를 제시한 레이브(E. J. Leib)는 정부정책 결정 과정에 토의민주주의 이념을 직접적·제도적으로 뿌리내리기 위한 의미 있는 프로그램을 구상했다. 핵심은 배심원제도와 비슷하게 '무작위로 선발된 시민들의 의회'에서 공공정책을 판결하는, 입법·사법·행정부와는 별개의 제4부를 구성하는 것이다(Leib 2004, 12~25면). 이런 논의들을 바탕으로 제4부에 대한 다양한 의견을 종합하고, 앞에서 제시한 '광범위한 참여' '정보에 근거한 공적 판단' '충분한 토의 기회 제공'이라는 요건을 만족시키며, 한국의 현실에 비추어볼 때 바람직한 시민의회의 모습을 다음과 같이 설계할 수 있다.

첫째, 시민의회는 입법부·사법부·행정부와 더불어 국민들이 좀더 분명한 자신들의 목소리를 전할 수 있는 기구로서의 위상을 갖는다. 시민의회는 국민발의와 국민투표를 결합하여 이를 대체함으로써 두 방식에 내재된 직접민주주의의 단점들을 제거할 수 있다. 시민의회는 국민주권을 실현하는 최고 기구로서 자리매김하여, 국가기구 대리인의 임면을 규정하고 국가기구간 권력 충돌을 조정하는 최고 권력기구, 인권 보호와 신장을 꾀하는 인권의 최고 보호기구, 헌법 해석에 관한 최고 평결기구, 주요 외교정책을 결정하는 최고 결정기구가 되어야 한다. 그래서 시민의회가 최고의 대표성을 지니는 헌법적 최고 결정기구가 되고, 기존 3부는 시민의회의 헌법적 판단을 제도적으로 조정하여 일상적 정책 결정과 법률의 판단을 담당하게 되면, 국민주권 원리에 부합되는 대표체계가 될 것이다.

둘째, 생활세계와 시민사회에서 이루어지는 의사소통을 직접 반영할 수 있도록 대표를 구성한다. 생활세계의 지역·성·계급·연령 등을 그대로 반영하도록, 즉 '유사성의 원칙'에 부합하도록 대표들을 계층별 무작위 선발(stratified random sampling)한다. 임기는 1년으로 누구나 평생에 한번만 재직 가능케 하여 가능한 한 많은 사람들이 참여할 수 있도록 하며, 재직 동안 보수를 지급하여 빈곤한 사람도 부담없이 임무를 담당할 수 있도록 한다. 이렇게 선발된 대표들은 국민들과 처지를 공유하고 있으므로 국민과 같이 느끼고 생각하고 행동할 것이다. 이때 대표들은 의회 활동에서 완전하게 자유 위임된 상태에서 활동하지만, 대표들 스스로가 피지배자이기 때문에 강제 위임 방식이 의도했던 효과, 즉 대표자가 피지배자의 명령에 자연스럽게 귀속되는 효과를 얻을 수 있다.

셋째, 시민의회에서 결정할 사안은, 개략적으로 말하면 국가기구간의 권력 분할과 갈등 해결에 관련된 사항(대통령 탄핵, 국가기관간 중앙·지방정부간 권한 분쟁 등), 기본권의 준수 및 확장에 관련된 사항, 위헌심판 청구와 헌법소원 등 헌법 이념의 구현에 관한 사항, 국군의 해외 파견과 전쟁 수행에 관한 사항, 국가기구를 통치하는 대리인들(대통령, 의원 등)의 선출 방식과 임면에 관한 사항 등이다.

시민의회가 독자적인 입법권을 행사하거나 시민의회의 결정에 행정부와 입법부가 거부권을 행사할 수 있다는 구상(Leib 2004)은, 기존 의회의 입법권과 상충될 수 있고 시민의회가 국민주권을 행사하는 최고 권력기구가 되어야 한다는 점에서 타당하지 않다. 다만 국가의 최고 의사 결정 기구라는 점에서 독자적인 헌법 개정안 제출 권한과 행정부·입법부에 대한 권고안을 제출할 수 있는 권한은 보유할 수 있다.

넷째, 의사 결정에서 공개성·토의성·소통성을 원칙으로 한다. 공개성의 원칙은 토의가 공적 성격을 유지해야 하므로, 모든 토의 내용과 표결 결과는 완전히 공개하는 것을 의미한다. 그리고 토의성의 원칙은 모든 사안은 반드시 공개 토론에 의해서만 그리고 그에 따른 표결에 의해서만 결정하는 것을 의미하며, 소통성의 원칙은 시민의회의 토론이 시민사회 및 생활세계와 긴밀히 상호작용해야 함을 의미한다. 즉, 시민의회의 토론은 시민사회와 생활세계의 비판과 감시 및 의견 개진에 열려 있다. 구체적으로는 의원들을 무작위 소그룹으로 나누어 그룹별로 토론을 하고, 전체회의에서 다수결 비밀투표로 결정한다. 중요한 안건은 절대다수의 가결을 요구한다.

다섯째, 시민의회 결정의 효력은 영원하지 않다. 판단의 무오류성을 가정하지 않고, 사회 변화에 능동적으로 대처하기 위하여 5~10년 후에 재심을 요구할 수 있다. 그리고 시민의회가 스스로 결정할 수 없는 사항이라고 판단한 안건은 '다선택 포맷 방식의 국민투표'(바아버 1992)에 회부한다.

시민의회는 기존의 헌법재판소와 달리 엘리뜨가 아닌 일반 시민으로 구성된다는 점, 토론이 공개되고 생활세계와 소통한다는 점, 결정 효력이 절대적이지 않고 재심할 여지가 있다는 점에서 민주적으로 열려 있다. 또한 배심원제와 비교할 때 공개성과 소통성의 원칙을 따른다는 점에서 토론의 폭과 깊이를 더한다. 시민의회는 폐쇄적인 공간에서 외부와 소통하지 않은 채로 결정을 내리는 배심제와 달리 외부의 비판과 감시에 열려 있기 때문이다. 이처럼 시민의회는 기존의 제도와 달리, 민주적 정당성과 소통성을 강화해준다. 1990년대부터 시행되어 전 세계적으로 확산되고 있는 공론 조사(deliberative polling)는 이 글에서 구상하는 시민의회와 비슷한 방식으로 이루어지고 있는데, 이는 시민의회가 토의를 활성화하고 토의민주주의를 실현할 수 있다는 경험적 증거들을 보여준다 (Fishkin 2006).

6. 결론

민주주의가 인간의 이기적 욕망을 충족시키는 도구에 머물러서는 안 된다. 그것은 그 자체로서 인간 발전의 메커니즘이 되어야 한다. 시민들이 직접 참여하여 자신의 삶의 길을 스스로 결정할 때, 민주주의는 개개인의 발전을 촉진할 수 있다. 그러므로 국민주권의 원리가 민주주의의 목적을 가장 충실하게 실현해주는 원리라 할 수 있으며, 직접민주주의는 여기에 가장 근접한 제도이다.

아테네의 직접민주주의는 대략 200년 동안 존속했다. 아테네 민주주의는 끊임없이 벌어지는 전쟁, 주변국가들의 제국주의화 그리고 내부에서 등장한 선동정치 등 때문에 더는 지속할 수 없게 되었다. 그러나 아테네에서 민주주의가 지속되는 기간에는 '힘없는 자'와 '힘있는 자' 간의 균형이 절묘하게 유지되었다. 민주주의가 쇠퇴하자 부익부빈익빈 현상이 가속화되었고, 권력의 중심이 대중집회소에서 소수의 부자에게 옮아가게 되었다. 부자들이 국가 중대사에 기부하는 돈이 많아지자, 공동선보다 부자들을 위해 국가 중대사가 결정되었다(Grossman 1995, 34~39면). 아네테 민주주의의 약점은 국가적 위기 시에 시민들이 정치적 사안들을 합리적으로 판단하지 못한 것, 안정되고 전문화된 관료기구가 없었던 것이었다. 이것은 직접민주주의가 가진 단점이라고 할 수 있다.

대의민주주의에서는 주권을 국가기구와 대리인들에게 전적으로 위임하기 때문에 시민은 정치적으로 수동화된다. 그리고 대의민주주의의 대표체계는 형식적으로만 국민주권원리를 충족시킨다. 이 제도에서는 정치 과정 내부에 사회 통합을 견인할 수 있는 기제가 없기 때문에, 정치 외부의 시민사회에 의지하여 사회를 통합하고 정치적 갈등을 축소하고자 한다. 또한 정부와 정당이 관료화되어 소수 엘리뜨들이 위계적 의사결정 구조의 상부를 장악하기 때문에, 국민이 직접 선출한 대리인들의 활동 영역도 위축된다.

대의민주주의의 대표체계를 헌법적으로 국민들이 직접 견제하지 못하게 되면, 그 체제는 하이예크적 악몽(Hayekian nightmare)을 불러온다. 그 체제에서는 대리인들이 토의민주주의적 압력을 전혀 받지 않은 채 의사 결정을 하게 되며, 개선된 해결책을 찾으라는 압력도 회피하게 되어, 극단적인 거래(bargaining)민주주의를 야기한다. 그 결과 정치적 힘의 우열이 현실에 그대로 나타나 전형적인 정실주의(logrolling)에 매몰된다(Cohen and Sabel 1998, 13면).

이와 달리 토의민주주의는 직접민주주의가 직면하는 약점들을 보완하는 동시에, 대의민주주의가 방기한 국민주권의 이념을 현실화한다. 토의민주주의는 직접민주주의에서 야기될 수 있는 정열의 과잉을 이성적 토의로 대체하고, 대의민주주의에서 흔히 발견되는 대리인들간의 거래와 밀약을 시민의 합리적 토론으로 전환한다. 그럼으로써 토의민주주의는 대의민주주의에서 결핍된 정치의 정당성을 복원한다.

국민주권원리와 토의민주주의를 실현하기 위해서는, 기존의 정치적 대표체계를 수정하여 국민주권을 담지하기에는 정당성이 결여된 헌법재판소를 폐지하고 시민의회를 신설해야 한다. 국민이 직접 그리고 광범위하게 참여하는 토의적 정치 과정이 권력의 정당성과 실효성을 담보할 유일한 원천이므로, 시민의회가 헌법재판소를 대체하고 주권적 결정사항에 대해 최종적인 판단을 내릴 때 민주적인 정치적 대표체계가 완성될 것이다.

　토의민주주의의 이념이 시민의회뿐만 아니라 기존의 입법부·사법부·행정부에서 제도화될수록, 정치가 배타적이고 집단적인 자기 이익의 실현에 매몰되지 않고 전체 사회의 공공선을 향상하게 될 것이다. 그리고 토의민주주의는 장차 작업장 민주주의와 같은 다양한 영역에서도 제도적으로 적용 가능하다. 작업장 민주주의는 특수한 제도영역, 즉 작업장의 운영 원리를 민주화하자는 것인데, 토의민주주의에서는 토의적 조건들의 충족을 우선적 과제로 상정할 뿐, 그 조건들을 충족하는 조직이 따로 있는 것은 아니기 때문이다(같은 책 15면). 이 점에서 토의민주주의는 현재의 왜곡된 정치질서를 교정하는 이념이자 방법일 뿐만 아니라, 미래에 도래할 문제의 해결 방향도 제시하는 실천 원리라고 할 수 있다.

■ 참고문헌

기 에르메, 임미경 옮김 『민주주의로 가는 길』, 한울 1998.

김명식 「롤즈의 공적 이성과 심의민주주의」, 『철학연구』 제65집(2004).

데이비드 헬드, 이정식 옮김 『민주주의의 모델』, 인간사랑 1993.

로버트 달, 김왕식·장동진·정상화·이기호 옮김 『민주주의』, 동명사 1999.

로베르토 보비오 「대의제 민주주의와 민주주의의 확장」, 한국정치연구회 사
    상분과 엮음 『현대민주주의론 II』, 창작과비평사 1992.

버나드 마넹, 곽준혁 옮김 『선거는 민주적인가』, 후마니타스 2004.

벤자민 바아버, 박재주 옮김 『강한 민주주의』, 인간사랑 1992.

알렉산더 해밀턴·제임스 매디슨·존 제이, 김동영 옮김 『페더랄리스트 페이
    퍼』, 한울 1995.

알렉시스 토크빌, 임효선 옮김 『미국의 민주주의 I』, 한길사 1997.

오현철(2006a) 「토의민주주의―이론 및 과제」, 주성수·정상호 엮음 『민주
    주의 대 민주주의』, 아르케 2006.

오현철(2006b) 「정치적 대표체계의 민주적 재구성 방안」, 『시민사회와 NGO』
    2006년 5월호.

임혁백 『세계화 시대의 민주주의』, 나남출판 2000.

제임스 피시킨, 김원용 옮김 『민주주의와 공론조사』, 이화여대출판부 2003.

주성수 「시민참여, 자치권능, 심의민주주의 제도―정책 갈등 해결방안의 탐
    색」, 『경제와 사회』 2004년 가을호.

페리 앤더슨 「보비오의 자유주의적 사회주의론에 대한 비판」, 한국정치연구
    회 사상분과 엮음 『현대민주주의론 II』, 창작과비평사 1992.

Almond, Gabriel A. and Sidney Verba. *The Civic Culture Revisited*. Boston:
    Little, Brown & Co 1963.

Berelson, Bernard. "Democratic Theory and Public Opinion." *Public Opinion*

Quarterly 16(autumn 1952).

Burnheim, John. *Is Democracy Possible?: The Alternative to Electoral Politics.* Berkeley and Los Angeles: University of California Press 1985.

Cohen, Joshua. "Deliberation and Democratic Legitimacy." In *Deliberative Democracy: Essays on Reason and Politics.* ed. by James Bohman and William Rehg. The MIT Press 2002.

Cohen, Joshua and Charles Sabel. "Directly-Deliberative Polyarchy." COST A7 seminar, 1998.

Elster, Jon ed.. *Deliberative Democracy.* Cambridge University Press: Cambridge 1998.

Fiorina, Morris P.. "Extreme Voices: A Dark Side of Civic Engagement." In *Civic Engagement in American Democracy.* ed. by Theda Skocpol and Morris P. Fiorina. Brookings Institution Press 1999.

Greiff, Pablo De. "Deliberative Democracy and Group Representation." Social Theory and Practice. Fall 2000.

Grossman, Lawrence K.. *The Electronic Republic: Reshaping Democracy in the Information Age.* New York: A Twentieth Century Fund Book 1995.

Leib, Ethan J.. *Deliberative Democracy in America: A Proposal for a Popular Branch of Government.* Pennsylvania State University Press 2004.

Lipset, Seymour M.. *Political Man.* New York: Doubleday 1963.

Macedo, Stephen ed.. *Deliberative Politics: Essays on Democracy and Disagreement.* New York: Oxford University Press 1999.

Macedo, Stephen. "Introduction." In *Deliberative Politics: Essays on Democracy and Disagreement.* ed. by Stephen Macedo. New York: Oxford University Press 1999.

Oquendo, Angel R.. "Deliberative Democracy in Habermas and Nino." *Oxford Journal of Legal Studies.* Vol. 22, no. 2(2002).

Parsons, Talcott. "Voting and the Equilibrium of the American Political System." In *American Voting Behaviour.* ed. by Eugene Burdick and Arthur J. Brodbeck. Glencoe: The Free Press 1960.

Pateman, Carole. *Participation and Democratic Theory.* Cambridge: Cambridge University Press 1970.

Putnam. Robert D.. *Bowling Alone : The Collapse and Revival of American Community.* Simon & Schuster 2001.

Sartori, Giovanni. "Video Power." *Government and Opposition.* Winter (1989).

Skocpol, Theda and Morris P. Fiorina eds.. *Civic Engagememt in American Democracy.* Brookings Institution Press 1999.

Unger, Reberto Mangabeira. *What Should Legal Analysis Become?* London: Verso 1996.

Weeks, Edward C.. "The Practice of Deliberative Democracy: Results from Four Large-scale Trials." *Public Administration Review.* Jul/Aug (2000).

평화주의원리, 그 가능성과 한계

이경주

1. 들어가는 말

한국 헌법의 기본 원리로 이론의 여지없이 언급되던 평화주의를 한국 사회는 그간 잊고 지냈다. 설령 기억하고 있다 하더라도 하나의 정치적 매니페스토(manifesto) 정도로 기억하고 있을 뿐이었다. 그런데 이라크 파병을 계기로 우리 사회는 평화주의와 관련된 전례 없는 헌법적 실천 요구에 접하게 되었다. 그것은 평화주의가 하나의 선언에 그치는 것이 아니라 규범적 의미를 가지며, 따라서 평화주의원리에 충실해야 한다는 것이다. 이런 요구는 이라크 파병 입법과 정부의 파병 행위 중단 촉구, 파병 행위에 대한 소송으로 이어지게 되었다.

여기서 말하는 헌법의 기본 원리란 헌법의 이념적 기초가 되면서 헌법을 총체적으로 지배하는 지도 원리를 의미한다. 이것은 헌법의 전문(前文)과 본문에 명시되거나 추상적으로 반영되어 있다. 이같은 헌법의 기본 원리는 여러 가지 규범적 의미를 갖는데, 헌법의 각 조항을 비롯해 모든 법령의 해석 기준이 되고, 입법권의 범위와 한계 그리고 국가정책 결정의 방향을 제시하며, 국가기관과 국민이 함께 존중하고 준수해야 할 최고의 가치규범이 될 뿐만 아니라, 헌법 개정에서 금지 대상이 된다.

헌법원리의 규범적 의미를 이렇게 풀이한다면, 이라크 파병을 계기로 일어나고 있는 평화주의원리에 대한 실천적 요구들을 헌법론적으로 시급히 재고찰할 필요가 있다.

이런 전제하에 2절에서는 세계 각국에서 평화주의가 어떤 식으로 규범화되어 있는지 살펴보고, 3절에서는 현행 헌법에서 평화주의 관련 규범의 의미와 내용은 무엇인지 검토한다. 그리고 현행 헌법에서 드러난 평화주의의 보편성과 특수성을 확인하고 이에 기초하여 그 가능성을 재발견해보고자 한다. 4절에서는 그러한 가능성의 재발견에도 불구하고 한계는 없는지, 있다면 그 한계를 어떻게 극복할지 고찰해볼 것이다.

2. 세계 각국의 평화주의조항

세계 각국의 헌법, 특히 제2차 세계대전 이후 제정된 헌법들은 평화주의원리를 헌법에 명문으로 규정하고 있다. 이는 두 번에 걸친 세계대전을 겪으면서, 평화적 생존이 전제되지 않고서는 근대적 의미의 헌법이 추구하는 인권 보장이 사상누각에 불과함을 절감했기 때문이다.

하지만 명문화된 평화 관련 헌법조항들은 그 나라의 역사적·정치적·국제관계적 특수성을 반영하고 있기 때문에 조금씩 차이를 보인다. 이를 유형화해보면, 침략전쟁 포기와 주권 제한형, 침략전쟁 포기와 비무장형, 침략전쟁 포기와 전수방위형, 영세중립화형, 비동맹 군축형, 침략전쟁 포기와 사회주의형으로 대별할 수 있다.

침략전쟁 포기와 주권 제한형

첫번째 유형은 침략전쟁을 포기하고 집단적 안전보장을 위하여 주권 중 하나인 군사고권을 제한할 수도 있다는 침략전쟁 포기와 주권 제한형이다. 이러한 유형은 독일, 이딸리아 같은 제2차 세계대전 전범국들에서 공통적으로 발견할 수 있다. 그러나 전범국들에만 공통적으로 나타난다고 해서 징벌적인 것은 아니며, 프랑스 같은 일부 연합국의 헌법에도 나타난다.

프랑스

프랑스의 경우 1946년에 제정된 제4공화국헌법 전문에서 '프랑스공화국은 국제공법의 원칙을 따른다. 공화국은 정복전쟁을 결코 기도하지 않으며 인민적 자유에 대해서도 결코 무력을 행사하지 않는다. 상호성의 유보하에 프랑스는 평화기구와 방위기구를 조직하기 위한 주권 제약에 동의한다'고 규정하고 있다.

이러한 규정은, 가깝게는 제2차 세계대전의 승전국이면서도 동시에 피해자라는 전쟁에 대한 반성에 기초하며, 멀리는 프랑스 헌정사에 뿌리를 두고 있다. 프랑스에서는 근대 시민혁명의 전형이라고 할 수 있는 1789년 시민혁명 이후 최초의 공화국 헌법이 제정되었는데, 당시의 1791년 제1공화국헌법 제6편에서도 이미 '프랑스 국민은 침략전쟁을 포기하고 인민의 자유에 대해서도 결코 무력을 행사하지 않는다'고 규정된 것이다. 또한 1848년 제2공화국헌법 전문에서도 '프랑스공화국은 자국민을 존중하듯 외국 국민을 존중한다. 또한 정복전쟁도 기도하지 않으며 인민의 자유에 대해서도 결코 무력을 행사하지 않는다'고 규정한 바 있다.

나아가 제4공화국헌법(1946)을 만들기 위하여 1945년 제헌의회에 제출된 급진사회당의 인권선언 초안에는 최근 관심이 고양되고 있는 평화적 생존의 권리가 암시되어 있다. '생존의 권리(Droit de la vie)는 인권 중 제일 인권이며, 생존의 권리란 전쟁을 폐지하는 것을 의미한다'는 규정이 바로 그것이다.

이딸리아

이딸리아는 전범국으로서 연합국의 관리하에 새로운 헌법을 제정하고 1947년 12월에 공포했는데, 이 헌법에는 침략전쟁의 부인과 주권 제한의 의사를 다음과 같이 밝히고 있다. '이딸리아는 타국 국민의 자유를 침해하는 전쟁으로 국제분쟁을 해결하는 것을 부인하고, 타국과 상호 대등한 조건하에서 평화와 정의가 보장되는 질서를 위하여 주권 제한에 동의하며, 이러한 목적의 국제조직을 추진하고 그것에 기여한다.'

독일

독일에서도 이딸리아와 마찬가지로 연합국의 관리하에 새로운 헌법이 제정되었다. 동독과 서독에서는 각각 헌법이 제정되었는데, 서독 헌법은 1949년 5월 23일 본(Bonn)에서 제정되었으나 독일 통일까지의 기본법으로 성격이 규정된 탓에 '본 기본법'으로 불리었다. 이 헌법 제24조는 다음과 같이 주권 이양과 집단적 안전보장을 위한 주권 제한을 명문화한다. '연방은 법률에 의하여 그 주권적 권리(Hoheitsrechte)를 국제기관에 인도할 수 있다.'(1항) '연방은 평화를 유지하기 위하여 상호집단안전보장제도에 참가할 수 있다. 이때 연방은 유럽 및 세계 제 국가간에 평화롭고 영속적인 질서를 가져오고 또한 보장할 수 있는 주권작용의 제한에 동의한다.'(2항) '국제분쟁을 규제하기 위하여 연방은 일반적·포괄적·의무적·국제적 중재재판 협정에 참가한다.'(3항)

제26조에서는 프랑스, 이딸리아와 마찬가지로 다음과 같이 침략전쟁을 명문으로 금지한다. '국가간의 평화적인 공동생활을 교란할 우려가

있거나 그러한 의도를 가진 행위, 특히 침략전쟁의 수행을 준비하는 행위는 위헌으로 한다. 그와 같은 행위는 처벌한다.'(1항) '침략 수행용 무기는 연방정부의 허가가 있을 때만 제조·운반 또는 거래될 수 있다. 그 세목은 법률로 정한다.'(2항)

그러나 이러한 평화주의원칙은 한국전쟁이 있던 1950년부터 크게 후퇴하기 시작했다. 1950년부터 개헌 움직임이 일기 시작하여, 미국-영국-프랑스-서독 평화조약 및 유럽방위공동체조약이 맺어진 1952년에는 개헌 움직임이 본격화했다. 급기야 1954년 10월에 점령이 종결되면서 NATO에의 가입이 승인되었다. 재무장을 하더라도 50만 병력을 상한선으로 하고, 전략병기를 제조하려면 서유럽연맹의 허가를 얻어야 한다는 조건 등이 있었으나, 집단적 안전보장군 형태로 유럽군에 편입되는 것이 아니라 개별 서독군으로서 나토체제에 가입하는 것이었다. 이렇게 재군비가 이루어졌다는 것은 평화주의원리의 커다란 후퇴라고 할 수 있다.

1956년 3월 19일의 제7차 서독 헌법 개정시에는 제17조 a에 군인, 군속, 일반 시민의 기본권 제한 규정을 두게 되었다. 문민 통제를 위하여 제45조 a에 연방의회 외무방위위원회 설립을 규정하고, 제87조 a에 병력 수·군장비·군조직의 기본 예산 계상 원칙, 군대 출동의 원칙을 규정하는 등 평화주의원칙을 고수하려고 노력한 흔적이 없지는 않았으나, 제96조 a에서 우리의 군사재판소에 해당하는 국방군 형사재판소 설치를, 제143조 a에서는 국내 긴급사태시 군대 동원을 규정하는 등 많은 문제점을 노정했다.

1968년 6월 24일의 제17차 헌법 개정에서는 징병제를 명문화하고 긴급사태에 관한 헌법규정을 긴박사태(제87조 a), 전방위사태(제12조 a), 방위사태(제53조 a) 등으로 규정했다. 그리고 제115조 a에서는 방위사태에 대한 상세 규정을 두었다. 또한 제12조 2항에서 우리나라에서도 요즘 논란이 일고 있는 양심적 대체 복무를 '양심상의 이유로 무기를 드는 것을 거부하는 자에게는 대역에 종사할 의무를 부과할 수 있다'고 규정하고 있음에도 불구하고, 제12조 a의 1항에서 '남성에게는 18세부터 연방 국경경비대 또는 민간방위단에서 역무에 종사할 의무를 부가할 수 있다'고 국방을 의무화했으며, 제17조 a에서는 '병역 및 대역에 관한 법률은 집회의 자유 등의 기본권을 제한할 수 있다'고 규정하여 전국민적 항의와 운동이 이어진 바 있다. 그리고 독일 통일 후인 1990년 10월 3일에 개정된 현행 독일 헌법에서도 이러한 규정은 이어지고 있다.

침략전쟁 포기와 비무장형

일본국 헌법

두 번의 세계대전이 결국 자위를 명분으로 했다는 점에 비추어본다면, 침략전쟁을 확실히 포기하게 만드는 길은 무장력마저 포기하게 만드는 것이다.

이러한 침략전쟁 포기와 비무장형 헌법은 1946년 제정된 일본국 헌법이 대표적이다. 일본국 헌법은 그 전문에서 전 세계 국민의 평화적 생존을 명문화하고, 제9조에서는 다음과 같이 이를 구체화한다. '일본 국민은 정의와 질서를 기조로 하는 국제평화를 성실히 희구하고, 국권의 발동인 전쟁이나 무력에 의한 위협 또는 무력행사를 국제분쟁의 해결수단으로 삼는 것은 영구히 포기한다.'(1항) '전 항의 목적을 달성하기 위해 육해공군이나 그밖의 전력을 보유하지 않는다. 국가의 교전권도 부인한다.'(2항)

독일과 달리 일본국 헌법은 한번도 명문이 개정되지 않은 채 평화주의원리를 고수하고 있다. 하지만 세계 제3위의 막대한 군사비가 투입된 약 19만의 자위대를 '필요 최소한의 실력'이라고 궤변적으로 해석함으로써, 국내외 평화주의세력에게서 헌법위반이라는 거센 비판을 받고 있다.

일본이 이렇게 평화주의원리에 철두철미한 헌법규정을 둘 수 있었던 것은 연합국, 특히 미국의 점령 관리체제하에서 헌법이 제정되었기 때문이지만, 히로히또(迪宮裕仁) 천황을 비롯하여 일본 정부가 오끼나와(沖繩)를 군사기지로 내준 것에서 드러나듯이 숨은 책략 등에도 원인이 있으며, 일본 민중 사이에 퍼져 있던 평화적 소국주의 사상 등 시대의 흐름과 우연히 타협된 결과이기도 하다. 이러한 헌법의 평화주의원리를 헌법의 최고 원리로 삼아 일본은 자위대의 해외 전투활동을 금지하고, 비핵 3원칙을 국회에서 의결하는 등 평화주의원리를 구체화하고 있다.

그러나 침략전쟁 포기와 비무장형 평화주의원리는 전범국 일본에만 받아들여진 것은 아니다.

1949년 꼬스따리까 헌법

1949년 꼬스따리까 헌법 제12조도 일본국 헌법 제9조처럼 '상설 군대는 금지한다. 경비 및 공공질서에 필요한 경찰과 국민방위군만을 둔다. 이 경우에도 군대는 문민에 복종한다. 군대는 개별적·집단적 시위 등을 해서는 안된다'고 규정하고 있으며, 아일랜드, 리히텐슈타인, 싼마리노 공화국, 모나꼬, 바띠깐, 빠나마, 나우루, 서싸모아, 감비아 등의 헌법이 이와 유사한 헌법규정을 두고 있다.

1981년 파라오공화국 비핵헌법

파라오공화국 헌법은 1986년 신자유연합협정에 따라 50년간 재정 지원을 받는 것을 조건으로 미국에 군사기지를 제공하고, 조건부로 핵무기 반입을 승인하기는 했으나, '전쟁에 사용할 핵무기·화학병기·가스 또는 생물병기 등 유해물질, 원자력 시설 및 폐기물은 국민투표에서 4분의 3의 찬성 없이는 파라오공화국 영역에서 사용·실험·저장 혹은 폐기할 수 없다'는 규정을 둠으로써 비핵헌법이라고 평가된 바 있다.

침략전쟁 포기와 전수방위형

필리핀 헌법

일본과 꼬스따리까 헌법이 비무장을 규정했다면, 1935년 필리핀 헌법과 1931년 에스빠냐 헌법은 국군을 두되 그 사명을 국토방위에 한정하는 전수방위 헌법조항화형 헌법이다.

1931년 에스빠냐 헌법 제6조에서는 전쟁을 국가정책의 수단으로 삼는 것을 포기하고 국군의 사명을 국토방위에 한정했으며, 1977년헌법에서는 전수방위를 위한 선전포고시에도 곧바로 이러한 권리를 행사할 수 있는 것이 아니라 사법·조정·중재 절차를 거쳐야만 선전포고할 수 있다고 한정했다.

한편 1935년 필리핀 헌법에서는 '전쟁을 국책 수행의 수단으로 삼는 것을 포기하고, 일반적으로 수탁된 국제법의 제 원칙을 국내법의 일부로 채용하며, 이 평화·평등·정의·자유·협조 및 모든 국민과의 친선정책을 존중한다'는 규정을 두었다. 이 조항은 1946년 개정 헌법에서도 제2조 3항에 계승되었으며, 1973년헌법과 1987년 신헌법 제2조 2항에도 이어지고 있다. 또한 현행 헌법 제2조 8항에서는 '필리핀은 국가이익에 따라 그 영역 내에서의 핵무기로부터의 자유를 정책으로 확립하고 추구한다'고 규정함으로써 비핵헌법의 성격도 아울러 가지고 있다.

대한민국 헌법

우리나라의 헌법도 사실은 평화주의를 헌법원리로 채택하고 있다. 현행 헌법은 제5조에서 다음과 같이 침략전쟁을 부인하고 국군의 사명을 국토방위, 즉 전수방위에 한정한다. '대한민국은 국제평화의 유지에 노력하고 침략적 전쟁을 부인한다.'(1항) '국군은 국가의 안전보장과 국토

방위의 신성한 의무를 수행함을 사명으로 하며, 그 정치적 중립성은 준수된다.'(2항)

이 조항은 우연이 아니라 매우 자각적으로 규정되었다. 1948년헌법이 제정될 때, 유력한 헌법초안자 중 한 사람이었던 유진오(兪鎭午)는 침략전쟁을 부정하는 평화주의원리가 제2차 세계대전 후의 보편적 흐름이며, 다만 우리나라는 일제의 침략을 받은 국가여서 군대를 두지 않을 수 없다고 제헌국회에서 설명하고, 군대를 두되 그 사명을 국토방위, 즉 전수방위에 제한할 것을 명확히 했다.

영세중립화형

평화주의를 실현하는 방식은 다양하다. 국군의 사명을 한정하거나 비무장 평화주의를 규정하는 방법도 있지만, 전쟁에 휩쓸리지 않도록 제도적 장치를 마련하는 방법도 있다. 왜냐하면 두 번의 세계대전에서 보았듯이, 전쟁은 결국 세계 각국이 어느 일방의 군사동맹에 가담하면서 비롯되었기 때문이다. 따라서 영세중립을 선언하고 실천하는 것도 전쟁의 공포에서 벗어나 평화적 생존을 확보하는 또 다른 방편이 될 수 있다.

이러한 영세중립화 방식의 평화주의를 규정한 헌법은 오스트리아와 스위스 헌법이다. 오스트리아는 1955년헌법 제1조에서 '대외적 독립을 확보하기 위해, 자국 영토의 불가침을 위해 자유의지로 영세중립을 선언한다. 오스트리아는 반드시 영세중립을 유지하고 옹호한다. 오스트리아는 앞으로 이 목적을 달성하기 위해 어떠한 군사동맹에도 가입하지 않고, 영토 내에 외국의 군사기지도 결코 두지 않는다'고 규정하고 1965년 헌법에서도 국제기구의 요청에 따른 오스트리아 군대의 파견시에도 '원조 목적'에 한정하는 규정을 두었다.

스위스는 이같이 헌법에 규정하는 데 그치지 않고, 정부 견해 차원에서까지 영세중립화 정책지침을 마련하고 있다. 스위스 정부의 견해에 따르면, '영세중립국은 전쟁에 휩쓸리지 않기 위한 모든 조치를 취해야 하며, 전쟁에 휩쓸릴 가능성이 있는 행위를 해서는 안된다'고 한다. 이를 위하여 1차적으로 전쟁을 개시하지 않을 의무, 중립 내지 독립을 옹호할 의무가 있으며, 여기에 그치지 않고 전쟁에 휩쓸리지 않을 외교정책을 확립할 의무, 군사협정을 체결하지 않을 의무 등을 제2차적 의무, 적극적 의무로 해석하고 있다. 나아가 관세동맹·경제동맹을 체결하지 않을 의무도 있다고 해석한다. 전시에는 일방에 대한 적대행위는 물론이고 군대 제공을 금지하며, 교전자 일방에 대한 주권 이양 금지, 중립 영역에 대한 불가침 의무 등을 규정하고 있다. 다만 민병제까지 폐지하지는 않고 성년 남성에게 군사훈련의 의무를 부여하고 있으며, 여성에게는 민간 방위 협력 의무를 규정하는 한편, 1977년에는 국민투표로 양심적 병역거부를 부정한 바 있다. 그러나 민병제를 둔다 하더라도 민병대의 중립 의무를 명확히 하고 있다.

비동맹 군축형

전쟁에 휩쓸리지 않고 평화를 유지하기 위한 또 하나의 방식은 다른 나라와 군사동맹을 맺지 않는 것이다. 전쟁은 각종 동맹에서 비롯되었기 때문이다.

이러한 비동맹형 평화주의원리를 규정한 대표적인 나라는 구(舊)유고슬라비아의 1974년헌법이다. 이 헌법에서는 '유고사회주의연방공화국은 국제관계의 기초를 국가주권과 평등 존중, 내정 간섭 금지, 사회주의 국제화 원칙 및 국제분쟁의 평화적 해결에 둔다. 유고는 유엔헌장을 준수하고 국제적 약속을 이행하며 국제조직의 활동에 적극 참가한다'고 규정했다. 그리고 이러한 비동맹에 그치는 것이 아니라 군축을 완전히 달성하기 위해 점진적으로 노력할 것을 규정하는 한편, '무력의 행사와 위협을 부인'한다는 명문의 규정을 둔 바 있다.

유고 헌법이 동구 사회주의국가의 비동맹형 헌법을 대표한다면 아시아에서 대표적인 것은 방글라데시 헌법이라 할 수 있다. 방글라데시의 1973년헌법 제25조도 마찬가지로 비동맹으로 평화주의를 실현하기 위한 제 원칙을 규정하고 있다. 민족자결에 의한 신흥독립국 방글라데시는 1954년 네루(Nehru)—져우 언라이(周恩來) 공동선언(평화 5원칙 — 영토와 주권 존중, 상호 불가침, 내정 간섭 금지, 호혜 평등, 평화공존)을 존중하는 한편, 1955년 반둥 10원칙(기본권 존중, 유엔·주권·영토보전 존중, 인종간의 평등, 내정 간섭 금지, 유엔헌장에 따른 집단적 자위권 존중, 타국 억압 금지, 침략전쟁·무력행사 부인, 평화적 해결, 상호 이해 촉진, 국제의무 존중)을 평화주의원리의 실천방침으로 삼고 있다.

사회주의혁명헌법의 침략전쟁 부인형

우리나라 국민들은 사회주의국가와의 전쟁을 경험했다. 그래서 사회주의국가는 호전적이며 전투적이기 때문에 그 헌법 또한 대단히 반평화적일 거라고 생각하기 쉽다.

하지만 사회주의국가도 평화주의원리를 헌법상으로는 규정하고 있다. 북한의 1998년헌법 제17조도 그 예일 것이다. 이에 따르면 '자주·평화·친선은 조선민주주의인민공화국의 대외정책의 기본 이념이며 대외활동의 원칙이다. 국가는 우리나라를 우호적으로 대하는 모든 나라들과 완전한 평등과 자주성, 호상 존중과 내정 불간섭, 호혜의 원칙에서 국가적 또는 정치·경제·문화적 관계를 맺는다. 국가는 자주성을 옹호하는 세계 인민들과 단결하며 온갖 형태의 침략과 내정간섭을 반대하고 나라의 자주권과 민족적·계급적 해방을 실현하기 위한 모든 나라 인민들의 투쟁을 적극 지지·성원한다'고 규정하고 있다.

제59조에서도 '조선민주주의인민공화국 무장력의 사명은 근로 인민의 리익을 옹호하며 외래 침략으로부터 사회주의제도와 혁명의 전취물을 보위하고 조국의 자유와 독립과 평화를 지키는 데 있다', 제86조에서는 '조국 보위는 공민의 최대의 의무이며 영예다. 공민은 조국을 보위하여야 하며 법이 정한 데 따라 군대에 복무하여야 한다'고 규정하고 있다.

평화주의원리 가운데 침략전쟁 부인의 법리를 사회주의식으로 표현한 셈이다.

평화조항이 없는 헌법

제2차 세계대전 이후의 헌법이 대체로 평화주의 관련 조항을 헌법에 명문으로 규정함으로써 평화주의원리를 헌법의 기본 원리로 채택한 데 반해, 세계의 경찰을 자처하는 미국과 영국은 헌법 자체에 평화조항이 없다. 영국은 불문법 국가라서 그렇다 치더라도, 성문법 국가인 미국의 경우 전쟁과 조약 체결에 관한 민주적 통제를 규정한 헌법조항은 있어도 침략전쟁을 부인하는 명문의 규정은 없다. 대내적으로는 입헌민주주의 국가를 자처하면서도 대외적으로는 전쟁국가임을 시사하고 있는 것이 아닐까.

소결

이상에서 살펴보았듯이 제1차 세계대전 전에도 프랑스의 예에서 보듯이, 전쟁을 위법하다 여기는 생각을 필두로 하는 평화주의사상이 헌법으로 명문화되는 경우가 있었다. 하지만 전쟁을 위법하다 여기는 관념이 헌법에 보편적으로 명문화된 것은 제2차 세계대전 후의 일이다.

그렇다면 침략전쟁의 위법성을 규정한 1928년의 켈로그-브리앙(Kellogg-Briand)조약은 무엇일까? 제1차 세계대전 후에 나타난 켈로그-브리앙조약은 헌법 차원의 규정이 아니라 전쟁의 위법성을 국제법의 일반 원리로 확립했던 것일 뿐이다. 즉, 국가와 국가 간의 약속 차원에서 원리화된 것일 뿐, 국가와 국민 간의 법원리, 즉 국민이 국가권력을 견제하는 원리로 확립되었다고 할 수 없다.

침략전쟁 부인이 국민이 국가권력을 견제하는 원리가 된 것은, 즉 헌법원리화한 것은 바로 제2차 세계대전 후다. 이때부터 일반적으로 침략전쟁 부인의 법리가 헌법규범화되었다 할 것이다. 그리고 헌법규범화의 방식은 각국의 역사적·정치적·국제관계적 상황에 따라 침략전쟁 포기와 비무장형, 침략전쟁 포기와 주권제한형, 침략전쟁 포기와 전수방위형 등으로 나뉘었다. 이때 헌법규범화했다는 것은 평화주의가 국가와 국민 간의 관계에도 적용되는 원리로 격상되었음을 의미한다. 즉, 국민의 인권 보장을 위해 국가권력을 제약하는 원리로 기능하기 시작했다는 것이다.

3. 한국 헌법과 평화주의

역대 헌법의 군사 및 평화 관련 조항

1948년헌법

침략전쟁 포기와 전수방위형 헌법규정을 둔 것은 1948년헌법에서부터다. 1948년헌법은 전문에서 '밖으로는 항구적인 국제평화의 유지에 노력'할 것을 선언하고, 제6조에서 '대한민국은 모든 침략적인 전쟁을 부인한다. 국군은 국토방위의 신성한 의무를 수행함을 사명으로 한다'고 규정했다.

국토방위를 임무로 하는 군대라고 하더라도, 군대를 용인한 이상 이에 따른 여러 헌법적 제약이 가해졌다. 대통령은 선전포고와 강화에 대한 권리를 갖고(제59조), 국군통수권을 갖되 국군의 조직권과 편성권은 대통령 등이 자의적으로 행사할 수 없도록 국회의 법률이 정한 바에 따르도록 했다(제61조). 또한 선전포고와 강화도 대통령이 독단으로 결정할 수 없고 국무회의의 의결과 국회의 동의를 받도록 하여 문민 통제의 길을 열어두었다.

1948년헌법은 외국군의 주둔 또는 집단적 자위권에 대한 절차적·선언적 규정을 두지 않았다. 각종 조약에 대한 국회동의권을 규정한 제42조에도 '국회는 국제조직에 관한 조약, 상호 원조에 관한 조약, 강화조약, 통상조약, 국가 또는 국민에게 재정적 부담을 지우는 조약, 입법사항에 관한 조약의 비준과 선전포고에 대하여 동의권을 가진다'고 규정했을 뿐이다.

1962년헌법

박정희가 군사정변으로 정권을 찬탈한 후 만들어진 1962년헌법은 처음으로 외국군의 주둔과 해외파병의 여지를 열어두었다고 기록될 것이다. 제4조에서는 국군의 사명이 국토방위라는 문구를 삭제하고, 그저 '대한민국은 국제평화의 유지에 노력하고 침략적 전쟁을 부인한다'는 규정만을 두었다. 제56조 2항에서는 '선전포고, 국군의 외국에의 파견 또는 외국 군대의 대한민국 영역 안에서의 주류(駐留)에 대하여도 국회는 동의권을 가진다'고 규정하는 한편, 제56조 1항에서는 '국회는 상호 원조 또는 안전보장에 관한 조약 (…) 외국 군대의 지위에 관한 조약 또는 입법사항에 관한 조약의 체결·비준에 대한 동의권을 가진다'고 하여, 한미상호방위조약 같은 외국과의 군사동맹을 염두에 둔 규정들이 헌법에 등장하게 되었다.

그러나 이러한 규정을 국회의 동의가 없더라도 주둔할 수 있다고 해석할 수도 있는데, 어디까지나 국회의 동의가 없으면 인정될 수 없다는 절차적인 규정에 불과하다고 해석하는 것이 평화주의원리에 합치한다고 할 것이다.

1962년헌법은 1948년헌법에서 많이 후퇴했지만, 전문에서 '밖으로는 항구적인 세계평화에 이바지함'을 규정하고 제4조에서 침략전쟁 부인의 법리를 규정함으로써 문언상으로는 여전히 넓은 의미의 평화주의원리를 받아들였다 할 것이다.

1972년헌법

1972년헌법은 1962년헌법보다 평화주의원리가 후퇴했다고 기록될 것이다. 1972년헌법에서는 1962년헌법에서와 마찬가지로 국군의 사명을 국토방위에 한정하지 않은 채 침략전쟁만을 부인하는 규정(제4조)을 두었을 뿐이다.

나아가 국가 안전보장이라는 추상적 개념이 기본권 제한 사유로 헌법에 규정됨으로써 주권자를 위한 헌법이 아니라 국민을 통치하기 위한 헌법으로 곤두박질치고 말았다. 제32조 2항 '국민의 자유와 권리를 제한하는 법률의 제정은 국가 안전보장, 질서 유지 또는 공공복리를 위하여 필요한 경우에 한한다'에서도 알 수 있듯이, 질서유지 또는 공공복리 이외의 사유로도 기본권을 제한할 수 있는 길이 열렸다 할 것이다. 안전보장이라는 추상적 개념은 사실 질서유지에 포함할 수 있다. 즉, 대내적인 질서유지와 대외적인 질서유지의 개념을 분리하여 대외적인 개념을 국가 안전보장이라는 개념으로 포장했다고 할 것이다. 결국 박정희 독재정권에 반대하는 정치적 의사 표현은 국가의 안전보장이라는 다의적이고 추상적이며 자의적 해석이 가능한 개념 아래 금압되었다.

1980년헌법

1980년헌법은 1962년헌법과 마찬가지로 군사정변으로 정권을 찬탈한 정치군인이 주도하여 만든 헌법이지만, 몇 가지 차이점이 있었다. 대표적인 것은 침략전쟁 부인의 법리를 유지하면서 국군의 사명을 국토방위에 한정하는 규정을 다시 삽입한 점이다.

그 동기는 확실하게 밝혀지지 않았지만, 1980년헌법하의 헌정사가 인권 탄압과 환경 파괴로 얼룩졌음에도 불구하고 환경권과 같은 새로운 인권을 획기적으로 규정하고, 행복추구권과 같은 포괄적 권리를 헌법에 명문으로 규정했다는 점 등을 고려한다면 짐작되는 바가 없지는 않다. 헌법의 최고규범성을 무시하고 오히려 헌법을 현실을 은폐하는 장식물로 생각하는 반헌법적 사고의 연장선상에서 헌법을 보기 좋고 듣기 좋은 선언적 문구쯤으로 생각하고 복원하지 않았나 생각된다.

그래서인지 평화주의를 선언하는 방식도 스케일이 커져서 '밖으로는 항구적인 세계평화와 인류 공영에 이바지함'이라는 표현을 전문에 밝히고 있다.

그러나 1980년헌법이 국군의 사명을 국토방위로 한정했다고 하더라도 그것이 그저 수사적인 복원으로만 그쳤으며, 오히려 뒷걸음친 흔적도 엿보인다. 다름 아니라 제4조 2항에서는 '국군은 국가 안전보장과 국토방위의 신성한 의무를 수행함을 사명으로 한다'고 하여 국가 안전보장이라는 추상적 개념을 국군의 사명에 슬그머니 밀어넣었다는 점이다.

국가의 안전보장을 굳건히 하는 데 반대할 사람은 없겠지만, 국가권력을 견제하기 위한 문서인 헌법에 국민의 권리를 견제하기 위한 개념인 국가 안전보장이 들어가는 것은 여전히 헌법을 '권리 보장을 위한 문서'가 아니라 '통치를 위한 문서'로 생각하는 것과 무관하지 않다 할 것이다.

1987년헌법

평화주의의 관점에서 보면 1987년헌법은 무심한 헌법이다. 정치군인의 발호를 막기 위하여 국군의 정치적 중립성을 규정했다고 하나, 1980년헌법의 후퇴한 평화주의 관련 규정을 그대로 답습하고 있다. '대한민국은 국제평화의 유지에 노력하고 침략적 전쟁을 부인한다'(제5조 1항)는 규정과 '국군은 국가의 안전보장과 국토방위의 신성한 의무를 수행함을 사명으로 하며, 그 정치적 중립성은 준수된다'(동조 2항)는 규정이 그것이다.

현행 헌법의 평화주의와 그 규범적 내용

1987년에 전면 개정된 현행 헌법은 그 무심함에도 불구하고 몇 가지 측면에서 평화주의원리를 포기하지 않은 것으로 보인다. 그래서 그 가능성과 한계를 살펴볼 필요가 있으며, 이를 위하여 현행 헌법의 평화주의가 의미하는 규범적 내용을 평화주의원리에 맞추어 다시 볼 필요가 있다.

침략전쟁의 포기

우선 현행 헌법은 침략전쟁을 포기한 헌법이다. 앞에서도 살펴본 바와 같이, 제1차 세계대전 후 국제사회는 전쟁의 위법화를 선언하고 이를 국제법화했다. 우리가 잘 아는 켈로그-브리앙조약이 그렇다. 그런데 이때는 국제법적인 차원에서 규범화한 것에 불과했다. 그래서 제2차 세계대전 후에 만들어진 헌법에서는 다양한 형태로 평화주의 그리고 침략전쟁 부인을 헌법규범화한다.

우리 헌법의 경우 1948년헌법 전문에서 국제평화주의를 규정했으며,

이를 구체화하여 제6조 전단에서 대한민국은 모든 침략전쟁을 부인한다고 규정한 바 있다. 그리고 1962년헌법에서는 전문에 있던 평화주의가 조문으로 편입되어 그 규범적 성격이 더욱 강화되었다. 현행 헌법에서도 국제평화주의의 규범력을 제고하기 위하여 이를 제5조 1항에 규정하면서 동시에 침략전쟁의 부인을 명확히 하고 있다.

그런데도 최근 이라크 파병과 관련하여 헌법위반이 끊임없이 지적되고 있다. 이라크 파병의 근거로 내세운 유엔안보리 결의안 제1441호가 무기 사찰 재개를 요지로 한 결의문에 불과하며 대량살상무기 해체 불이행에 따른 이라크에 대한 무력 침공을 명시하지 않고 있기 때문이다. 나아가 미국은 현재 이라크가 대량살상무기를 개발하고 있다는 결정적 증거조차 제시하지 못하고 있으며, 오히려 핵 개발을 입증할 자료로 내세운 문서가 위조되었다는 모하메드 엘바라데이(Mohamed ElBaradei) 국제원자력기구(IAEA) 사무총장의 발언은 충격적이기까지 하다.

개별적 자위권과 국토방위 의무

현행 헌법은 침략전쟁을 부인하되 자위의 권리를 포기하지는 않았다. 나아가 국군의 사명을 국토방위에 한정하고 있으므로, 이를 종합하면 개별적 자위권을 인정한다고 할 것이다.

무릇 헌법 해석은 다양하게 해석될 수 있다. 그중 기본이 되는 것은 역시 문리해석이다. 이것으로도 부족하면 제정자의 입법 의도 등을 고려하여 목적론적으로 해석하게 된다. 문리해석에 따른다면, 헌법 제5조는 국군의 사명을 '국토'에 한정하고 있다. 이에 따르면 우리 헌법 제5조는 외부의 침략에 대한 방위, 즉 자위권만을 인정하는 것이다.

1948년헌법 제정 과정을 기록한 속기록을 보더라도, 평화주의가 수사적 차원의 원리가 아니라 자각적으로 헌법규범화된 원리임을 알 수 있다. 당시에 세계적으로 보편화되는 평화주의를 받아들임과 아울러 그 규범적 의미까지 논의되었다. 다만 우리는 비무장 평화주의까지는 나아가지 않고 군대를 설치하되 그 임무를 국토방위에 한정한다고 했다. 오랫동안 전쟁의 참화를 겪었지만, 그것이 식민화된 상태에서 경험한 것이었기 때문에 자위권까지 부정하기는 힘들었고, 다만 자위의 범위를 국토방위로 한정 축소함으로써 자위권의 변질과 남용을 경계했다. 그것이 국군의 사명을 국토방위로 한정한 1948년헌법 제6조 후단의 규범적 의미며, 현행 헌법 제5조 2항 전단의 의미다.

국군법정주의와 의회중심주의

현행 헌법은 자위권이 인정되는 경우에도 국군통수권이 통수권자인 대통령에 의해서 자의적으로 행사되지 못하도록 두 가지 견제장치를 둔다.

첫째, 국군의 조직과 편성을 법률로 정하고 있다. 이것은 국군의 조직과 편성 여하에 따라서 자위를 위한 국군이 아니라 침략군이 될 수 있으며, 우리 헌정사에서 보는 것처럼 국민을 위한 군대가 아니라 국민에 대한 군대가 될 수 있으므로, 국민의 대표기관인 국회가 제정하는 법률의 형식을 취하도록 규정한 것이다. 둘째, 국군이 자위권을 행사하기 위해서는 선전포고의 절차를 거쳐야 하는데 이때도 국회의 동의를 받도록 하고 있다.

그러나 의회중심주의와 국군법정주의의 원칙을 취한다고 하더라도 평화주의원리에 철두철미한 것은 아니다. 국회의원 다수가 헌법의 평화주의원리를 이해하지 못하여 헌법의 명문 규정을 무시하고 파병에 찬성표를 던진다면, 의회중심주의도 무기력할 수밖에 없다. 의회중심주의가 반입헌주의적일 때 그것을 견제하기 위해 만들어둔 것이 사실은 헌법재판소 재판관과 같이 헌법 전문가들이 판단하는 위헌법률심사제일 것이다. 그러나 이러한 위헌법률심사제 또한 헌법재판소 재판관이 헌법의 내용을 잘 이해하지 못하면 마찬가지로 평화주의원리를 훼손할 수 있다. 이라크 파병을 둘러싸고 국회가 파병을 결의한 것과 관련 법을 헌법재판소에서 각하한 것은 이를 단적으로 말해주고 있다 할 것이다.

집단적 자위권의 인정 여부

최근 들어 이라크 파병과 관련하여 국군이 '국토'를 벗어난 외국 이라크에서 전쟁에 종사하는 것이 과연 자위권에 해당할 수 있을 것인가가 논란이 되었다. 이러한 이라크 파병의 실체법적 근거로 거론되는 것이 한미상호방위조약이다. 자위권에는 외부의 침략을 당한 국가가 그 침략에 개별적으로 맞서는 방법과 다른 나라와 군사동맹을 맺어 맞서는 방법이 있는데, 문제는 우리 헌법의 자위권이 개별적 자위권만 인정하는가 아니면 한미동맹과 같은 집단적 자위권까지 보장하는가이다. 이에 대해서도 해석론적으로 좀더 면밀하게 고찰할 필요가 있다 할 것이다.

1948년헌법에는 한미상호방위조약과 같은 군사조약에 관해 명문의 규정이 없었다. 제42조에 상호 원조에 관한 조약을 명시하기는 했지만, 안전보장조약에 관한 규정은 일체 없었다. 박정희 군사정권이 쿠데타 후 만든 1962년헌법 제56조 1항에는 국회의 동의를 받는 경우에는 안전보장에 관한 조약을 체결할 수 있다고 규정되어 있지만, 1948년헌법 제정 당시에는 한미안보조약과 같은 군사조약을 염두에 두지 않았거나 부정했다고 보아야 할 것이다. 또한 1962년헌법의 경우에도 국회의 동의는 실체적인 것이 아니라 절차적인 것으로 보아야 할 것이다. 다만 1962년헌법은 침략전쟁을 부인할 뿐 국군의 사명을 국토방위에 한정한다는 규정을 삭제함으로써 개별적 자위권만 인정한다고 볼 수 있는 규정이 사라진 것은 사실이다.

1980년헌법에는 국군의 임무를 국토방위로 규정함과 동시에 국가의 안전보장이라는 개념이 헌법에 등장하게 된다. 헌법 제정권자들이 의도

했든 의도하지 않았든 간에, 국군을 해외에 파병하거나 군사조약을 맺어 집단적 자위권을 행사하는 것에 대한 헌법적 근거로 볼 수 있는 조항이 등장한 셈이다. 그러나 이때도 침략전쟁을 부인한 제5조 1항과 정합하기 위해서는 안전보장의 개념을 대단히 한정적으로 해석하여야 할 것이다. 즉, 몇몇 교과서들에서도 이미 지적했듯이 국토방위와 같은 개념으로 이해하여야 할 것이다.

최근에 미국의 새로운 군사전략이 한미상호방위조약의 틀에서 벗어남에 따라, 한미상호방위조약을 인정하면서 그러한 흐름을 막아야 한다는 지적도 확산되고 있다. 그러나 지금처럼 주한 미군의 전략적 유연성이 강조되어 대한민국의 국토방위 또는 공동방위를 위해서만 주한 미군이 움직이는 것이 아니라, 신속기동군의 위상이 강조되고 그 임무와 활동 범위가 재조정된다면, 집단적 자위권에 대한 의구심이 커지고 상호방위조약이 헌법과 정합하는지는 점점 더 문제가 될 것이다.

평화주의인가 평화적 생존권인가

앞에서 잠시 언급한 것처럼, 신속기동군화 및 이를 위한 군사 변환 등 이른바 미국의 군사전략 변화로 말미암아 전쟁의 가능성이 높아져간다는 지적이 끊이지 않는다. 더불어 이에 대한 대항 담론으로 평화권 또는 평화적 생존권에 대한 논의가 그 어느 때보다도 활발하다. 하지만 이것이 자각적 논의로 이어지는 것처럼 보이지는 않는바, 이하에서는 평화주의와 평화적 생존권의 관계를 살펴보고 평화적 생존권을 구체화해보기로 한다.

평화적 생존권

평화주의란 앞에서 언급했듯이 헌법의 기본 원리 중 하나며, 헌법의 이념적 기초, 지도 원리다. 현행 헌법에는 전문과 본문 제5조 등에 표현되어 있다 할 것이다. 헌법원리로서의 평화주의는 다른 헌법조항을 비롯한 모든 법령의 해석 기준이 되며, 입법권의 범위와 한계 그리고 국가정책의 방향을 제시하기 때문에, 국가기관과 국민이 존중해야 할 최고의 가치규범이다.

평화적 생존권은 이러한 평화주의를 인권적 관점에서 재구성한 것이다. 평화주의에 기초하여 침략전쟁을 부인하지 않으면, 두 번에 걸친 세계대전에서처럼 침략전쟁이 난무하여 인간의 평화적 생존이 위협받을 것이고, 평화적 생존이 보장되지 않으면, 즉 사람이 죽거나 죽을 위기에 처하면 사생활의 자유니 거주 이전의 자유니 표현의 자유니 하는 자유와 권리는 제대로 보장받을 수 없다. 그래서 전쟁을 하지 않도록 국가권력을 견제할 필요가 있는데, 이것이 바로 평화적 생존권이다. 평화적 생존권은 인권의 이름으로 국가가 전쟁을 대외정책 수단으로 삼지 않도록 견제하는 권리인 것이다.

평화적 생존권의 의미와 헌법적 근거

평화적 생존권이야말로 인권의 출발점이다. 하지만 과연 평화란 무엇이며 평화적 생존은 무엇을 의미하는 것이냐를 두고 다양한 의견이 존재한다.

우선 평화가 무엇이냐도 논쟁거리 중 하나다. 어떤 사람들은 전쟁이 없는 상태가 평화라고 좁게 해석하지만, 평화학이나 정치경제학 등에서는 빈곤·기아 등 구조적 폭력이 없는 상태야말로 진정한 평화라고 넓고 근원적으로 해석하기도 한다. 넓은 의미의 평화 개념을 취하는 것이 근본적이긴 하겠지만, 그렇게 되면 태어난 지 얼마 안되는 새로운 권리, 제

3세대의 권리인 평화적 생존권이 다른 인권 모두를 포괄할 우려가 있다. 따라서 평화적 생존의 의미를 상대적으로 좁게 특정하는 것도 단기적으로는 무의미하지 않을 것이다.

그렇다면 평화적 생존이란 일단 모든 전쟁과 공포에서 벗어나 생존하는 것이며, 더 좁게 해석하면 전쟁과 군대 없이 평화적으로 생존하는 것을 의미하게 된다. 이러한 평화적 생존의 개념에 기초하게 되면, 평화적 생존권은 징병거부권을 핵심으로 하게 될 것이다. 조금 넓게 해석하면 전쟁과 군대 없이 평화적으로 사는 것뿐만 아니라 군사적 목적을 위해 인권이 침해당하지 않는 것까지 포함하게 될 것이다. 이러한 좀더 넓은 평화적 생존 개념에 기초하게 되면, 평화적 생존권은 징병거부권뿐만 아니라 군사적 목적을 위한 표현의 자유 침해 거부권도 포함하게 될 것이다.

그렇다면 이러한 평화적 생존권이 헌법적 근거가 있는가, 헌법에 명문의 규정이 있는가도 문제가 아닐 수 없다. 물론 현행 헌법에는 명문이 존재하지 않는다. 그러나 그렇다고 헌법적 권리가 아닌 것은 아니다. 생명권과 알 권리 그리고 사상의 자유가 헌법에 명문의 규정이 없음에도 불구하고 인간의 생래적 권리이듯이, 평화적 생존권 역시 헌법에 열거되지 않았지만 경시해서는 안될 인권이다. 그래서 현행 헌법 제37조 1항에서는 '국민의 자유와 권리는 헌법에 열거되지 아니한 이유로 경시되지 아니한다'고 규정하고 있다. 따라서 평화적 생존권이 인간의 존엄성을 향상하는 권리임을 생각한다면 비록 헌법에 열거되지는 않았다 하더라도 경시해서는 안될 인권인 것이다.

평화적 생존권의 내용

평화와 평화적 생존의 개념을 어떻게 파악하는가에 따라서도 평화적 생존권의 내용이 많이 달라지겠지만, 개별 국가의 역사적·국제관계적 특수성, 국가와 국민의 관계 등에 따라서도 그 내용은 큰 차이를 보인다.

평화주의 헌법의 유형에서도 살펴보았듯이 비교헌법사적으로 보더라도 그렇다. 이를 종합해보면 평화적 생존권에 포함될 수 있는 것으로는 다음과 같은 내용을 들 수 있을 것이다. 국가에 의한 침략전쟁의 부인, 집단적 자위권의 부인, 군비 보유의 배제, 국가에 의한 평화 저해 행위(무기 수출)의 배제, 국가에 의한 평화적 생존 저해 행위(징병제)의 배제, 군사적 목적의 기본권 제한(재산수용, 표현의 자유 제한) 금지, 전쟁의 위험에 처하지 않을 권리 등이다.

현행 우리 헌법의 규정과 체계를 고려해본다면, 제5조는 제37조 1항과 더불어 평화적 생존권의 헌법적 근거가 될 수 있다. 이에 기초하여 평화적 생존권은 침략전쟁의 부인, 개별적 자위권의 인정과 문민통제권 등을 포함한다고 할 것이다. 그리고 이것은 대내적으로 군사적 침략을 위한 기본권 제한 금지와 기본권의 본질적 내용 침해 금지를 요구할 권리, 자국 정부에 타국에 대한 무력공격에 가담하지 않도록 요구할 권리를 의미하며, 대외적으로 자국이 전쟁의 위험에 처하지 않도록 타국에 요구할 권리 등을 포함한다 할 것이다.

평화적 생존권의 법적 성격

평화주의를 원리로만이 아니라 권리로 파악하게 되면 여러 가지 실익이 있다. 평화주의를 원리로만 파악하면 정부의 정책 결정이나 국회의 입법 과정에서 기준이 될 수 있을지언정 평화주의를 위반했을 때 헌법이 구제 장치가 되기에는 미흡하다. 하지만 평화주의를 인권론에 입각하여 권리로 인정하게 되면 재판규범으로도 사용할 수 있게 된다. 즉, 국가가 군사적 목적으로 기본권을 제한하려고 할 때 평화적 생존권을 이유로 이와 같은 간섭을 배제해달라고 소송을 제기할 수 있을 것이다. 이렇게 본다면 평화적 생존권은 국가권력의 간섭을 배제하는 권리로서의 성격, 즉 자유권적 성격을 가진다고 할 것이다. 그러나 평화적 생존권은 그저 소극적으로 국가권력의 간섭만을 배제하는 데 그치지 않고, 무력공격에 가담하지 않을 것을 국가에 요구하고 청구할 수 있는 권리, 즉 청구권적 권리의 성격도 동시에 갖고 있다.

평화적 생존권의 주체

무릇 자유와 권리는 개인의 권리다. 즉, 인권이란 국가권력의 간섭으로 개인, 즉 나의 권리가 침해당했을 때 그 간섭을 배제하는 권리다. 이를 학문용어로는 주관적 권리라고 한다. 따라서 인권의 주체는 기본적으로 개인이다.

하지만 1919년 바이마르 헌법을 기점으로 집단에도 인권을 인정하기 시작하는데, 노동삼권과 같은 권리는 개인이 아닌 노동조합이라는 집단의 권리이기도 하다. 마찬가지로 평화적 생존권도 집단의 권리이다. 왜냐하면 전쟁의 위험에 처하지 않도록 타국에 요구하는 것은 국민 또는 민족 같은 집단이기 때문이다. 전쟁의 위험에 처하지 않을 권리 또는 침략을 받지 않고 자기 민족의 문제를 스스로 결정할 권리가 바로 민족자결권이다. 미국의 침략에 대하여 베트남 민족이 주장한 것이 바로 민족자결권이다.

그러나 이러한 민족자결권과 평화적 생존권은 완전히 동일한 개념은 아니다. 민족자결권은 베트남의 예에서 보듯이 민족의 평화적 생존을 위하여 전쟁도 불사하겠다는 의미로 이해되기 때문이다. 반면에 평화적 생존은 집단의 권리면서도 평화를 위한 전쟁에 동의하지 않는다는 점에서 완전히 같지는 않다고 할 것이다.

평화적 생존권의 효력

평화적 생존권의 효력은 국가에 미친다. 즉, 국가권력을 견제하고 국가권력의 간섭에서 개인을 방어하는 권리다. 국가안보를 이유로 언론의 자유를 제한하려 하거나 재산을 수용하려 하는 경우 이러한 간섭의 배제를 국가에 요구하는 권리다. 또한 평화적 생존권은 타국에 의하여 전쟁의 위험에 처할 경우에 그 위험의 배제를 요구할 대국제적인 방어권이기도 하다. 평택에 미군 기지가 확장 이전되자, 평택 주민들은 평택 미군 기지가 중국을 염두에 둔 신속기동군 기지로 사용될 것을 우려하면서, 그렇게 되면 우리 의사와 관계 없이 미국과 중국의 전쟁에 휩쓸리게 될 위험이 있으며 이것이야말로 평화적 생존권의 침해라는 내용의 헌법소원을 제기한 바 있다.

4. 현행 헌법상 평화주의의 한계

이상에서 살펴본 바와 같이 현행 헌법에서는 평화주의원리가 규범적 의미가 전혀 없는 그저 선언에 불과한 것이 아니라, 이라크 파병 문제, 한미상호방위조약 문제, 평택 기지 문제, 한반도 전쟁 위기 문제 등 굵직굵직한 현안과 밀접하게 관련되어 있으며, 충분히 인권 친화적으로 원용될 수 있다.

그러나 이같은 여러 가능성에도 불구하고 현행 헌법에는 평화주의원리에 반하는 몇 가지 한계가 동시에 내포되어 있다. 이를 헌법 내재적인 문제, 조약과의 문제, 법제도의 문제로 나누어 살피기로 한다.

헌법 내재적 문제

영토조항

현행 헌법 제4조에서는 통일을 지향하며 평화적 통일정책을 수립하고 이를 추진한다고 규정하고 있다. 그런데도 제3조에서는 '대한민국의 영토는 한반도와 그 부속도서로 한다'로 규정함으로써, 휴전선 이북의 한반도에 있는 북한을 이적단체로 몰고 있다. 물론 북한과 남한이 적대적 관계였고 동족상잔의 전쟁도 치렀으며, 현재도 적대적 관계와 우호적 교류가 교차되는 것은 분명하다. 하지만 헌법이 평화주의를 기본 원리의 하나로 규정한 이상, 헌법의 다른 조항이 평화주의 관련 조항에 위반해서는 안될 것이다. 나아가 남북한이 유엔에 동시 가입하여 국제적으로 국가로 인정받는 상황에서, 영토조항을 이유로 북한을 반국가단체로 규정하고 대결의 상대로 상정하는 것은 평화주의원리의 최고규범성에 반한다 할 것이다.

혹자는 북한도 영토조항을 두고 있다고 주장하나, 그것은 1948년 북한 헌법의 수도조항을 지칭하는 것으로 이해된다. 1948년헌법 제103조는 '조선민주주의인민공화국의 수도는 서울이다'라고 하여 여러 가지 추측을 불러일으켰으나, 1972년헌법 제149조에서는 '조선민주주의인민공화국의 수도는 평양이다'라고 개정했다.

자유민주적 기본 질서에 입각한 통일정책

앞에서 잠시 언급한 현행 헌법 제4조는 대한민국은 통일을 지향하며 평화적 통일정책을 수립하고 이를 추진한다고 규정하면서 평화적 통일정책이 자유민주적 기본 질서에 입각함을 천명하고 있다.

알다시피 자유민주주의(Liberal Democracy)란 자유주의와 민주주의가 결합된 것으로서, 자유주의의 장점 중 하나인 가치상대주의, 즉 다른 사고와 생각을 가진 사람들의 표현의 자유를 인정하는 것에 기초한다. 그러나 이러한 자유민주주의하에서 나치와 같은 반자유민주주의적 전체주의정권이 출현함에 따라, 제2차 세계대전 후 서독 헌법에서는 자유민주적 기본 질서(Freiheitliche demokratische Grundordnung)라는 새로운 개념이 등장했다. 그것은 전체주의 같은 자유의 적에게는 자유를 제한할 수 있다는 것이었다. 이러한 의미의 자유민주적 기본 질서는 그후 자유민주주의에서 더욱 후퇴하게 되는데, 공산주의와 전체주의를 동일시하면서 반공산주의를 의미하게 되어버렸다. 독일 연방헌법재판소의 결정에서도 이를 확인할 수 있는데, 자유민주적 기본 질서란 인권의 보장, 국민주권의 원리, 권력분립의 원리, 책임정치의 원리, 행정의 합법률성, 사법권의 독립, 복수정당제와 정당활동의 자유 보장을 의미한다는 것이다.

우리나라 헌법은 1972년 유신헌법부터 자유민주주의에서 후퇴하여 자유민주적 기본 질서라는 개념을 헌법에 규정했고, 이것이 현재에 이르고 있다. 그런데 독일에서는 자유민주적 기본 질서를 폭력적 지배, 자의적 지배에 반대하는 개념으로 여기는 데 반하여, 우리나라의 헌법재판소는 이를 자본주의체제와 동일시하고 있다. 헌법재판소는 자유민주적 기본 질서란 기본권의 보장, 권력분립, 의회제도, 복수정당제도, 선거제도, 사법권의 독립뿐만 아니라 사유재산과 시장경제를 골간으로 하는 경제질서라고 판시한 바 있다. 이러한 헌재의 결정에 따라 헌법 제4조를 이해하면, 자유민주적 기본 질서에 입각한 통일정책이란 북한을 전면 부정하는 통일정책을 의미하게 된다. 결국 북한은 대화하고 교류해야 할 평화통일의 파트너가 아니라 대결 또는 제압해야 할 상대일 뿐이다.

이와 관련하여 북한도 결국은 사회주의적 통일정책에 기반을 두고 있다는 주장이 없지 않다. 실제로 1972년 북한 헌법 제5조에서는 '조선인민민주주의공화국은 북반부에서 사회주의의 완전한 승리를 거두고 전국적 범위에서 외부세력을 몰아내고 민주주의적 기초 위에 조국을 평화적으로 통일하고 완전한 민족적 독립을 달성하기 위해 투쟁한다'고 규정하여, 전국적 범위, 즉 한반도 전체의 반외세통일을 염두에 두고 있었다고 할 것이다. 그러나 1998년헌법 제9조에서는 '조선인민민주주의공화국은 북반부에서 인민정권을 강화하고 사상, 기술, 문화의 3대 혁명을 힘 있게 벌여 사회주의의 완전한 승리를 이룩하며 자주, 평화통일, 민족 대단결의 원칙에서 조국통일을 실현하기 위하여 투쟁한다'고 규정하고 있을 뿐, 이른바 전 한반도적인 적화전략이 적어도 헌법의 명문에서는 삭제된 듯 보인다.

국방의 의무와 병역거부

현행 헌법 제39조 1항에서는 '모든 국민은 법률이 정하는 바에 의하여 국방의 의무를 진다'고 규정하여, 평화적 생존권의 일부인 징병거부권을 인정하지 않는다. 그러나 이때도 인권과 국방의 의무를 조화할 수 있는 길이 전혀 없는 것은 아니다. 독일 헌법 제12조 a에서는 비록 1항에서 '남성에게는 18세부터 연방 국경경비대 또는 민간방위단에서 역무에 종사할 의무를 부가할 수 있다'고 규정하면서도, 2항에서 '양심상의 이유로 무기를 드는 것을 거부하는 자에게는 대역에 종사할 의무를 부과할 수 있다'고 하여 열린 태도를 취하고 있다.

한미상호방위조약 문제

침략전쟁을 부인하고 국군의 사명을 국토방위에 한정하지 못하는 주요한 이유 중 하나는 한미상호방위조약 때문이다. 한미상호방위조약의 전문에는 '당사국 중 어느 일국이 태평양 지역에서 (⋯) 무력공격을 받을 때 자신을 방위하고자 (⋯) 집단적 방위를 위한 노력을 공고히 할 것을 희망하여'라고 규정하고 있고, 제3조에서는 '각 당사국은 타 당사국의 행정 지배하에 있는 영토와 각 당사국이 타 당사국의 행정 지배하에 합법적으로 들어갔다고 인정하는 금후의 영토에 대한 태평양 지역에서의 무력공격을 자국의 평화와 안전을 위태롭게 하는 것이라고 인정하고, 공통의 위험에 대처하기 위하여 각자 헌법상의 절차에 따라 행동할 것을 선언한다'고 규정하고 있다. 이는 국군이 국토가 아닌 태평양 지역에서 전쟁을 할 수 있다고 상정하는 것이다. 이는 헌법에 집단적 자위권에 대한 실체적 규정이 없음에도 불구하고 집단적 방위를 명시하고 있기 때문에 헌법의 평화주의 원리와 정합하는지도 문제가 된다.

또한 한미상호방위조약은 군축에도 장애물이 될 가능성을 내포하고 있다. 왜냐하면 제2조 2문에서 '당사국은 단독으로나 공동으로 자조와 상호 원조에 의하여 무력공격을 저지하기 위한 적절한 수단을 유지하고 강화할 것이며, 본 조약을 이행하고 이를 추진할 적절한 조치를 협의와 합의하에 취할 것이다'라고 규정하고 있기 때문이다.

법제도의 문제

앞에서도 몇 차례나 언급했듯이, 평화주의가 헌법원리라는 것은 이 원리에 반하는 헌법규정이 있어서는 안됨을 의미하는 동시에 하위규범인 법률이 이 원리에 위반되어서는 안됨을 의미하기도 한다.

그러나 잘 알다시피 국가보안법 제2조에서는 '이 법에서 반국가단체라 함은 정부를 참칭하거나 국가를 변란할 것을 목적으로 하는 국내외 결사 또는 집단으로서 지휘통솔체제를 갖춘 단체를 말한다'고 하여, 북한이 대화하고 교류해야 할 평화통일의 파트너가 아니라 반국가단체로서 대결해야 할 대상으로 보고 있다.

또한 병역법도 문제가 없지 않다. 최근 문제되는 양심적 병역거부에 대하여 엇갈린 판결이 나오는 것도 사실은 평화주의를 기본 원리로 생각하느냐 아니냐와 밀접한 연관이 있다 할 것이다. 병역법 제88조 1항 전단에서는 '현역 입영 또는 소집 통지서(모집에 의한 입영 통지서를 포함한다)를 받은 사람이 정당한 사유 없이 입영 또는 소집 기일부터 다음 각 호의 기간이 경과하여도 입영하지 아니하거나 소집에 불응한 때에는 3

년 이하의 징역에 처한다'고 규정하고 있다. 그런데 이때의 정당한 사유가 그저 신체상의 사유만을 의미한다고 생각하고 종교적 양심 또는 평화주의사상과 같은 내심의 자유를 인정하지 않으면 유죄가 되고, 서울 남부지방법원 이정열 판사와 같이 내심의 사유까지 인정하면 무죄로 판결이 날 수도 있는 것이다. 독일에서와 같이 당장에 헌법을 개정하지 않더라도, 최근 국회에 제출된 대체 복무에 관한 법률안처럼 내심의 사유를 인정할 수 있는 길을 열어두는 것도 평화주의원리를 구체화하는 방안 중 하나일 것이다.

징발법과 계엄법

병역법이 인적자원의 징발에 관한 법이라면 징발법은 물적자원의 징발에 관한 법이다. 징발법에는 유사시 국가안보를 이유로 국가가 전격적으로 물적자원을 징발할 수 있는 길을 열어두고 있다.

긴급사태법의 대표 격인 계엄법도 문제다. 예를 들어 헌법 제77조 3항에 의하면, '비상계엄이 선포된 때에는 법률이 정하는 바에 의하여 영장제도, 언론·출판·집회·결사의 자유, 정부나 법원의 권한에 관하여 특별한 조치를 할 수 있다'고 규정하고 있을 뿐인데도, 계엄법 제9조 1항을 보면 '비상계엄 지역 안에서 계엄사령관은 군사상 필요한 때에는 체포·구금·압수·수색·거주·이전·언론·출판·집회·결사 또는 단체행동에 대하여 특별한 조치를 할 수 있다'고 규정되어 있고, 동조 3항을 보면 '작전상 부득이한 경우에는 국민의 재산을 파괴 또는 소훼할 수 있다'고 규정되어 있는 등, 헌법에서 열거하지 않은 기본권까지 하위규범인 계엄법으로 제한할 수 있게 해서 인권침해적 요소를 많이 내포하고 있다.

사실은 긴급사태권을 헌법에 규정하는 것 자체가 헌법을 스스로 부정할 수 있는 요소를 내포한다고 하여, 평화주의헌법학에서는 긴급사태권에 부정적 또는 소극적 자세를 취하고 있는 것도 상기할 필요가 있다. 더

군다나 우리 헌정사를 보면 더욱 그러하다. 즉, 1950년 이후 2번의 경비계엄과 10번의 비상계엄이 있었는데, 6·25전쟁시의 한 번을 제외하고는 정치적 반대자들 또는 국민의 정당한 정치적 의사 표현을 금압하기 위한 계엄이었다. 이를 생각하면 계엄법이 평화주의원리와 친화적이지 않다는 것을 알 수 있다.

법의식의 문제

안보 이데올로기

이와 같이 헌법조항 내에 반평화적인 조항이 있거나 평화주의에 배치되는 법규정이 있는데도 불구하고, 평화주의는 최고규범성을 발휘하지 못한 채 선언적 의미에 머물러 있다. 이 상황은 국가의 안전보장이라는 개념이 이데올로기화해 국민적 지지를 상당히 확보한 것과 무관하지 않다. 헌법은 인권을 보장하기 위한 문서가 아니라 국민을 통치하기 위한 문서이고, 만약의 사태에 대비하지 않으면 안된다는 의식이 자리잡고 있는 것이다.

1948년헌법 제28조에서는 기본권 제한에 관한 일반적 법률유보조항을 두면서도 인권 제한 사유를 '질서유지와 공공복리를 위하여 필요한 경우에 한한다'고 한정했다. 또한 군인 출신이 만든 최초의 헌법인 1962년헌법의 제32조 2항에서도 여전히 '질서유지와 공공복리'만을 규정했다. 이런 점을 고려한다면, 1972년헌법 제32조에 등장한 '국가 안전보장' 개념은 다분히 정략적인 개념이며, 이 정략적 개념이 이데올로기화하여 오늘날 평화주의의 진전에 장애물이 됨과 아울러 입헌주의의 존립을 위태롭게 한다고 비난받는 것이다.

대결의식

대결의식은 헌법상에만 존재하는 것이 아니다. 일반인들의 관념에도 폭넓게 자리잡고 있다. 이는 동족상잔의 비극을 겪었으면서도 평화를 기원하기보다는 전쟁을 기념하는 상징물과 기념관이 많은 데서 단적으로 드러난다. 다행히 최근 들어 평화박물관을 만들자는 사회운동이 힘을 얻고 있어 평화주의의 앞길이 어둡지만은 않을 것이라는 희망을 갖게 한다.

5. 맺는말

이상에서 현행 헌법의 평화주의가 지닌 보편성과 특수성을 살펴보고, 헌법규범에 대한 비교헌법사적 고찰 및 평화주의를 둘러싼 규범에 대한 해석을 중심으로 평화주의의 가능성과 한계를 간략하게 짚어보았다.

이에 따르면, 현행 헌법의 평화주의는 제2차 세계대전 이후 보편화된 전쟁 위법화라는 흐름을 반영하고 있지만, 분단이라는 특수성 때문에 침략전쟁 포기 전수방어형 평화주의 유형으로 성문화되었다고 할 것이다. 그런데도 이제까지는 규범력이 없는 정치적 선언 정도로 이해되어온 것이 현실이었다 할 것이다.

그러나 최근 평화주의, 평화적 생존권에 근거하여 이라크 파병에 반대하고, 평택 미군 기지 이전에 반대하는 소송이 제기되며, 이와 관련한 법률 개폐운동이 활발해지고 있다. 이는 평화주의원리가 법령 해석과 국가정책 결정의 기준이 되며 국가기관과 국민이 함께 존중하고 준수해야 할 가치규범이 되고 있다고 이해할 수 있을 것이다. 그러한 의미에서 한국사회는 평화주의원리의 복권 또는 현재화 과정의 출발선상에 있다고 하여도 과언이 아닐 것이다.

하지만 분단된 한반도에서 평화주의가 현실화되는 과정은 평화주의 조항을 둘러싼 국가의사와 지배적 담론 그리고 그에 대항하는 담론이 다투는, 이데올로기적 사회관계의 각축장이라고 할 것이다. 따라서 이러한 평화주의원리가 법적 규범력을 강화하기 위해서는, 규범 자체의 존부 문제뿐만 아니라 평화주의를 둘러싼 헌법제도와 헌법의식의 문제에 대한 이해, 평화주의를 둘러싼 사회관계의 총체적 이해와 분석 그리고 그에 따른 헌법 실천이 병행되어야 할 것이다.

문화국가 원리

김수갑

1. 서론

그동안 우리나라 학계, 특히 헌법학계에서 문화와 헌법의 관계나 문화국가에 대한 연구는 민주주의, 법치국가, 사회국가(복지국가) 같은 헌법의 다른 주제들에 비하여 상대적으로 소홀히 다루어져왔다. 문화국가를 우리 헌법의 기본 원리로 드는 데는 거의 의견의 일치를 보여왔으나, 국가의 문화적 활동이 점차 커져가고 중요해져가는 데 비해 문화국가에 대한 헌법이론적인 연구는 법치국가나 사회국가만큼 이루어지지 않았던 것이 사실이다. 여러 가지 이유가 있겠지만 문화 개념을 국가나 시민들이 부담스러워한 것도 하나의 이유였을 것이다.[1]

그러나 1990년대부터 문화국가에 대한 헌법적 연구가 많은 관심을 끌

---

1) Peter Häbrle, "Vom Kurturstaat zum Kurturverfassungsrecht," in Peter Häbrle (Hrsg.) *Kurturstaattlichkeit und Kurturverfassungsrecht*, 4면.

고 있다. 현실적으로 이러한 현상은 1980년 제5공화국헌법에서 문화국
가조항을 둔 것과 제6공화국에 들어와 문화부가 창설된 것에 기인하지
만, 한편으로는 헌법의 개별적·구체적 문제들을 미시적으로 고찰하는
것에서 벗어나 헌법을 전체로서 새롭게 이해하고자 하는 이론적 경향을
반영한 것이기도 하다. 21세기는 문화가 국가 발전을 이끄는 시대가 될
것이며 문화 발전이 국운을 좌우할 것이라는 예측은 비단 미래학자들만
의 생각은 아니다. 또한 현실에서도 그러한 징후들이 나타나고 있다. 하
지만 문화 개념은 다의적이어서 다른 개념과 중복이 되는 경우가 많다.
그래서 그 독자성을 밝히고 체계를 세우는 것이 무엇보다도 중요한 과제
일 것이다. 여기에다 헌법과 문화의 관계는 어떠해야 하는지 구명하는
것과 헌법을 매개로 이루어지는 국가와 문화의 상호 관련성은 어떠한 모
습으로 나타나며 바람직한 모습은 어떠해야 하는지 탐구하는 것도 마찬
가지로 중요한 과제라 아니할 수 없다.[2]

이하에서는 다양하게 논의될 수 있는 문화국가의 개념을 정립하고,
문화국가가 헌법에서 차지하는 지위를 헌법의 기본 원리 측면에서 분석
한 다음, 문화국가 실현의 기본 조건을 살펴본다. 끝으로 결론에 대신하
여, 문화국가론의 관점에서 나름대로 헌법을 이해해보고자 한다.

2. 문화국가의 개념

인간과 문화의 관계를 고려한다면, 문화국가라는 관념의 기원은 아주
오래전까지 거슬러 올라갈 수 있지만, 문화와 국가가 문화국가라는 말로

---

2) Werner Maihofer, "Kulturelle Aufgaben des modernen Staates," in Ernst Benda · Werner
Maihofer · Hans-Jochen Vogel (Hrsg.), *Handbuch des Verfassungsrechts der
Bundesrepublik Deutschland*, Berlin, New York: Walter de Gruyter 1983, 956면 이하 참조.

처음 연결된 것은 19세기 초 독일의 피히테(J. G. Fichte)에 의해서라고 알려져 있다. 문화국가 논의를 전개하기 위해서는 우선 문화란 무엇인가 그리고 문화와 국가의 관계는 어떠해야 하는가라는 문제를 고찰하는 것에서 출발하지 않을 수 없다.

문화국가에서의 '문화' 개념

문화 개념은 관점에 따라 무척이나 다양하게 사용되고 있다. 문화라는 말은 어원상 라틴어의 cultus 또는 cultura에서 유래하는 것으로 경작·가공·교육 등을 뜻한다. 즉, 토지의 경작(cultura agri)처럼 자연 그 자체가 아니라 자연을 가꾸고 가공한 것이라는 뜻이 있다. 문화의 개념은 점차 자연만이 아니라 인간의 정신과 영혼을 돌보고 가꾼다는 의미로 발전하고, 푸펜도르프(S. Pufendorf)에 이르러 문화는 정신 수양의 개념으로 확대되었으며, 18세기 말에 이르러 헤르더(J. G. von Herder), 칸트(I. Kant) 등에 의하여 '어떤 것에 관한 문화'라는 부가어 없이 '문화 그 자체'라는 절대화되고 객관화된 모습을 띠게 된다. 학문의 영역에서도 문화의 개념은 차이를 보인다.[3]

문화를 '인간의 생활양식 전체' '자연에 대립하는 인간의 행동과 그 결과로 나타나는 모든 것'이라는 넓은 의미에서 이해하는 입장이 있다. 대체로 문화인류학이나 사회학의 문화 개념이다. 이러한 넓은 의미의 문화 개념에 따르면, 헌법을 포함한 모든 법도 하나의 문화현상에 지나지 않게 된다. 규율 대상에 관심을 두는 규범학의 입장에서 이 관점을 전면적으로 받아들일 수 없지만, 이러한 관점도 헌법에 일정한 시사점을 준

---

3) 김수갑 「헌법상 문화국가 원리에 관한 연구」, 고려대학교 법학과 박사학위논문, 1993, 7 면 이하 참조.

다. 헌법을 만드는 데 참여하는 주체들에게 당대의 문화적 기초를 충실히 반영할 것을 요청한다거나, 헌법을 '형성되어가는 법'으로 파악하여 그 헌법을 헌법 문화에 충실하게 운영할 것을 요청할 수 있는 근거가 바로 이 관점에서 나온다고 하겠다. 또한 오늘날에는 문화국가를 얼마나 지향하는지가 국가 발전의 지표로 인정되는데, 이러한 지향도 확장된 문화 개념에 기초하고 있다고 하겠다.

다만 문화에 대한 국가의 구체적인 역할과 관련하여 문화국가를 논의한다면, 즉 법으로 문화를 보호·육성·진흥·전승하기 위해서는 문화의 범위를 한정할 필요가 있다. 이것이 협의의 문화 개념이 대두된 배경이다. 1983년 독일국법학자대회에서 슈타이너(U. Steiner)는 광의(사회학적 정의)와 협의(법학적 정의)로 문화 개념을 정의한 바 있다. 즉, 협의로는 "국가와 특별한 관계에 있는 인간의 정신적·창조적 활동 영역(교육·학문·예술·종교 등)에 대한 합의 및 집합 개념"으로 보고, 광의로는 "사회적으로 전형적인 생활 형식, 가치 관념, 행위 방식의 총체"로 정의를 내리고 있다.[4]

필자는 슈타이너가 정의한 협의의 전통적인 문화영역을 바탕으로 하면서, 문화가 "공동체를 관념적으로 재생산하는 것"으로 보고 문화에 세계 해석, 의미 형성, 가치 정당화, 가치 전승, 가치 비판과 그것들의 상징적 표현을 포함시키는 디터 그림(Dieter Grimm)의 입장[5]을 받아들여, 전통적으로 문화영역에 속했던 영역 이외에 사회를 관념적으로 재생산하는 영역도 문화국가의 대상이 되는 문화영역에 포함시킬 것을 주장한 바 있다.[6] 이렇게 이해할 때 그밖에 방송(라디오·텔레비전), 신문, 저작

---

4) Udo Steiner, "Kulturauftrag im staatlichen Gemeinwesen," in *VVDStRL* 42(1984), 8~9면, 42면.
5) Dieter Grimm, "Kulturauftrag im staatlichen Gemeinwesen," in *VVDStRL* 42(1984), 60면.
6) 김수갑, 앞의 글 28~29면.

권, 기념물 및 문화재 보호, 스포츠, 청소년 보호, 생활문화 등도 문화영역으로 파악할 수 있게 되며 대항문화, 하위문화 등도 배척하지 않고 문화영역의 대상으로서 고려할 수 있게 된다.

이처럼 문화를 광의로도 또는 협의로도 파악할 수 있지만, 양자 모두 문화가 인간을 동물과 구별해주는 하나의 특징적인 징표이며 인류에게 없어서는 안될 '삶의 조건'이란 점에서는 차이가 없다. 다만 문화가 문화국가의 궁극적인 목표인가 현실적인 실천 과제인가라는 차이가 존재할 뿐이다. 따라서 문화국가 논의에서 광·협의의 문화 개념은 별개로 존재하는 것이 아니며 밀접한 상호작용을 하고 있다는 점을 인정하지 않을 수 없다. 이상과 같은 기본 인식하에 협의의 문화국가는 현실에서 구체적인 실천 과제가 된다. 전통적인 문화영역과 사회를 관념적으로 재생산하는 영역에서 문화를 민주화·생활화·인간화하는 것이다. 그럼으로써 궁극적으로는 '인간의 삶과 생활양식의 총체'를 대상으로 하는 광의의 문화국가로 나아가게 된다.

문화와 국가의 관계

영미에서는 문화를 '시민문화' 차원의 사적(私的)인 것으로 보아 주로 사회의 자율에 맡긴다. 이러한 전통하에서는 문화 진흥이라는 국가 기능이 물론 존재하지만, 문화국가로까지 사고가 발전하기보다는 시민문화를 구성하는 많은 하위문화(subculture), 고급문화와 대비되는 대중문화(보통문화·서민문화) 등이 특히 발전하게 된다. 반면 독일을 비롯한 유럽에서는 문화를 가치 개념으로 파악하여 국가 형성이나 국민 통합이라는 과제와 결부시켜 이해한다. 이런 문화적 전통하에서 문화와 국가의 관계를 고찰함으로써 문화국가에 대해 논의하는 것은 어쩌면 당연하다고 할 수 있다. 디터 그림은 문화와 국가의 관계를 역사적으로 분석한다.

근대 이전에는 문화가 지배체제에 철저히 봉사하는 수단이었는데, 시민계급의 성장과 프랑스대혁명을 계기로 문화가 국가로부터 자율성을 획득하고, 이렇게 문화적 자율성이 확립됨에 따라 문화와 국가의 관계가 새로운 국면에 접어들었다고 한다. 또한 국가와 문화의 관계를 체계화하고 국가공동체 내에서 문화가 어떤 역할을 하는지 분석하여, 이를 근거로 둘 사이의 관계를 설명한다.[7]

디터 그림은 문화와 국가의 상호 의존성을 중심으로 국가와 문화의 관계를 다음과 같이 네 가지 모델로 분석하고 있는데, 이는 문화를 대하는 국가의 태도에 따라 문화국가의 유형을 분류한 것이기도 하다. 첫째, 국가와 문화가 분리된 '이원주의적 모델'이다. 오늘날 이러한 모델은 보기 힘들며, 문화와 국가가 완전하게 분리되면 문화가 사회적으로 독점된다는 후버(E. R. Huber)의 지적이 타당하다고 생각한다. 둘째, 문화적 국가목적이 아닌 다른 국가목적을 위하여 국가가 문화를 육성하는 '공리주의적 모델'이다. 그림은 계몽절대주의에서 이 모델의 예를 찾고 있다. 후버는 문화 자체를 위해서가 아니라 다른 목적을 위해 문화를 도구로 사용하는 목적국가(Zweckstaat)를 문화국가와 정반대의 개념으로 보고 있다. 셋째, 정치적 기준에 따라 국가가 문화를 조종하는 '지도적(指導的) 모델'이다. 그림은 나치 독일에서 그 예를 찾고 있다. 이 모델은 문화가 극단적으로 국가에 종속되는 모델로, 후버가 말하는 독재적 문화국가 유형 또는 마이호퍼(W. Maihofer)의 표현대로 획일주의적, 독재주의적, 권위적이면서도 비자유주의적인 문화국가 유형이라 하겠다. 문화의 자율성이 획득되기 이전의 국가도 대체로 여기에 해당할 것이다. 넷째, 문화 자체를 위해 국가가 문화를 육성하는 '문화국가적 모델'이다. 그림은 프로이센의 개혁시대를 이 모델의 예로 들고 있다.

---

7) Dieter Grimm, 앞의 글 47면 이하; 김수갑, 앞의 글 33~47면.

문화국가의 개념

이상의 고찰에서 문화국가의 대체적인 윤곽은 잡혔지만, 좀더 헌법적인 측면에서의 논의를 진행하기 위해서는 문화국가 개념의 개별적인 요소를 분석하고 비슷한 개념과의 차이를 분명히 할 필요가 있다. 그렇게함으로써 피히테, 훔볼트(K. W. von Humboldt) 등에서 기원한 문화국가 개념이 현대적인 의미를 가지고 법치국가, 사회국가 등과 같은 법적인 개념으로 기능할 수 있게 될 것이다.

여러 학자들이 문화국가 개념을 정의하려고 시도했지만, 오늘날의 학문적 논의는 후버의 문화국가 개념에서 현저하게 영향을 받았다는 견해가 일반적으로 인정된다. 후버는 문화를 자율적인 '인격 도야재' 내지 '교양재'로 이해한다. 그런 인식 아래 문화국가라는 개념에 전제된 문화의 자율성은 어떻게 보장될 수 있는가 그리고 문화와 국가의 통일적 존재(Einsein)는 어떻게 획득될 수 있는가라는 문제를 제기하면서, 문화국가의 개념적 요소를 분석한다.[8] 즉, 그는 문화와 국가의 상호관계를 중심으로 문화국가의 개념을 '문화의 국가로부터의 자유' '문화에 기여하는 국가'(문화 보호, 문화 관리, 문화 전승, 문화 진흥), '문화를 형성하는 국가'(문화와 비문화의 구별, 문화의 차별화, 문화고권의 문제), '국가를 형성하는 문화'(문화가 자신을 위하여 국가를 형성할 능력이 인정되어야 한다는 점), '문화 형성물로서의 국가' 등 다섯 가지로 분석한다.[9] 그는 이러한 분석을 통하여 문화국가의 여러 문제를 폭넓게 언급하고 있다. 후버의 말처럼 문화국가의 개념을 충분히 정의한다면 문화국가의 모든 문제가 해결될 것이기 때문에, 문화국가 개념을 명확히하는 것이 바로

---

8) 김수갑, 앞의 글 48~57면.
9) 후버는 '문화를 형성하는 국가'와 '국가를 형성하는 문화' 양 계기가 일치한다는 것은 유토피아적이지만, 이를 포기할 수는 없다고 한다.

문화국가 문제의 핵심일 것이다.

후버의 문화국가 개념은 이상주의적인 문화 개념, 국가주의적인 국가 개념, 정신과학적인 변증법적 방법론에 기초해 있다. 이러한 개념들과 방법론적 회귀는 근본적인 문제점을 내포한다고 비판받지만, 문화국가의 가능성을 법치국가, 사회국가와 비슷한 수준에서 고찰한 것은 탁견이라고 할 수 있으며, 그가 문화국가 개념을 분석하기 위하여 주장한 다섯 가지 요소는 문화국가를 이해하기 위하여 비판적으로 수용할 필요가 있다고 본다.

문화국가란 이러한 것이라고 단정적으로 결론을 내리기는 용이하지 않지만, 현실적으로 문화국가는 "일차적으로 문화의 자율성을 보장하면서 건전한 문화 육성과 실질적인 문화향유권의 실현에 책임과 의무를 다하는 국가"라고 일단 정의할 수 있겠다. 다만 여기서 강조하고 싶은 것은 우리가 궁극적으로 지향해야 할 문화국가가 좁은 의미의 문화영역에서 창조적 활동의 자유를 보장하고 문화를 적극적으로 진흥하는 데 그쳐서는 안된다는 점이다. 우리 국가는 더 나아가 기술적·기계적으로 발전한 현대 산업사회의 비인간화를 극복해서 인간의 가치를 회복하고, 국가공동체 단위에서 국민을 사회적으로 통합하기 위해 노력해야 한다.

문화국가의 유형과 관련해서는 문화 자체를 위해 국가가 문화를 육성하는 문화국가적 모델이 가장 바람직하다고 볼 수 있다. 그러나 프로이쎈에서는 문화국가 관념이 위기시에 민족주의와 결부되어 배타적인 성격을 띠게 되었고, 이것이 뒷날 보수주의적, 권력국가적, 반자유주의적 그리고 반계몽주의적 국가 이데올로기에도 영향을 주었다. 이를 생각할 때, 우리는 형식상으로 이 모델을 따르지만 실질적으로 민주주의, 법치국가의 기반 위에서 문화에 관여하고 봉사하는 국가모델을 추구해야 한다. 즉, 문화국가는 헌법질서 속에서 파악될 때야 비로소 진정으로 의미가 있을 것이다.

3. 헌법의 기본 원리로서의 문화국가

문화국가의 헌법적 근거

문화국가성은 헌법에 여러 형태로 규율될 수 있다. 어느 나라의 헌법 규정을 검토해보더라도 거기에는 문화국가성이 표현되어 있다. 이러한 점에서 헌법의 문화 관련 조항은 문화국가 원리의 헌법적 실현 형태라고 하겠다. 헌법에 문화 관련 조항을 두는 방식은 다양하지만, 국가목적 규정의 형태로 문화국가의 이념을 선언하는 방식, 입법위임·헌법위임으로 규정하는 방식, 학문·예술·교육·종교 등 소위 문화적 기본권의 형태 (때로는 제도 보장의 성격을 포함)로 규정하는 방식이 일반적이라고 할 수 있다. 그밖에 권한규범이나 조직규범의 형태로 규정할 수 있으며, 전문이나 교육목적 규정에 문화국가의 이념을 구현하는 경우도 있다. 우리 헌법은 제9조에서 문화국가 조항을 규정하고 있는데, 이러한 국가목적 규정은 단순한 프로그램 규정이 아니라 모든 국가권력을 구속하는 성격을 지닌다. 또한 원칙적으로는 구체적으로 열거하는 방식이 아니어서 이 규정으로부터 재판청구권이 직접적으로 생기지 않지만, 그 구속성 때문에 규정이 적절히 이행되었는가를 법원이 사법심사할 수 있다. 즉, 국가는 국가목적 규정에서 지시된 목적 내지 국가활동의 지침 및 방향을 위반하지 않을 소극적인 법적 의무를 지기 때문에, 국가가 이러한 의무를 위반하여 개인의 법적 지위를 침해할 경우 개인은 사법적 구제를 받을 수 있을 것이다.

그러나 문화의 고유한 기능으로 인해서 문화국가성 내지 문화국가 원리는 헌법이 규정하는지 여부와 관계 없이 존재한다고 할 수 있다. 왜냐하면 문화국가 원리를 헌법이 보장하는 개인의 지위로부터 도출할 수 있기 때문이다. 즉, 국가의 목적은 "개인의 존엄 내지 인간의 존엄"과 관련이 있으며, 헌법은 최종적으로 인간의 존엄을 보장하기 위한 것이다. 따라서 인간의 존엄에 관한 근본 결단은 기본권 영역에 해당하며, 개인의 존엄을 실질화할 수 있도록 개인의 자유라는 형태로 보장되고 있다. 그리고 그 핵심은 개인의 자기결정권이며 그 내용은 형식적인 것뿐만 아니라 실질적인 조건을 포함한다. 또한 조직법의 영역에서도 권력을 분립하고 결정 절차를 공개함으로써 개인의 자유를 보장한다. 개인의 자유에 의해 발생하는 의견과 이해의 차이가 대화적 절차를 거치면서 통합되는 것이다.

디터 그림에 따르면, 개인적 자유를 실질화하고 대화적 절차를 걸쳐 통합하려면, 적어도 인간을 '유적 표지(類的標識)'에 의해서, 즉 인간을 '공동체의 구성원'으로서 인식해야 한다. 다시 말해서, 인간은 사회에 결속·관련되어 있는데, 이것은 어느정도 자기가 소속된 공동체에 대한 동질감을 전제로 하는 것이고, 이는 바로 문화에 의해서 매개된다. 즉, 인간의 존엄을 위해서는 문화적으로 형성된 인격의 존재가 전제되어야 한다. 인간의 존엄은 기본권에서나 통치조직에서도 궁극적인 목적이라 할 수 있는데, 이것을 실현하는 것도 일정한 문화적 기반 위에서만 가능하다. 이렇게 볼 때 헌법의 문화국가적 성격은 헌법 자체에 내재한 국가적 과제라고 하겠다.[10]

우리 헌법 제9조의 의의

일반적인 문화국가성의 선언
헌법의 기본 원리는 "헌법이 전체적으로 통일성을 확보할 수 있도록

---

10) Dieter Grimm, 앞의 글 65면; 전광석 「헌법과 문화」, 『공법연구』 제18집(1990), 한국공법학회, 164면.

그리고 이러한 통일성 속에서 헌법의 이념에 따라 구체적 문제들을 해결할 수 있도록 헌법의 전체적 성격과 구조를 결정짓는 기준이자 국가의 정치적 통일 의사 형성 및 국가과제 수행의 기준"으로 이해된다. 구체적으로는 헌법의 각 조항과 다른 법령을 해석하는 척도가 되고, 입법과 정책 입안의 방향을 제시하며, 국가기관(공직자)과 모든 국민의 행동 지침이 되고, 헌법 개정시 개정 금지 대상이 된다. 문화국가의 목표는 개개인의 삶의 질을 향상시켜 문화적으로뿐만 아니라 사회적·경제적 및 정치적으로 국가공동체의 존립과 결속을 강화하고, (정신)문화를 육성하고 장려하여 비인간화 현상을 극복하며, 나아가 사회적 안정에도 기여하는 것이다. 우리 헌법의 문화국가 조항은 이러한 문화국가 원리를 실현하기 위하여 국가기관에 강력한 의무를 부여하고 있는 것이다.

우리 상황에서의 특별한 의의

우리 헌법 제9조(국가는 전통문화의 계승·발전과 민족문화의 창달에 노력하여야 한다)는 일반적인 문화국가의 원리[11]를 선언한 조항이지만, 우리나라의 특수한 사정을 반영한 특별한 의의를 내포한다고 해석될 수 있다. 즉, 우리 헌법이 문화국가 조항에서 '민족문화'의 창달과 '전통문화'의 계승·발전을 강조하는 것은 전통문화·민족문화를 우선적으로 보호함을 의미한다. 후버의 지적처럼, 국가가 모든 문화를 차별 없이 취급한다면 국가가 문화에 기여하는 것은 사실상 불가능해지고 무의미해지기 때문에, 문화정책에서 우선순위에 따른 차별화는 정당화될 수 있다. 그러나 우선순위의 문화는 문화정책 실행에서 우선시된다는 것이지, 국가가 후순위에 놓인 문화를 무시하거나 우선순위의 문화만을 계속 보호하여 문

---

11) 일반적인 문화국가 조항의 예로 '바이에른은 법치국가·문화국가·사회국가다'라고 규정한 독일 바이에른주 헌법 제3조가 대표적이다.

화를 일정한 방향으로 유도하고자 하는 것은 아니다. 후순위의 문화라고 하더라도 문화로 승인된 가치이기 때문에 국가가 적극적으로 보호해야 함은 물론이다.

다음으로 문화국가 조항의 신설은 우리 민족의 통일에 대비하여 통일 문화를 형성해야 한다는 국가적 과제를 암시한다고 볼 수 있다. 특히 제9조는 신설된 제4조의 평화통일 조항과 유기적으로 해석되어야 한다. 우리 민족이 분단된 지 반세기가 넘은 지금, 남북한에서는 그동안 서로 다른 체제하에 이질적인 문화가 각기 형성되어 민족의 동질성 회복이 적지 않게 어려울 것으로 예상된다. 정치적·경제적·사회적 통일체를 구성하는 것이 물론 필요하고 시급하지만, 문화적 동질성이 확보되지 않은 상태에서는 이와 같은 통일체가 외부적으로 구성된다고 하더라도 분명히 많은 후유증이 남을 것이다. 서로가 하나의 민족임을 공감하기 위해서는 먼저 문화가 동질화되어야 한다. 아직 정치적으로 통일되지 않은 우리의 실정하에서 정치적 이질성을 문화적 정체성으로 극복하여 통일을 앞당기고자 하는 데 문화국가 원리의 중요성이 있다고 하겠다.

다른 기본 원리와의 관계

문화국가 원리는 인간의 정신적·창조적 활동 영역을 주요 대상으로 하여 "국민의 사회적 통합을 확보하고 국민이 인간다운 인격적 삶을 향유할 수 있도록 하기 위하여 창조적이고 정신적인 기반을 조성하는 원리"로 이해되는데, 민주주의 원리, 법치국가 원리, 사회국가 원리 등과 동떨어진 별개의 원리가 아니라 이들과 상호 관련을 맺으며 서로 보완해주는 원리라고 하겠다. 결국 이러한 헌법의 기본 원리들은 모두 헌법의 기본 이념 내지는 최고 구성 원리라고 할 수 있는 인간의 존엄과 이를 구체화하는 기본권 보장에 기여하지만, 각기 다른 방향에서 상이한 문제들을 해결하고 있다는 데서 그 독자적인 존재 의의를 찾을 수 있다. 그러나 대부분의 헌법적 문제들은 이들 중 어느 한 원리가 배타적으로 적용됨으로써 해결되는 것이 아니라 여러 기본 원리들이 동시에 적용되어야만 적절하게 해결될 수 있다는 것도 간과되어서는 안될 것이다.[12]

민주주의 원리와의 관계

민주주의 원리는 생활의 실천 원리이자 어떤 행위의 정당성을 평가하는 기준이 되지만, 특히 "국가의 정치적 질서를 (동적으로) 형성하는 것에 관한 원리"다. 민주주의의 핵심으로 인간의 존엄과 다원주의를 들 수 있는데 이는 문화국가에서도 가장 강조되는 것이다. 바로 문화국가 원리가 인간의 존엄과 다원성이 형식화되는 것을 막아주어 민주주의가 실질적으로 실현되는 데 이바지한다고 생각된다. 민주주의는 다원주의적 가치에 바탕을 두므로 다양한 문화와 세계관도 용해할 수 있는 민주국가가 문화국가라고 할 수 있다. 문화의 자율성에 바탕을 둔 문화국가 원리는 전체주의적 정치 이데올로기인 나치즘과 파시즘의 반문화적 성격을 배격한다. 문화의 민주화는 문화국가의 중요한 과제인데 문화는 민주적 원리에 따라 사회적 과제를 실현한다. 따라서 문화국가 원리는 민주주의의 보편성을 확대 발전시키는 원리라고 할 수 있다.

법치국가 원리와의 관계

법치국가 원리는 "일정한 제도적 틀 안에서 안정적으로 국가질서를 유지하는 것에 관한 원리"로 이해된다. 법치국가 원리는 국가권력으로부터의 자유 및 안전이 핵심이라고 할 수 있다. 즉, 오늘날에는 법치국가 원리의 동적인 기능도 강조되고 있지만, 주 기능은 "정치적 결정의 변화

---

12) 김수갑, 앞의 글 164면.

및 정치적 노선이나 지도집단의 교체 등으로부터 비교적 독립된 행정권과 사법권을 구성하여 헌법질서의 계속성을 유지하는 가운데 두 권력을 확고한 규준에 구속시킴으로써, 국가생활에서 비교적 지속적이고 안정적인 요소를 확보하고 전체 생활 과정을 안정화하는 것"이다. 문화국가원리의 핵심이 문화의 자율성 보호라고 해서 국가로부터의 자유방임적 문화만을 목표로 하는 것은 아니다. 국가의 간섭·통제로부터의 자유를 추구할 뿐만 아니라 개인과 사회의 문화적 지반을 적극적으로 형성하는 데까지 나아가는 원리다. 문화적 기본권에서 법치주의적 기본권 보장과 문화국가 원리가 중첩되는 것은 (민주주의와 법치주의의 기본관계가 그러하듯이) 헌법의 기본 원리 상호간의 관계가 대립적 또는 고립적이지 않음을 이해한다면 당연하기까지 하다. 법치국가 원리는 민주주의 원리와 함께 다른 기본 원리들의 한계를 설정하는 기준이 된다.[13]

사회국가(복지국가) 원리와의 관계

사회국가 원리는 사회적 연대성(또는 실질적 자유와 평등)의 이념하에 사회적 불평등을 해소하고, 국가가 적극적으로, 특히 사회보장적 급부를 제공함으로써 사회적 정의를 실현하고자 하는 것이다. 반면에 문화국가 원리는 인간의 창조적 자율성과 이의 계승·전수 및 그 산물의 향유를 특별히 보호하고자 하는 것이다. 사회적 통합을 통해서 전통적인 국가와 산업적 계급사회 간의 모순을 극복하고자 하는 사회국가와 정신적인 영역에 대한 자율성의 보장과 지원을 통하여 사회적 통합의 기능을 다하는 문화국가는 오늘날 서로 밀접한 관련을 맺는다. 그렇다 하더라도

---

13) 사회국가(복지국가) 원리의 한계 또한 법치국가 원리에서 찾을 수 있다. 사회국가 원리가 공동체를 급양국가로 변질시킬 위험이 있다고 하지만, 국가가 모두 책임지는 포괄적 부조는 이제 사회적 법치국가의 원리에 부합하지 않는다. 이 점은 문화국가 원리에서도 마찬가지다.

사회국가 원리가 경제적인 계기에 중점을 두고 있는 것은 부인할 수 없다. 따라서 자유를 보장하고 생존을 윤택하게 하며 문화적·정신적인 계기에 중점을 둔 문화국가 원리와는 본질적으로 차이가 있다.

소결

이러한 기본 원리들이 생활의 각 영역에서 각기 내실 있게 구현될 때 우리가 궁극적으로 추구하는 문화국가는 민주국가, 법치국가, 복지국가의 차원을 넘어서는 국가상으로 자리잡게 될 것이다.

4. 문화국가의 실현 구조

문화적 자율성의 보장

문화적 자유권과 국가 활동의 한계

문화국가는 무엇보다도 문화의 자율성을 보장해야 한다. 입헌주의에서는 모든 국가 활동이 제한되기 때문에, 문화적 자율성이란 우선 문화영역에서 국가의 활동이 제한되는 것을 말한다. 이것이 자유주의적인 문화국가 개념인데, 자유주의적 문화국가의 활동은 개인의 문화적 자유권과 그에 상응하는 국가에 대한 소극적 방어권에 의하여 제한되고 한계지어진다. 이러한 문화국가 활동의 한계는 사회에서 가장 민감한 영역인 문화영역(예컨대 학문·예술)과 국가의 문화정책에서 가장 엄격하게 나타난다. 자유주의적 문화국가에서는 이러한 한계로부터 국가의 '문화정책적 중립'과 '문화정책적 관용'의 의무가 추론된다. 두 의무는 오늘날 우리가 문화를 이야기할 때 전제하는 '문화의 자율성'의 표현이다. 문화의 자율성—특히 예술 활동의 자율성—은 고유 법칙성에 따른 창조적 발현으로서 문화영역 전체의 본질적 특성이다.

문화 활동의 사회적 책임

문화 활동의 자율성은 문화국가의 핵심적인 과제이므로 그것을 어떻게 보장할지는 문화영역을 규율하는 개별 문화적 기본권 부분에서 세분화해 논의해야 할 것이지만, 문화 활동, 특히 학문·예술·종교·방송의 자유도 어느정도 제한되어야 한다. 문화적 자율성을 보장하는 것이 국가가 문화를 방기함을 의미하지는 않는다. 국가가 문화를 방기한다는 것은 문화를 사회에 내맡긴다는 것인데, 이는 후버의 지적처럼 어느 시대에나 문화를 심각하게 위협할 수 있다. 문화영역에서도 독점과 과점이 형성되기 때문에 국가가 부담해야 할 책임이 있다. 문화 활동의 자유도 다른 기본권과 충돌하게 되면 그 적용이 제한될 뿐만 아니라, 다른 기본권과 마찬가지로 그밖의 중요한 헌법적 보호법익을 위해서 제한될 수 있다. 여기에서 우리는 문화 활동의 공공성과 이로부터 나오는 자율성의 한계를 인식할 수 있다. 국가는 이러한 현상에 대해서 적절한 조치를 취할 의무를 부담한다. 그러나 그러한 조치도 문화를 일정한 방향으로 유도하는 것이 되어서는 안되며, 모든 국민이 문화생활에 동참할 수 있는 '풍토'를 조성하는 데 촛점을 맞춰야 한다. 이러한 국가의 활동은 문화의 자율성 보장과 모순되지 않으며, 문화의 자유를 보장하기 위해 국가가 떠맡아야 할 최소한의 책임으로 이해된다.

한편 문화 활동을 헌법에서 보장할 때도 원칙적으로 사전에 제한할 수는 없고, 사후에 제한할 수 있다. 그래서 사전 검열이나 허가 등은 헌법에 보장된 표현의 자유의 사전 억제 금지원칙(헌법 제21조 2항)에 합치되지 않는다. 그리고 사후에 국가가 제한할 때도 그것은 최후 보충적으로 이루어져야만 한다. 문화영역도 그 자체의 내재적 한계를 가지기 때문에, 그 한계를 벗어나면 법률에 의해 제한될 수밖에 없다. 그러나 이러한 내재적 한계를 이탈했는지를 일차적으로 판단할 권한은 문화영역에 맡겨야 한다. 즉, 사회적 한계를 이탈했는지를 일반 대중과 문화영역 내의 자율적 기구에서 판단해야 한다. 이러한 자율적 통제로 해결될 수 없는 경우 국가가 규제할 수 있는데, 이때도 그 제한의 범위는 구체적인 사건에 따라 다른 법익과의 형량을 통해 확인될 수 있다.

국가의 적극적 문화 보호 · 육성 · 진흥 · 전수

문화적 참여권과 국가 활동의 내용

자유주의적 문화국가는 자유주의 원리에서 도출되는 중립성과 관용을 특징으로 한다. 여기에다 오늘날의 문화국가에는 '연대성'과 능동성이 요구된다. 문화국가의 연대성과 능동성은 자유주의적 · 민주주의적 문화국가가 시민의 문화적 참여권을 적극적으로 보장할 때 실현된다.

개인에게 방어권이 있는 경우 국가는 일정한 의무를 부담하게 되고, 이는 소권(訴權)이라는 형태로 표현된다. 이와 마찬가지로 시민의 문화적 참여권에 상응하여 국가는 일정한 문화적 급부 의무를 부담하게 된다. 왜냐하면 우리의 문화적 현실에서 이러한 국가의 급부 의무가 없다면, 문화적 참여권은 비현실적인 것이 되거나 실현될 수 없을 것이기 때문이다. 이러한 급부 의무를 법률로써 형식적으로 보장하는 데 그친다면, 시민의 문화적 참여권은 제대로 보장될 수 없을 것이다.

문화적 참여권을 실현하기 위해서는 국가의 적극적인 문화적 급부가 필요하다. 특히 '현상 유지를 뛰어넘으려는 권리'이자 '기존의 능력과는 관계 없이 국가에 급부를 요구하는 청구권'을 의미하는 본래적 참여권은 더욱 그러하다. 하지만 사회적 기본권을 실현하려 할 때는 여러 가지 문제가 발생하게 된다. 입법으로 권리의 실현을 보충해야 하고, 침해행위를 제재하는 데도 한계가 있으며, 국가의 급부 능력이 충분치 않을 수 있고, 고전적인 자유권이 위태로워지기도 한다. 이처럼 문화국가의 적극적 과제를 실현하는 데는 '가능성의 유보'라는 한계가 따른다. 하지만 '경제적 기본권'이라고 불리기도 하는 사회적 기본권과는 달리, 문화적 참여권은 단순히 경제적·물질적 생활자원의 급부만으로 달성될 수 없으며 더욱이 그것이 경제적 이윤 추구의 수단이 되지 않을 때야말로 실현될 가능성이 더 크다.

따라서 문화적 권리를 적극적으로 실현하려면 시설의 확충 등 국가의 예산이 투입되는 것도 중요하지만 문화 주체들이 활동할 수 있는 여지를 넓혀주는 것도 필요하며, 아울러 건전한 문화 풍토가 조성되어야 한다. 문화정책과 사회정책은 분명히 상호 관련되지만 문화정책이 단순히 사회정책의 일부분으로 이해되어서는 안된다.

문화적 참여를 실현하기 위한 국가의 지원

모든 국민이 문화향수권을 더 잘 누리기 위해서는 국가가 적극적으로 문화를 진흥해야 한다. 그리고 그것은 자율성이라는 문화영역의 특성을 고려할 때 '간섭이 아닌 지원'이라는 방식으로 나타나야 한다. 문화시설 등을 확충하여 국민이 문화적 혜택을 누릴 수 있는 '문화공간'을 넓히는 것에서부터 문화의 창작·보급·보호·발현을 금전적으로 보조하는 등 이러한 지원은 다양하게 나타난다. 또한 '모든 사람을 위한 문화'라는 관점과 문화의 다원성 내지 개방성이라는 문화의 개념적 표지 아래 소위 고급문화뿐만 아니라 대중문화(민중문화·서민문화), 전통문화 등 원칙적으로 모든 문화가 지원의 대상에 포함된다. 물론 인간의 존엄성에 어긋나는 반인간적인 '문화'현상은 국가가 규제해야 하지만, 소위 하위문화·대항문화는 배척하거나 규제해서는 안되며 그 특성을 고려해 적절히 지원함으로써 그것이 반문화적으로 되는 것을 막아야 한다. 국가의 문화 진흥에서는 문화예술인의 활동을 지원하는 것뿐만 아니라 국민의 다양한 문화 수요를 충족하는 것도 중요하다. 그러나 국가가 모든 유형의 문화 활동에 균등하게 지원하는 것은 사실상 불가능하므로, 지원의 우선순위가 정해질 수밖에 없다. 따라서 국가는 차별적인 지원에 대한 합리적인 근거를 제시해야 하는데, 이는 지원 방식 문제와 깊은 연관을 맺는다.

국가의 지원이 방식에 따라서는 간섭으로 받아들여질 수도 있기 때문에 국가가 문화 활동을 지원할 때는 신중을 기해야 한다. 일반적으로 생각할 수 있는 국가의 지원 방식에는 사인이나 사적 단체를 관여시키지 않고 국가 내부의 결정으로 지원의 대상과 정도를 확정짓는 방식, 위촉된 전문가 집단(위원회)의 일차적 평가에 따라 지원의 대상과 정도를 확정하는 방식, 국가는 지원 대상과 기준에 관여하지 않고 독자적으로 조직되어 활동하는 문화단체에 지원하는 방식 등이 있다. 첫번째 방식은 국가의 결정에 전적으로 의존하게 되어 국가가 문화를 지배하게 될 가능성이 크며 결과적으로 문화를 일정한 방향으로 강제할 수 있어 바람직하지 않다. 세번째 방식은 문화의 자율성이라는 관점에서 바람직하지만, 문화가 특정 단체에 독점될 수 있고 국가가 반문화현상에 능동적으로 대처할 수 없게 된다. 문화가 국가의 개입 없이 모든 측면에서 발전하는 것은 현실적으로 불가능하기 때문에, 국가가 문화영역에 적절히 개입해 조력하는 것이 필요하다. 따라서 문화의 자율성과 사회적 의의 그리고 기능을 잘 조화시킬 수 있는 두번째 방식이 가장 무난하다 할 것이다. 즉, 국가 내부의 결정에 일임함으로써 발생할 수 있는 문화적 자율성의 침해와 지원 대상 및 기준에 전혀 관여하지 않을 때 발생할 수 있는 문화 독점 및 반문화현상을 고려한다면, 문화영역의 전문가들로 구성되는 위원회를 구성하고 지원 대상이 되는 문화 활동 선정 및 지원한 문화 활동에 대한 일차적 평가를 위촉하는 방식이 '간섭이 아닌 지원'에 적합하다. 국가적 지원의 정당성은 지원 기준의 객관성·공정성 여하에 따라 결정되므로, 이러한 사항을 결정할 전문가 위원회를 구성할 때도 전문성·독립성이 고려되어야 하며, 조직과 절차가 민주적이어야 한다.

5. 문화국가론의 관점과 헌법

국가와 헌법의 이해

문화국가의 관점에서 국가는 국민의 의사와 무관한 독자적 완성물로서 스스로 자기 목적을 추구하는 강제기구도 아니고 사회와 대립된 기구도 아니다. 사회의 통합이라는 국가의 과제를 실현하기 위해서는 그 전제조건으로 문화가 필요하다. 그리고 사회 통합을 위하여 설치된 제도가 기능할 수 있는지 여부도 문화적으로 근거지어지는 사회적 정당성에 의존하고 있으며, 인간이 자기가 소속된 공동체에 동질감을 갖는 것도 문화에 의해서 매개된다. 이러한 광의의 문화 개념에 따를 때, 헌법을 포함한 모든 법도 하나의 문화현상에 지나지 않게 된다. 따라서 헌법을 제정하거나 개정하는 데 참여하는 주체들이 당대의 문화적 기초를 충실히 반영해야 함은 지극히 당연하다. 또한 헌법을 '형성되어가는 법'으로 파악한다면 그 헌법이 국민의 헌법에 대한 태도, 즉 헌법문화에 충실하게 운영되어야 한다는 것도 마찬가지다. 그래서 결국 문화영역과 관련한 헌법의 규율이 개성의 문화적 기초도 보장해야 한다는 결론에 이르게 되는 것이다.

기본권의 이해

종래에는 옐리네크(G. Jellinek)의 '지위 이론'에 바탕을 둔 자유권, 생활권(사회권), 참정권 등의 기본권 분류 방식이 일반적이었다. 이러한 분류의 이념적 기초는 국민의 국가에 대한 예속관계인데, 이제 이런 생각은 그대로 받아들여질 수 없다. 그리고 자유권 중심의 사고방식이 생활권(사회권) 중심으로 옮겨가고 있으며 특히 '자유권의 생활권화 현상'이 두드러지는 오늘날, 옐리네크식 기본권 분류가 많은 비판에 직면하면서 새로운 분류가 시도되고 있다. 우리나라의 학자들은 대부분 옐리네크적인 '지위 이론'에 바탕을 두면서 조금씩 다르게 분류하고 있다. 그러나 이러한 분류법도 슈미트(C. Schmitt)의 이론체계에 따라 국가권력에 대한 방어권으로서의 '자유권'을 중심으로 한 것이기 때문에, 비슷한 한계에 부딪히고 있다. 따라서 오늘의 싯점에서 생활권을 실효성 없는 장식적 권리로 보는—생활권의 법적 성격을 프로그램적 권리 내지 추상적 권리로 파악하는—관점을 비판하면서 생활영역에 따른 기본권 분류를 주장하는 견해가 타당하다고 생각한다.

문화과학적 헌법 이론의 관점에서 폭넓은 문화적 기본권관을 피력하고 있는 헤베를러(P. Häberle)는 기본권을 인간 문화의 표현으로 보고, "법적인 자유 보장은 문화적 관련의 맥락 속에 존재한다. 문화적 관련이 없다면 법적인 자유 보장은 법적 실효성 측면에서 제대로 평가될 수 없다"고 주장한다. 아무튼 문화국가적 관점 내지 문화적 관점에서 기본권을 이해할 때 기본권 이해의 지평이 넓어지는 것은 분명하다. 또한 문화권의 향유 주체도 '소수의 문화예술 전문가' 내지 '교양을 갖춘 시민'에 한정되지 않고, "모두를 위한 문화"(H. Hoffmann), "모두에 의한 문화"라는 명제하에 모든 시민이 문화를 향유하고 창조할 수 있다고 해석될 수 있다.

문화정책적 측면에서 문화권의 범주를 분류하더라도, 자유권과 생활권의 엄격한 대치 속에서 문화권은 체계적으로 파악될 수 없다. 기본권을 생활영역 또는 생활이익에 따라 분류할 때만 종전의 자유권, 생활권의 분류에 속해 있던 문화적 요소들을 문화권이라는 독자적인 유형·체계로 포용할 수 있다. 필자는 이러한 관점에서 문화권의 본질을 "국민이 자유롭게 문화적 활동을 하고, 타인의 문화 활동의 성과와 문화유산을 향유하고 승계하며, 문화적인 환경 아래에서 생활할 권리 내지 이익"이라 정의하고 문화권의 범주를 문화자유권, 문화평등권, 문화참여권, 문화환경권으로 구분하여 그 내용과 쟁점을 분석한 바 있다.[14]

통치구조의 이해

문화국가론에 입각해 통치구조도 새롭게 이해할 수 있다. 권력을 분립시키고 결정 절차를 공개함으로써 개인의 서로 다른 의견과 이해를 대화적 절차를 거쳐 통합하는 임무가 문화국가에서 도출되는 것이다. 또한 문화영역에서 제기되어온 주체의 다원성은 문화에 대한 책임이 국가와 사회 모두에 있음을 인식시켜주며, 기본권과 더불어 헌법의 개방성과 넓은 의미, 다시 말하면 사회적 의미에서의 권력분립의 근거가 된다.[15] 사회공동체는 그 구성원이 공감하는 가치, 즉 기본권을 실현함으로써 사회통합을 이루려고 노력하므로, 기본권이 목적이 되고 통치구조는 수단에 불과함은 당연하며 기본권적 가치는 통치권 행사의 정당성을 판별하는 준거가 된다.

국제평화주의와의 상관성

문화의 문제는 평화의 문제와 밀접한 관련을 맺고 있다. 왜냐하면 문

---

14) 이동연 외 「문화권 NAP 수립을 위한 기초 현황 실태 조사와 정책 연계 방안」, 2004년도 국가인권위원회 연구용역 보고서, 60면 이하 참조.
15) 헤베를러는 이것을 '문화적 권력분립'으로 표현하고 있다. Häberle, 앞의 책 6면.

화적 요소는 국제관계에서 상당히 중요하기 때문이다. 문화로써 평화에 이바지하는 것을 조직의 최고 목적으로 규정한 유네스코 헌장을 살펴본다면, 우리는 문화와 평화의 변증법적 관계를 잘 알 수 있을 것이다. 즉, "전쟁은 사람의 마음속에서 개시되기 때문에, 바로 사람의 마음에 평화의 울타리가 구축되어야만 한다"는 구절이 암시하듯이, 문화는 사람의 마음에 평화의 울타리를 구축하는 데 크게 기여한다. 왜냐하면 전쟁, 인종주의 및 인종차별은 모두 다른 인간이 자신과 본질적으로 평등하다는 사실을 의식적으로 거부하는 데서 기인한다. 문화권이 기본적 인권의 하나라는 사실을 인식하지 못한다면, 세계평화는 위협받고 긴장과 전쟁이 잇따를 것이다.

20세기 말은 탈식민지화와 새로운 국제질서의 창설로 특징지어진다. 탈식민지화는 정치적·경제적인 면에서뿐만 아니라 문화적인 면에서도 진행되고 있다. 이때 문화의 탈식민지화는 문화 교류를 통하여 모든 사람을 자유롭게 하고 모두에게 자유로운 협력을 허용하는 것이라 할 수 있다. 그러므로 문화는 장래에 평화의 새로운 이름이 될 수 있을 것이다.[16] 평화는 타인 및 타인의 문화적 정체성과 다를 수 있음을 인식하고 수용하는 것 혹은 사람들 사이의 평등과 인간의 존엄에 기초한다. 이렇게 볼 때 문화주의는 대외정책의 기본 원리이자 문화국가 실현의 대외적 전제조건이 되며, 역으로 문화국가 원리의 실현은 평화를 위협하는 요소를 제거하는 데 이바지한다는 점에서 서로 밀접하게 관련된다고 하겠다.

---

16) UNESCO, *The Final Report of World Conference on Cultural Policies*, 1982, 12면.

지방자치 활성화를 위한 헌법 개정안의 제안

이기우

1. 서론

지방자치가 부활하고부터 15년 동안 지방정책은 갈팡질팡하면서 제자리 찾기에 바빴다. 일보 전진도 있었고 일보 후퇴도 있었다. 외풍도 강했고 내부 진통도 적지 않았으나, 고을의 문제를 주민이 알아서 처리해 나가는 기틀은 어느정도 자리를 잡아가고 있는 듯하다. 지난 대통령선거에서 지방분권에 대한 거대담론이 형성되고 국민적인 공감대가 이루어졌으며 여야가 합의하여 지방분권특별법이 제정되면서, 분권형 국가를 향한 국가의 재구조화 작업이 닻을 올렸다.

하지만 분권 작업이 행정수도 이전으로 오해되면서 온 나라가 분열되어 다투다가 헌법재판소에 의해 거부되기도 했다. 공공기관 이전을 통한 지역 균형 발전이 지방분권으로 이해되기도 했다. 지방분권이 수도권과 비수도권의 대립을 초래하는가 하면 국가 권력구조를 대통령과 총리가 나누어 가지는 것으로 오해되기도 했다. 또한 행정의 계층구조를 없애는 것이 분권의 주요 과제로 등장하기도 했다. 많은 혼란 속에서 우왕좌왕했는데, 먼 길을 돌아서 제자리를 찾아오기도 하고 뒷걸음치기도 했다. 먼 길을 제대로 찾아가기 위해서는 등대가 필요하고 나침반도 필요하다.

간간이 헌법 개정이 거론되고 있다. 헌법은 국가의 모든 구성원이 따라야 할 최고 가치규범이다. 이제 막 부활하여 정착하기 시작한 지금 단계에서 지방자치에는 외풍과 어둠 속에서도 헤매지 않기 위해 나침반이 되고 등대가 될 헌법적인 길잡이가 꼭 필요하다. 물론 현행 헌법에도 지방자치에 관한 규정이 없지는 않지만, 등대라 하기에는 불빛이 희미하고 나침반이라 하기에는 바늘이 녹슬어 제대로 작동되지 않는다. 정치권 다수세력이 바뀔 때마다 지방자치의 근원을 흔들어놓은 경우가 적지 않았다. 부단체장임명제 논의, 도 폐지 논의, 단체장 징계제도 도입 시도, 지방재정과 국가재정의 일원화 논의 등 지방자치제도의 근간을 흔드는 논쟁이 계속됨에 따라 헌법이 길잡이 역할을 해야 한다는 요구가 거세다. 더구나 세계화와 지식정보사회의 도래를 등에 업고 지방분권적인 정치구조로 국가 운영의 틀을 근본적으로 전환해야 할 현 싯점에는 헌법적으로 큰 그림을 그릴 필요가 있다.

헌법 개정 논의는 정치권의 사정에 따라 언제든지 급격하게 진행될 수 있다. 그동안 9차에 걸쳐 헌법이 개정되었지만 대부분 대통령선거의 방식, 대통령의 임기, 국가조직 등을 중심으로 논의되고 나머지 부분은 끼워넣기 식으로 일부 개정되는 데 그쳤다. 이에 지방자치에 관련된 헌법 개정 논의를 미리 제기하여 국민들에게 담론을 확산시켜갈 필요가 있다. 이러한 필요에 부응하여 이 글은 논의의 단초를 열 수 있도록 개정안을 제시하는 데 주력할 것이다. 먼저 헌법상 지방자치에 관한 규정의 의미를 살펴보고 현행 헌법의 내용을 살펴본다. 이어서 현행 헌법의 문제점과 개선 방안을 제시하기로 한다.

2. 지방자치에 관한 헌법의 규정

헌법상 지방자치 규정의 의미

헌법 제117조와 제118조는 지방자치제도를 규정한다. 외국에서도 독일, 일본, 프랑스, 스페인 등 대부분의 나라에서 지방자치를 헌법에서 보장하며[1] 유럽 지방자치헌장은 불가피한 경우를 제외하고는 지방자치를 헌법으로 보장할 것을 요구한다. 지방자치를 최고규범인 헌법에 규정하는 것은 지방자치를 단순한 법률적인 제도를 넘어 헌법적 질서의 일부로 인정함으로써 더욱 강력하게 보장하기 위해서라고 볼 수 있다. 헌법은 국가의 최고 가치질서로서 모든 국가기관을 구속한다. 특히 지방자치를 헌법상으로 보장하는 것이 중요한 까닭은 법률과 헌법의 관계에 기인한다. 즉, 입법권 행사의 방향과 범위, 한계를 설정하는 것이 바로 헌법이기 때문이다.

따라서 지방자치를 헌법적으로 보장하여 입법자의 입법권을 제한하면, 지방자치의 내용을 변질시키는 것을 막을 수 있다. 특히 우리나라에서는 헌법 개정시 엄격한 절차를 요구한다. 국회에서의 의결은 재적의원 2/3 이상의 찬성을 요하고 거기에다 국민투표도 거쳐야 한다. 즉, 일시적으로 다수를 차지한 정치세력이 지방자치제도를 본질적으로 변화시

---

1) 프랑스에서는 2003년 3월 28일 헌법을 개정하여 제1조에서 국가조직은 지방분권화되어야 한다고 규정했다. 조성규 「지방자치의 보장과 헌법 개정」, 『헌법개정 어떻게 볼 것인가?』, 한국공법학회 2005년도 연차학술대회 자료집, 119면; 전훈 「한국 지방자치 이해의 도구 개념으로서의 프랑스 지방분권의 법적 접근」, 『공법연구』 제33집 제1호, 2004, 592면 이하; 배준구 『프랑스의 지방분권』, 금정 2004, 54면 이하 참조. 일본 헌법에서는 제92조에서 제95조까지 4개 조문에 걸쳐 지방자치를 규정하고 있다. 특이한 것은 제95조에서 하나의 지방 공공단체에만 적용되는 특별법을 제정할 때 주민투표를 의무화하고 있다는 점이다.

키지 못하도록 안전장치의 역할을 한다. 이 점에서 지방자치를 헌법적으로 보장하는 것은 가중된 의결정족수와 엄격한 절차를 마련함으로써 소수자 보호에 기여한다고 볼 수 있다.

한편 지방자치를 더욱 충분히 보장하고 방어하기 위해서는 헌법에 지방자치의 본질적인 내용과 발전의 지침을 규정하는 것이 필요하다. 만약 헌법의 규정이 고도로 추상화되어 있을 경우 입법자가 다양하게 해석할 수 있어 입법 형성의 자유를 넓혀주는 장점이 있지만, 그때그때의 다수세력이 자치제도를 변질 내지 왜곡할 수 있게 된다. 통설에 따라 지방자치에 관한 헌법상의 보장을 제도적 보장이라고 이해한다고 하더라도, 지방자치의 본질적인 내용이 무엇인지에 대해서는 학자에 따라 입장이 다르고 그만큼 헌법의 보장성은 약화된다. 이에 지방자치의 불가결한 요소를 직접 헌법에 규정함으로써 일시적인 다수세력이 지방자치를 공동화하는 것을 방지하면서 장기적인 방향성을 설정하는 것이 필요하다.

앞에서 말했듯이 지방자치를 최고규범인 헌법에 규정하는 것은 입법재량의 한계를 설정함을 의미한다. 법원이나 헌법재판소가 재판을 할 때 기준이 되며 법령을 해석할 때도 중요한 지침을 제공하는 것이다.

헌법상 지방자치 보장의 내용

한국에서 지방자치는 제헌헌법 이래 헌법에 의해 보장되어왔다. 제헌헌법 제96조에서는 "지방자치단체는 법령의 범위 내에서 그 자치에 관한 행정사무와 국가가 위임한 행정사무를 처리하며 재산을 관리한다. 지방자치단체는 법령의 범위 내에서 자치에 관한 규정을 제정할 수 있다"고 규정하고 있다. 또한 제97조에서는 지방자치단체의 조직과 운영은 법률로 정하되 지방자치단체에 의회를 두도록 하며 지방의회의 조직과 권한, 지방의회 의원의 선거는 법률로 정하도록 하고 있다. 거기에 헌법

제48조에서 국회의원의 지방의원 겸직을 금지하고 있다. 그리고 제헌헌법에 따라 실제로 1952년 4월에 읍면의회 선거가 실시되고 5월에 도의회의원 선거가 실시되었다.

제헌헌법에는 지방자치단체장의 선거에 대한 조항이 없었으나, 4·19혁명 이후에 개정된 제3차 개정헌법에서는 지방자치단체장 선거에 대한 조항이 제97조에 추가되었다. "지방자치단체의 장의 선임 방법은 법률로써 정하되 적어도 시, 읍, 면의 장은 그 주민이 직접 이를 선거한다"라고 규정한 것이다.

5·16에 의해서 지방자치는 중단되고, 이어 개정된 제5차 개정헌법에는 제109조 2항에 지방자치단체의 종류를 법률로 정하도록 하는 규정을 추가했다. 헌법 부칙 제7조에서는 "이 헌법에 의한 최초의 지방의회의 구성 시기에 관하여는 법률로 정한다"고 함으로써, 지방자치의 실시를 무기한 연기할 수 있는 빌미가 마련되었다. 1972년의 이른바 유신헌법에서는 지방자치에 대한 본문의 규정은 그대로 두고 부칙 10조에서 "이 헌법에 의한 지방의회는 조국 통일이 이루어질 때까지 구성하지 아니한다"고 규정했다.

12·12사태 이후 권력을 장악한 군부세력에 의하여 1980년에 개정된 제8차 개정헌법에서는, 지방자치에 관한 본문의 규정은 이전과 마찬가지로 유지하되 부칙의 지방자치 실시 시기를 "이 헌법에 의한 지방의회는 지방자치단체의 재정 자립도를 감안하여 순차적으로 구성하되, 그 구성 시기는 법률로 정한다"로 개정했다.

6월항쟁 이후 개정된 현행 헌법에서는 본문은 그대로 두고 부칙을 삭제함으로써 지방자치에 관한 헌법의 규범력을 회복했다. 그렇다 하더라도 현행 헌법의 지방자치에 관한 규정은 제5차 개정헌법과 동일하다고 볼 수 있다. 구체적으로 살펴보면, 우리 헌법 제117조 1항에서는 지방자치단체의 자치권을 규정하고 있으며, 동조 2항에서는 지방자치단체의 종류를 법률에 유보하고 있다. 제118조에서는 지방의회와 지방자치단체의 장을 규정하고 그 조직, 권한, 선임 방법을 법률에 유보하고 있다.

3. 현행 헌법상 지방자치 규정의 문제점과 개정 방안

지방자치단체의 종류

헌법 제117조 2항에서는 "지방자치단체의 종류는 법률로 정한다"라고 규정하고 있다. 따라서 특별시와 광역시, 도와 같은 광역 지방자치단체나 시·군·자치구와 같은 기초 지방자치단체도 헌법상의 보장을 받지 못한다. 오로지 입법자들의 입법 재량에 맡겨져 있다. 그러다 보니 정치권을 중심으로 시·도를 폐지한다거나 시·군을 통합하여 1계층으로 한다는 등의 정책이 나오고 있다.[2] 헌법에서 지방자치단체의 종류를 법률에 유보한 것은 입법자의 입법 재량을 확대하여 지방자치단체의 종류를 정치적인 판단에 맡긴 것으로 생각된다. 지방자치단체의 계층 내지 지방자치단체의 종류 문제는 지방자치제도의 근간에 해당한다. 이렇게 중요한 문제를 그때그때의 다수 정치세력에 맡긴다는 것은 엄청난 혼란을 초래할 수도 있다. 따라서 지방자치단체의 종류와 같이 근본적으로 중요한 사항은 헌법에 규정함으로써 입법자의 입법 재량을 제한할 필요가 있다. 물론 헌법에 규정한다고 해서 변경 가능성을 배제하는 것은 아니지만,

---

[2] 예컨대 『다가올 100년, 새로운 지방의 틀 어떻게 짤 것인가』, 한나라당 지방행정개혁 국민대토론회 자료집(2005. 5. 2) 참조. 도 폐지론에 대한 반론으로는 한상우 「이계층제하의 도의 지위」, 『민선자치 10년의 성과와 평가』, 전국시도지사협의회 주최 쎄미나 자료집(2005. 6. 13), 131면 이하: 안영훈 「지방정부 2단계 계층구조와 광역자치단체의 기능」, 같은 자료집 155~200면. 다양한 견해의 소개에 대해서는 김해룡 「지방 행정체제의 개편 방향에 대한 고찰」, 『공법연구』 제31집 제2호(2002) 177면 이하 참조.

지방자치제도의 근간이 즉흥적으로 그리고 수시로 변경되는 것은 방지할 수 있다. 독일이나 스페인 등과 같이 지방자치단체의 종류를 아예 헌법에 명시하는 입법례도 드물지 않다.

현행 지방자치단체의 종류나 계층구조에 대해서는 대체적인 공감대가 형성되어 있다.[3] 따라서 이를 헌법적으로 보장하기 위하여 헌법 제117조의 2를 신설하여 다음과 같이 규정하는 것이 바람직하다.

제117조의 2 ① 지방자치단체에는 법률이 정하는 바에 따라 광역 지방자치단체와 기초 지방자치단체를 둔다.

② 광역 지방자치단체로는 특별시, 특별도, 광역시, 도를 둔다.

③ 기초 지방자치단체로는 시, 군, 자치구를 둔다.

역할의 배분 원리와 지방자치단체의 직무

헌법 제117조 1항에서는 지방자치단체의 직무를 "주민의 복리에 관한 사무"라고 규정하고 있을 뿐이다. 앞에서 살펴본 것과 같이 이 조항은 지방자치단체의 직무를 포괄적으로 규정한 것, 즉 전권한성(全權限性)의 원칙을 표명한 것으로 해석된다. 그런데 전권한성의 원칙은 법률에 명시적으로 국가 사무나 지방자치단체의 사무를 규정하지 않았을 때 이를 지방자치단체의 관할로 추정하는 법원칙이지, 국가와 지방자치단체 간에 사무를 배분하는 원칙이라고 보기는 어렵다. 즉, 입법자가 특정 사무를 국가 사무로 할 것인지, 지방자치단체의 사무로 할 것인지를 결정하는 데 지침을 제공해주지 못한다.

---

3) 2005년 12월 6일 지방 행정체제 개편 특별위원회가 주최한 국회의 공청회에서 진술인으로 참여한 배준구 교수, 육동일 교수, 이기우 교수, 임승빈 교수 모두가 단일 자치계층화를 반대했다.

오늘날 국가와 지방자치단체 간에 역할을 배분할 때는 보통 보충성의 원칙을 따른다. 보충성의 원칙은 가톨릭의 사회론에서 유래하는데, 이를 가톨릭적으로 잘 표현한 것은 토마스(Thomas)적인 자연법사상에 기초한 교황 삐우스(Pius) 11세의 1931년 5월 15일 교서(Quadragesimo anno)다. 삐우스 11세는 교서에서 "개인이 스스로 주도하여 자력으로 해결할 수 있는 일을 그로부터 박탈하여 사회단체에 배분해서는 안된다는 것은 항구불변의 사회철학적인 원칙으로 간주된다. 소규모의 하위 공동체가 잘 해결할 수 있는 문제를 큰 규모의 상급 공동체에 맡긴다는 것은 정의에 어긋난다. 동시에 그것은 사회에 이롭지 않고 사회 전체의 질서를 어지럽힌다. 모든 사회활동은 본질적으로, 또한 개념적으로 보충적이다. 따라서 사회 유기체의 손발을 지원해야 하는 것이지, 이를 파괴하거나 흡수해서는 결코 안된다"고 했다. 이어서 그는 "국가는 사소한 업무는 하급 공동체에 맡겨야 하며, 그럼으로써 더 중요한 업무를 수행하는 데 집중할 수 있어 효율을 증대할 수 있다. 보충성의 원칙을 준수하여 다양한 공동체간의 계층질서를 잘 지킬수록 사회적인 권위와 영향력은 증대될 것이며 국가를 위해서도 다행스럽고 더 나을 것이다"라고 했다.

보충성의 원칙은 소극적으로는 상급 공동체가 해서는 안될 것을 정한다. 사회의 활동은 보완적인 성격을 가지며, 하위의 작은 구성단위가 스스로 어떤 업무를 잘 수행할 수 없을 경우에만 상위의 공동체가 개입할 수 있다는 것이다. 따라서 소극적인 측면에서 볼 때 보충성의 원칙은 상급 공동체의 활동을 제한한다. 즉, 사회가 자신을 구성하는 개별적인 단위의 활동을 무력화하거나 박탈해서는 안된다. 이는 곧 업무를 배분할 때, 그 업무를 더 잘 처리할 수 있는 주체가 아니라 하위단위에 일차적으로 배분해야 함을 의미한다.

적극적인 측면에서 보충성의 원칙은 국가가 하위의 작은 구성단위가 활동할 여건을 마련해주어야 한다는 것이다. 구성단위의 활동은 보완되어야 하고 따라서 불충분한 능력이 지원되어야 하는 것이지, 상급 단위가 하급 구성단위의 활동을 대체하거나 인수해서는 안된다는 것이다. 이 같은 보충성의 원칙은 최근 들어 유럽공동체의 통합 원칙으로 채택되었고 이어서 1992년 독일 헌법 제23조 1항에 명문화됐다.

우리 헌법은 제117조에서 분절적인 국가구조를 보장하는데, 이를 근거로 보충성의 원칙을 전제로 하고 수용한 헌법상의 법원칙으로 볼 수 있다. 왜냐하면 하위공동체의 활동을 우선시하지 않을 경우 분권화로써 시민 근접 행정을 실현하는 것은 공허해질 것이기 때문이다. 보충성의 원칙을 헌법상의 원칙으로 긍정하지 않더라도 입법자가 이 원칙에 근거하여 사무와 권한을 배분하는 데는 지장이 없으며, 오히려 그렇게 배분하는 것이 바람직하다. 보충성의 원칙에 따르면 모든 공공사무의 처리 권한은 법률에 특별한 규정이 없는 한 원칙적으로 지방자치단체에 있다. 이는 광역 지방자치단체와 기초 지방자치단체 간의 사무 배분에도 그대로 해당된다.

보충성의 원칙은 주민에 가까운 지방자치단체에 일차적인 관할권을 부여함으로써 주민들의 뜻에 더 가깝게 문제를 해결하려는 것이다. 따라서 국가와 지방자치단체 간, 광역 지방자치단체와 기초 지방자치단체 간의 사무를 배분하는 데 매우 유용한 지침을 제공할 수 있다. 하지만 이를 우리 헌법이 보장하고 있는지를 헌법에 명시하지 않는 한 항상 논란의 여지가 있으므로, 이를 헌법에 명시하는 것이 바람직하다. 이를 표현할 때 '보충성'이란 용어를 명시적으로 쓰는 방식과 그러한 용어를 사용하지 않더라도 그 내용을 규정하는 방식이 가능하다. 후자의 방식을 따른다면, "공공사무는 능력이 미치는 한 주민에 가까운 지방자치단체에서 우선적으로 처리한다"는 규정을 헌법에 포함하면 될 것이다.

자기 책임성과 그 제한의 법률유보

헌법 제117조는 지방자치단체의 사무 처리 방식을 규정하지는 않고 있다. 즉, "지방자치단체는 주민의 복리에 관한 사무를 처리하고"라고만 규정하고 있는데, 이는 관할에 관한 규정이지 자치적인 업무 처리 방식에 관한 규정이라고 보기 어렵다. 다만 앞에서 언급한 것처럼 자기 책임성이 보장되지 않으면 자치는 공허해지기 때문에, 자기 책임성은 지방자치를 헌법상으로 보장하는 것에 전제되어 있다고 볼 수 있다. 해석으로 지방자치단체의 자기 책임성을 도출할 수 있기는 하지만, 헌법을 개정할 때 자기 책임성을 헌법에 명시함으로써 그 의미를 더 명백히 하고 입법자나 중앙정부에 이를 확실히 인식시킬 필요가 있다.

또한 헌법 제117조 1항에 따르면, "지방자치단체는 주민의 복리에 관한 사무를 처리하고 재산을 관리하며, 법령의 범위 안에서 자치에 관한 규정을 제정할 수 있다." 오로지 자치입법권을 행사할 때 "법령의 범위 안에서"라는 제한이 있을 뿐, 사무를 처리하는 방식에는 아무런 제한이 없다. 그렇다고 해서 이것이 지방자치에 국가가 관여하는 것을 전적으로 배제하고 지방자치단체의 자기 책임성이 무제한으로 보장되는 것이라고 보기는 어렵다. 게다가 실제로 법령에 의해 지방자치단체의 자기 책임성이 제한되고 있다.

그래서 결과적으로 국가가 입법권으로 지방자치에 관여할 수 있도록 하면서 그때 반드시 법률에 근거할 것을 요구하게 되면, 국가가 무제한적으로 관여하는 것을 방지하는 데 도움이 된다. 한편 "법률의 범위 안"은 "법률에 위반되지 않는 범위"와 같은 의미인데, 다음에 논의하는 자치입법권에서의 용어와 통일하려면 후자가 바람직하다.

결론적으로 지방자치법 제117조 1항에 자기 책임성 개념을 포함해

"지방자치단체는 법률에 위반되지 않는 범위 안에서 자기 책임하에 주민의 복리에 관한 사무를 처리하고 재산을 관리하며 자치에 관한 규정을 제정할 수 있다"로 개정하는 것이 바람직하다.

지방재정의 보장

지방자치단체가 주민의 복리에 관한 사무를 자기 책임하에 처리하기 위해서는 그 비용을 독자적으로 마련하고 지출할 권한이 있어야 한다. 지방자치단체가 자유로이 처분할 수 있는 재정수단을 갖지 못할 때는 자신의 업무를 자기 책임하에서 처리하기 어려우며, 지방자치단체의 재정력이 지방자치단체의 행정활동을 뒷받침하지 못할 때 지방행정은 사실상 위축된다. 그래서 헌법은 지방자치를 보장함과 동시에 지방자치단체가 필요로 하는 재원을 확보해주도록 국가에 의무를 부과하고 있다.

또한 지방자치단체가 자신의 업무를 처리할 때 자신의 재원이 아니라 국가나 다른 지방자치단체의 재원으로 비용을 충당하는 경우, 자신의 주머니에서 돈을 지출하는 것이 아니기 때문에 이를 절약해서 효율적으로 사용할 동기를 지방자치단체로부터 이끌어낼 수 없다. 지방자치단체는 최소의 비용으로 최대의 효과를 거두려기보다는 중앙정부나 광역 지방자치단체에 비용 충당을 요구하는 데 익숙해지고, 스스로 재원을 마련하여 효과적으로 그리고 효율적으로 사용하기 위한 노력은 줄어들 수 있다. 즉, 도덕적 해이를 겪을 수 있다. 따라서 지방자치단체의 비용은 원칙적으로 자신의 재원에서 충당하도록 해야 하며, 이를 위해 세원을 합리적으로 배분해야 한다. 이렇게 했을 때도 자신의 비용을 스스로 충당하지 못할 경우에는 중앙정부나 광역 지방자치단체가 앞에서 언급한 보충성의 원칙을 적극적으로 적용하여 재정을 지원할 필요가 있다. 지방재정의 확충이 지방자치의 핵심적인 요소임을 감안하면 헌법의 지방재정에 대한 규정은 보완되어야 한다.

헌법 제117조 1항은 지방재정에 관하여 "지방자치단체는 (…) 재산을 관리하며"라고 규정하는 데 그치고 있다. 따라서 여기에 지방재정에 관련된 문장을 별도로 추가하는 것이 바람직하다. "지방자치단체는 그 사무를 처리하기 위한 비용을 자기 책임하에 충당하기 위해 필요한 세원을 가져야 하며, 조례로 세목과 세율을 결정할 수 있어야 한다"는 규정을 지방자치법 제117조 1항에 추가하는 것이 바람직하다. 또한 스스로 비용을 충당하지 못하는 지방자치단체에 재정을 지원하기 위하여 앞에서 언급한 대로 보충성의 원칙에 따라 "국가는 지방자치단체가 그 사무를 원만하게 처리할 수 있도록 필요한 지원을 하여야 한다"는 조항을 추가하는 것이 바람직하다.

지방자치단체의 입법권

현재 중앙집권적인 구조 속에서 국회는 지방 사무에 관계된 중요한 결정을 모두 처리할 수 있을 만큼 유능하지도 않고 인적·물적인 뒷받침도 되어 있지 못하며 개선될 전망도 없다. 중앙정치와 관계된 문제만 해도 처리하기가 버거운 국회에, 지방과 관계된 문제에까지 신경을 쓰게 만드는 것은 지나친 부담을 지우는 것이다. 또한 국회가 지방자치 사무의 세부적인 사항까지 획일적으로 규정하는 것은 지방정치를 형해화하고 지방 특성화 및 주민에 가까운 행정의 실현에 역행한다는 점에서 바람직하지도 않다. 이에 입법권을 분권화하는 것이 필요하다. 지방과 관계된 문제는 지방의회가 조례로써 해결책을 찾을 수 있어야 한다. 그리고 그러기 위해서는 조례 제정에 장애가 되는 요인을 근본적으로 제거하기 위한 노력이 요구된다.

지방자치단체의 조례 제정권을 활성화하여 입법권을 분권화하기 위해서는 지방자치단체의 사무에 대한 입법권을 원칙적으로 지방의회가 행사하도록 하고, 지금까지 법률유보의 영역에 속하던 사항을 조례유보 사항으로 바꾸는 등 헌법정책적인 변화가 뒤따라야 한다.

시·도의 포괄적이고 배타적인 입법권을 헌법에 규정하는 방식

먼저 연방국가에 준하는 입법권을 시·도의 지방의회에 부여하는 방식을 생각할 수 있다. 스페인의 입법례가 참조될 수 있을 것이다. 스페인의 자치공동체는 헌법적으로 지방자치 단체이다. 그럼에도 불구하고 스페인 헌법 제148조 1항은 자치공동체가 행사할 수 있는 입법 권한으로 22가지를 규정하고 있다.[4] 우리나라도 스페인의 헌법이나 독일 등 연방국가에서 자치공동체나 주에 부여하는 입법권의 일부를 시·도의 조례에 유보함으로써 지역적인 입법 수요에 대응하고 다양한 입법을 구현할 수 있을 것이다.

조례를 법률과 경합적으로 확대하는 방안

시·도에 처음부터 배타적인 입법권을 부여하기는 어렵기 때문에, 우선 법률에서 규정하지 않은 부분을 조례로써 규정할 수 있도록 경합적인 입법권을 부여하는 방안이 무난해 보인다. 이를 위하여 지방자치법 제

---

4) ⓐ 주정부의 기구 ⓑ 주 내의 기초자치단체 경계의 변경, 국가의 법률로 정하는 범위 내에서 주 내의 지방기관에 관한 국가행정의 역할 ⓒ 주의 영역, 도시, 주택 정비 ⓓ 주 내의 공공사업 ⓔ 주 내의 철도, 도로에 의한 수송 ⓕ 산업활동을 수반하지 않는 피난항, 스포츠용 항만, 공항시설 등 ⓖ 경제의 전반적인 틀 안에서의 농축산업 ⓗ 산림의 이용 ⓘ 환경 보전 ⓙ 주 내의 용수, 운하, 관개에 관한 계획·건설·운영 ⓚ 하천, 호소(湖沼)에서의 어업·양식·수렵 ⓛ 주 내에서의 견본시장 ⓜ 국가의 경제정책에 따른 주 내에서의 경제 발전 촉진 ⓝ 수공업 ⓞ 주 내의 박물관, 미술관, 음악원 등 ⓟ 주의 문화유산 ⓠ 문화·연구의 장려, 주의 공용어 교육 ⓡ 주 내의 관광 진흥 ⓢ 스포츠와 오락의 적절한 이용 촉진 ⓣ 사회부조 ⓤ 보건·위생 ⓥ 건물·시설의 경비와 보호, 조직법이 정하는 범위 내에서의 지방경찰에 관한 조정 등이 이에 속한다.

117조에 "지방자치단체는 법률에 위반되지 아니하는 범위 내에서 그 권한에 속하는 사무에 관한 조례를 제정할 수 있다. 헌법 제37조 2항, 헌법 제12조 1항, 제13조 1항, 제23조 1항, 제24조 내지 제26조, 제59조의 법률에는 지방자치단체의 사무와 관련되는 경우에 조례를 포함하는 것으로 본다"라고 규정한다면 조례에 법률적인 근거를 요구함으로써 발생하는 문제를 충분히 극복할 수 있다.

지방자치단체의 기관 구성

헌법 제118조는 지방자치단체의 기관과 조직, 선거에 대하여 규정하고 있으나, 구체적인 것을 법률에 유보하고 있을 뿐이어서 입법의 지침이 되지 못한다. 헌법 개정안에는 지방자치단체의 기관을 어떻게 구성할지 지침을 제시하는 것이 필요하다. 또한 지방자치가 궁극적으로 주민의 자기결정임에 비추어 주민의 위상과 역할도 헌법에 규정할 필요가 있다.

지방의회

먼저 헌법 제118조 1항에서는 "지방자치단체에 의회를 둔다"고 규정하고 있을 뿐, 그 위상이나 구성에 대하여 구체적으로 언급하지 않는다. 이에 지방의회가 주민의 대표기관임과 주민에 의하여 직접 구성됨을 명백하게 규정하는 것이 바람직하다. 이에 헌법 제118조 1항을 다음과 같이 개정할 필요가 있다. "지방자치단체에는 주민의 대표기관으로 지방의회를 두며, 지방의회는 주민의 직접, 평등, 보통, 비밀선거에 의하여 선출된 지방의원으로 구성한다." 또한 헌법 동조 2항에서는 지방의회의 조직·권한·의원선거 등을 법률로 정하도록 규정하고 있다. 이 규정은 자칫하면 지방의회의 조직과 운영 등 세세한 부분까지도 법률로 규정해야 하는 것으로 오인될 우려가 있다. 지방의회의 조직과 권한이 전국적으로 동일할 필요는 없으며 오히려 지역의 특수성이나 정치적인 의사 결정에 따라 다양한 모델을 발전시켜야 한다. 이에 한편으로는 국회가 법률로써 지방조직의 골격을 정하고 다른 한편으로 지방자치단체가 자율적으로 내용을 결정할 수 있도록 다음과 같이 개정하는 것이 바람직하다. 헌법 제118조 1항에 "지방의회의 조직·권한·의원선거 등에 대해서는 법률에 위반되지 않는 범위 내에서 당해 지방자치단체가 조례로 정한다"를 추가하는 것이다.

지방자치단체의 집행기관

헌법 제118조 2항 후단에서는 "지방자치단체의 장의 선임 방법, 기타 지방자치단체의 조직과 운영에 관한 사항은 법률로 정한다"고 규정하고 있다. 이 규정은 지방자치단체의 장을 비롯하여 지방자치단체을 집행기관의 조직하고 운영하는 것에 대한 규정이다. 법률로 모든 지방조직과 그 운영을 규율하는 것은 가능하지도 않고 바람직하지도 않다. 다음과 같이 규정하는 것이 바람직하다. "지방자치단체의 업무를 수행하는 집행기관의 조직과 구성은 법률에 위반되지 않는 범위 내에서 민주주의 원칙에 따라 당해 지방자치단체가 조례로 정한다. 지방자치단체의 장은 주민이 직접, 평등, 보통, 비밀선거에 의하여 선출한다."

주민

지방정부는 주민으로 구성되며 지방정부는 궁극적으로 주민에 의해 지배되기 때문에, 지방정부의 실체는 주민이다. 지방자치단체를 공법상의 사단(社團)이라고 하는 것은 지방정부의 본질이 '사람의 단체'라는 뜻이다. 지방자치의 주체를 지방정부로 볼 수 있지만 그 실체는 주민으로 구성되므로, 결국 지방자치의 주체는 집합체로서의 주민이라고 볼 수 있다. 바꾸어 말하면 지방정부의 권력적 정당성은 주민에게서 나온다는 것이다. 헌법 제1조 2항이 "모든 권력은 국민으로부터 나온다"고 규정하고 있는 것처럼, 지방정부의 경우 지방권력의 원천을 주민에게서 찾는 것이 타당하다. 이런 의미에서 헌법 제117조 1항에 이와 같은 취지의 규정을 두는 것이 바람직하다. 예컨대, "모든 지방자치단체의 권력은 주민으로부터 나온다"라는 조항을 두는 것이다.

세계적으로 점점 주민들이 직접 지방정부에 참여해가고 한국에서도 주민투표 등이 도입되면서 참여제도가 정비되고 있다. 오늘날 대의민주정의 한계가 부각되고 있으며, 개관 가능한 지역 범위 내에서 주민들의 민주적이고 능동적인 참여가 강조되고 있다. 이에 헌법에서 주민 참여의 방향과 근거를 제시하는 것이 필요하다. 지방자치법 제118조 3항에 주민 참여에 관한 헌법적인 근거를 명시할 필요가 있다. 예컨대, "지방자치단체의 중요한 의사 결정을 위하여 주민의 참여가 법률의 범위 안에서 보장되어야 한다"는 조항을 마련하는 것이다.

국가와 지방자치단체의 관계

지방자치제도로 국가권력 구조를 분권화하려면, 국가와 지방자치단체 간의 상호 독립성이 전제되어야 한다. 그렇다 하더라도 국가가 지방자치단체에 하향적으로 관여하고 지방자치단체가 국정에 상향적으로 관여해야만 상호간에 견제와 균형이 이루어지면서 통합과 조화가 추구될 수 있다. 우리나라에서는 국가가 지방자치단체에 입법적·행정적·사법적으로 관여하는 것은 보장되어 있으나, 지방자치단체가 상향적으로 국정에 참여하는 것은 전혀 고려되지 않는다. 그리하여 국가가 지방자치단체에 일방적으로 영향력을 행사할 뿐이다. 이 때문에 지방이 국가권력을 거의 견제할 수 없고, 실질적으로 국가에 통합되기도 힘들다. 또한 지방의 경험이 국가적인 차원에서 활용될 수 있는 길은 봉쇄되었다. 이는 권력구조가 쌍방적인 상호관계가 아니라 일방통행적으로 이루어졌음을 의미하며, 따라서 지방의 이해관계와 경험이 국정에 반영될 통로가 막히게 되었다.

국가와 지방자치단체가 쌍방향적인 관계가 되기 위해서는 헌법에 그 기본 방향을 설정해놓는 것이 필요하다. 예컨대, "국가와 지방자치단체는 헌법과 법률이 정하는 바에 따라 상호 관여할 수 있다. 이 경우에도 지방자치단체의 자기 책임성은 보장되어야 한다"는 규정을 추가하면 될 것이다.

권리 구제

헌법 제117조 1항은 앞에서 설명한 대로 객관적으로 지방자치 법제도를 보장하기도 하지만, 지방자치단체의 주관적인 법적 지위도 보장한다. 이에 근거해 개개의 국가에 객관적·주관적 보장 의무를 지키라고 요구할 수 있다. 지방자치단체는 국가가 자치권을 위법하게 침해할 때 국가에 이를 배제해주고 일정한 급부를 제공할 것을 청구할 수 있다. 그리고 절차적 참여권 등도 청구할 수 있다. 이로써 지방자치단체는 입법자나 행정부의 자치권 침해를 방어할 수 있다. 이를 명확히 규정하기 위해 헌법 제117조 3항에 다음과 같은 조항을 추가할 것을 제안한다. "지방자치단체의 자치권이 침해된 경우에는 법률이 정하는 바에 따라 법원에 구제를 청구할 수 있다."

제주특별도 특례

2006년 7월 1일자로 분권 실험의 인큐베이터로서 '제주특별자치도 설치 및 국제자유도시 조성을 위한 특별법'이 시행되기 시작했다. 이 법에 따라 제주도의 자치권은 획기적으로 확대되어, 제주특별자치도는 한편으로는 지방분권을 선도하게 되고 다른 한편으로 제주 국제자유도시를 실현하여 규제 자유지역을 설치하고 교육·의료·관광산업과 첨단산업을 육성할 수 있게 되었다. 제주특별자치도의 핵심은 제주도의 자치입법권을 획기적으로 확대한 것이다. 내부의 조직과 운영, 인사 등을 결정하는 자율권을 대폭 확대하고 교육과 관광 및 의료산업을 육성하며, 외국어 사용을 확대함으로써 홍콩이나 마데이라(Madeira)와 같은 지위를 부여하는 것이다. 연방국가의 주에 준하는 입법권과 행정권을 부여하여, 제주도 독자적인 정치적·행정적·문화적인 발전이 가능해지는 것이다. 예컨대 교육분야에서는 제주도가 조례로 정하는 바에 따라 교육과정, 학제, 학생 선발, 교사의 자격, 학교의 조직과 운영, 교육행정체제 등도 여타 지역과는 다르게 법제화할 수 있다. 즉, 몇몇 법은 제주도에 적용하지 않고 제주도의회가 독자적으로 제정한 법을 적용하도록 제주특별자치도에 자율권을 보장하는 것이다. 특히 경제와 물류의 이동 등에 관련된 중앙정부의 규제는 제주도에 적용하지 않고, 필요한 경우에는 제주도의회가 이를 정한다. 이를 위해서는 일정한 분야의 법률은 제주도에서 독자적으로 입법할 수 있어야 한다. 헌법에서 이 분야들에 대한 입법권을 포괄적으로 제주도에 이양하지 아니하는 한, 개별 법률에서 일일이 위임해야 한다. 후자의 방식으로는 모든 예외 조치를 예상하는 것이 사실상 불가능하기 때문에, 특별자치도의 모습도 불완전할 수밖에 없다. 이에 제주도에 대한 규정을 헌법에 규정하는 것이 필요하다. 참고로 중국 헌법에서는 특별행정구를 다음과 같이 규정하고 있다. "국가는 필요할 경우 특별행정구를 설립할 수 있다. 특별행정구 내에서 실행하는 제도는 상황에 따라 전국인민대표대회가 법으로 규정한다." 이에 근거하여 1990년 4월 4일 중국의 전국인민대표대회 제3차 회의에서 '중화인민공화국 홍콩특별행정구 기본법'을 제정했다. 뽀르뚜갈에서는 헌법 제Ⅶ편

'자치지역'(Regioes Autonomas)의 제225조에서 아소리스(Açores)와 마데이라의 정치적·행정적 지위를 규정하고 있다. 제주도에서는 특별법에 따라 기초 지방자치단체인 제주시, 서귀포시, 북제주군, 남제주군을 폐지하고 계층을 단축했다. 행정의 효율성을 증대하기 위한 불가피한 조치라고 하나 설득력이 별로 없다. 왜냐하면 제주도가 모델로 삼고 있는 뽀르뚜갈의 마데이라는 11개의 자치 시군과 53개의 자치 읍면으로 구성되어 있으나 인구는 제주도의 절반에 불과하다. 그럼에도 불구하고 고도의 자치권을 부여하자 뽀르뚜갈의 열등생이던 마데이라는 유럽의 우등생으로 바뀌었다. 계층이 제주도보다 2계층이나 많지만 그것 때문에 비효율적이라는 얘기는 없다.

제주특별도의 헌법상 지위를 보장하기 위하여 다음과 같은 조항을 추가할 것을 제안한다.

헌법 제118조의 2 ① 제주 국제자유도시를 실현하고 제주도의 정치적·경제적·사회적·문화적 특수성에 기초한 지방분권을 실현하기 위하여 제주도의 자치권을 법률이 정하는 바에 따라 확대할 수 있다.

② 제주도의 조직과 행정기구 및 그 운용에 관한 사항에 대해서는 제주도가 조례로 정한다.

③ 국방, 외교, 통일, 화폐, 금융, 검찰, 사법 등 국가 전체의 통일성을 기하기 위하여 필요한 영역을 제외하고는 국제자유도시와 지방분권의 선도적인 실현에 필요한 경우에 제주도는 법률과 다른 규정을 조례로 정할 수 있다.

4. 결론

앞에서 제안한 지방자치에 관한 헌법 개정안을 정리해보면 다음과 같다.

지방자치법

제117조 ① 모든 지방자치단체의 권력은 주민으로부터 나온다. 지방자치단체는 법률에 위반되지 않는 범위 내에서 자기 책임하에 주민의 복리에 관한 사무를 처리한다. 공공사무는 능력이 미치는 한 주민에 가까운 지방자치단체에서 우선적으로 처리한다.

② 지방자치단체는 법률에 위반되지 아니하는 범위 내에서 그 권한에 속하는 사무에 관한 조례를 제정할 수 있다. 헌법 제37조 2항, 헌법 제12조 1항, 제13조 1항, 제23조 1항, 제24조 내지 제26조, 제59조의 법률에는 지방자치단체의 사무와 관련되는 경우에 조례를 포함하는 것으로 본다.

③ 지방자치단체는 그 사무를 처리하기 위한 비용을 자기 책임하에 충당하기 위해 필요한 세원을 가져야 하며, 조례로 세목과 세율을 결정할 수 있어야 한다. 국가는 지방자치단체가 그 사무를 원만하게 처리할 수 있도록 지원하여야 한다.

제117조의 2 ① 지방자치단체에는 법률이 정하는 바에 따라 광역 지방자치단체와 기초 지방자치단체를 둔다.

② 광역 지방자치단체로는 특별시, 특별도, 광역시, 도를 둔다.

③ 기초 지방자치단체로는 시, 군, 자치구를 둔다.

제118조 ① 지방자치단체에는 주민의 대표기관으로 지방의회를 두며, 지방의회는 주민의 직접, 평등, 보통, 비밀 선거에 의하여 선출된 지방의원으로 구성한다. 지방의회의 조직·권한·의원선거 등에 대해서는 법률에 위반되지 않는 범위 내에서 당해 지방자치단체가 조례로 정한다.

② 지방자치단체의 업무를 수행하기 위한 집행기관의 조직과 구성에 대해서는 법률에 위반되지 않는 범위 내에서 민주주의 원칙에 따라 당해 지방자치단체가 조례로 정한다. 지방자치단체의 장은 주민이 직접, 평등, 보통,

비밀 선거에 의하여 주민이 선출한다.

③ 지방자치단체의 중요한 의사 결정에 주민이 직접 참여할 수 있는 가능성을 보장하여야 한다.

④ 국가와 지방자치단체는 독립하여 사무를 수행하되 필요한 경우에는 각각의 자기 책임성을 침해하지 않는 범위 내에서 법률이 정하는 바에 따라 상호 관여할 수 있다.

⑤ 지방자치단체의 자치권이 침해된 경우에는 법률이 정하는 바에 따라 법원에 구제를 청구할 수 있다.

제118조의 2 ① 제주 국제자유도시를 실현하고 제주도의 정치적·경제적·사회적·문화적 특수성에 기초한 지방분권을 실현하기 위하여 제주도의 자치권을 법률이 정하는 바에 따라 확대할 수 있다.

② 제주도의 조직과 행정기구 및 그 운용에 관한 사항에 대해서는 제주도가 조례로 정한다.

③ 국방, 외교, 통일, 화폐 등 국가 전체의 통일성을 기하기 위하여 필요한 영역을 제외하고는 국제자유도시와 지방분권의 선도적인 실현을 위해 필요한 경우에 제주도는 법률과 다른 규정을 조례로 정할 수 있다.

이같은 헌법 개정안을 제안하는 것은 헌법 개정 논의가 본격화되는 싯점에서 지방자치 관련 부분이 조급하게 그리고 졸속으로 처리되지 않게 하기 위함이다. 즉, 미리 지방자치 관련 부분을 담론화하려는 것이다.

지방분권은 한 정권의 브랜드일 수 없다. 그것은 21세기 국가 발전전략이며 국가의 효율성을 달성하기 위한 새로운 방법론이다. 즉, 과부하 때문에 생긴 규모의 불경제를 극복하여 국가기능을 효율적으로 수행하기 위한 방법으로 새롭게 평가받고 있는 것이다. 물론 전통적으로 주민에 가까운 정부에서 생활문제를 해결함으로써 인간중심주의적인 가치를 생활현장에 실현하려는 고전적인 생각은 세계화시대에 더욱 중요하게 여겨진다. 노무현정부는 대통령선거 과정에서 지방분권을 가장 강조했고, 출범 후에도 지방분권을 추진한 정권으로 역사에 기록되기를 바란다고 수도 없이 밝혀왔다. 하지만 정권이 후반기를 맞이한 지금, 지방분권정책의 기조는 안개 속에 흐려지고 반분권적인 정책구상이 서슴없이 곳곳에 나타나고 있다. 지방자치는 민주주의를 생활 주변으로 확산하고 국가를 아래로부터 바꾸어낼 것이기 때문에, 지방분권은 다음 대선에서도 피할 수 없는 화두가 될 것이다.

지난 2년간 입으로 떠드는 분권이 얼마나 무력한지를 절실하게 체험해왔다. 단순히 법률적인 차원에서 지방자치를 제도화하는 것은 중앙집권론자들이 자신들의 기득권을 수호하기 위해 펼치는 반분권적 포위공격 앞에 얼마나 무력한지를 배웠다. 21세기의 새로운 정치질서를 논의할 때 지방분권 논의를 법률적인 차원에서 헌법적인 차원으로 격상할 필요가 있다. 이제 지방자치는 정치질서와 생활질서를 아우르는 최고의 헌법질서로 자리잡아야 한다.

환경권의 헌법적 현실과 대안

최윤철

1. 들어가는 말

새만금방조제 건설을 둘러싼 오랜 공방이 각급 법원의 엇갈린 판결 등을 통하여 더욱 심화되고 있는 것으로 보인다. 환경시민단체는 새만금 사업의 추진으로 새만금 주변의 생태계가 파괴되는 등 대규모 환경 파괴가 발생할 것이므로 공사가 즉시 중단되어야 한다고 주장한다. 한편 전라북도와 지역 주민들은 새만금방조제의 경제적 효과 및 이에 따른 지역경제 활성화를 근거로 새만금 건설사업을 적극 추진하고 있다. 2006년 3월 16일 대법원이 새만금 간척사업 면허를 취소할 필요가 없다는 취지의 판결을 하여 정부 측의 손을 들어줌으로써, 적어도 지난 15년을 끌어오던 법률적인 다툼은 일단락되었다. 새만금방조제 건설을 둘러싼 다툼은 자연환경을 인위적으로 바꿔 경제적 가치를 창출하려는 자유주의적 시장경제질서의 경제 논리와 인간의 지속 가능한 생존을 위한 전제로서 환경보호를 주장하는 환경론 사이의 전형적인 갈등이다. 그러나 이러한 공방을 과거 개발과 성장을 최고의 가치로 여겼던 1970년대나 1980년대의 상황과 비교하면 격세지감을 느낄 수밖에 없다. 1970년대와 1980년대의 교과서에는 바다를 메워서 매년 대한민국의 국토를 넓히고 있다는 '자랑스러운' 내용이 거대한 방조제의 사진에 곁들여 실려 있었고, 그밖의 대규모 개발사업도 경제성장이라는 최고의 가치를 실현하기 위해서 저돌적으로 추진되었다. 대규모 개발사업의 추진 및 완료는 국력 신장의 상징이었으며, 개발사업에 따른 부작용은 국익이라는 이름으로 모두 합리화되었다. 환경을 이유로 각종 개발사업에 문제를 제기하는 것은 이해되기 힘들었고, 그러한 주장을 하는 자는 국가의 발전을 저해하는 불순한 세력이라는 해괴한 논리로 박해를 받았다. 당시의 정치지도자에게는 방폐장 부지 선정을 둘러싼 갈등, 각종 터널공사 등이 환경보호라는 이름으로 저지되는 것이 전혀 이해되지 않을 것이다.

현행 헌법은 제35조 1항과 2항에서 각각 '모든 국민은 건강하고 쾌적한 환경에서 생활할 권리를 가지며, 국가와 국민은 환경 보전을 위하여 노력하여야 한다' '환경권의 내용과 행사에 관하여는 법률로 정한다'고 규정한다. 이른바 환경권조항은 1980년 제8차개헌헌법 제33조에 처음으로 규정되어 지금에 이르고 있다. 우리나라 헌법처럼 환경권을 기본권으로 보장하는 헌법은 상대적으로 드물다. 그럼에도 불구하고 다음과 같은 문제가 제기될 수 있다. 우리나라 헌법이 타 국가들보다 매우 획기적이고 주목할 만한 방법으로 환경문제에 접근함에도 각 계층과 부문에서 환경 관련 불만사항들이 쏟아져나오는 것은 무엇 때문인가? 헌법 제35조 각 항에서 밝히고 있는 환경권의 의미 및 내용은 과연 무엇인가? 헌법이 환경권을 국민의 기본권으로 규정은 하고 있지만 그 내용이 지나치게 추상적이거나 불명확하여 해당 조항만으로는 누구를 위해 무엇을 보호하고자 하는지 등을 알 수 없어서, 국민들이 환경권을 주장하는 데 어려움을 겪는 것은 아닌가? 어쩌면 우리나라의 환경권 조항은 단순히 우리 헌법의 우수성과 선진성을 포장하기 위한 장식에 불과한 것 아닌가?

이 글은 먼저 문제를 제기한다는 의미에서 환경보호와 그에 따른 다른 가치와의 갈등관계에 대하여 간략히 살펴본다. 이어서 환경의 일반적인 의의와 헌법 및 환경정책기본법이 규정하는 환경의 의의를 살펴본다. 다음으로 환경권의 법적 성질을 살펴본다. 환경권의 법적 성질은 환경권의 효력과 직접 연관이 되는 문제다. 이어서 헌법 제35조 1항 후단을 환경권이라는 기본권과의 관계 아래 어떻게 이해하여야 하는가를 살펴본다. 헌법 제35조 1항 후단은 '국가와 국민은 환경 보전을 위하여 노력하여야 한다'라고 규정하는데 이 조항을 독일 기본법의 태도처럼 국가목표조항으로 이해하여야 하는가는 생각해볼 문제다. 헌법 제35조 2항은 국민이 환경권을 구체적으로 실현하기 위해서 매우 중요하다. 이와 관련하여 환경권을 구체화하는 법률을 제정할 입법자의 의무와 관련한 문제를 살펴보고, 나아가 환경권이 적극적 또는 소극적으로 침해된 경우에 각각 어떠한 방법으로 권리의 회복을 구할 수 있는지 살펴본다. 마지막으로 환경권을 국민의 기본권으로 인정하는 우리나라 헌법의 태도를 비판적으로 고찰해보고, 문제점이 있다면 해결 방안은 없는지 살펴본다.

다만 헌법 제35조 3항 "국가는 주택 개발 정책 등을 통하여 모든 국민이 쾌적한 주거생활을 할 수 있도록 노력하여야 한다"는 규정은 환경권 논의와 직접 연관이 없으므로 논의하지 않을 것이다. 그러나 헌법의 체계상 '국가가 국민의 주거생활을 보장하기 위한 노력'에 관한 규정이 어떠한 이유에서 환경권과 함께 규정되었는지는 검토해볼 필요가 있다. 개인적으로는 해당 조문을 경제조항 등 다른 곳으로 옮기는 것이 바람직할 것으로 본다.

2. 환경보호와 다른 가치의 갈등

현대국가에서 환경보호가 인간의 생존에 얼마나 중요한지는 이미 주지된 것이다. 환경권이 종래의 고전적 기본권과는 상당히 다른 특질을 가지는 기본권이라고 주장되기도 하고,[1] 우리나라의 경우에는 헌법에 국민의 기본권으로까지 규정되었다.

그러나 기본권으로서의 환경권과 기본권을 실현하기 위한 환경보호의 중요성이 강조되면서, 환경보호를 위해 국민의 다른 이익이 제한될 수밖에 없는 상황이 생겨나고 있다. 이론적인 측면에서도 이른바 환경국가(Umweltstaat)와 고전적인 법치국가(Rechtsstaat) 사이에서 갈등이 나타나고 있다.[2] 각종 시설에 부과하는 배출부담금, 개발제한구역, 환경영향평가 등 환경보호를 위한 법과 제도는 국민들에게 헌법이 보장하는 다른 기본권인 영업의 자유 및 재산권을 제한하거나 행사하지 못하도록 한다. 즉, 기본권 행사를 크게 제한하는 것이다.

환경보호가 환경권을 실현하는 전제이고 따라서 환경을 침해하거나 환경에 일정한 영향을 주는 행위는 환경권을 침해하기 때문에 금지된다는 주장은 환경권의 측면에서 당연한 결론이다. 그러나 헌법은 기본권을 최대한, 최적으로 보장하고 기본권이 침해되지 않도록 보호하는 것을 규

---

1) 기본권 논의에서 환경권은 이른바 제3세대 기본권 중 하나라는 주장이 있다. 제1세대 기본권은 고적적인 자유권을, 제2세대 기본권은 사회권을 의미한다. 자유권이나 사회권의 범위가 개인 또는 사회나 국가라면, 제3세대 기본권의 범위는 정치적인 지도(국가)를 넘어 지구상의 인류 전체에 해당한다. 그러나 제3세대 기본권에 관한 논의는 현재 시작 단계며, 기본권의 고전적 의미 및 이론을 극복하고 독자적인 이론적 틀을 구축할 수 있을지는 더 지켜보아야 할 것이다.

2) 최근 독일의 논의를 보면 환경국가와 법치국가 사이의 갈등을 주목하는 연구들이 나오고 있다. 가장 잘 정리된 것은 Christian Calliess, *Rechtsstaat und Umweltstaat*, Tübingen 2001.

범적 바탕으로 하기 때문에, 환경권과 다른 기본권의 보장 및 보호 정도를 다르게 규정할 수는 없다. 기본권간의 우월관계가 부정되는 이유도 여기에 있다. 결국 헌법은 기본권간의 갈등이 발생할 경우 여러 방법으로 그러한 갈등을 해결할 수밖에 없다.

환경보호 및 보전만을 최고의 선으로 여기는 주장을 이른바 생태주의라고 부른다. 그중에서도 극단적 생태주의는 자연에 대한 인간의 모든 행위를 부정(不正)으로 보고 이를 배척하는 경향을 보인다. 인간도 자연의 한 구성원에 불과하며, 어떠한 경우에도 인간에게 자연에 대한 우월적 지위를 인정할 수 없다고 한다. 이러한 입장에 따르면 자연에 가하는 인간의 어떠한 행위도 정당화될 수 없다. 극단적 생태주의가 우리 헌법에 합치되지 않음은 명백하다.[3]

환경권과 다른 기본권의 관계는 결국 환경보호가 무엇을 보호하기 위한 것인가의 문제로 귀결된다. 헌법 제10조는 인간의 존엄과 가치를 규정하고 있고, 헌법이 보장하는 모든 기본권은 궁극적으로 인간의 존엄성 실현에 기여하는 것으로 해석하는 한, 환경권도 인간의 존엄에 기여할 때 기본권으로서 의미를 가진다고 본다.

3. 환경권의 헌법적 의미

환경의 의미

헌법이 보장하는 환경권의 내용을 파악하려면 우선 환경의 의미를 고

---

3) 강현호(康鉉浩) 교수는 환경이라는 마녀의 수족이 되어 국민의 기본권을 과도하게 제한하거나 박탈하는 것은 아닌지 심각하게 고려하여야 한다고 주장한다. 강현호 「환경법의 기초에 관한 소고」, 『환경법연구』 제25권 제1호 161면 참조.

찰해야 한다. 환경을 사전적 의미에 충실하게 이해한다면 인간의 의사와는 무관하게 처음부터 인간을 둘러싸고 있었던 것이고, 그러한 의미에서 주로 자연환경을 말한다고 할 수 있다.

그러나 기본권으로서 환경권을 이해하기 위해서는 환경의 사전적 의미보다는 법적인 의미를 이해해야 한다. 왜냐하면 환경을 이해하는 입장에 따라 헌법에 규정된 환경권의 개념과 범위가 달라지기 때문이다.

우리 헌법이 환경을 어떻게 이해하고 있는지는 환경보호에 관한 국가의 기본 정책을 정한 환경정책기본법에서 엿볼 수 있다. 환경정책기본법에 따르면 환경을 자연환경과 생활환경으로 구분하면서(제3조 1호), '자연환경'은 지하·지표(해양을 포함한다) 및 지상의 모든 생물과 이들을 둘러싸고 있는 비생물적인 것을 포함한 자연의 상태(생태계 및 자연경관을 포함한다)라고 정의한다(제3조 2호). 그리고 '생활환경'은 "대기, 물, 폐기물, 소음·진동, 악취, 일조 등 사람의 일상생활과 관계되는 환경"이라고 정의한다(제3조 3호). 환경정책기본법상의 '생활환경'은 본래 있었던 자연환경에 인간이 2차적인 작위를 가하여 산출해낸 2차적 환경이라고도 볼 수 있다.

학설을 살펴보면 헌법 제35조의 환경을 자연환경으로만 이해하는 협의설[4]과 자연환경과 생활환경 모두로 봐야 한다는 주장[5]이 있다. 또한 자연환경에서 살 권리, 즉 자연적인 청정한 대기에 관한 권리, 깨끗한 물에 관한 권리뿐만 아니라 더 좋은 사회적 환경에서 살 권리(교육권, 의료권, 도로·공원 이용권 등)까지 포함하는 것으로 이해해야 한다는 입장도 있다.[6] 이러한 입장에 따르게 되면, 기타 문화적·사회적 환경 등을 모두 환경에 포함시키게 되어 인간과 관련한 모든 사항이 환경의 개념에 포섭

---

4) 홍성방 『헌법학』, 현암사 2005, 589면.
5) 권영성 『헌법학원론』, 법문사 2005, 684면.
6) 김철수 『헌법학개론』, 박영사 2004, 861면.

될 수밖에 없다. 그럴 경우 문화국가에 관한 사항(제9조), 교육을 받을 권리(제31조) 등 모든 기본권 및 헌법적 가치들이 환경 속에서 이해되어야 하고, 환경에 관한 권리를 규정한 환경권은 모든 기본권의 상위를 차지하게 될 것이다. 따라서 환경의 의미를 확대하여 이해하는 것은 환경 만능 국가를 비판하는 입장을 강화할 뿐이다.[7]

환경 관련 조항에 관한 비교법적 고찰

환경에 관한 권리를 기본권으로 인정하고 이를 헌법에 규정한 예는 외국의 헌법과 비교해볼 때도 매우 획기적이다.[8] 환경권은 신군부가 집권한 이른바 제5공화국 때 처음으로 헌법에 규정되었다(1980년헌법 제33조). 헌법 개정을 주도했던 신군부가 당시에는 아직, 아니 지금도 그 성질을 두고 이론이 분분한 환경권을 헌법에 규정하여 국민의 기본권으로 인정했다는 것은 신군부의 환경에 대한 의식은 차치하고라도 우리나라 헌정사에서 매우 고무적인 것이라고 할 수도 있다. 환경보호 선진국이라고 할 수 있는 독일에서도 환경에 관한 내용이 기본법에 규정된 것은 1994년에 이르러서였다. 하지만 독일은 환경에 관한 내용을 기본권으로서, 즉 환경권으로서 규정하지 않고, 이른바 '국가목표조항'으로서 규정하여 개인이 가지는 기본권으로서의 환경권은 인정하지 않았다. 언뜻 보기에 적어도 환경과 관련한 부분에서는 우리나라 헌법의 태도가 독일보다 매우 획기적이라고 볼 수도 있다. 그에 관한 여러 가지 구체적 차이점은 후술한다.

---

7) 같은 의견으로는 홍성방, 앞의 책 589면.
8) 환경보호를 헌법에 규정한 국가는 그리스, 인도, 이란, 스위스, 태국 등이 있고, 환경권을 직접 규정한 국가로는 뽀르뚜갈, 스페인을 들 수 있다. 유럽연합 헌법 초안도 환경권을 규정하고 있으나 구체적으로 환경권을 명시하지는 않는다.

현재 유럽연합 회원국들 사이에서 비준 절차가 진행되고 있는 유럽연합 헌법 초안도 환경에 관한 규정을 두고 있는데, 유럽연합 헌법 초안은 환경에 관한 문제를 기본권 헌장에, 특히 연대(Solidarität)에 관한 장에 규정하고 있다. 그러나 유럽연합 헌법은 환경에 관한 조항을 기본권 장에 규정하면서도, 유럽연합 시민 또는 회원국의 권리로 규정하지 않고 높은 환경보호 수준, 환경의 질적 향상이 유럽연합의 정책에 편입되어야만 하며, 환경이 지속 발전의 원칙에 따라 안전하게 보전되어야 한다고 규정하고 있다(유럽연합 헌법 초안 II-36조). 이러한 태도는 환경의 문제가 결국은 유럽연합 시민들이 질적으로 향상된 환경에서 생활할 수 있는 권리임을 확인함과 동시에(이것이 기본권 장에 편입한 이유다), 환경보호의 문제는 일차적으로 유럽연합의 정책적 과제임을 선언한 것으로 볼 수 있다. 또한 환경규정을 기본권 헌장 중 연대의 장에 규정한 것은 환경의 문제가 개인적 이익보다는 사회 구성원의 연대에 의해서만 해결될 수 있음을 선언한 것으로 이해할 수 있다.

헌법 제35조 1항을 기본권으로 보는 견해

우리나라 헌법은 제35조 1항에서 환경권을 국민의 기본권으로 규정하고는 있으나 환경권의 개념 및 법적 성질을 둘러싸고 여러 견해가 대립하고 있다.[9]

환경권의 개념

환경권의 개념은 크게 두 가지 입장으로 나뉜다. 하나는 기본권의 자유권적 성격과 방어권적 성격을 중시하는 고전적인 기본권 이론의 시각

---

9) 같은 책 583면 참조.

에서, 오염되거나 불결한 환경으로 말미암아 건강을 훼손당하거나 훼손당할 위험에 놓인 자가 오염되거나 불결한 환경에 책임이 있는 공권력이나 제3자에 그 원인을 예방 또는 배제해주도록 요구할 수 있는 권리라고 이해하는 입장이며, 다른 하나는 더 적극적인 공권으로서 청정한 환경에서 쾌적한 생활을 누릴 수 있는 권리까지도 포함하여 이해하는 입장이다.[10] 후자에 따르면 오염되거나 불결한 환경의 예방 및 배제라는 소극적 측면과 청정한 환경을 보전하고 조성해줄 것을 국가에 요구할 수 있는 적극적인 측면 모두가 포함된다. 대체로 학설[11] 및 판례[12]는 우리 헌법 제35조를 넓은 의미의 환경권으로 이해하는 것으로 생각된다. 환경권을 헌법에 규정하고, 특히 그 내용을 '건강하고 쾌적한' 환경에서 생활할 권리라고 규정한 것을 볼 때 그러하다.

그밖에도 환경권의 내용에 역사적·문화적 유산인 문화적 환경뿐 아니라 도로, 공원, 교량 등과 같이 인간생활에서 필요 불가결한 사회적 환경도 포함됨은 당연하며 교육환경 역시 사회적·문화적 환경에 속한다고 보는 견해[13]도 있으나, 이는 환경권의 내용을 지나치게 넓게 보는 것이어서 찬성하기 어렵다.

---

10) 권영성, 앞의 책 684면.

11) 같은 책 684면 이하; 김철수, 앞의 책 858면; 성낙인 『헌법학』, 법문사 2005, 534면; 홍성방, 앞의 책 583면 이하.

12) 예로는, 댐 건설 및 주변지역 지원 등에 관한 법률 제35조 1항 위헌확인 중 "헌법 제35조에서는 '모든 국민은 건강하고 쾌적한 환경에서 생활할 권리를 가지며, 국가와 국민은 환경 보전을 위하여 노력하여야 한다'고 규정하여 환경권을 보장하고 있다. 이를 환경을 구성하는 중요 요소 중의 하나인 물과 관련해 볼 때, 오염에서 해방된 깨끗한 물에 대한 권리는 물론, 인간으로서의 존엄을 유지하기 위하여 필요한 정도의 유량을 공급받을 권리도 이러한 환경권의 한 내용으로 이해할 수 있을 것이다"(헌재 2001. 1. 18, 99헌마548); 자연공원법 제16조 1항 4호 등 위헌소원 중 "헌법은 제10조에서 헌법이 지향하는 최고의 가치로서 '모든 국민은 인간으로서의 존엄과 가치를 가지며, 행복을 추구할 권리를 가진다'고 규정하고 있고, 제35조 1항에서는 '모든 국민은 건강하고 쾌적한 환경에서 생활할 권리를 가지며, 국가와 국민은 환경 보전을 위하여 노력하여야 한다'고 규정하여 국민의 환경권 보장과 국가의 환경 보전의무를 선언하고 있으며"(헌재 1999. 7. 22, 97헌바9)

헌법 제35조의 환경권을 교육환경 등 문화적·사회적 환경 모두를 포함하는 것으로 보게 되면, 환경권이 모든 기본권을 포괄하게 될 우려가 있다. 헌법이 보장하는 각 기본권에는 각각의 성격과 의의가 있어서 그것들이 상호 보완하여 인간의 존엄성을 최적화하는 데 기여하는 것이지, 특정 기본권이 우위에 있어서 다른 기본권을 포섭한다고 볼 수 없기 때문이다. 헌법 제35조의 환경권도 다른 기본권과의 관계에서 예외가 아니다. 환경국가가 법치국가를 대체하려고 한다는 (비판적) 주장[14]이 어느 정도 설득력을 얻은 것도 환경 또는 환경권을 지나치게 넓게 보거나 환경의 가치를 상대적으로 높게 두는 것에 대한 반작용으로 보인다. 헌법 제35조를 구체화하는 환경정책기본법도 '환경'을 자연환경과 생활환경으로만 구분하여, 이른바 문화적·사회적 환경은 환경권의 범위에서 배제됨을 소극적으로 보여주고 있다.

환경권의 법적 성격

우리 헌법 제35조의 규정 태도에 따르면 환경권의 자유권적 기본권성을 부정할 수는 없을 것이다. 만약 환경권을 건강하고 쾌적한 자연적 환

---

13) 예를 들면, 성낙인, 앞의 책 534면; 정극원 「기본권으로서의 환경권과 국가목적규정으로서의 환경권」, 『공법연구』 제32집 제2호 531면; 부산고법 1995. 5. 18, 95카합5 중 "헌법상 규정된 환경권은 사람이 인간다운 생활을 영위함으로써 인간으로서의 존엄을 유지하기 위하여 필수적으로 요구되는 것이므로 인간의 생래적 기본권의 하나로서 모든 사람에게 다같이 보장되는 보편적인 권리로서의 성질을 가진다 할 것이고, 이러한 환경권의 내용에는 공기, 물, 일광, 토양, 정온 등 자연적 환경을 비롯하여 자연적 경관도 포함되고, 이러한 자연적 환경 이외에 역사적, 문화적 유산인 문화적 환경뿐 아니라 사람이 사회적 활동을 하는 데 필요한 도로, 공원, 교량 등과 같은 사회적 시설로서 인간생활상 필요 불가결한 사회적 환경도 포함됨은 당연하고, 교육환경 역시 사회적, 문화적 환경에 속한다 할 것이다" 등의 견해 참조.

14) Michael Kloepfer, *Umweltrecht*, 2. Aufl., München: 1998; 강현호, 앞의 글; 정훈 「환경보호와 법치국가원리의 충돌」, 『환경법연구』 제25권 제2호 431면. 법치국가와 환경국가와의 관계에 관한 자세한 내용은 Calliess, 앞의 책 참조.

경에서 삶을 영위할 수 있는 순수한 개인의 자유권(소극적 방어권)으로 본다면, 자연을 변화시키는 국가의 적극적 개발 행위(터널, 방조제, 택지 개발 등)는 개인의 헌법상 권리인 환경권을 침해할 수 있고, 개인은 그러한 국가의 개발행위에 맞서 부작위 청구를 할 수 있을 것이다.

환경권을 자유권적 기본권으로 보는 데는 이견의 여지가 없다. 그러나 환경권을 사회적 기본권으로 보는 견해에서는 의견이 나뉜다. 사회적 기본권은 인권을 실현하기 위하여 국가에 경제적·사회적·문화적 조건을 창출해줄 것을 적극적으로 요구할 수 있는 권리를 말한다.[15] 즉, 사회적 기본권의 실현은 국가의 급부 제공에 의존하게 되며, 따라서 개인이 국가에 특정한 급부를 요구하는 청구권이 사회적 기본권의 중심이 된다. 요약하면, 사회적 기본권은 국가에 대한 적극적 요구와 이에 상응하는 국가의 권리 보장으로 구성된다. 헌법 제35조에서 보장되는 환경권도 사회적 기본권의 하나로 이해되고 있다.[16]

사회적 기본권은 국민의 적극적 요구와 그에 상응하는 국가의 급부에 의해서 구체적으로 실현되기 때문에, 하나가 충족되는 것만으로는 완전히 실현되기 어렵다. 이러한 사회적 기본권의 특징 때문에, 사회적 기본권을 프로그램적 규정으로 보는 견해, 추상적 권리로 보는 견해, 구체적 권리로 보는 견해 간에 다툼이 있다. 이런 다툼은 환경권을 사회적 기본권으로 보는 우리의 학설 및 판례에서도 여전히 보이고 있다.

환경권을 프로그램적 규정으로 보게 되면 환경권의 보장은 단지 선언적 의미만을 가지며, 그것의 구체적 실현은 단지 입법정책상의 문제에 불과하게 된다. 즉, 환경권 실현은 국가의 재량에 속한다는 결론에 도달한다. 국가가 환경권을 구체적으로 실현하기 위한 행위를 전혀 하지 않

---

15) 홍성방, 앞의 책 535면.
16) 학설은 우리 헌법 제31~36조에 규정된 기본권을 국민에게 보장된 사회적 기본권이라고 본다.

는 경우에도 국민은 국가에 어떠한 요구도 할 수 없다. 이런 이유로 환경권을 프로그램적 규정으로 보는 견해는 현재 찾아보기 어렵다.

환경권을 추상적 권리라고 보는 입장에 따르면, 국민이 추상적으로 환경권을 가진다는 것만 규정할 뿐 구체적인 내용에 관하여는 아무런 규정이 없기 때문에, 환경권을 구체적으로 실현하기 위해서는 법적인 구체성, 즉 권리주체의 확정, 법익의 존재, 청구 방법 등이 명확해져야만 환경권을 행사할 수 있다. 따라서 환경권을 행사하기 위해서는 환경권을 실현할 수단 및 방법에 관한 내용이 법률로 제정되어야만 한다.[17] 대법원은 환경권에 관한 헌법 제35조의 규정이 직접적으로 개개의 국민에게 구체적인 사법상의 권리를 부여한 것이라고 보기는 어렵고, 사법상의 권리로서의 환경권이 인정되려면 그에 관한 명문의 법률규정이 있거나 관계 법령의 규정 취지 및 조리(條理)에 비추어 권리의 주체, 대상, 내용, 행사 방법 등이 구체적으로 정립될 수 있어야 한다고 하여, 환경권을 추상적 권리로 보고 있다.[18]

한편 환경권은 본질적으로 추상적 권리지만, 국가가 생존을 위한 최소한의 환경, 최소한의 사회적 환경을 보장할 헌법적 의무를 이행하지 않은 경우에는 국가의 부작위를 이유로 하는 헌법적 권리 구제가 가능하다고 주장하는 절충적 입장도 있다.[19] 이에 따르면 환경권은 추상적 권리의 성격을 지니지만, 헌법재판 또는 입법 형성에 의하여 추상성이 제거되기만 하면 구체적인 실현이 가능하다고 한다.

반면에 환경권을 실정법적인 법규로서 현실적인 청구권이 인정되는

---

17) 홍준형, 앞의 책 41면.
18) 대판 1995. 9. 15, 95다23378. 그밖에도 대판 1997. 7. 22, 96다56153에 의하면, 환경권은 명문의 규정이나 관계 법령의 규정 취지 및 조리에 비추어 권리의 주체, 대상, 내용, 행사 방법 등이 구체적으로 정립될 수 있어야만 인정되는 것이므로, 사법상의 권리로서의 환경권을 인정하는 명문의 규정이 없는데도 환경권에 기하여 직접 방해배제청구권을 인정할 수 없다고 한다.
19) 예를 들면, 정극원, 앞의 글 535면.

구체적 권리로 보게 되면, 입법자에게 헌법상의 환경권을 실현할 수 있는 구체적인 법 제정 의무를 지우고, 행정부에 그에 따른 예산을 편성하도록 의무를 지우며, 이러한 의무를 불이행할 경우 (입법 부작위 또는 행정작용의 부작위에 대한) 위헌 여부를 법원에 청구할 수 있는 현실적·구체적 권리가 된다.

한편 환경권을 인간의 존엄과 가치, 행복추구권에서 파생된 기본권으로서, 자유권적 성격과 사회권적 성격을 모두 가지는 종합적 기본권으로 보는 견해도 있다.[20] 하지만 환경권이 이념적으로 인간의 존엄성 존중에 기초한 종합적 권리라고 보는 이러한 주장도 환경권의 주된 성격은 사회적 기본권이라는 입장에 서 있다. 다만 그 법적 성격을 둘러싸고 환경권이 추상적 권리인가 구체적 권리인가에는 견해가 갈린다. 김철수(金哲洙) 교수는 환경권을 자유권적 측면과 사회권적 측면을 나누어서 설명한다. 그에 따르면 환경침해배제청구권은 자유권에서 파생되므로 구체적 권리지만, 환경개선청구권은 추상적 권리일 수밖에 없다고 한다.[21] 헌법재판소는 환경권을 헌법 제10조의 인간의 존엄성 유지를 위한 조건으로 이해하고 있다.

환경권의 효력

환경권이 국민의 기본권으로 규정되어 있는 한, 환경권은 기본권의 본질적 성격을 그대로 가진다. 즉, 환경권의 자유권적 성격 덕분에 환경권은 국가가 국민의 환경권을 법률적 근거 없이 침해하는 경우 국민이 국가에 침해를 중지하는 등 침해 배제를 요구할 수 있는 헌법적 근거가 된다. 예를 든다면 국가가 단지 공익을 위하여 정당한 법률적 근거 없이

---

20) 김철수, 앞의 책 859면; 권영성, 앞의 책 686면.
21) 김철수, 앞의 책 859면.

개인이 거주하는 지역의 자연환경을 훼손할 경우 개인은 국가에 그러한 훼손 행위 중단 및 원상회복을 요구할 수 있다고 본다. 침해 배제 요구의 직접적 근거는 헌법 제35조 1항이 된다. 자유권의 성격상 당연한 결과다.

환경권을 사회적 기본권으로 보는 입장에서는 국민이 국가에 '건강하고 쾌적한 환경'을 조성해줄 것을 요구할 수 있다.[22] 국가가 국민들이 환경권을 구체적으로 실현할 수 있는 입법을 하지 않거나 그런 입법이 불충분하여 환경권의 실질적 실현이 사실상 어려운 경우에는, 입법자의 입법 부작위를 이유로 한 헌법소원이 가능할 것이다. 행정부가 건강하고 쾌적한 환경을 조성하지 않아서 국민들의 환경권이 침해당하거나 실현될 수 없는 경우에는 행정청에 환경권 실현을 위한 구체적 행위를 해줄 것을 요구할 수 있을 것이다.

한편 오늘날 환경 침해는 대부분 국가보다는 오히려 사인(私人)들, 특히 이른바 거대 사인(대기업 또는 다국적기업)에 의해 발생한다. 이에 앞에서 본 바와 같이 환경권의 주관적 성격이 약화되고 객관적 성질이 부각됨으로써 국가 및 개인들의 환경에 대한 권리와 상호간 의무가 중시되고 있다. 환경권의 객관적 성격으로 말미암아 사인에 의해 환경권이 침해될 경우 국가가 처음부터 개입할 수 있게 된다. 특히 환경 훼손 또는 환경오염은 다른 기본권의 침해와는 매우 다르다. 다른 기본권의 침해 범위가 대부분 개별적 사인 또는 소규모인 반면에, 환경권이 침해될 경우는 침해의 범위, 침해의 대상 등의 규모가 매우 크다. 이 때문에 환경 침해의 회복이나 그 권리의 구제는 처음부터 공공적일 수밖에 없으며, 그래서 국가가 개입할 여지가 있는 것이다. 학설에 따르면, 그러한 경우

---

22) 건강하고 쾌적한 환경에 문화적·사회적 환경은 포함되지 않는다. 아울러 건강하고 쾌적한 환경은 1차적으로 자연환경을 의미하고, 생활환경의 오염(환경오염)으로 자연환경이 훼손된 경우에 이러한 오염원을 제거하여 자연환경을 회복하는 것을 의미한다.

에 사인은 국가에 행정 개입을 청구하여 행정청으로 하여금 환경 침해의 주체에 일정한 조치를 취하도록 요구할 수 있다고 한다.[23] 예를 들면 특정 시설에서 배출되는 오염물질의 농도가 배출 허용 기준을 초과하는데도 관할 행정청이 아무런 조치를 취하지 않아 권리를 침해받는 주민이 행정청을 상대로 개선 명령 내지 조업 중지 명령을 내릴 것을 청구할 수 있는지가 문제될 수 있다. 법령이 행정청의 일정한 행정권 발동 의무를 규정하고 있고, 그러한 법령의 규정이 공익뿐만 아니라 사익도 보호하는 경우에는 행정개입청구권을 인정할 수 있다.[24]

헌법 제35조 1항을 국가목표조항으로 보는 견해

헌법이 규범으로서의 국가목표조항을 두는 이유는, 지금은 확정할 수 없지만 장래에 당면할 불확정적인 현안들을 헌법적 차원에서 합리적으로 포섭하고 능동적으로 해결할 수 있도록 이념적 방향을 설정하고 구체적 내용을 결정하기 위해서다.[25] 그러나 국가목표조항을 장래에 발생할 수 있다고 예견되는 문제들을 규정하고 국가가 이를 확인한다는 정도의 선언적 의미로만 이해한다면, 국가목표조항은 오히려 헌법의 규범력을 떨어뜨릴 뿐이다. 국가목표조항에 관한 이론적 기초를 세운 독일에서도 그러한 점을 인식하여 국가목표조항은 단순히 선언적 의미가 아니라, 명령과 지시 등 어떠한 형태로든 국가행위의 방향을 설정하고 실질적 과제를 국가에 부여하는 것으로 본다.[26]

국가목표조항은 국가가 지속적으로 존중하고 충족해야 할 사실상의 목적으로 확정된 과제를 규정한 것으로서, 법적으로 구속력 있는 헌법규

---

23) 행정청이 법에 주어진 권한을 행사하지 아니해서 자신의 권익을 침해당한 자는 자신의 이익을 위하여 행정권의 발동을 청구할 수 있다.
24) 같은 의견으로 강현호, 앞의 글 158면.
25) 정극원, 앞의 글 541면 참조.
26) Maunz-Dürig, *GG Kommentar*, Bd. III, München 2005, Art. 20a, Rdnr. 27 u. 68 참조.

범이다. 국가목표규정은 확정된 국가행위 프로그램이며, 국가활동의 지침과 지시가 됨과 아울러 입법과 행정입법의 해석 근거가 된다.[27) 국가목표규정은 전적으로 국가를 대상으로 하기 때문에 일반 국민은 해당 조항으로부터 어떠한 의무를 부과받거나 부담하지 않으며, 국가의 작위 또는 부작위를 이유로 법원에 소를 제기할 수도 없다.[28)

국가목표조항의 예

국가목표조항의 대표적인 예로 독일 기본법 제20조 a를 들 수 있다. 독일 기본법은 제20조 a에서 "국가는 또한 미래 세대에 책임을 지고 자연적 생활 기반과 동물들을 헌법적 질서의 범위 안에서 입법을, 법률과 법의 척도에 따라 행정 및 사법을 통하여 보호한다"고 하여 환경 관련 기본 조항을 헌법에 규정하고 있다. 이 규정에 대하여 독일의 학설은 기본법 제20조 a를 단순히 선언적 규정이 아닌 국가목표규정으로 본다.[29)

독일에서도 1949년헌법이 제정될 당시에는 사람들이 생태 보호 의무 등을 잘 알지 못했다. 기본법이 비록 환경법적인 것을 도외시하지는 않았지만, 환경보호를 일반적이고 실질적인 국가목표로서 헌법적으로 표현해야 한다는 데까지는 인식이 미치지 못했다. 그러나 환경 보전이 강조되고, 인간이 환경 속에서 삶을 영위하는 존재라는 관념이 확산됨과 동시에 환경 파괴 및 오염의 심각성이 인식되면서부터 환경 관련 문제를 기본법에 어떠한 형태로든 규정해야 한다는 합의에 도달했다. 그에 따라 이미 1981년 가을 독일 연방 내무부와 법무부에 의해서 조직된 '국가목

---

27) Der Bundesminister des Innern/Der Bundesminister der Justiz (Hrsg.) "Staatszielbestimmungen/Gesetzgebungsaufträge," *Bericht der Sachverständigenkommission*, 1983, Rn. 130 이하.
28) M. Kloepfer, 앞의 책 123면.
29) 같은 책, 123면 이하.

표조항/입법 주문'을 위한 전문가위원회는 환경보호에 관한 사항을 기본법에 규정하는 것을 지지했고 그후 1991년 3월 1일 구성된 연방상원 (Bundesrat)의 헌법개혁위원회가 그것에 관하여 언급한 바 있었다. 연방의회와 연방상원도 1980년대 두 번의 회기(제10, 11회기)에 걸쳐 환경보호를 기본법에 규정하려고 시도했다.

환경 관련 조항의 헌법규정화를 장기간에 걸쳐 시도한[30] 끝에, 마침내 국가의 환경보호 책임을 규정한 독일 기본법 제20조 a는 1994년 10월 27일 헌법 개정을 통하여 확정되고 1994년 11월 15일부터 그 효력이 발생했다. 그후 2002년 7월 26일 '자연적 생활 기반' 이외에 '동물들'을 추가하는 것으로 헌법을 개정했다. 이 조항이 생기기 전까지는 독일 기본법의 기본권조항 또는 국가목적조항 어디에도 환경권이나 국가의 환경보호 의무에 관한 명시적 규정이 없었다.

먼저 환경조항을 기본권으로 규정한다면 어떠한 방식으로 할 것인가와 관련하여 많은 논란이 있었다. 녹색당은 주관적 공권으로서의 환경권을 기본법에 규정하자고 주장했으나,[31] 환경권을 기본권으로 인정하는 것은 기본권의 체계에 반한다는 이유로, 연방의회와 연방참사원이 공동으로 구성한 '헌법 개정을 위한 공동위원회'에서 거부되었다. 아울러 생태계 보호나 생태학적 측면에서 개인에게 환경보호에 관한 헌법상의 의무를 부과하자는 주장도 거부되었다. 첫번째의 제안은 몇몇 주에서 제안한 것으로 기본권 행사의 생태적인 한계를 뜻하는 '생태계에 대한 주관적 기본 의무'에 관한 것이었다. 독일 기본법 제2조 1항이 규정하고 있는 인격의 자유로운 발현도 자연적 생활 기반을 침해하는 경우에는 기본권의 생태적 한계에 의거해 헌법상 직접 제한되어야 한다는 것이 요지였

---

30) 기본권으로서 환경권을 규정하려는 시도와 국가목표조항으로서 환경보호조항을 신설하는 것을 두고 수많은 논의가 있었다.

31) Maunz-Dürig, 같은 책, Art. 20a, Rdnr. 20 참조.

다.[32] 다음 제안은 독일 기본법 제14조의 소유권 보장에 생태적 유보를 명시하자는 것이었다. 즉, 2항의 '소유권 행사의 일반적 복리 적합성'에 '생명의 자연적 기반 보호'를 포함하자는 것이었다.[33] 그러나 생태계에 대한 국가의 의무에 중점을 두지 않고 개별 국민에 의무를 부과하려는 시도는 공동위원회에서 지지를 얻지 못했다. 결국 독일 기본법은 환경 관련 조항을 환경권이나 개인의 환경보호 의무 어느 형태로도 규정하지 않았다.

독일 기본법이 기본권으로서 환경권을 규정하지 않은 이유들을 살펴보면, 우선 생태적 최저 생존을 위협하는 극단적인 예외 상황을 제외하고는 환경권을 의미 있고 기본권 체계에 부합하는 하나의 기본권으로서 구성할 만큼의 법적·사실적 전제가 결여되어 있다는 주장이 있다.[34] 또한 현실적으로 실현되지 않을 것을 약속하는 것은 헌법의 신용을 위하여 바람직하지 않다는 주장도 있고, 인간의 존엄성에 필수적인 환경보호 범위를 확정하기 어려워서 기본권의 개별성 내지 구체성과 맞지 아니한다는 주장도 있다. 즉, 기본권은 비구속적이고 직접적인 수준에서 사법적으로 결정되고 실행 가능해야 하기 때문에 그렇다는 것이다. 또한 자연적 생활 기반은 구체화할 필요가 있고 또 구체화할 수 있으므로 국가목표로서 나름대로 설득력이 있으나, 자연적 생활 기반 자체를 기본권으로 보기에는 무리가 있다고 한다. 아울러 기본권으로서의 환경권은 다른 사회적인 참여권처럼 어떠한 급부를 구성요건으로 가져야만 한다. 그러나 이와 관련하여 국가가 구체적으로 책임져야 할 환경에 대한 급부 또는 위험 예방 보장의 본질이 무엇인지, 또한 어떠한 방식으로 책임을 물어야 하는지와 같은 문제에 사법적 형식으로는 해답을 내놓지 못하기 때문

---

32) 같은 책, Art. 20a, Rdnr. 21 참조.
33) 같은 책, Art. 20a, Rdnr. 21.
34) 같은 책, Art. 20a, Rdnr. 12.

에, 환경권을 기본권으로 인정하기는 어렵다고 한다.[35]

이와 같은 이유에서, 독일 기본법 제20조 a가 기본권으로서의 환경권이 아니라 국가의 활동 범위를 정하고 국가행위를 구속하는 국가목표규정이라는 것에 학설은 일치된 견해를 보인다.[36] 따라서 기본법 제20조 a를 근거로 어떠한 주관적 공권도 주장할 수 없으며 환경과 관련한 결정에 대하여 소를 제기하거나 국가에 구체적인 급부를 요구할 수 없다.[37] 국가목표규정은 전적으로 국가를 대상으로 하기 때문에 일반 국민은 환경과 관련한 국가의 작위 또는 부작위를 이유로 법원에 소를 제기할 수 없는 것이다. 따라서 환경보호는 헌법에서 보호하는 법익으로서 절대적인 법익이라기보다는 상대적인 법익에 속한다. 이러한 점에 대해서는 독일 연방행정재판소도 "자연적 생존 근거의 보호에 관한 의무는 다툴 수 있는 주관적 권리의 주장을 위한 근거가 아니며, 이는 환경보호단체에도 마찬가지로 적용된다. 환경보호단체도 환경보호 의무의 불이행을 이유로 한 어떠한 소송도 제기할 수 없다"고 하고 있다.[38]

그러나 독일 기본법 제20조 a가 이와 같이 단순한 선언적 조항만은 아니다. 오히려 국가권력을 직접 구속하는 지침으로서 의미가 있는 것이다. 즉, 제20조 a는 사회국가의 원리와 마찬가지로 입법자에게 변화한 사회 상황, 구체적인 사회 상황에 따라 지속적이고 끊임없이 구체화할 과제를 부과한다. 또한 포괄적인 국가의 과제를 형성하고 질서화할 것을 국가에 위임하면서 동시에 이를 항상 새롭게 구체화하고 현재화할 것을 요구한다. 즉, 국가는 모든 영역에서 스스로 일정한 수준의 환경 보전과 보호를 실현해야 한다.

---

35) 같은 책, Art. 20a, Rdnr. 12 이하 참조.
36) M. Kloepfer, 앞의 책, 123면 이하.
37) 같은 책, 123면.
38) BVerwG, NJW 1995, 2648(2649).

우리 헌법 제35조 1항 후단

앞에서 얘기한 바와 같이, 국가목표조항은 국가활동의 지침과 지시로서, 국가를 구속하는 실질적인 효력을 가진 헌법규범이다. 그렇다면 우리 헌법 제35조 1항 후단을 이와 같은 국가목표조항으로 이해할 수 있는가? 헌법 제35조 1항 후단에서는 '국가와 국민은 환경 보전을 위하여 노력하여야 한다'고 하여 국가와 국민 모두에게 환경 보전에 노력할 것을 주문하고 있다. 이 조항에 따르면 환경 보전은 국가만의 과제가 아니라 국민 모두가 부담해야 하는 것이다. 환경정책기본법 제24조는 헌법의 내용을 더욱 구체화하여 국가와 국민에게 자연환경의 보전이 인간의 생존 및 생활의 기본임을 인식하여 자연의 질서와 균형이 유지·보전되도록 노력할 것을 규정하고 있다.

해당 조문을 제정할 당시(1980년)에는 헌법 제35조 1항 후단을 국가목표조항으로 인식하지는 않았을 것으로 추정된다. 앞에서 얘기한 것처럼 국가목표조항은 국가를 구속할 뿐 국민은 구속하지 않는다. 또한 국민들도 국가목표조항을 근거로 자신의 주관적 권리를 주장하지 못한다. 따라서 헌법 제35조 1항 후단은 국가와 국민 모두를 대상으로 규정하고 있기 때문에 국가목표조항으로 볼 수 없다고 생각한다. 추측건대 1980년헌법 개정자들은 환경 보전이 국가를 포함한 모든 구성원의 연대 없이는 불가능함을 인식하고 이를 헌법에서 선언한 것으로 보인다.

1980년헌법 개정자들이 해당 조문에 국가목표규정으로서의 성격을 부여하지 않았다 하더라도, 헌법 개정 당시의 의미가 해당 조문이 제정되고부터 약 25년이 흐른 현재에도 여전히 유효한지 여부는 문제가 될 수 있다. 헌법을 비롯한 모든 법률의 의미와 해석은 시간이 지남에 따라 달라지기 때문에 그러한 질문은 국가목표조항과의 관련 속에서 상당한 의미가 있다.

만약 이 조문이 제정 당시의 선언적 의무규정에서 벗어나 실질적 효력을 가진다면, 이 조문을 근거로 국가가 국민에게 환경보호 의무 및 그 책무의 이행을 요구할 수 있을까? 환경권이 사회적 기본권 또는 자유권적 성격도 가지는 종합적 기본권이라고 보면, 사회적 기본권의 적극적 성격, 자유권적 기본권의 방어적 성격 모두를 가지고 있으므로, 당연히 이를 근거로 국가에 적극적·소극적으로 요구하거나 국가로부터 방어를 할 수 있다. 그러나 환경권의 구체적 실현을 위해서 국가가 국민들에게 환경 보전 행위를 요구할 수 있다고 본다면, 환경권의 실현(제35조 1항 전단)을 위하여 환경보호 의무를 이행해야 한다는, 즉 권리 실현을 위하여 동종의 의무를 동시에 이행해야 한다는 결론에 이르게 되고, 이는 주관적 공권이라는 기본권의 성격에 부합하지 않는다.

반대의 경우도 생각해볼 수 있다. 국가는 환경보호의 일차적인 책임을 지고 이를 위한 법률 등을 제정·집행해야 한다(헌법 제35조 2항). 헌법 제35조 1항 후단이 국가목표조항으로 이해된다면, 동조 2항은 국가목표조항의 구체적 실현을 위한 입법자의 의무로 이해할 수 있을 것이다. 그러나 국가가 환경보호를 위한 노력을 하지 않을 경우, 국민들이 해당 조문을 근거로 국가에 일정한 작위 또는 부작위를 요구하는 것은 국가목표조항에 대한 개념 및 성격이 변화하기 전에는 어려울 것이다. 다만 제35조 2항을 근거로 입법자의 입법 부작위에 대하여 국민들은 입법자에게 환경권을 구체화하는 법을 제정하라고 요구할 수는 있을 것이다.

또한 국민 상호간에 환경보호 노력을 요구할 수 있을지도 관심의 대상이다. 환경규정을 국가목표규정으로 보는 독일의 경우에도 환경규정과 기본권의 관련성을 완전히 부인하지는 않는다. 즉, 독일 기본법 제20조 a는 환경 위험을 부담하는 자의 입장에서는 기본권이 확장되는 것이며, 환경 위험을 유발하는 자의 입장에서는 기본권이 제한되는 것이다. 그에 따라서 현재는 헌법이 직접적으로 한계를 규정한다는 의미가 입법

자에 의한 입법적 조치의 의미보다 더 강하다고 보고 있다.[39]

환경법률주의와 입법 형성의 한계

헌법 제35조 2항에서는 '환경권의 내용과 행사에 관하여는 법률로 정한다'고 규정하여 동조 1항에서 보장하는 환경권의 구체적인 내용과 그 행사 방법을 입법자의 몫으로 남겨두고 있다. 그에 따라 입법자는 국민들이 환경권을 구체적인 기본권으로 향유할 수 있도록 법률을 제정해야 한다. 헌법에 환경권이 규정되기 이전에도 입법자는 환경 관련 법률을 제정하여 시행해왔으나, 환경권이 헌법에 국민의 기본권으로 규정되고 그 행사와 방법을 법률로 정하도록 입법자에게 의무 지우는 것을 볼 때 입법자는 환경권의 적극적 실현을 위한 입법을 해야만 할 것이다. 그러한 의미에서 환경권이 단지 선언적 의미만 있는 프로그램적 규정이라고 보는 견해는 설득력을 잃게 된다. 만약 입법자가 헌법의 규정에도 불구하고 환경권을 구체적으로 실현할 수 있는 법률을 제정하지 않아서 국민들이 기본권으로서의 환경권을 구체적으로 향유할 수 없게 되면 국민들은 입법 부작위를 이유로 헌법소원을 제기할 수 있을 것이다. 입법자는 환경권을 구체화하는 법률을 제정할 때 환경 입법의 원칙인 사전 배려의 원칙, 원인자 책임 배제의 원칙, 협력의 원칙[40]에 따라야 한다.

이때 환경권을 구체화하는 법률을 제정할 입법자의 의무는 입법 형성의 자유를 한계짓는다. 즉, 입법자는 자신의 입법 형성권을 이유로 환경권 관련 법률의 제정 여부에서부터 내용 등 모든 것을 자의적으로 결정할 수 있는 것이 아니라, 헌법 제35조 1항에 따라 환경권 및 국가의 환경보호 의무를 구체화하는 법률을 반드시 제정해야 하고, 그러한 법률을

---

39) M. Kloepfer/T. Brandner, 앞의 책 124면.

제정할 때도 환경권의 내용에 관한 헌법 해석에 구속되며, 그러한 범위 내에서 구체적인 법률의 내용을 어떻게 할 것인가에 대해서만 입법 형성의 자유를 가진다는 것이 헌법 제35조 2항의 취지에 부합한다고 본다.[41] 이때 입법자는 비례의 원칙과 과소 금지의 원칙에 따라 환경권 보장에 필요한 최소한의 요구에 부합하도록 입법해야 한다.[42] 그에 따라 제정된 또는 제정될 환경 관련 법률들은 헌법 제35조 1항의 환경권을 구체화해야 하는데, 결국 개별 법률들의 궁극적 목적은 첫째, 생활환경 및 자연환경을 침해·훼손으로부터 보호하는 것이어야 한다. 둘째, 이미 침해된 환경으로 생긴 피해와 불이익을 제거·구제하고 환경분쟁을 해결하는 것이어야 한다.[43] 나아가서 입법자는 국민들이 급변하는 사회 상황, 새로이 알려지는 환경 침해 내지 위험 요소 등에 의해서 심각하게 위협받지 않고 환경권을 실질적으로 향유할 수 있도록 환경 관련 법률들을 관찰하

---

40) 니더작센(Nidersachsen) 주의 쓰레기 방출에 관한 법률에 대한 헌법소원 심판사건, BVerfG, 2 BvR 1876/91 vom 7. 5. 1998, Absatz-Nr.(1-168), http://www.bverfg.de/ents cheidungen/rs19980507_2bvr187691.html. 환경보호는 국가·경제 및 사회의 공동 책임이며, 형성된 공동 책임과 협력에는 모든 참가자의 공동 작업이 요구된다. 협력의 원칙에 대해서는 그 내용이 불확정적이고 다의적이어서, 그 내용의 핵심인 책임의 귀속 내지 분배 문제가 제기된다. 국가와 사회, 특히 경제와의 공동 책임의 범위를 어떻게 결정할지가 문제라는 비판이 있다. 정남철「환경법상의 협동의 원칙」, 『환경법연구』 제25권 제1호 379면.

41) 같은 의견으로 정극원, 앞의 글 536면 이하. 우리나라 환경 관련 법의 일반법이라고 할 수 있는 환경정책기본법 제2조는 "환경의 질적인 향상과 그 보전을 통한 쾌적한 환경의 조성 및 이를 통한 인간과 환경 간의 조화와 균형의 유지는 국민의 건강과 문화적인 생활의 향유 및 국토의 보전과 항구적인 국가발전에 필수 불가결한 요소임에 비추어 국가·지방자치단체·사업자 및 국민은 환경을 좀더 양호한 상태로 유지·조성하도록 노력하고, 환경을 이용하는 모든 행위를 할 때에는 환경 보전을 우선적으로 고려하며, 지구의 환경 위해를 예방하기 위한 공동의 노력을 강구함으로써 현재의 국민으로 하여금 그 혜택을 널리 향유할 수 있게 함과 동시에 미래의 세대에게 계승될 수 있도록 함을 기본 이념으로 한다"고 규정되어 있다.

42) 홍완식「헌법상 국가의 환경 보전 의무의 실현에 관한 고찰」, 『일감법학』 제6권, 건국대학교 법학연구소, 140면 이하.

43) 홍준형, 앞의 책 68면.

고 필요한 경우 해당 법률을 개선할 의무까지도 부담한다.[44]

4. 환경권 규정체계의 문제점과 개선 방안

헌법조문상의 문제점

조문간의 관계

헌법 제35조 1항 전단은 국민의 권리로서 환경권의 보장을, 후단은 국가와 국민의 환경 보전 노력을 규정한다. 그에 따라 동 조항을 둘러싸고 환경권이 기본권이지만 환경 보전 노력이라는 의무가 결부된 것으로 보아야 한다는 견해도 가능하고, 환경권과 환경 보전에 대한 국가목표를 동시에 규정한 것이라는 주장도 가능하다.

국민이 환경권을 적극적으로 실현하기 위해서 또는 국가가 개인의 환경권을 보호·보장하기 위해서는 전제로서 국민 및 국가가 환경 보전을 위해 노력해야 한다. 그런데 문제는 국민 및 국가가 환경 보전을 위해 노력할 것을 헌법에 굳이 규정할 필요가 있느냐는 것이다. 구체적이고 강제적인 효력을 가지는 의무가 아니라 단지 선언적 의미에 불과하다면 더욱 그러하다. 독일에서 환경권의 신설과 기본권조항으로의 편입에 반대하는 의견 중에서, 그 실효성이 의문시되는 사항을 규정하여 오히려 국민들에게서 헌법에 대한 신망을 잃을 수 있다는 의견은 매우 시사적이라고 할 수 있다.

나아가서 환경을 보전하기 위해 노력해야 할 국가와 국민의 의무가

---

44) 법률 개선 및 관찰 의무는 Y. Choi, *Die Pflicht zur Beseitigung von Gesetzesmangeln*, Hamburg: 2002; 졸고 「환경 법제와 입법자의 법률 개선 의무」, 『환경법연구』 제26권 제1호; 졸고 「입법자의 법률 관찰 의무」, 『토지공법연구』 제21집 등 참조.

구체적인 구속력이 있다면 그리고 그것이 헌법 제정자의 의지라고 한다면, 기본권과 의무를 같은 조항에 규정할 것이 아니라 의무에 관한 사항을 다른 조항에 따로 규정하는 것이 바람직할 것이다. 그러나 그러한 경우에도 국가의 환경 보전 의무는 규정하고 국민의 의무는 규정하지 않는 것이 바람직할 것이다. 환경 보전의 책임은 일차적으로 그리고 최종적으로 국가가 부담해야 하지 국민에게 전가해서는 안된다. 국가와 국민 모두의 책임으로 규정하고 그 구속력을 인정하면, 환경 침해의 특성상 국가에 의해서 행해진 환경권 침해임에도 국민들마저 일정한 책임을 부담해야 할 경우가 생길 것이다. 이 때문에 국민들이 국가를 상대로 원상회복을 주장할 수 있는 근거가 약화되어, 국가의 책임이 희석되지 않을까 우려된다. 국민 사이에서 발생할 수 있는 환경권 침해는 환경권의 객관적 성질에서 당연히 도출되기 때문이다.

헌법 제35조 1항의 문언 사이에서 발생하는 체계상의 갈등을 근본적으로 해결하는 방안은 동조 1항 후단을 완전히 삭제하는 것이다. 동조 2항(환경법률주의)이 존재하고 환경권의 기본권으로서의 성격과 구체적 내용이 인정된다면, 굳이 그 규범적 의미가 불확실한 '국가와 국민의 환경보호 노력'을 규정할 필요가 없다고 본다.

조문의 내용

헌법 제35조 1항 전단에서는 모든 국민이 '건강하고 쾌적한 환경에서 생활할 권리'를 환경권의 내용으로 정의하고 있다. 그러나 구체적인 내용을 둘러싸고 여러 견해가 있다.[45] 모두 환경의 개념을 다르게 이해하

---

45) 허영(許營) 교수는 "건강하고 쾌적한 환경에서 공해 없는 생활을 누릴 수 있는 권리"(『한국헌법론』, 박영사 2005, 439면), 권영성(權寧星) 교수는 "청정한 환경에서 건강하고 쾌적한 생활을 누릴 수 있는 권리"(앞의 책 684면), 김철수 교수는 "인간다운 환경 속에서 생존할 수 있는 권리"(앞의 책 854면), 홍성방(洪性邦) 교수는 "환경권의 보호법익은

고 있기 때문이다.

건강하고 쾌적한 환경이 본래부터 존재해온 자연으로서의 환경을 의미하는지 아니면 국가 또는 개인이 자연에 일정한 행위(개발 등)를 하여 생겨난 인공적 환경까지 의미하는지에 따라, 환경권을 구체적으로 실현하는 데 커다란 차이가 있다. 본래부터 존재해온 환경, 즉 자연환경만을 헌법이 예정하고 규정했다면, 국민은 각종 공해나 자연환경을 훼손하는 인공적인 요소 및 요인 들을 제거함으로써 건강하고 쾌적한 자연환경에서 살 수 있도록 해줄 것을 국가에 요구할 수 있을 뿐이다.

그러나 건강하고 쾌적한 환경의 의미를 인공적 환경과 사회적·문화적 환경으로까지 범위를 넓혀서 이해하면, 헌법 제35조 1항의 환경권은 매우 포괄적이며 다른 기본권과 중복되거나 경우에 따라서는 다른 기본권보다 우월적 지위를 차지하게 된다. 우선 건강하고 쾌적한 환경에 인공적으로 조성된 환경이 포함되는 것으로 이해하면, 국민은 건강하고 쾌적한 환경에서 생활하기 위해 자연에 대한 적극적 행위까지 포함한 일정의 행위를 국가에 요구할 수 있게 된다(환경권의 적극적 성격). 예를 든다면, 유전자가 조작된 농산물 또는 자연을 변화시키거나 개발해서 주거 및 생활환경을 조성하는 행위 등이 건강하고 쾌적한 환경의 조성이라는 이름 아래 정당화될 수 있을 텐데, 이는 문제라 할 수 있다. 그리고 환경권과 다른 기본권, 예를 든다면 타인의 재산권이 갈등하는 경우 대부분 환경권이 우선하게 될 것이다.

개인적 의견으로 제35조 1항 전단을 "건강하고 쾌적한 환경"에서 "건강하고 쾌적한 **자연환경**"으로 한정하는 것이 환경권의 구체적 내용을 확정하여 환경권의 보호법익을 명확히 할 수 있다고 생각한다. 그렇게 하

자연환경"(앞의 책 590면), 홍준형(洪準亨) 교수는 "건강하고 안전하며 쾌적한 생활을 유지하는 조건으로서 양호한 환경을 향수할 권리"(앞의 책 41면)라고 각각 정의하고 있다.

더라도 국가는 당연히 건강하고 쾌적한 자연환경을 위해 공해 방지, 수질오염 방지 등 각종 자연환경을 훼손하거나 침해하는 행위에 대한 대책을 수립하고 실행해야 한다. 따라서 현재의 규정 방식보다 오히려 더 명확한 헌법적 근거를 가진다고 본다.

입법자의 관찰 의무 및 개선 의무 확인

환경 관련 법의 시초는 1963년 11월 5일 제정된 공해방지법이다. 그러나 전문 21개조에 불과한 당시의 공해방지법은 규제 내용이 미흡하고 후속 입법이 이루어지지 않은 데다 경제개발을 우선시하는 국가 및 사회 분위기 때문에 사실상 규범력이 없었다. 이후 1977년 환경보전법이 제정·공포되었다. 규범력에 문제는 있었지만 이 법률도 환경 보전에 관한 전반적인 내용을 다루는 등 입법 태도 면에서 진일보했다. 이후 1980년 이른바 제5공화국 때 헌법 제33조에 환경권을 국민의 기본권으로 보장하기에 이르렀다. 1990년에는 환경보전법이 각 분야별로 나뉘어 환경정책기본법, 대기환경보전법 등으로 입법되었다. 현재에는 환경 관련 법이 80여 개에 이르고 있다.

헌법 제35조 2항에서는 환경법률주의를 규정하여 환경권의 내용과 행사는 법률로 정하도록 해, 입법자에게 환경권의 구체적인 실현을 맡기고 있다. 이 조항은 입법자를 직접 구속하기 때문에, 입법자는 환경권을 구체화하는 법률을 반드시 제정해야 한다. 그러나 환경 관련 법제의 경우, 법률 제정 과정에서 입법자의 예측이 매우 중요하고, 일단 법률이 제정된 후에는 입법 당시에 예측하지 못했던 일이 생겨 입법자의 입법 의도와 다른 방향으로 법률이 기능할 수 있으며, 새로이 밝혀진 사실로 말미암아 법률과 현실 사이에 괴리(흠결)가 생겨날 가능성이 매우 크고, 그에 따라 국민의 기본권을 침해할 소지가 크다.[46] 따라서 입법자는 환경 관련 법률을 제정하는 것으로 헌법적 의무를 다한 것이 아니며 법률 제정 후에도 해당 법률로 국민들의 환경권이 구체적으로 실현될 수 있는지를 항상 관찰할 의무가 있다. 입법자는 비체계적이고 비효율적인 그리고 법 현실을 따라가지 못하는 환경 관련 법률 등을 체계적으로 정비하여 환경권이 실질적으로 실현되도록 해야 한다. 그리고 이러한 관찰의 결과에 따라 개선해야 할 사항이 확인되면 환경권을 실질적으로 실현하기에 가장 적합한 방향으로 해당 법률을 개선해야 한다. 개선의 구체적인 방법과 내용은 입법자의 형성의 자유에 속한다.[47] 헌법 제35조 2항에 규정된 환경 입법에 관한 법률유보는 입법자의 환경권을 구체화하는 법률 제정 의무뿐만 아니라 이미 제정된 법률의 관찰과 개선 의무까지도 포함한다고 해석하는 것이 환경권을 실질적으로 실현하고 그럼으로써 인간 존엄을 실현하는 데 부합한다고 생각한다.

대표소송제 또는 단체소송제의 도입

환경소송의 특징

국가 또는 제3자에 의한 기본권의 침해는 대부분 침해를 당한 자나, 침해의 원인·유형·범위 등이 특정되어, 법원의 판결이나 헌법재판소의 결정 등 헌법이나 법률이 정한 바에 따라 권리 구제 또는 회복이 가능하다. 그러나 환경 관련 침해의 경우는 그 양상이 다른 기본권과 매우 다르다. 환경 침해는 대부분 매우 광범위하고(예로 구소련의 체르노빌 원자력발전소 사건, 대구 페놀 방류사건, 연안에서 일어난 각종 유조선의 유류 누출, 대형 공장 등의 유해가스 배출 및 유해물질 방류 등), 침해의 주

---

46) 대표적인 사례로 BVerfGE 56, 54의 뒤셀도르프공항 소음 결정 참조.
47) Y. Choi, 앞의 책 참조; 졸고 「환경 법제와 입법자의 법률 개선 의무」; 졸고 「입법자의 법률 관찰 의무」 등 참조.

체가 누구인지 특정할 수 없는 경우도 있으며(예로 루마니아에서 시작된 도나우강 중금속 오염이나 최근의 중국 쑹화松花강 오염 사건과 같은 대형 하천의 오염, 대단위 공업단지의 대기오염 및 대도시의 자동차 배기가스 등), 침해를 당한 자의 범위를 특정하기가 매우 어려운 경우도 있다. 또한 환경 침해는 현재성을 띠지 않고 장래에 나타나는 경우가 많다(예로 오염된 하천에서 잡힌 어족류 섭취에 따른 중금속 중독, 대기오염 물질에 의한 호흡기 질환, 대규모 댐 및 제방 축조에 따른 장래의 생태환경에 대한 영향 등).

이처럼 환경 관련 침해 및 이와 관련한 소송은 소송주체의 특정, 손해산정, 배상 귀속 등에서 일상적으로 발생하는 다른 소송과는 매우 다르다. 따라서 기존의 손해배상 또는 권리 회복을 위한 소송과는 다른 법리가 개발되어야 할 것이다.

집단소송제 또는 단체소송제의 도입

누군가가 자신의 권리를 침해당했다고 하면, 침해된 권리의 회복을 구하기 위해 침해자에게 책임을 물을 수 있어야 한다. 그러기 위해서는 침해의 주체, 침해를 당한 자, 침해의 구체적 내용, 침해의 원인 등이 확정되어야 한다. 그러나 환경 관련 침해의 경우는 앞에서 본 바와 같이 일반적인 침해와 성격이 다르다. 따라서 환경 침해의 구제는 소송을 제기한 자에게만 판결의 효력이 미치는 종래의 소송 형태로 사실상 불가능하다. 실제로 환경소송의 경우는 그 피해 또는 침해의 정도에 따라 소송당사자 수가 천문학적으로 늘어날 수 있으므로 미국식 단체소송(class action)이나 독일식 집단소송(Verbandklage)이 효과적일 것이다. 특히 광범위한 환경 침해나 훼손을 야기하는 자들은 대부분 이른바 거대 사인(예를 든다면 대기업 집단 등)이기 때문에 개인이 그에 대항하여 자신의 환경권을 보호하는 것이 사실상 어렵고, 따라서 그러한 능력과 일정한 자격을 갖춘 단체(예를 들면 환경단체를 비롯한 시민단체)에 소송 자격을 부여하여 효과적으로 환경을 보호하고 환경권을 구제할 수 있도록 해야 한다.[48]

　무분별한 집단소송이 법원에 폭주하여 환경소송만으로 법원의 업무가 마비되고 그 결과 실제로 권리 구제를 필요로 하는 개인들의 권리를 구제하는 것이 어려워지기 때문에 이에 반대한다는 견해가 있다. 또한 환경소송의 결과가 경제에 부정적 영향을 미친다는 주장도 있다. 그러나 집단소송 또는 단체소송을 시행하는 국가들을 살펴보면, 원고 적격을 적절히 인정하여 소송 남발을 막을 수 있었다고 한다.[49] 환경 관련 단체소송이나 집단소송이 경제에 악영향을 미친다는 주장도 설득력이 없다. 오히려 환경오염 방지 및 보전 시설의 설비 및 설치 과정에서 생겨나는 환경산업은 내수경제를 활성화하는 계기가 될 것이며, 환경보호의 규제와 기준이 높아지는 것이 국제적인 추세임을 볼 때 그러한 기준에 맞는 생산설비 및 생산품은 오히려 더 경제적일 수 있다. 특히 환경오염의 국제화와 그에 따른 국제 책임의 문제가 대두되는 이때 예방적인 환경보호 설비는 경제적 입장에서 더 효율적일 수 있다.

5. 나오는 말

　환경권에서 중요한 것은, 기본권으로서의 환경권이 구체적으로 효력을 발휘해서 건강하고 쾌적한 자연환경을 실제로 향수할 수 있는 조건들은 무엇이고 어떻게 하면 그 조건들이 충족될 수 있는지다.

---

48) 홍완식, 앞의 글 146면.
49) 김철용 「우리나라 집단소송법 제정을 위한 독일 공법분야의 단체소송 운영 실태에 관한 고찰」, 『일감법학』 제3권, 건국대학교 법학연구소, 17면 이하.

인간 중심의 건강하고 쾌적한 환경만을 강조하면 현재의 쾌적함을 댓가로 인간의 무제한적인 공격이 자연환경에 가해질 수도 있으며, 결국 장래 세대는 현재 세대가 만들어놓은 인공적 환경에서 삶을 영위해야 할지도 모른다. 물론 장래 세대가 경험하게 될 환경(SF영화에 나오는)은 이미 그 세대 이전부터 존재해왔던 또 하나의 자연환경이므로 그 현실에 적응하여 살아야 하고 그것이 장래 세대의 운명이라고 한다면, 생태계에 대한 현재의 침해와 훼손은 모두 정당화될 수 있을 것이다. 그러나 생태계를 구성하는 다른 생물을 비롯하여 자연환경 역시 우리 인간 못지않게 중요한 존재임을 깨달으면서, 인간과 자연이 함께 살 수 있는 길을 모색해야 한다는 것은 이미 우리 세대에도 합의되었다. 또한 장래 세대도 건강하고 쾌적한 자연환경을 향수할 수 있도록 현재 세대가 그 책임을 다해야 한다는 인식도 공유되고 있다.[50]

우리가 당면한 환경문제는, 환경권이라는 단순히 개인의 권리만을 충족하는 고전적인 자유권 문제도 아니며, 국가에 건강하고 쾌적한 환경을 조성해줄 것을 요구하는 개인의 적극적 공권에 그치는 것도 아니다. 오히려 환경보호 및 기본권으로서의 환경권이 가지는 사회적 연대의 본질에 비추어볼 때, 국가 및 개인들의 환경보호 및 보전 노력이 선재해야 할 것이다. 그래야만 헌법이 보장하는 환경권을 실질적으로 향유할 수 있을 것이며, 나아가서 건강하고 쾌적한 자연환경을 장래 세대에게 넘겨주어야 하는 현 세대의 책무가 이행될 것이다.

---

50) 그러한 예로서 독일 기본법 제20조 a가 있다.

■ 참고문헌

강현호 「환경법의 기초에 관한 소고」, 『환경법연구』 제25권 제1호.

고문현 「독일에서의 환경보호」, 『공법연구』 제32집 제1호.

권영성 『헌법학원론』, 법문사 2005.

김철수 『헌법학개론』, 박영사 2005.

김철용 「우리나라 집단소송법 제정을 위한 독일 공법 분야의 단체소송 운영
　　　실태에 관한 고찰」, 『일감법학』 제3권, 건국대학교 법학연구소.

성낙인 『헌법학』, 법문사 2005.

전경운 「생명공학의 위험성에 대한 적절한 규율」, 『환경법연구』 제26권 제1호.

정극원 「기본권으로서의 환경권과 국가목적 규정으로서의 환경권」, 『공법연
　　　구』 제32집 제2호.

정남철 「환경법상의 협동의 원칙」, 『환경법연구』 제25권 제1호.

정훈 「환경보호와 법치국가 원리의 충돌」, 『환경법연구』 제25권 제2호.

＿＿＿ 「환경보호에 관한 헌법적 규율」, 『환경법연구』 제25권 제1호.

최윤철 「환경 법제와 입법자의 법률 개선 의무」, 『환경법연구』 제26권 제1호.

＿＿＿ 「입법자의 법률 관찰 의무」, 『토지공법연구』 제21집.

허영 『한국헌법학』, 박영사 2005.

홍성방 『헌법학』, 현암사 2005.

홍완식 「헌법상 국가의 환경 보전 의무의 실현에 관한 고찰」, 『일감법학』 제6권.

홍준형 『환경법』, 박영사 2001.

Pitchas, Rainer 「Umweltpolitik und Umweltrecht in der Europäischen
　　　Union」, 『환경법연구』 제24권 제2호.

Calliess, Christian. *Rechtsstaat und Umweltstaat*. Tübingen. 2001.

Choi, Y. *Die Pflicht zur Beseitigung von Gesetzesmangeln*. Hamburg. 2002.

Kloepfer, Michael. *Umweltrecht*, 2. Aufl. München. 1998.

Maunz-Dürig. *GG Kommemtar*, Bd. III, Art. 20a. München. 2005.

김상준 金相俊 경희대 NGO대학원 교수

김수갑 金銖甲 충북대 법대 교수

박명림 朴明林 연세대 김대중도서관 교수

박신의 朴信義 경희대 문화예술경영학과 교수

오현철 吳泫哲 한양대 제3섹터연구소 연구교수

이경주 李京柱 인하대 법대 교수

이기우 李琦雨 인하대 사회교육학과 교수

이대훈 李大勳 참여연대 평화군축센터 실행위원장

정태호 丁泰鎬 경희대 법대 교수

정희진 鄭喜鎭 이화여대 여성학과 강사

최배근 崔培根 건국대 경제학과 교수

최윤철 崔潤哲 건국대 법대 교수

하승창 河勝彰 시민운동가, '함께하는 시민행동' 정책위원장 역임

한상희 韓尙熙 건국대 법대 교수

홍윤기 洪潤基 동국대 철학과 교수

헌법 다시 보기
87년헌법, 무엇이 문제인가

초판 1쇄 발행／2007년 2월 23일

엮은이／함께하는 시민행동
펴낸이／고세현
책임편집／안병률
펴낸곳／(주)창비
등록／1986년 8월 5일 제85호
주소／413-756 경기도 파주시 교하읍 문발리 513-11
전화／031-955-3333
팩시밀리／영업 031-955-3399 · 편집 031-955-3400
홈페이지／www.changbi.com
전자우편／human@changbi.com
인쇄／한교원색

ⓒ 함께하는 시민행동 2007
ISBN 89-364-8537-7 03360